高等学校计算机专业规划教材

基于C#的管理信息系统开发（第2版）

郭基凤　高亮　主　编

韩玉民　赵冬　副主编

朱彦松　余雨萍　缑西梅　编著

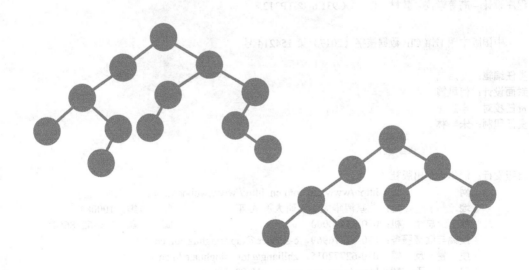

清华大学出版社

北京

内 容 简 介

本书主要介绍如何使用C#语言进行各类管理信息系统开发，是C#语言学习的实践提高教材。全书共9章，第1章介绍MIS基础知识；第2章介绍利用C#进行数据库操作的高级特性；第3章介绍常用系统架构；第4章介绍如何创建报表；第5章介绍建模工具PowerDesigner在数据库设计中的应用；第6~9章介绍实际的MIS系统案例开发，其中第6章为图书管理系统开发案例，第7章为超市商品进销存管理系统开发案例，第8章为在线考试系统开发案例，第9章为高校实践课题管理系统开发案例。

本书采用实际应用需求引入、实际案例详解，应用性和实践性强，可作为高等院校计算机软件相关专业C#应用程序开发类课程的教材，也可作为软件开发人员的参考用书。

图书在版编目（CIP）数据

基于C#的管理信息系统开发/郭基凤，高亮主编. —2版. —北京：清华大学出版社，2017（2022.7重印）
（高等学校计算机专业规划教材）
ISBN 978-7-302-47625-2

Ⅰ．①基…　Ⅱ．①郭…　②高…　Ⅲ．①管理信息系统 – 系统开发 – 高等学校 – 教材　②C语言 – 程序设计 – 高等学校 – 教材　Ⅳ．①C931.6　②TP312.8

中国版本图书馆CIP数据核字（2017）第154214号

责任编辑：龙启铭
封面设计：何凤霞
责任校对：李建庄
责任印制：宋　林

出版发行：清华大学出版社
　　　　　网　　　　址：http://www.tup.com.cn, http://www.wqbook.com
　　　　　地　　　　址：北京清华大学学研大厦A座　　　　邮　　编：100084
　　　　　社　总　机：010-83470000　　　　邮　　购：010-62786544
　　　　　投稿与读者服务：010-62776969，c-service@tup.tsinghua.edu.cn
　　　　　质　量　反　馈：010-62772015，zhiliang@tup.tsinghua.edu.cn
　　　　　课　件　下　载：http://www.tup.com.cn,010-83470236
印　装　者：涿州市京南印刷厂
经　　　销：全国新华书店
开　　　本：185mm×260mm　　印　　张：30.5　　字　　数：744千字
版　　　次：2014年6月第1版　2017年9月第2版　印　　次：2022年7月第4次印刷
定　　　价：69.00元

产品编号：074766-01

前言

本书第1版自2014年出版以来，先后多次印刷，深受广大读者的欢迎，被多所高等学校选为教材，并获得2015年度河南省教育科学研究优秀成果二等奖（豫教〔2015〕04744号）、2015年度河南省信息技术教育优秀成果二等奖（豫教〔2015〕10366号）。在使用过程中，也有不少教师和读者提出了一些很好的意见与建议，为适应技术发展，结合教学实践、读者意见和建议，我们对本教材进行了修订，推出第2版。本次修订保持了第1版的写作风格和特色，侧重MIS系统开发，采用实用案例，坚持"实际应用需求引入→技术要点分析→关键代码剖析→技术经验总结"的学习路线，突出应用性和实践性。

本版修订的主要内容有：

（1）升级开发环境与工具。开发环境由第1版的Visual Studio .NET 2010升级为Visual Studio .NET 2012，数据库采用SQL Server 2012，所有案例都是在Visual Studio .NET 2012下完成。第2章中的数据库访问技术LINQ更新为目前更为流行的EntityFramework，第7章中的数据库操作也相应地改为采用EntityFramework，保持技术先进性。

（2）优化调整了部分章节内容。删减了非主流工具介绍，第4章中删减了Crystal Report报表，第5章中删减了Visual SourceSafe，第9章缩减了部分用例规约及顺序图，为压缩篇幅，缩减了部分非关键案例代码（出版社网站可下载全部代码）。

全书共9章，可分为以下三部分：

（1）第一部分：第1章，介绍MIS基础知识。

（2）第二部分：第2~5章，主要介绍C#语言的高级特性和常用开发设计工具。其中，第2章介绍利用C#进行数据库操作的高级特性；第3章介绍常用系统架构；第4章介绍如何创建报表；第5章介绍建模工具PowerDesigner在数据库设计中的应用。

（3）第三部分：第6~9章，为典型的MIS实际案例开发详解。其中，第6章为图书管理系统开发案例；第7章为超市商品进销存管理系统开发案例；第8章为在线考试系统开发案例；第9章为高校实践课题管理系统开发案例。这些实际案例，在解决方案、架构和实现技术上，由浅入深、循序渐进。本书以典型实例为引导，解决实际问题、剖析解决过程、拓展解题思路，读者可结合每章的技术经验总结，快速提高C#应用开发实践能力。

限于篇幅，案例讲解在书中只给出了主要功能的源代码，完整系统的代码和数据库等相关资料可在清华大学出版社网站下载。

本书可作为高等院校计算机软件相关专业 C#应用程序开发类课程的教材，也可供软件开发人员参考。相信此次修订后的教材，更适合教师的教学和读者的学习。

本次修订由郭基凤、高亮担任主编，韩玉民、赵冬担任副主编，第 1 章由韩玉民编著，第 2 章 2.1 节、2.2 节及第 9 章由赵冬编著，第 2 章 2.3 节、2.4 节及第 7 章由余雨萍编著，第 3 章由郭基凤编著，第 4 章和第 6 章由朱彦松编著，第 5 章由缑西梅编著，第 8 章由高亮编著，全书由郭基凤、高亮负责统稿。

本书修订过程中，得到了中原工学院车战斌教授的指导和帮助，本书的出版得到了中原工学院教材建设基金资助，另外也吸取了许多相关专著和文献的优点，在此一并表示感谢。

虽然我们力求完美，但限于水平，不当之处在所难免，敬请广大读者不吝赐教。

编 者

2017 年 6 月

目 录

第 3 章　系统架构　　/72

第 4 章　RDLC 报表　　/116

第1章

管理信息系统概述

本章从信息、管理、管理信息、系统、信息系统等概念出发，介绍管理信息系统的基础知识，并介绍建设管理信息系统的技术基础，以及开发管理信息系统的原则、策略和主要开发方法。

1.1 信息、管理、管理信息与系统

管理信息系统是基于管理、信息和系统概念发展起来的，正确理解数据、信息、管理、管理信息和系统的基本含义及其相互关系，对学习和开发管理信息系统具有重要的意义。

1.1.1 信息与数据

1. 什么是数据

数据（Data）是指用来对客观事物的性质、状态以及相互关系等进行记录，并且可以鉴别的物理符号。也就是说，数据是对客观事实的描述，是客观实体属性的值，是可以识别、抽象的符号。例如，描述学生实体的"姓名"、"性别"、"学号"和"身高"等等。

但计算机系统中所说的数据，其符号形式不仅仅是数字，还包括字符、文字、图形图像、音频、视频等。

2. 什么是信息

信息（Information）是指反映客观事物运动变化的、能够被人们所接受和理解的、对人类的行为决策有用的各种消息、数据、指令、图像、信号等资料的总称。

信息与数据既有联系又有区别，数据是人们为了反映客观世界而记录下来可以鉴别的符号，信息则是对数据进行提炼、加工的结果，这种结果对管理决策具有现实的或潜在的价值。

例如，学生的课程成绩是原始数据，在评定学年奖学金时需要将平均成绩达到85分以上的学生先筛选出来，这就需要对原始课程成绩进行加工，计算出每个学生的平均成绩，得到的平均成绩及排名就是信息。

数据是和信息互相区别而又紧密联系的两个概念。数据是符号，是物理性的，信息是对数据进行加工处理之后所得到的并对决策产生影响的数据，是逻辑性（观念性）的；数据是信息的表现形式，信息是数据有意义的表示。

数据经过处理后，其表现形式仍然是数据。处理数据的目的是为了便于更好的解释。只有经过解释，数据才有意义，才成为信息。因此，信息是经过加工以后、并对客观世界产生影响的数据。

3. 信息的特征

一般而言，信息的特征主要表现在真实性、价值性、时效性、共享性、传输性、层次性、转换性等方面。

（1）真实性。真实性是信息的核心价值，是信息的第一属性。不符合事实的信息不仅没有价值，而且可能价值为负，既害别人，也害自己。虚假信息往往严重误导管理决策，造成重大损失，这在现实中屡见不鲜。

（2）价值性。信息是一种重要的资源，具有价值性，即信息对于信息主体是有用的，因而是有价值的。信息的价值性是信息的主要特征。

（3）时效性。信息的时效性是指信息资料被提供和利用的时间与信息的使用价值之间存在的比例关系，这种比例关系在大多数情况下表现为一种正比例关系，即信息提供和利用的时间越早，信息的价值就越大；反之，信息的价值就越小。

在信息时代的今天，及时掌握信息、利用信息显得尤为重要，正如著名未来学家托夫勒所说："谁掌握了信息，控制了网络，谁将拥有整个世界。"信息的这一特征，要求在进行信息资源管理时，要不断地更新信息，保持信息资源的使用价值。

（4）共享性。信息不同于有形的物质资源，信息是一种无形的资源，具有共享性，即同一条信息可被多个用户完整共享，对于每个用户来说，所获得的都是完整的一条信息。

信息的共享性特征具有积极和消极的两面性，积极的一面是共享信息可提高效率、提高信息利用率；消极的一面是带来信息安全隐患，如被竞争对手"共享"了商业机密信息，则将带来严重后果。

（5）传输性。信息可以以多种形式、通过多种渠道进行传输，如可以通过电话、传真、电子邮件、微信、QQ、邮寄等方式进行传输，传输的形式有数字、文字、图形图像、视频、音频等。在网络应用日益广泛的今天，信息的传输性特征更为显著。

（6）层次性（等级性）。管理系统在客观上是分等级的（如公司级、工厂级、车间级等）。组织内的管理活动通常可大致分为三个主要层次，即作业级（基层运作层）、战术级（战术管理层）、战略级（战略指挥层）。相应地，管理信息也可划分为基层运作信息、中层控制信息以及高层决策信息三个层次。

（7）转换性。信息是可变换的。它可以由不同的方法和不同的载体来载荷，可以由一种形态转换成另一种形态。这一特性在多媒体时代尤为重要。

4. 信息的类型

按照不同的分类角度，可以将信息分为不同的类型，表 1-1 列出了主要的分类角度及其类型。

表 1-1　信息的分类角度及其类型

信息分类角度	信息类型
按产生信息的范围	内部信息、外部信息
按信息的产生领域	社会信息、管理信息、气象信息、地理信息、军事信息等
按信息的加工顺序	原始信息、再生信息
按信息的反映形式	实物信息、声像信息、文本信息等
按信息的管理层次	决策信息、控制信息、作业信息
按信息发生时间	先导信息、实时信息、滞后信息
按信息的传播方向	纵向信息、横向信息
按信息的发生频率	常规信息、随机信息
按信息的应用领域	社会信息、管理信息、科技信息、军事信息、体育信息等
按信息的确定性	确定性信息、非确定性信息

1.1.2　管理与管理信息

1. 管理的概念

管理是人类各种活动中最重要的活动之一，通俗地讲，管理就是通过他人完成某种任务或某个目标的一切活动，这些活动总体上包括计划、组织、领导和控制等。管理者的主要任务就是利用已有的和可以争取到的各种资源，包括人、财、物等，以最少的投入去获得最大的产出。

2. 管理信息

管理信息是组织在管理活动过程中采集到的、经过加工处理后对管理决策产生影响的各种数据的总称。

管理信息的表现形式：报告、报表、单据、进度图，此外，还有计划书、协议、标准、定额等，类似于报告的形式。

管理信息的作用主要体现在：

- 是组织进行管理工作的基础和核心；
- 是组织控制管理活动的重要手段，联系各个管理环节的纽带；
- 是提高组织管理效益的关键。

管理信息与信息的关系：管理信息只是信息集中的一个子集，是在管理活动中产生的，经过加工处理后，对管理决策产生影响的各种信息的总称。

1.1.3　系统

系统是指在特定环境下，为实现某一特定功能而由相互联系、相互作用的若干个要素组成的有机整体。或者说，系统是有层次结构和共同目标的相关联的若干元素组成的集合。

我们这里所说的系统不是指自然系统，而是指人为系统，即有人参与、有目的、有组织的系统。例如，工业企业由人、设备和各种规章制度组成，构成了一个系统。另外还有我们常说的计算机系统、教育系统、金融系统等。

任何一个系统都包括输入、处理和输出三个基本部分，且输出的结果还会对输入进行反馈，系统和外界环境之间存在一定的边界，系统的模型如图 1-1 所示。

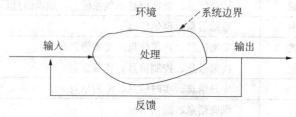

图 1-1　系统的模型

从图中可以看出，当一个系统从环境中取得一定的输入内容后，它将按照一定的方法对输入的内容进行加工处理，然后产生一定的输出，这是系统的基本活动方式，这个过程称为处理过程，一般由人和设备分别或共同完成。例如，对于一个生产工厂来说，其输入主要是原材料、能源及市场信息，输出则是它的产品，将原材料加工成产品的过程就是处理过程。

系统的特征主要包括整体性、目的性、层次性、相关性、开放性和环境适应性等，这里不再详述。

1.2　信 息 系 统

伴随人类文明的发展，人类对信息资源的认知深度和重视程度不断提高，如何更有效地获取信息、利用信息，成为越来越多的人思考的焦点。随着系统科学的产生和发展，人们从系统的概念和方法出发，来研究将诸多与信息获取和价值转化相关的要素进行有机组织与管理，集成为"信息系统"，信息系统就是对组织中的信息进行综合处理而形成的一个整体。

1.2.1　信息系统的概念

信息系统（Information System，IS）是一个由人、硬件、软件和数据资源组成的系统，其目的是及时、正确地收集、加工、存储、传递和提供信息，实现组织中各项活动的管理、调节和控制。

这里所讲的信息系统主要是指以计算机信息处理为基础的人机一体化的信息系统。在基本构成上，信息系统包括信息处理系统和信息传输系统。其中信息处理系统对数据进行处理，通过它对输入数据的处理可获得不同形态的新的数据，例如计算机系统就是一种信息处理系统。信息传输系统用来将数据从一处传到另一处，不改变数据本身，如计算机网络系统。

1.2.2　信息系统的类型

按照处理的对象不同，可把组织的信息系统分为作业信息系统和管理信息系统两大类。

1. 作业信息系统

作业信息系统的任务是处理组织的业务、控制生产过程和支持办公事务。作业信息系统通常由业务处理系统、过程控制系统和办公信息系统三部分组成。

2. 管理信息系统

管理信息系统是对一个组织（单位、企业或部门）进行全面管理的人和计算机相结合的系统，它综合运用计算机技术、信息技术、管理技术和决策技术，结合现代化的管理思想、方法和手段，辅助管理人员进行管理和决策的人机系统。

管理信息系统不仅是一个技术系统，同时又是一个社会系统。

1.2.3　信息系统与管理

管理的任务在于通过有效地管理好人、财、物等资源来实现组织的目标，而要管理这些资源，需要通过反映这些资源的信息来进行管理。信息是管理上的一项极为重要的资源，其之所以重要在于"管理的实质是决策"，决策正确与否决定管理工作的成败，而决策的正确程度则取决于信息的质量。

基于计算机的信息系统，能把生产和流通过程中的巨大数据流收集、组织和控制起来，经过处理，转换为对各部门来说都不可缺少的数据，经过分析，使它变成对各级管理人员作决定具有重要意义的有用信息。

在信息爆炸的今天，只有运用计算机的高速准确的计算能力和海量存储能力、先进的管理理论和方法，才能及时处理繁杂海量的信息，为决策活动提供有效信息。

1.3　管理信息系统

管理信息系统（Management Information System，MIS）的概念是从管理、信息和系统三个概念的基础上发展起来的，是随着管理技术和信息技术的发展而逐步形成的，随着企业的管理过程和信息处理活动产生的。

1.3.1　管理信息系统的概念

管理信息系统是一个由人和计算机等组成的，能进行数据的收集、传输、储存、加工、维护和使用的系统，它具有计划、预测、控制和辅助决策等功能。该定义说明了管理信息系统不仅是一个技术系统，而且要考虑人的行为，是一个社会系统、管理系统，所以说管理信息系统是一个人机系统。

管理信息系统首先是一个系统，其次是一个信息系统，再次是一个用于管理方面的信息系统。

管理信息系统的总体概念如图 1-2 所示。

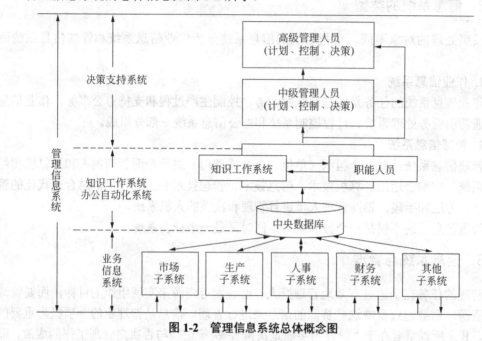

图 1-2 管理信息系统总体概念图

1.3.2 管理信息系统的功能

管理信息系统是帮助信息主体实现对管理信息的全生命周期有效管理的系统平台，一个完整的管理信息系统，应该具有下列基本功能。

（1）数据处理：完成数据的收集、输入、传输、存储、加工处理和输出。

（2）事务处理：提高管理人员效率。

（3）预测功能：运用现代数学方法、统计方法或模拟方法，根据现有数据预测未来。

（4）计划功能：根据现存条件和约束条件，提供各职能部门的计划。如生产计划、财务计划、采购计划等，并按照不同的管理层次提供相应的计划报告。

（5）控制功能：对计划执行情况进行监督、检查、比较执行与计划的差异、分析差异及产生差异的原因，辅助管理人员及时加以控制。

（6）辅助决策功能：运用相应的数学模型，从大量数据中推导出有关问题的最优解和满意解，辅助管理人员做出决策。

1.3.3 管理信息系统的特征

管理信息系统作为一般信息系统的实例，具有一般信息系统的全部特征，同时也有其自身的特征。管理信息系统主要有下列特征。

（1）管理信息系统具有"社会-技术"双重属性。管理信息系统不仅是一个技术系统，同时也是一个社会系统、管理系统。

（2）管理信息系统是开放的人机系统。管理信息系统在要素组成上，既包括计算机等设备，还包括系统应用、管理和维护人员，同时具有一般信息系统的开放性特征，确保管理信息系统能够与环境之间进行有效的交互，得到及时调整和改进。

（3）管理信息系统是组织系统的一个子系统。管理信息系统的目标功能是对组织运营管理的各层活动予以支持，是组织系统的一个子系统，需要与组织系统的其他子系统（如人力系统、生产系统、CAD 系统等）有机整合，共同支持组织目标的完成。

（4）管理信息系统是一个集成化系统。管理信息系统要素多、结构复杂，需与其他子系统有机整合。同时管理信息系统是基于管理科学、计算机科学、数学、社会学和系统科学等的一门综合性、交叉性的学科。

1.3.4　管理信息系统的类型

根据管理信息系统的实际应用和面向的服务对象不同，管理信息系统的应用大致有以下几类。

1. 国家经济信息系统

国家经济信息系统是一个统称，是指包括国家各综合统计部门在内的国家级信息系统。其主要功能是处理经济信息，为国家经济部门、各级决策部门提供统计、预测等信息及辅助决策手段，同时也为各级经济部门和企业提供经济信息。

2. 工业企业管理信息系统

工业企业管理信息系统是指工业企业充分利用计算机技术、网络技术和数据库技术等，实现对企业的采购、生产、销售等方面进行全面、系统的科学管理的计算机系统。

3. 商业企业管理信息系统

商业企业管理信息系统是指商业企业充分利用计算机技术、网络技术、数据库技术、RFID 和条码技术，实现对现代化商业企业进行全面、系统的科学管理的计算机系统。

4. 事务管理信息系统

事务管理信息系统是以事业单位为主，主要进行日常事务管理，如学校信息管理系统、医院管理信息系统等。

5. 办公管理信息系统

办公管理信息系统是以国家各级行政机关、企事业单位的行政管理部门为主的管理信息系统，其特点是办公自动化和无纸化。

6. 专业管理信息系统

专业管理信息系统是指从事特定行业或领域的管理信息系统。如房地产信息管理系统、人事管理信息系统、民航信息系统、银行信息系统等等。

1.4　管理信息系统的技术基础

现代意义上的管理信息系统是先进管理理念与成熟信息技术相融合的产物，信息技术是管理信息系统的基础，建立管理信息系统的技术基础主要包括数据处理技术、数据库技术和计算机网络技术。

1.4.1　数据处理技术

数据处理是指把来自科学研究、生产实践和社会经济活动等领域中的原始数据，用一定的设备和手段，按一定的使用要求，加工成另一种形式的数据的过程。

数据处理是管理活动的最基本内容，也是管理信息系统的基本功能。数据处理一般不涉及复杂的数学计算，但要求处理的数据量很大。

数据管理先后经历了人工管理、文件系统和数据库系统等阶段。

1. 数据处理的主要目的

数据处理的目的是为了更好地利用各类信息资源，为管理决策服务。

- 把数据转换成便于观察分析、传送或进一步处理的形式。
- 从大量的原始数据中抽取、推导出对人们有价值的信息，以作为行动和决策的依据。
- 科学地保存和管理已经过处理（如校验、整理等）的大量数据，便于人们充分利用这些信息资源。

2. 数据处理的基本内容

（1）数据收集。根据用户和系统的需求收集相关的数据。

（2）数据转换。为了使收集的信息适用于计算机处理，设计各种代码来描述自然界中的各种实际数据，这种将实际数据采用代码表述的方法被称为数据的转换。

（3）数据的筛选、分组和排序。

（4）数据的组织。将具有逻辑关系的数据组织起来，按一定的存储表示方式存放在计算机中。目的是使计算机处理时能够符合速度快、占用存储器的容量少、成本低的要求。

（5）数据的运算。

（6）数据存储。

（7）数据检索。

（8）数据输出。

1.4.2　数据库技术

数据库技术为管理信息系统提供了数据存储、组织、检索、排序、统计分析等技术基础。

数据库是以一定的组织方式存储在一起的相关数据的集合，它能以最佳的方式，最少的数据冗余为多种应用服务，程序与数据具有较高的独立性。

数据库管理系统（DBMS）是一组对数据库进行管理的软件，通常包括数据定义语言及其编译程序、数据操纵语言及其编译程序以及数据管理例行程序。目前主流的 DBMS 都是关系数据库管理系统，主要的 DBMS 有 SQL Server、Oracle、Access、MySQL、IBM DB2 等。

数据库系统是由计算机系统、数据库管理系统、数据库和有关人员组成的具有高度组织的总体。

1.4.3　计算机网络技术

计算机网络是用通信介质把分布在不同地理位置的计算机和其他网络设备连接起来，在网络软件系统的支持下，实现信息互通和资源共享的系统。

计算机网络是管理信息系统的一项基本技术。由于一个企业或组织中的信息处理都是分布式的，分布式信息由分布在不同位置的计算机进行处理，并通过通信网络把分布式信息集成起来，这是管理信息系统的主要运行方式，因此，计算机网络是管理信息系统运行的基础。

计算机网络主要包括局域网（LAN）、广域网（WAN）和城域网（MAN），企业内部一般为局域网。

1.5　管理信息系统的开发原则、策略和方法

1.5.1　管理信息系统开发原则

管理信息系统开发应遵循下列基本原则：

（1）领导参加原则，即"一把手"原则；

（2）适用性与先进性原则；

（3）四统一原则：统一领导、统一规划、统一目标规范、统一软硬件环境；

（4）信息工程原则；

（5）优化与创新原则；

（6）面向用户原则；

（7）完整性、相关性、适应性、可靠性、经济性原则。

1.5.2　管理信息系统的开发策略

管理信息系统开发的策略主要有"自下而上"和"自上而下"两种策略。

1．"自下而上"的开发策略

"自下而上"的开发策略是从现行系统的业务需求出发，先实现一个个具体功能，逐步地由低级到高级建立完整的管理信息系统。

"自下而上"开发策略的优点是可以避免大规模系统可能出现运行不协调的危险。其缺点是缺乏从整个系统出发考虑问题，随着系统的进展，往往要做许多重大修改，甚至重新规划、设计。

2．"自上而下"的开发策略

"自上而下"的开发策略是强调从整体上协调与规划，由全面到局部，由长远到近期，从探索合理的信息流出发来开发管理信息系统。

"自上而下"的开发策略的优点是能从整个系统出发考虑问题，使系统具有优良的总体结构。其缺点是要求很强的逻辑性，开发难度较大。

"自下而上"的开发策略通常用于小型系统的设计，适用于缺乏开发工作经验的情况。

对于大型系统，往往把这两者结合起来使用，即先自上而下地做好管理信息系统的战略规划，再自下而上地逐步实现各个系统（子系统）。

1.5.3 管理信息系统的开发方法

管理信息系统作为一种软件系统，其开发方法和过程遵循软件工程规范，主要的开发方法包括结构化系统开发方法、原型法、面向对象方法和 CASE 方法等。

1. 结构化系统开发方法

结构化系统开发方法（Structured System Development Methodology）是在生命周期法的基础上发展起来的，是目前应用得最普遍的一种开发方法。

结构化系统开发方法的基本思想是：用系统的思想和系统工程的方法，按照用户至上的原则，结构化，模块化，自顶向下对系统进行分析与设计。

结构化系统开发方法先将整个信息系统开发过程划分为若干个相对独立的阶段，通常包括系统规划、系统分析、系统设计、系统实施、系统运行与维护。在前三个阶段，坚持自顶向下地对系统进行结构化划分：在系统调查和理顺管理业务时，应从最顶层的管理业务入手，逐步深入至最基层；在系统分析，提出目标系统方案和系统设计时，应从宏观整体考虑入手，先考虑系统整体的优化，然后再考虑局部的优化问题。在系统实施阶段，则坚持自底向上地逐步实施，即组织人员从最基层的模块做起，然后按照系统设计的结构，将模块一个个拼接到一起进行调试，自底向上、逐步地构成整个系统。

结构化系统开发方法具有下列特点：

- 自顶向下整体地进行分析与设计和自底向上逐步实施的系统开发过程。
- 用户至上的原则。
- 符合实际，客观性和科学化。
- 严格区分工作阶段。
- 充分预料可能发生的变化。
- 开发过程工程化等。

结构化系统开发方法适用于大型系统和复杂系统的开发。

2. 原型法

原型（指系统原型）是一个可以实际运行、反复修改、不断完善的系统。

原型法（Prototyping）与结构化开发方法不同，原型法不注重对管理系统进行全面、系统的调查与分析，而是系统开发人员根据对用户需求的理解，先快速实现一个原型系统，然后通过反复修改来实现管理信息系统。

原型法的基本思想是：开发人员首先要对用户提出的问题进行总结，然后开发一个原型系统并运行之。开发人员和用户一起，针对原型系统的运行情况，反复进行改进，直到用户对系统完全满意为止，如图 1-3 所示。

原型法具有下列特点：

- 遵循了人们认识事物的客观规律，易于掌握和接受。
- 将模拟的手段引入系统分析的初始阶段，强调用户参与、描述、运行、沟通。

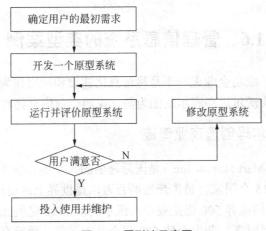

图1-3 原型法示意图

- 强调软件工具支持。

原型法适合于开发处理过程明确、业务逻辑简单的小型系统。

3．面向对象开发方法

客观世界是由各种各样的对象组成的，每种对象都有各自的内部状态和运动规律，不同对象之间的相互作用和联系就构成了各种不同的系统。

在面向对象（Object-Oriented）方法中，使用软件系统中的类与对象来模拟现实世界中的对象及对象类；用对象的属性来表示现实世界中事物在某方面的特征；用对象的方法来模拟现实世界中的对象的行为。将现实系统中的各种事物平滑地过渡到软件系统中的软件要素。

面向对象开发方法的特点包括封装性、抽象性、继承性和动态链接性等。

在大型管理信息系统开发中，面向对象开发方法和结构化方法在系统开发中是相互依存、不可替代的。

4．CASE方法

CASE（Computer Aided Software Engineering，计算机辅助软件工程）是一种自动化或半自动化的方法，能够全面支持除系统调查外的每一个开发步骤。

目前，CASE仍是一个发展中的概念，各种CASE软件也较多，没有统一的模式和标准。采用CASE工具进行系统开发，必须结合一种具体的开发方法，如结构化系统开发方法、面向对象方法或原型化开发方法等，CASE方法只是为具体的开发方法提供了支持每一过程的专门工具，这些工具既可以单独使用，也可以组合使用。CASE也正由一种具体的工具逐渐发展成为开发信息系统的方法学。

CASE方法具有下列特点：

- 解决了从客观对象到软件系统的映射问题，支持系统开发的全过程。
- 提高了软件质量和软件重用性。
- 提高了软件开发效率。
- 简化了软件开发的管理和维护。
- 自动生成开发过程中的各种软件文档。

1.6 管理信息系统的典型案例

在当今信息时代，成功企业无一不是将信息化建设和应用作为其发展战略的重要部分，这里仅以商业巨头沃尔玛和海尔集团为例，说明企业信息化对企业发展的重要性。

1.6.1 MIS 支持沃尔玛创造商业奇迹

沃尔玛公司（Wal-Mart Stores, Inc.）是国际著名的大型零售企业，沃尔玛公司有 8500 家门店，分布于全球 15 个国家，员工超过两百万，是世界上雇员最多的企业。《财富》杂志在 2002 年度公布的世界 500 强企业中，沃尔玛以 2198 亿美元的销售额列居榜首，随后连续三年在美国《财富》杂志全球 500 强企业中居首，而所有这一切与其富有远见的信息系统战略应用是分不开的。

沃尔玛非常重视信息化应用，把信息技术与经营活动进行密切配合，始终保持领先地位。例如 1969 年最早使用计算机跟踪存货，1974 年全面实现 S.K.U 单品级库存控制，1980 年最早使用条形码，1984 年最早使用 CM 品类管理软件，1985 年最早采用 EDI 系统，1988 年最早使用无线扫描枪。从 1983 年开始，共计投资 4 亿美元发射了一颗商用卫星，实现了全球联网。21 世纪开始，沃尔玛又投资 90 亿美元开始实施"互联网统一标准平台"的建设。

沃尔玛已建立了全球物流数据处理中心，实现集团内部全球范围内的 24 小时物流动态跟踪与监控，使其采购、库存、订货、配送和销售真正实现了一体化。

沃尔玛已实现了全面的信息化管理，典型的信息系统有：自动补货系统、销售时点 POS 与条码应用系统、库存配送控制系统、电子自动订货系统、有效客户反馈系统、快速反应系统、内部供应链管理系统、卫星控制专用通信系统等。限于篇幅，具体功能和应用这里不再详述。

1.6.2 海尔集团：信息化助力创造世界名牌公司

海尔集团成立于 1984 年，当初是一个亏损 147 万元的集体企业，目前已发展成为特大型企业集团，成为中国家电行业销售额最大、生产的产品品种和规格最多、出口量最大的企业集团。

海尔高度重视、运用、推广、发展信息化工作是其成功的秘诀之一。在信息化时代，海尔把全面推进企业信息化建设作为抓住机遇、迎接挑战的有效途径。

海尔信息化建设最初主要是建设骨干网络和办公应用，从 1997 年到现在，海尔已经构建了千兆为骨干的企业内部网，实现数据、视频、IP 电话三网合一。

我国进入 WTO 之后，为了应对激烈的市场竞争，和企业内外部的各种挑战，海尔开始实施以市场链为纽带的业务流程再造，同时改造海尔的信息化应用系统，提高企业的整体管理水平。海尔系统地设计和建立了信息化应用框架和系统，配合业务管理的需求，实施了多方面的信息化应用。

海尔 2000 年专门成立海尔电子商务有限公司，全面开展面对供应商的 B2B 业务和针对消费者个性化需求的 B2C 业务。同年，海尔在国内率先发布和建立 B2C 电子商务平台，并实现网上支付，形成以信息流带动物流和资金流的业务应用平台；2000—2001 年，建立全球领先的网上协同交易平台（B2B）；2000 年，建立集成的同步供应链管理平台，在集团范围内实施了销售、生产、采购、仓储、财务与成本等集成应用；2000—2004 年，实现生产跟踪与控制系统，在集团各产品事业部实施了 MES 全程跟踪生产质量；1998—2005 年分期建成海尔顾客服务管理系统，实现一站到位的顾客服务；2001—2003 年，海尔集团构建了先进的第三方物流管理系统，为海尔及其他知名品牌提供服务。

海尔通过电子商务采购平台和定制平台与供应商和销售终端建立起紧密的互联网关系，建立起动态企业联盟，并使企业和供应商、消费者实现互动沟通，使信息增值。在业务流程再造的基础上，海尔形成了"前台一张网，后台一条链"（前台的一张网是海尔客户关系管理网站，后台的一条链是海尔的市场链）的闭环系统，构筑了企业内部供应链系统、ERP 系统、物流配送系统、资金流管理结算系统、遍布全国的分销管理系统以及客户服务响应 Call Center 系统，并形成了以订单信息流为核心的各子系统之间无缝连接的系统集成。

本 章 小 结

本章首先介绍了管理信息系统及其相关基本概念，包括数据、信息、管理、系统、信息系统、管理信息系统等，然后介绍了管理信息系统的技术基础、开发原则、开发策略，并介绍了管理信息系统的主要开发方法，包括结构化系统开发方法、原型法、面向对象方法和 CASE 方法。最后简要介绍了两个优秀企业的信息化应用。

通过本章学习，了解了管理信息系统的基本知识，为后续管理信息系统的分析、设计和开发打下基础。

本 章 习 题

1. 名词解释

（1）信息。

（2）管理信息。

（3）信息系统。

（4）管理信息系统。

2. 简答题

（1）什么是信息？信息具有哪些特征？

（2）简述信息与数据的关系。

（3）信息系统的含义是什么？信息系统有哪些类型？

（4）什么是管理信息系统？为什么说管理信息系统还是一个社会系统？

（5）管理信息系统的功能有哪些？

（6）简述管理信息系统的技术基础。

（7）简述管理信息系统的开发策略。

（8）简述结构化系统开发方法的基本思想和特点。

（9）简述原型法开发方法的基本思想和特点。

第2章

数据库高级编程

ADO.NET 是为.NET 框架而创建的，是对 ADO（ActiveX Data Objects）对象模型的扩充。ADO.NET 提供了一组数据访问服务的类，可用于对 Microsoft SQL Server、Oracle 等数据源的一致访问。ADO.NET 模型分为.NET Data Provider（数据提供程序）和 DataSet 数据集（数据处理的核心）两大主要部分。

.NET 数据提供程序提供了四个核心对象，分别是 Connection、Command、DataReader 和 DataAdapter 对象，其功能如表 2-1 所示。

表 2-1 ADO.NET 核心对象

对 象	功 能
Connection	提供和数据源的连接功能
Command	提供访问数据库命令，执行查询数据或修改数据的功能，例如运行 SQL 命令和存储过程等
DataReader	从数据源中获取只向前的且只读的数据流
DataAdapter	是 DataSet 对象和数据源间的桥梁。DataAdapter 使用 4 个 Command 对象来运行查询、新建、修改、删除的 SQL 命令，把数据加载到 DataSet，或者把 DataSet 内的数据送回数据源

2.1 SQL Server 相关配置

在使用 C#访问数据库之前，首先创建一个名为 chap2 的数据库，此数据库作为 2.1 节及 2.2 节中例题操作的默认数据库。然后创建数据表 Products，表结构如表 2-2 所示。

表 2-2 Products 表的表结构

序号	列 名	字段说明	数据类型	长度	主键	允许空
1	ProductID	商品编号	char	4	主键	否
2	ProductName	商品名称	nvarchar	40	否	
3	SupplierName	供应商名称	nvarchar	40	否	
4	CategoryName	商品类别名称	nvarchar	40	否	
5	UnitPrice	单价	money		否	
6	UnitsInStock	库存量	smallint		否	
7	Discount	是否折扣	char	1	否	

创建完毕后可录入初始化数据若干条。

下面首先介绍几个 SQL Server 2012 的常用操作。这些操作都是初学者在实践环节及上机课的操作中出现问题较多的地方。

1. 身份验证方式

SQL Server 2012 在安装时默认是使用 Windows 验证方式的，但是安装过后用户可随时修改身份验证方式。

启动 SQL Server 2012 Management Studio，在"连接到服务器"对话框中选择"Windows 身份验证"连接服务器，连接成功后，在窗体左侧的"对象资源管理器"中右击服务器实例节点，并在弹出的快捷菜单中选择"属性"菜单项，系统将弹出"服务器属性"窗体，切换至"安全性"选项卡，如图 2-1 所示。

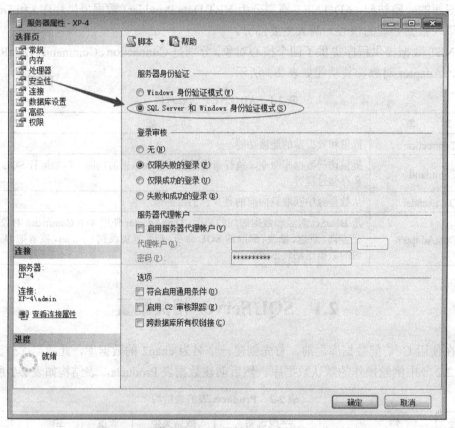

图 2-1　"服务器属性"对话框的"安全性"选项卡

在"服务器身份验证"部分选择"SQL Server 和 Windows 身份验证模式"选项，并单击【确定】按钮。系统将提示需要重新启动 SQL Server 以使配置生效，如图 2-2 所示。

右击"对象资源管理器"的服务器实例节点，在弹出的快捷菜单中选择"重新启动"菜单项，SQL Server 将重新启动服务，重启成功后即可使用混合验证方式登录 SQL Server 服务器。

图 2-2　系统提示框

2. 添加登录账户

大部分初学者都习惯于使用 SQL Server 的系统管理员账号"sa"来登录数据库服务器，而在实际工作环境中使用 sa 账号登录服务器是不合理的。因为很多情况下系统的数据库是部署在租用的数据库服务器上的，此时数据库设计人员或编程人员都不可能具有 sa 账号的使用权限，因此在将身份验证方式修改为 SQL Server 和 Windows 混合身份验证后，需要为某应用程序创建一个专用的登录账户。其操作步骤描述如下。

（1）使用 Windows 身份验证登录 SQL Server，在对象资源管理器中单击"安全性"节点前面的加号"+"，在展开后的"登录名"子节点上右击，如图 2-3 所示，并在弹出的快捷菜单中选择"新建登录名"选项。

图 2-3　登录名节点的右键菜单

（2）系统弹出"登录名-新建"对话框中，如图 2-4 所示。首先在登录名输入框中填写需要创建的用户名，这里以 zd 为例；将身份验证方式选为"SQL Server 身份验证"，为新建账户设置密码为"123"，同时取消选中"强制实施密码策略"和"用户在下次登录时必须更改密码"复选框；最后为账户选择默认数据库 chap2。

（3）服务器角色节点不予配置。有关 SQL Server 服务器角色请参考相关资料，此处不再详细介绍。

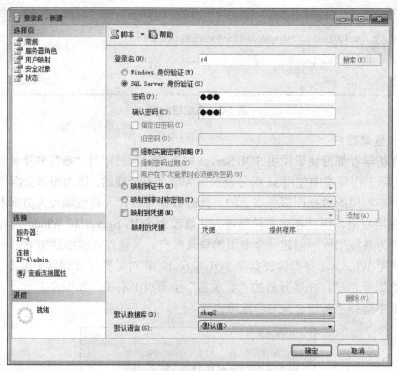

图 2-4 "登录名-新建"对话框"常规"选项卡

（4）在对话框左侧选项卡中选择"用户映射"节点，如图 2-5 所示，在"映射到此

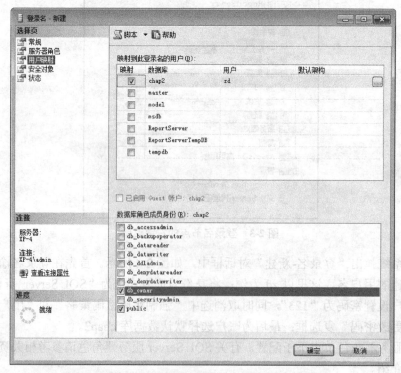

图 2-5 "登录名-新建"对话框"用户映射"选项卡

登录名的用户"列表框中，勾选此前创建好的数据库 chap2，在窗体右下方的"数据库角色成员身份"列表框里选择 db_Owner，即数据库拥有者。

（5）安全对象节点一般不予配置。

（6）在对话框左侧选项卡中选择"状态"节点，如图 2-6 所示，将"是否允许连接到数据库引擎"选项设为"授予"，同时将"登录"选项设为"已启用"。以上各节点配置完成后单击【确定】按钮，即完成了对账户的创建工作。

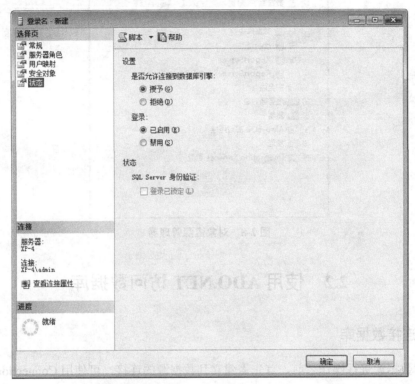

图 2-6 "登录名-新建"对话框"状态配置"选项卡

（7）新建账户完成后，重新连接 SQL Server，如图 2-7 所示，选择 SQL Server 身份

图 2-7 "连接到服务器"对话框

验证方式，输入前面设置的登录名 **zd** 及密码 123，单击【连接】按钮，即可完成登录。登录成功后在对象资源管理器中可看到服务器实例名后面显示的登录用户名，如图 2-8 所示。

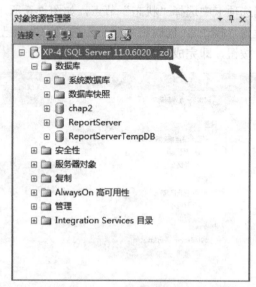

图 2-8 对象资源管理器

2.2 使用 ADO.NET 访问数据库

2.2.1 连接数据库

在对数据源进行操作之前，首先需建立到数据源的连接，可使用 Connection 对象显式创建到数据源的连接。

【例 2-1】 设计一个 Windows 应用程序，能通过 "Windows 验证" 和 "Windows 和 SQL Server 混合验证" 两种方式建立到数据库的连接。

实现过程如下。

（1）新建一个 Windows 应用程序，命名为 connection，将创建的默认窗体名更名为 frmConnect，窗体的 Text 属性设置为 "连接数据库"，界面设计如图 2-9 所示。frmConnect 窗体中的主要控件，按 Tab 键顺序，描述如表 2-3 所示。

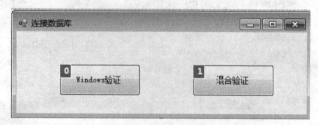

图 2-9 "连接数据库" 窗体控件 Tab 顺序

表 2-3 "连接数据库"窗体控件及说明

Tab 顺序	控件类型	控件名称	说　　明	主要属性	
				属性名	属性值
0	Button	btnConnect1	Windows 身份验证方式连接数据库	Text	Windows 验证
1		btnConnect2	混合验证方式连接数据库	Text	混合验证

（2）主要程序代码。

说明：① 本节内所有例题代码均需引用 System.Data.SqlClient 命名空间，代码如下：

```
using System.Data.SqlClient;        //添加对 SQL Server 数据访问对象的引用
```

后续例题不再逐一说明。

② 由于篇幅所限，本节中所有例题的异常捕获代码都省略了，读者需自行添加获取控件输入及访问数据库等处的异常捕获代码。

双击【Windows 验证】按钮，进入其 Click 事件处理函数，代码如下：

```
//Windows 方式连接数据库
private void btnConnect1_Click(object sender, EventArgs e)
{
    string strConn = "server=XP-4; database=chap2;integrated security =
true";                                             //连接字符串
    SqlConnection conn = new SqlConnection(strConn);    //创建连接对象
    conn.Open();                                //打开连接
    //如连接成功则弹出消息框提示
    MessageBox.Show("数据库已通过集成验证方式连接成功", "连接状态对话框");
    conn.Close();                               //使用完毕后关闭数据库连接
}
```

双击【混合验证】按钮，进入其 Click 事件处理函数，填写代码如下：

```
//SQL Server + Windows 方式连接数据库
private void btnConnect2_Click(object sender, EventArgs e)
{
    string strConn = "server=XP-4;database=chap2;uid=zd;pwd=123";
                                    //连接字符串
    SqlConnection conn = new SqlConnection(strConn);      //创建连接对象
    conn.Open();                              //打开连接
    //如连接成功则弹出消息框提示
    MessageBox.Show("数据库已通过混合验证方式连接成功", "连接状态对话框");
    conn.Close();                             //使用完毕后关闭数据库连接
}
```

数据库连接字符串包含要连接的数据库的信息，如 server 属性指定数据库服务器名称，database 属性指定数据库名称，使用 Windows 身份验证方式只需要给出 server 和

database 两个属性的值，并使用 integrated security=true 指定身份验证方式为 Windows 验证；当使用混合验证时则需要使用 uid 属性指定数据库账户、pwd 属性指定该账号的密码。

说明：上例连接字符串中的用户名 zd 和密码 123，是以本节"添加登录账户"的方式创建的，读者可自行修改为自己计算机的 SQL Server 登录名及密码。

运行程序，分别单击【Windows 验证】和【混合验证】两个按钮，如连接成功，将分别弹出不同的连接状态对话框，如图 2-10 所示。

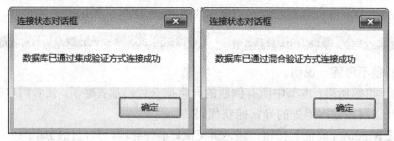

图 2-10   连接成功状态对话框

2.2.2   对数据库进行添加、修改及删除操作

在创建好到数据库的连接之后，可以使用 Command 对象对数据库进行更新操作。

【**例 2-2**】   设计一个 Windows 应用程序，能实现对数据库表的添加、修改及删除操作。

实现过程：

（1）新建一个 Windows 应用程序，命名为 operateData，将创建的默认窗体名更名为 frmCommand，窗体的 Text 属性设置为"对数据库执行添加、修改及删除操作"，界面设计如图 2-11 所示。frmCommand 窗体中的主要控件，按 Tab 键顺序，描述如表 2-4 所示。

图 2-11   "对数据库进行添加、修改及删除操作"窗体 Tab 顺序视图

表 2-4   "对数据库执行添加、修改及删除操作"窗体控件及说明

Tab 顺序	控件类型	控件名称	说　明	主　要　属　性	
				属性名	属性值
0		btnInsert	向数据库表添加一条记录	Text	添加
1	Button	btnUpdate	修改数据库表中的记录	Text	修改
2		btnDelete	删除数据库表中的记录	Text	删除

（2）主要程序代码。

① 双击【添加】按钮，进入其 Click 事件处理函数，代码如下：

```csharp
//【添加】按钮单击事件处理函数
private void btnInsert_Click(object sender, EventArgs e)
{
    string strConn = "server=XP-4;database=chap2;integrated security=
true";                                    //连接字符串
    SqlConnection conn = new SqlConnection(strConn);  //声明并创建连接对象
    conn.Open();                          //打开数据库连接
    //向商品表插入一条新记录
    string strSql="insert into Products values('0012','双层蒸锅','苏泊尔
集团','厨具',129.9,100,'false')";
    SqlCommand comm = new SqlCommand(strSql, conn);  //声明并创建命令对象
    int row = comm.ExecuteNonQuery();     //执行 SQL 语句，并获取受影响的行数
    if (row > 0)                          //如果记录插入成功，则弹出消息框提示
    {
        MessageBox.Show("插入数据成功", "操作状态对话框");
    }
    conn.Close();                         //关闭数据库连接
}
```

② 双击【修改】按钮，进入其 Click 事件处理函数，代码如下：

```csharp
//【修改】按钮单击事件处理函数
private void btnUpdate_Click(object sender, EventArgs e)
{
    string strConn = "server=XP-4;database=chap2;integrated security=true";
    SqlConnection conn = new SqlConnection(strConn);
    conn.Open();
    //修改商品表中的一条记录
    string strSql = "update Products set UnitsInStock=500 where ProductID=
'0012'";
    SqlCommand comm = new SqlCommand(strSql, conn);
    int row = comm.ExecuteNonQuery();
    if (row > 0)
    {
        MessageBox.Show("修改数据成功", "操作状态对话框");
    }
    conn.Close();
}
```

③ 双击【删除】按钮，进入其 Click 事件处理函数，代码如下：

```csharp
//【删除】按钮单击事件处理函数
private void btnDelete_Click(object sender, EventArgs e)
{
```

```
string strConn = "server=XP-4;database=chap2;integrated security=true";
SqlConnection conn = new SqlConnection(strConn);
conn.Open();
//删除商品表中的一条记录
string strSql = "delete from Products where ProductID='0012'";
SqlCommand comm = new SqlCommand(strSql, conn);
int row = comm.ExecuteNonQuery();
if (row > 0)
{
    MessageBox.Show("删除数据成功", "操作状态对话框");
}
conn.Close();
}
```

运行程序，分别单击【添加】、【修改】和【删除】按钮，如操作成功，将分别弹出不同的操作状态对话框，如图 2-12 所示。对于数据库记录的修改情况，读者可同时从 SQL Server 管理控制台访问数据库 chap2 的 Products 表进行验证。

图 2-12 操作成功状态对话框

2.2.3 查询数据库中的数据

【例 2-3】 设计一个 Windows 应用程序，使用 DataReader 查询数据库中的信息并加载到 ComboBox 控件的选项中。

实现过程：

（1）新建一个 Windows 应用程序，命名为 testDataReader，将创建的默认窗体名更名为 frmProducts，窗体的 Text 属性设置为"商品类别及名称"，界面设计如图 2-13 所示。

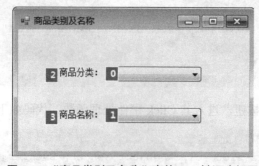

图 2-13 "商品类别及名称"窗体 Tab 键顺序视图

frmProducts 窗体中的主要控件,按 Tab 键顺序,描述如表 2-5 所示。

表 2-5 "商品类别及名称"窗体控件及说明

Tab 顺序	控件类型	控件名称	说 明	主要属性	
				属性名	属性值
0	ComboBox	comboCategory	所有商品类别名称	DropDownStyle	DropDownList
1		comboProducts	某商品类别下的商品名称	DropDownStyle	DropDownList

说明:界面中不参与编程的 Label 控件不再进行说明,以下各例题均同样处理。

(2)主要程序代码。

① 双击窗体标题栏,进入 Load 事件处理函数,实现访问数据库、为"商品类别"下拉框加载数据,代码如下:

```
//窗体加载事件处理函数,为"商品类别"组合框加载所有的商品类别数据
private void frmProducts_Load(object sender, EventArgs e)
{
    string strConn = "server=XP-4;database=chap2;integrated security=true";
                                            //连接字符串
    SqlConnection conn = new SqlConnection(strConn);  //声明并创建连接对象
    conn.Open();                            //打开数据库连接
    string strSql = "select distinct CategoryName from Products";//查询
    SqlCommand comm = new SqlCommand(strSql, conn);
    SqlDataReader dr = comm.ExecuteReader();
    while (dr.Read())
        comboCategory.Items.Add(dr[0]);         //依次加载数据项至 ComboBox
    dr.Close();
    conn.Close();
}
```

② 双击商品类别下拉框,进入其 SelectedIndexChanged 事件处理函数,根据其选项为"商品名称"下拉框加载数据,代码如下:

```
//"商品类别"下拉框选项索引变化事件处理函数,
//根据商品类别下拉框中的选项加载该类别下的所有商品名称
private void comboCategory_SelectedIndexChanged(object sender, EventArgs e)
{
    comboProducts.Items.Clear();
    string strConn = "server=XP-4;database=chap2;integrated security=true";
    SqlConnection conn = new SqlConnection(strConn);
    conn.Open();
    string strSql = "select ProductName from Products where CategoryName=
'"+comboCategory.Text+"'";
    SqlCommand comm = new SqlCommand(strSql, conn);
    SqlDataReader dr = comm.ExecuteReader();
    while (dr.Read())
```

```
          comboProducts.Items.Add(dr[0]);
      dr.Close();
      conn.Close();
  }
```

【例 2-4】 使用 DataAdaper 和 DataSet 对象查询数据库中的信息并加载到 ComboBox
控件的选项中。

实现过程：

（1）新建一个 Windows 应用程序，命名为 dataSet，将创建的默认窗体名更名为
frmProducts，窗体及各主要控件的属性设置同例 2-3。

（2）主要程序代码。

① 双击窗体标题栏，进入其 Load 事件处理函数，实现访问数据库、为"商品类别"
下拉框加载数据，代码如下：

```
//窗体加载事件处理函数，为"商品类别"组合框加载所有的商品分类数据。
private void frmProducts_Load(object sender, EventArgs e)
{
    string strConn = "server=XP-4;database=chap2;integrated security=
true";                                          //连接字符串
    SqlConnection conn = new SqlConnection(strConn); //声明并创建连接对象
    string strSql = "select distinct CategoryName from Products";
                                          //查询不重复的商品类别名称
    SqlDataAdapter da = new SqlDataAdapter(strSql, conn);
                                          //声明并创建数据适配器对象
    DataSet ds = new DataSet();                //声明并创建数据集对象
    da.Fill(ds);                          //使用数据适配器填充数据集
    comboCatagory.DataSource = ds.Tables[0];//设置商品类别下拉框数据源
    comboCatagory.DisplayMember = "CategoryName";
                                          //设置商品类别下拉框的显示属性
}
```

② 双击"商品类别"下拉框，进入其 SelectedIndexChanged 事件处理函数，根据其
选中项为"商品名称"下拉框加载数据，代码如下：

```
//"商品类别"下拉框选项索引变化事件处理函数，
//根据商品类别下拉框中的选项加载该类别下的所有商品名称
private void comboCatagory_SelectedIndexChanged(object sender, EventArgs e)
{
    string strConn="server=XP-4;database=chap2;integrated security=true";
    SqlConnection conn = new SqlConnection(strConn);
    //根据"商品类别"下拉框中的选项查询商品名称
    string strSql="select ProductName from Products where CategoryName=
'"+comboCategory.Text+"'";
    SqlDataAdapter da = new SqlDataAdapter(strSql, conn);
    DataSet ds = new DataSet();
```

```
da.Fill(ds);
comboProducts.DataSource = ds.Tables[0];//设置商品名称下拉框的数据源
comboProducts.DisplayMember = "ProductName";
                                    //设置商品名称下拉框的显示属性
}
```

思考：细心的同学会发现，例 2-3 和例 2-4 虽然运行界面完全相同，但是窗体加载之后列表框中选项的情况是有区别的。那么，区别在哪呢？原因又是什么呢？

2.2.4 数据绑定控件

【**例 2-5**】 设计一个 Windows 应用程序，能实现商品信息的维护。本例题中，程序要读取数据库中的数据，加载数据至 ListBox 和 ComboBox 控件，并根据用户在 ListBox 控件中选择的数据项再次访问数据库，获取相关记录。另外，本例题还实现了对商品表 Products 的增加、修改及删除操作。

实现过程：

（1）新建一个 Windows 应用程序，命名为 products，将创建的默认窗体名更名为 frmProducts，窗体的 Text 属性设置为"商品信息管理"，界面设计如图 2-14 所示。frmProducts 窗体中的主要控件，按 Tab 键顺序，描述如表 2-6 所示。

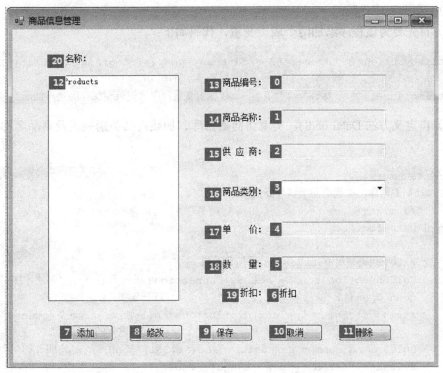

图 2-14 "商品信息管理"窗体 Tab 键顺序视图

表2-6 "商品信息管理"窗体控件及说明

Tab 顺序	控件类型	控件名称	说　明	主要属性	
				属性名	属性值
0		txtID	输入和显示商品编号	Readonly	True
1	TextBox	txtName	输入和显示商品名称	Readonly	True
2		txtSupplier	输入和显示供应商名称	Readonly	True
3	ComboBox	comboCategory	输入和显示商品类别	Enabled	False
4	TextBox	txtUnitPrice	输入和显示商品单价	Readonly	True
5		txtUnitsInStock	输入和显示库存数量	Readonly	True
6	CheckBox	chkDisc	输入和显示是否打折	Enabled	False
7		btnInsert	添加商品	Enabled	True
8		btnUpdate	修改商品	Enabled	True
9	Button	btnSave	保存数据	Enabled	False
10		btnCancel	取消编辑	Enabled	False
11		btnDelete	删除数据	Enabled	True
12	ListBox	lstProducts	商品名称列表	Enabled	True

（2）主要程序代码。

① 首先要为该程序添加两个成员变量，代码如下：

```
string strConn = "server=XP-4;database=chap2;integrated security=true";
                            //连接字符串
string insertORupdate = "";       //标识变量，用来记录要保存的是添加还是修改操作
```

② 自定义方法 DataLoad()，实现访问数据库、加载商品类别列表及商品名称列表，代码如下：

```
/// <summary>
/// 访问数据库，加载商品类别列表及商品名称列表
/// </summary>
void DataLoad()
{
    //以下代码使用 DataReader 访问数据库
    SqlConnection conn = new SqlConnection(strConn);  //创建连接对象
    conn.Open();                      //打开连接
    string strSql = "select distinct CategoryName from Products";
                                //查询不重复的商品类别名
    SqlCommand comm = new SqlCommand(strSql, conn);  //声明并创建命令对象
    SqlDataReader dr = comm.ExecuteReader();
                                    //执行查询，用 DataReader 存放数据
    while (dr.Read())                 //如果查询到数据
        comboCategory.Items.Add(dr[0]);//逐项加载商品类别名至 ComboBox
    dr.Close();                      //关闭 dataReader
```

```
//以下代码使用 DataAdapter 和 DataSet 访问数据库
strSql = "select ProductName,ProductID from Products";
                                        //查询商品名称及商品编号
SqlDataAdapter da = new SqlDataAdapter(strSql, conn);
                                        //声明并创建数据适配器对象
DataSet ds = new DataSet();             //声明并创建数据集对象
da.Fill(ds);                            //填充数据集
lstProducts.DataSource = ds.Tables[0];  //设置商品名称列表的数据源
lstProducts.DisplayMember = "ProductName"; //设置显示值属性
lstProducts.ValueMember = "ProductID";  //设置实际值属性
conn.Close();                           //关闭连接
lstProducts.SelectedIndex = -1;         //使商品名称列表没有选中项
}
```

商品管理窗体的 Load 事件处理函数，就是调用 DataLoad()方法，代码如下：

```
//窗体加载事件处理函数
private void frmProducts _Load(object sender, EventArgs e)
{
    DataLoad();
}
```

③ 声明自定义方法 controlEnabled()，控制各输入控件在"查看"和"编辑"操作时的可用性，代码如下：

```
//自定义方法，控制控件的可用性，将控件可用性分为"查看"和"编辑"两种状态
public void controlEnabled(string status)
{
    if (status == "show")        //当前为查看数据状态，控件都不可编辑
    {
        btnInsert.Enabled = true;
        btnUpdate.Enabled = true;
        btnSave.Enabled = false;
        btnCancle.Enabled = false;
        btnDelete.Enabled = true;
        chkDisc.Enabled = false;
        comboCategory.Enabled = false;
        foreach (Control c in this.Controls)
        {
            if (c is TextBox)
            {
                TextBox txtb = ((TextBox)c);
                txtb.ReadOnly = true;
            }
        }
    }
    else    //当前为编辑数据状态，控件可用
```

```
    {
            btnInsert.Enabled = false;
            btnUpdate.Enabled = false;
            btnSave.Enabled = true;
            btnCancle.Enabled = true;
            btnDelete.Enabled = false;
            chkDisc.Enabled = true;
            comboCategory.Enabled = true;
            foreach (Control c in this.Controls)
            {
                if (c is TextBox)
                {
                    TextBox txtb = ((TextBox)c);
                    txtb.ReadOnly = false;
                }
            }
    }
}
```

④ 双击 lstProducts 控件，进入其选项索引变化事件处理函数，根据选择的商品，查询该商品其他信息，并为界面其他控件赋值，代码如下：

```
//商品名称列表选项索引变化事件，根据选择的商品名称加载商品其他信息
private void lstProducts_SelectedIndexChanged(object sender, EventArgs e)
{
    //用来判断用户是否选中了有效的选项，且保证是数据加载后用户进行的操作
    if ((lstProducts.SelectedIndex != -1)
    &&(lstProducts.SelectedValue.ToString()!="System.Data.DataRowView"))
    {
    string proId = lstProducts.SelectedValue.ToString();
                                    //获取当前选中商品的商品编号
    SqlConnection conn=new SqlConnection(strConn);//声明并创建连接对象
    conn.Open();                                  //打开数据库连接
    //由商品编号查询该商品其他信息
    string strSql="select * from Products where ProductId='"+ proId+ "'";
    SqlCommand comm=new SqlCommand(strSql,conn);//声明并创建命令对象
    SqlDataReader dr=comm.ExecuteReader();//使用 DataReader 获取查询结果
    if (dr.Read())//如果查询到数据，就将该商品各字段的值赋予窗体各控件用以显示
    {
            txtID.Text = dr["ProductID"].ToString();
            txtName.Text=dr["ProductName"].ToString();
            txtSupplier.Text=dr["SupplierName"].ToString();
            comboCategory.Text = dr["CategoryName"].ToString();
            txtUnitPrice.Text=dr["UnitPrice"].ToString();
            txtUnitsInStock.Text=dr["UnitsInStock"].ToString();
            chkDisc.Checked = (dr["Discount"].ToString())== "True"?
```

```
                true:false;
        }
    dr.Close();                       //关闭 DataReader
    conn.Close();                     //关闭连接
    controlEnabled("show");           //将控件设置为查看状态          }
}
```

说明：由于为 ListBox 控件加载选项时会触发 SelectedIndexChanged 事件，此时获取到的 ListBox.SelectedValue.ToString()值为"System.Data.DataRowView"，而不是经用户选择过的商品编号，程序需过滤掉这种情况。只有完成 ListBox 控件的选项加载后，经用户选择某条商品数据时，程序才进行后续操作，如下代码即可实现这种过滤功能。

```
if ((lstProducts.SelectedIndex != -1)&&
(lstProducts.SelectedValue.ToString()!="System.Data.DataRowView"))
```

⑤ 双击 btnInsert 按钮，进入其 Click 事件处理函数，清空所有输入控件并使其为可编辑状态，设置编辑状态为 insert，真正的插入操作在 btnSave 的 Click 事件处理函数中进行，代码如下：

```
//【添加】按钮单击事件处理函数
private void btnInsert_Click(object sender, EventArgs e)
{
    insertORupdate = "insert";       //设置标识变量为添加操作
    controlEnabled("edit");          //将控件设置为编辑状态
    //清空所有控件
    foreach (Control c in this.Controls)
    {
        if (c is TextBox)
        {
            TextBox txtb = ((TextBox)c);
            txtb.Text = "";
        }
    }
    comboCategory.SelectedIndex = -1;
    chkDisc.Checked = false;
}
```

⑥ 双击 btnUpdate 按钮，进入其 Click 事件处理函数，使各输入控件为可编辑状态，设置编辑状态为 update，真正的修改操作在 btnSave 的 Click 事件处理函数中进行，代码如下：

```
//【修改】按钮单击事件处理函数
private void btnUpdate_Click(object sender, EventArgs e)
{
    controlEnabled("edit");
    txtID.ReadOnly = true;                //商品编号不能修改
```

```
    insertORupdate = "update";          //设置标志变量为修改操作
}
```

⑦ 双击 btnSave 按钮，进入其 Click 事件处理函数，根据编辑状态对数据库进行 insert 或 update 操作，代码如下：

```
//【保存】按钮单击事件处理函数，完成添加和修改操作
private void btnSave_Click(object sender, EventArgs e)
{
    SqlConnection conn = new SqlConnection(strConn); //声明并创建连接对象
    conn.Open();                                     //打开数据库连接
    //下面一段代码将保存添加的商品数据
    if (insertORupdate == "insert")
    {
        string strSql = "insert into Products values(@ProductID,
        @ProductName,@SupplierName,@CategoryName,@UnitPrice,
        @UnitsInStock,@Discount)";
        SqlCommand comm = new SqlCommand(strSql, conn);
        comm.Parameters.Add(new SqlParameter("@ProductID", txtID.Text));
        comm.Parameters.Add(new SqlParameter("@ProductName",
                            txtName.Text));
        comm.Parameters.Add(new SqlParameter("@SupplierName",
                            txtSupplier.Text));
        comm.Parameters.Add(new SqlParameter("@CategoryName",
                            comboCategory.Text));
        comm.Parameters.Add(new SqlParameter("@UnitPrice",
                            float.Parse (txtUnitPrice.Text)));
        comm.Parameters.Add(new SqlParameter("@UnitsInStock",
                            float.Parse(txtUnitsInStock.Text)));
        comm.Parameters.Add(new SqlParameter("@Discount",
                            (chkDisc.Checked == true ? "1" : "0")));
        if (comm.ExecuteNonQuery() > 0)
            MessageBox.Show("添加商品信息成功！");
        else
            MessageBox.Show("添加商品信息失败！");
    }
    //下面一段代码将保存修改的商品数据
    else
    {
        string strSql = "update Products set ProductName=@ProductName,
        SupplierName=@SupplierName, CategoryName=@CategoryName,
        UnitPrice=@UnitPrice, UnitsInStock=@UnitsInStock, Discount=
        @Discount where ProductID=@ProductID";
        SqlCommand comm = new SqlCommand(strSql, conn);
        comm.Parameters.Add(new SqlParameter("@ProductID", txtID.Text));
        comm.Parameters.Add(new SqlParameter("@ProductName",
```

```
                                      txtName.Text));
            comm.Parameters.Add(new SqlParameter("@SupplierName",
                                      txtSupplier.Text));
            comm.Parameters.Add(new SqlParameter("@CategoryName",
                                      comboCategory.Text));
            comm.Parameters.Add(new SqlParameter("@UnitPrice",
                                      float.Parse(txtUnitPrice.Text)));
            comm.Parameters.Add(new SqlParameter("@UnitsInStock",
                                      float.Parse(txtUnitsInStock.Text)));
            comm.Parameters.Add(new SqlParameter("@Discount",
                                      (chkDisc.Checked == true ? "1" : "0")));
            if (comm.ExecuteNonQuery() > 0)
                MessageBox.Show("更新商品信息成功！");
            else
                MessageBox.Show("更新商品信息失败！");
    }
    conn.Close();                   //关闭数据库连接
    DataLoad();                     //重新访问数据库，刷新界面显示的商品信息
    controlEnabled("show");         //将控件设置为查看状态
}
```

说明：代码中出现的 SqlParameter 类为 SQL 命令对象类。命令对象可使用参数来将值传递给 SQL 语句或存储过程，提供类型检查和验证。与命令文本不同，参数输入被视为文本值，而不是可执行代码，这样可帮助抵御 "SQL 注入" 攻击，这种攻击的攻击者会将命令插入 SQL 语句，从而危及服务器的安全。一般来说，在更新 DataTable 或是 DataSet 时，如果不采用 SqlParameter，那么当输入的 SQL 语句出现歧义时，如字符串中含有单引号，程序就会发生错误，并且他人可以轻易地通过拼接 SQL 语句来进行注入攻击。

参数化命令还可提高查询执行性能，因为它们可帮助数据库服务器将传入命令与适当的缓存查询计划进行准确匹配。除具备安全和性能优势外，参数化命令还提供一种用于组织传递到数据源的值的便捷方法。

⑧ 双击 btnCancel 按钮单击事件处理函数，控制各输入控件的可编辑状态，恢复查看状态，代码如下：

```
//【取消】按钮单击事件处理函数，退出编辑状态
private void btnCancel_Click(object sender, EventArgs e)
{
    controlEnabled("show");    //将控件设置为查看状态
}
```

⑨ 双击 btnDelete 按钮，进入其 Click 事件处理函数，根据选择商品的编号删除该商品信息，代码如下：

```
//【删除】按钮单击事件处理函数
```

```
private void btnDelete_Click(object sender, EventArgs e)
{
    SqlConnection conn = new SqlConnection(strConn);
    conn.Open();
    string strSql = "delete from Products where ProductID=@ProductID";
    SqlCommand comm = new SqlCommand(strSql, conn);
    comm.Parameters.Add(new SqlParameter("@ProductID", txtID.Text));
    if (comm.ExecuteNonQuery() > 0)
        MessageBox.Show("删除商品信息成功！");
    else
        MessageBox.Show("删除商品信息失败！");
    conn.Close();                 //关闭数据库连接
    DataLoad();                   //重新访问数据库，刷新界面显示的商品信息
    controlEnabled("show");       //将控件设置为查看状态
}
```

　　运行程序，显示"商品信息管理"界面，如图 2-15 所示。界面左侧的商品名称列表中加载了所有的商品名称，单击任一商品名称，右侧商品详细信息区域的各控件中将加载该商品记录的其他字段，【添加】、【修改】和【删除】按钮可用，【保存】和【取消】按钮不可用。

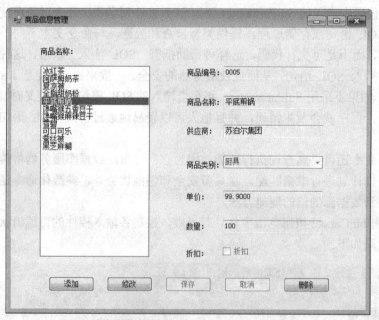

图 2-15　"商品信息管理"界面

　　单击【添加】按钮后，右侧控件全部清空，【保存】和【取消】按钮可用，同时【修改】和【删除】按钮不可用。如单击【修改】按钮，则右侧控件均为可编辑状态（ReadOnly 属性为 False，商品类别及折扣控件 Enabled 属性为 True），按钮可用性同上。

　　【例 2-6】　设计一个 Windows 应用程序，能实现对个人年龄及爱好的维护功能。

本例题中，程序要构造一个数据集（DataSet），添加一个数据表（DataTable）并插入数据，将构造好的 DataSet 设置为 DataGridView 控件的数据源。另外，还实现了对数据表的增加、修改及删除操作。

实现过程：

（1）新建一个 Windows 应用程序，命名为 operateDataSet，将创建的默认窗体名更名为 frmDataSet，窗体的 Text 属性设置为"DataSet 操作"，界面设计如图 2-16 所示。frmDataSet 窗体中的主要控件，按 Tab 键顺序，描述如表 2-7 所示。

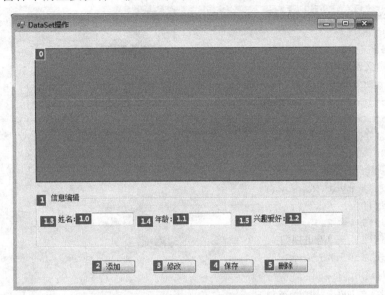

图 2-16　"DataSet 操作"Tab 键顺序视图

表 2-7　"DataSet 操作"窗体控件及说明

Tab 顺序	控件类型	控件名称	说　　明	主 要 属 性	
				属性名	属性值
0	DataGridView	dgvHobby	显示个人年龄及爱好	SelectionMode	FullRowSelect
1	GroupBox	groupBoxEdit	输入和显示商品类别	Text	信息编辑
1.0		txtName	输入和显示姓名	Readonly	True
1.1	TextBox	txtAge	输入和显示年龄	Readonly	True
1.2		txtHobby	输入和显示兴趣爱好	Readonly	True
2		btnInsert	添加信息	Enabled	True
3		btnUpdate	修改信息	Enabled	True
4	Button	btnSave	保存信息	Enabled	False
5		btnDelete	删除信息	Enabled	True

（2）主要程序代码。

① 首先要为该程序添加 4 个成员变量，代码如下：

```
//声明数据集、数据表及数据行对象
DataSet myds = new DataSet();
DataTable mydt;
DataRow mydr;
string insertORupdate;                    //标识符变量，值为"添加"或"修改"
```

② 双击窗体标题栏，进入其 Load 事件处理函数，实现构造数据集、添加数据表并插入初始数据，最终作为数据源显示在 dgvHobby 中，代码如下：

```
private void frmDataSet_Load(object sender, EventArgs e)
{
    mydt = new DataTable("hobby");   //创建数据表对象
    //定义表结构
    mydt.Columns.Add(new DataColumn("姓名", typeof(string)));
    mydt.Columns.Add(new DataColumn("年龄", typeof(Int32)));
    mydt.Columns.Add(new DataColumn("爱好", typeof(string)));
    //为数据表设置主键是为了在删除的时候可以定位到要删除的记录
    mydt.PrimaryKey = new DataColumn[] { mydt.Columns["姓名"] };
    //新建一行数据
    mydr = mydt.NewRow();
    mydr[0] = "张三";
    mydr[1] = 21;
    mydr[2] = "看电视";
    mydt.Rows.Add(mydr);
    //新建第二行数据
    mydr = mydt.NewRow();
    mydr[0] = "李四";
    mydr[1] = 22;
    mydr[2] = "打篮球";
    mydt.Rows.Add(mydr);
    myds.Tables.Add(mydt);                 //加入生成的表到数据集
    dgvHobby.DataSource = myds.Tables["hobby"].DefaultView;
                                           //将数据显示到数据绑定控件
}
```

此处要补充说明的是 DataTable.PrimaryKey 属性，获取或设置充当数据表主键的列的数组。因为主键可由多列组成，所以 PrimaryKey 属性由 DataColumn 对象的数组组成。如 DataTable 对象不设置 PrimaryKey 属性，则删除时将不能通过 DataTable.Rows.Find() 方法找到需要删除的数据行。

③ 双击 btnInsert 按钮，进入其 Click 事件处理函数，主要功能是控制按钮及各输入控件的可用性，真正的添加和修改操作，都是在 btnSave 按钮中完成的，代码如下：

```
//【添加】按钮单击事件处理函数
private void btnInsert_Click(object sender, EventArgs e)
{
    txtName.ReadOnly = false;          //清空输入控件并使之可编辑
```

```
    txtName.Text = "";
    txtAge.ReadOnly = false;
    txtAge.Text = "";
    txtHobby.ReadOnly = false;
    txtHobby.Text = "";
    insertORupdate = "insert";        //设置标识变量
    btnInsert.Enabled = false;        //控制按钮可用性
    btnUpdate.Enabled = false;
    btnSave.Enabled = true;
}
```

④ 双击 btnUpdate 按钮，进入其 Click 事件处理函数，主要功能是控制按钮及各输入控件的可用性，真正的添加和修改操作，都是在 btnSave 按钮中完成的，代码如下：

```
//【修改】按钮单击事件处理函数
private void btnUpdate_Click(object sender, EventArgs e)
{
    txtName.ReadOnly = false;          //使输入控件可编辑
    txtAge.ReadOnly = false;
    txtHobby.ReadOnly = false;
    insertORupdate = "update";         //设置标识变量
    btnUpdate.Enabled = false;         //控制按钮可用性
    btnInsert.Enabled = false;
    btnSave.Enabled = true;
}
```

⑤ 双击 btnSave 按钮，进入 Click 事件处理函数，主要功能是实现对 DataSet 的添加及修改，并控制按钮及输入控件的可用性，代码如下：

```
//【保存】按钮单击事件处理函数
private void btnSave_Click(object sender, EventArgs e)
{
    if (insertORupdate == "insert")   //如要保存的是添加的结果
    {
        //新建一行数据
        mydr = mydt.NewRow();
        mydr[0] = txtName.Text.Trim();
        mydr[1] = Int32.Parse(txtAge.Text.Trim());
        mydr[2] = txtHobby.Text.Trim();
        mydt.Rows.Add(mydr);
    }
    else    //如要保存的是修改的结果
    {
        //修改一行数据
        int rowNumber = dgvHobby.CurrentRow.Index;  //获取当前行索引
        mydt.Rows[rowNumber][0] = txtName.Text.Trim();
```

```
        mydt.Rows[rowNumber][1] = Int32.Parse(txtAge.Text.Trim());
        mydt.Rows[rowNumber][2] = txtHobby.Text.Trim();
    }
    btnInsert.Enabled = true;                    //控制按钮可用性
    btnUpdate.Enabled = true;
    btnSave.Enabled = false;
}
```

⑥ 双击 btnDelete 按钮，进入其 Click 事件处理函数，首先从 dgvHobby 控件中获取选中行中的"姓名"属性值，然后使用 DataTable.Rows.Find()方法通过数据表的主键"姓名"找到指定数据行，最后从数据表的行集合中移除指定行，代码如下：

```
//【删除】按钮单击事件处理函数
private void btnDelete_Click(object sender, EventArgs e)
{
    //获取选中行的主键，即"姓名"的值
    string name = dgvHobby.SelectedRows[0].Cells[0].Value.ToString();
    DataRow drow = mydt.Rows.Find(name);        //获取由主键指定的数据行
    mydt.Rows.Remove(drow);                      //移除指定的数据行
}
```

⑦ 选择 dgvHobby 控件，并从事件列表中进入其 CellClick 事件处理函数，其功能为当单击一条数据时，在各输入控件中加载相应字段的值，代码如下：

```
//DataGridView 单击单元格事件处理函数，将选中数据加载至控件并控制控件可编辑性
private void dgvHobby_CellClick(object sender, DataGridViewCellEventArgs e)
{
    if (e.RowIndex <= (mydt.Rows.Count - 1))
    {
        txtName.ReadOnly = true;
        txtAge.ReadOnly = true;
        txtHobby.ReadOnly = true;
        btnInsert.Enabled = true;
        btnUpdate.Enabled = true;
        btnSave.Enabled = false;
        int rowNumber = e.RowIndex;
        txtName.Text = mydt.Rows[rowNumber][0].ToString();
        txtAge.Text = mydt.Rows[rowNumber][1].ToString();
        txtHobby.Text = mydt.Rows[rowNumber][2].ToString();
    }
}
```

程序运行界面如图 2-17 所示。

程序操作流程不再描述。本例题所有数据都在内存中处理，没有连接数据库。读者也可把例题改造为操作从数据库填充的数据集。

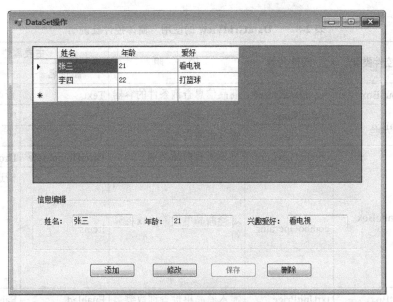

图 2-17　DataSet 操作运行效果图

【例 2-7】　设计一个 Windows 应用程序，能实现商品信息维护。本例题中，要实现使用 DataGridView 控件显示数据库中的数据，并提供组合条件的查询及对数据的添加、删除及修改功能。

实现过程：

（1）新建一个 Windows 应用程序，命名为 dataGridView，将创建的默认窗体名更名为 frmProducts，窗体的 Text 属性设置为 "DataGridView 的使用"，界面设计如图 2-18 所示。frmProducts 窗体中的主要控件，按 Tab 键顺序，描述如表 2-8 所示。

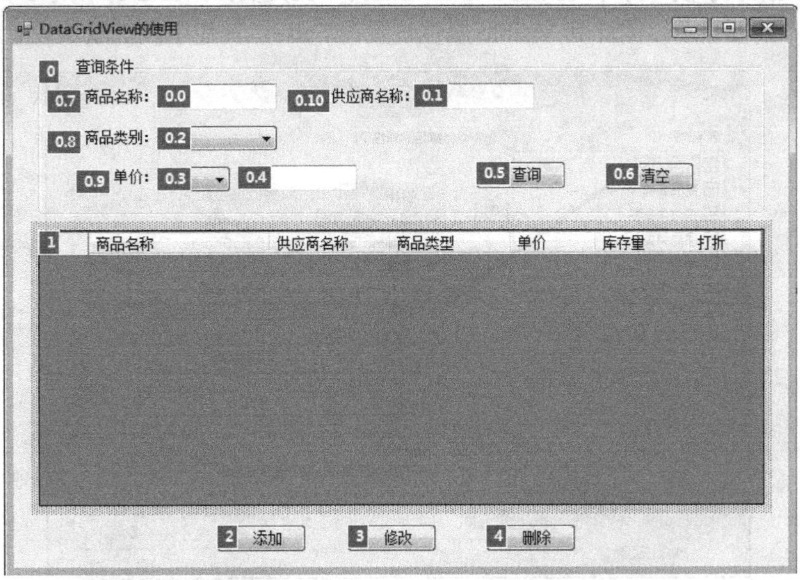

图 2-18　"DataGridView 的使用" 窗体 Tab 键顺序视图

表 2-8　　"DataGridView 的使用" 窗体控件及说明

Tab 顺序	控件类型	控件名称	说　　明	主要属性	
				属性名	属性值
0	GroupBox	groupBoxQuery	商品信息查询条件的容器	Text	查询条件
0.0	TextBox	txtProName	输入商品名称	Text	""
0.1		txtSupName	输入供应商名称	Text	""
0.2		comboCategory	显示所有商品类别	DropDownStyle	DropDownList
0.3	ComboBox	comboOperator	选择商品单价的比较运算符	Items	请选择 < <= = > >=
0.4	TextBox	txtUnitPrice	输入商品单价查询数额	Enabled	False
0.5	Button	btnSelect	查询符合条件的商品记录	Text	查询
0.6		btnClear	清空所有查询条件	Text	清空
1	DataGridView	dGVProducts	显示商品信息	SelectionMode	FullRowSelect
2		btnInsert	添加信息	Text	添加
3	Button	btnUpdate	修改信息	Text	修改
4		btnDelete	删除信息	Text	删除

（2）对于控件 dGVProducts，需要对列进行编辑，为每列指定属性 DataPropertyName 为对应的数据表字段，为每列指定 HeaderText 为中文列头，如图 2-19 所示。其中"商品编号"列不需要显示，因此其 Visible 属性设置为 False，其他字段都默认设置为 True。

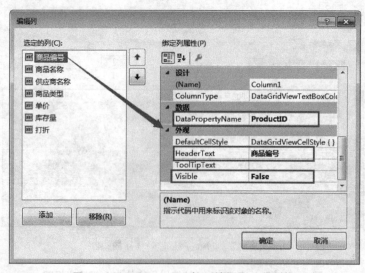

图 2-19　dGVProducts 的"编辑列"对话框

dGVProducts 中各列的属性设置如表 2-9 所示。

表 2-9 dGVProducts 中各列的属性设置表

列 头 文 本	属 性 名	属 性 值
商品编号	DataPropertyName	ProductID
	Visible	False
商品名称	DataPropertyName	ProductName
供应商名称	DataPropertyName	SupplierName
商品类型	DataPropertyName	CategoryName
单价	DataPropertyName	UnitPrice
库存量	DataPropertyName	UnitsInStock
打折	DataPropertyName	Discount

（3）添加一个 Windows 窗体，修改名称为 frmDetails，并设计界面如图 2-20 所示。frmDetails 窗体中的主要控件，按 Tab 键顺序，描述如表 2-10 所示。

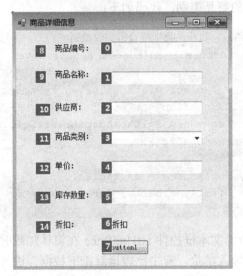

图 2-20 "商品详细信息"窗体 Tab 键顺序视图

表 2-10 "商品详细信息"窗体控件及说明

Tab 顺序	控件类型	控件名称	说　明	主要属性	
				属性名	属性值
0		txtID	输入和显示商品编号	Text	""
1	TextBox	txtName	输入和显示商品名称	Text	""
2		txtSupplier	输入和显示供应商	Text	""
3	ComboBox	comboCategory	用于选择商品类别	DropDownStyle	DropDownList
4	TextBox	txtUnitPrice	输入和显示单价	Text	""
5		txtUnitsInStock	输入和显示库存数量	Text	""

续表

Tab 顺序	控件类型	控件名称	说　明	主要属性	
				属性名	属性值
6	Check	chkDisc	勾选是否有折扣	Text	折扣
				Checked	False
7	Button	btnOperate	操作按钮，用于添加或修改		

（4）商品信息管理窗体（frmProducts）的主要代码。

① 首先要为该程序添加3个成员变量，代码如下：

```
string strConn = "server=XP-4;database=chap2;integrated security=true";
                       //连接字符串
SqlConnection conn;    //声明连接对象为全局变量
string strSql;         //声明字符串变量，用来存储 SQL 语句
```

② 双击窗体，进入其窗体加载事件处理函数，连接数据库并查询 Products 表，为商品类别组合框加载所有的商品类别，代码如下：

```
//窗体加载事件处理函数，为商品类别组合框加载数据
private void frmProducts_Load(object sender, EventArgs e)
{
    string strSql = "select distinct CategoryName from Products";
    conn = new SqlConnection(strConn);
    SqlDataAdapter da = new SqlDataAdapter(strSql, conn);
    DataSet ds = new DataSet();
    da.Fill(ds);
    comboCategory.DataSource = ds.Tables[0];
    comboCategory.DisplayMember = "CategoryName";
}
```

③ 输入及显示单价的文本框控件 txtUnitPrice 在窗体加载时为不可用，在用户选择过比较运算符之后才可输入单价。双击比较运算符下拉框，进入其选项索引变化事件处理函数，代码如下：

```
//当单价的比较条件被选择时，后面的文本框才可以输入数字
private void comboOperator_SelectedIndexChanged(object sender, EventArgs e)
{
    if (comboOperator.SelectedIndex != -1)
        txtUnitPrice.Enabled = true;
    else
        txtUnitPrice.Enabled = false;
}
```

④ 定义方法 Query()，按用户在"查询条件"分组框各控件中输入的查询条件对商品信息实现组合条件查询。

```
//自定义方法，用于查询
private void Query()
{
    //此处在获取每个控件的值时的异常捕获省略了
    string strSql = "select * from Products where 1=1";
    if (txtProName.Text != "")    //如果"商品名称"不为空，则加入查询条件
        strSql += "and ProductName like'%" + txtProName.Text.Trim() + "%'";
    if (txtSupName.Text != "")      //如果"供应商名称"不为空，则加入查询条件
        strSql += "and SupplierName like'%" + txtSupName.Text.Trim() + "%'";
    if (txtUnitPrice.Text != "")   //如果"单价"不为空，则将比较运算符和单价
                                    //加入查询条件
        strSql += " and UnitPrice " + comboOperator.Text +
        txtUnitPrice.Text.Trim();
    if (comboCategory.SelectedIndex > -1)    //如果"商品类别"不为空，则加入
                                             //查询条件
        strSql += "and CategoryName='" + comboCategory.Text + "'";
    conn = new SqlConnection(strConn);
    SqlDataAdapter da = new SqlDataAdapter(strSql, conn);
    DataSet ds = new DataSet();
    da.Fill(ds);
    dGVProducts.DataSource = ds.Tables[0];
}
```

说明： 组合条件查询的实现技巧在于 where 子句的构造。由于事先无法判断用户会在哪个控件中输入查询条件，所以在 where 子句中先构造一个永真的条件，如本例中的"1=1"，然后依次判断各个查询条件的输入控件是否有值，如用户有输入，则将该条件连接在 where 子句后面。

⑤ 双击 btnSelect 按钮，进入其 Click 事件处理函数，调用 Query()方法，代码如下：

```
// "查询"按钮单击事件处理函数，实现组合查询
private void btnSelect_Click(object sender, EventArgs e)
{
    Query();
}
```

⑥ 双击 btnClear 按钮，进入其 Click 事件处理函数，清空查询条件，代码如下：

```
// "清空"按钮单击事件处理函数，清空所有查询条件及结果
private void btnClear_Click(object sender, EventArgs e)
{
    //清空所有控件中的查询条件
    foreach (Control c in groupBoxQuery.Controls)
    {
        if (c is TextBox)
            ((TextBox)c).Text = "";
        if(c is ComboBox)
```

```
                ((ComboBox)c).SelectedIndex=-1;
        }
        //清空 DataGridView 中的数据
        DataTable dt = (DataTable)dGVProducts.DataSource;
        dt.Rows.Clear();
        dGVProducts.DataSource = dt;
    }
```

说明：要清空 DataGridView 中的数据，使用 datagridview.DataSource=null 是不行的，这样会使编辑过的列头消失，使用 datagridview.Columns.Clear() 的效果也一样。如果使用 datagridview.Rows.Clear() 则会显示"不能清除此列表"。因此，想清空 DataGridView 中的数据又不影响列头就需要使用 DataTable 对象，如上述代码所示。

⑦ 双击 btnInsert 按钮，进入 Click 事件处理函数，弹出商品详细信息窗体（frmDetails）同时需传入商品详细信息窗体如下几个变量：

- 操作状态（insert），以确定在商品详细信息窗体中需进行的相关操作。
- dGVProducts 控件的引用，以在添加完毕后刷新 frmProducts 窗体中的 dGVProducts 控件中的数据。代码如下：

```
//【添加】按钮单击事件处理函数
private void btnInsert_Click(object sender, EventArgs e)
{
    frmDetails frm = new frmDetails();
    frm.insertORupdate = "insert";   //以 insert 方式打开详细信息窗体
    frm.dgv = dGVProducts;           //将 DataGridView 的引用传入详细信息编辑窗体
    frm.Show();
}
```

说明：上述代码中向 frmDetails 窗体传值，在编写这段代码之前需要先在 frmDetail 窗体的代码中声明相应字段，请参阅后面的代码。

⑧ 双击 btnUpdate 按钮，进入 Click 事件处理函数，弹出商品详细信息窗体（frmDetails）。同时需传入商品详细信息窗体如下几个变量：

- 操作状态（update），以确定在商品详细信息窗体中需进行的相关操作。
- dGVProducts 控件的引用，以在修改完毕后刷新 frmProducts 窗体中的 dGVProducts 控件中的数据。
- 用户在商品信息列表中选择的商品的编号，以在商品详细信息窗体中加载该商品的所有字段值，代码如下：

```
//【修改】按钮单击事件处理函数
private void btnUpdate_Click(object sender, EventArgs e)
{
    frmDetails frm = new frmDetails();
    frm.insertORupdate = "update";   //以 update 方式打开详细信息窗体
    frm.dgv = dGVProducts;               //将 DataGridView 的引用传入详细信息窗体
    //取当前行的商品编号字段传入详细信息窗体
```

```
    frm.pId = dGVProducts.CurrentRow.Cells[0].Value.ToString();
    frm.Show();
}
```

⑨ 双击 btnDelete 按钮，进入 Click 事件处理函数，删除所选行的记录，并刷新商品信息列表。

```
//【删除】按钮单击事件处理函数
private void btnDelete_Click(object sender, EventArgs e)
{
    conn = new SqlConnection(strConn);
    conn.Open();
    string strSql = "delete from Products where ProductID=@ProductID";
    SqlCommand comm = new SqlCommand(strSql, conn);
    comm.Parameters.Add(new SqlParameter("@ProductID",
    dGVProducts.CurrentRow.Cells[0].Value.ToString()));
    if (comm.ExecuteNonQuery() > 0)   //如该命令影响的记录行数>0
        MessageBox.Show("删除商品信息成功！");
    else
        MessageBox.Show("删除商品信息失败！");
    conn.Close();
    Query();                          //重新访问数据库，刷新界面显示的商品信息
}
```

（5）商品详细信息窗体（frmDetails）主要代码。

① 首先声明几个变量，如下所示：

```
public string insertORupdate = "";   //标识变量，记录是由添加还是修改进入当前
                                     //窗体的
public DataGridView dgv;       //存放商品列表窗体中的 DataGridView 控件引用
public string pId = "";        //待修改的商品编号
string strConn = "server=XP-4;database=chap2;integrated security=true";
                               //连接字符串
string strSql;                 //全局变量，用来存放待执行的 SQL 语句
```

② 双击窗体标题栏，进入其 Load 事件处理函数，首先从数据库表中查询出不重复的商品类别名称并加载至商品类别下拉框（ComboCategory），然后根据标识变量的值确定后续要执行的代码：

- 如是 insert，则将 btnOperate 的 Text 属性设置为"添加"。
- 如是 update，则将 btnOperate 的 Text 属性设置为"修改"，然后根据从 frmProducts 传过来的待修改商品编号 pId 访问数据库，查询该商品的其他字段，为界面其他控件赋值，代码如下：

```
//窗体加载事件处理函数
private void frmDetails_Load(object sender, EventArgs e)
{
```

```
//为"商品类别"下拉框加载数据
SqlConnection conn = new SqlConnection(strConn);  //创建连接对象
string strSql = "select distinct CategoryName from Products";
                                         //查询不重复的商品类别名
SqlDataAdapter da = new SqlDataAdapter(strSql, conn);
                                         //声明并创建数据适配器对象
DataSet ds = new DataSet();              //声明并创建数据集
da.Fill(ds);                             //填充数据集
comboCategory.DataSource = ds.Tables[0];//设置数据源
//根据标识变量的值确定按钮上的文字
if (insertORupdate == "insert")
{
    btnOperate.Text = "添加";
}
else
{
    btnOperate.Text = "修改";
    txtID.ReadOnly = true;
    conn = new SqlConnection(strConn);  //创建连接对象
    conn.Open();                        //打开连接
    strSql = "select * from Products where ProductID='" + pId + "'";
                                        //查询指定商品的所有字段
    SqlCommand comm = new SqlCommand(strSql, conn);//声明并创建命令对象
    SqlDataReader dr = comm.ExecuteReader();
                                        //执行查询,用 DataReader 存放数据
    if (dr.Read())                      //如果查询到数据
    {
        //根据商品编号访问数据库，为各控件加载数据
        txtID.Text = pId;
        txtName.Text = dr["ProductName"].ToString();
        txtSupplier.Text=dr["SupplierName"].ToString();
        comboCategory.Text = dr["CategoryName"].ToString();
        txtUnitPrice.Text = dr["UnitPrice"].ToString();
        txtUnitsInStock.Text = dr["UnitsInStock"].ToString();
        chkDisc.Checked = (dr["Discount"].ToString() == "True");
    }
    dr.Close();                         //关闭 dataReader
    conn.Close();                       //关闭数据库连接
}
}
```

③ 双击 btnOperate 按钮，进入其 Click 事件处理函数，根据从列表窗体传过来的操作类别（insert 或 update）对数据库执行添加或修改操作，代码如下：

```
//操作按钮单击事件处理函数，根据从列表窗体传过来的操作类别访问数据库
private void btnOperate_Click(object sender, EventArgs e)
```

```
{
    SqlConnection conn = new SqlConnection(strConn);    //声明并创建连接对象
    conn.Open();    //打开数据库连接
    //下面一段代码将保存添加的商品数据
    if (insertORupdate == "insert")
    {
        strSql = "insert into Products values(@ProductID, @ProductName,
                @SupplierName, @CategoryName, @UnitPrice, @UnitsInStock,
                @Discount)";
        SqlCommand comm = new SqlCommand(strSql, conn);
        comm.Parameters.Add(new SqlParameter("@ProductID", txtID.Text));
        comm.Parameters.Add(new SqlParameter("@ProductName", txtName.Text));
        comm.Parameters.Add(new SqlParameter("@SupplierName",
                        txtSupplier.Text));
        comm.Parameters.Add(new SqlParameter("@CategoryName",
                        comboCategory.Text));
        comm.Parameters.Add(new SqlParameter("@UnitPrice",
                        float.Parse(txtUnitPrice.Text)));
        comm.Parameters.Add(new SqlParameter("@UnitsInStock",
                        float.Parse(txtUnitsInStock.Text)));
        comm.Parameters.Add(new SqlParameter("@Discount",
                        (chkDisc.Checked == true ? "1" : "0")));
        if (comm.ExecuteNonQuery() > 0)
            MessageBox.Show("添加商品信息成功!");
        else
            MessageBox.Show("添加商品信息失败!");
    }
    //下面一段代码将保存修改的商品数据
    else
    {
        strSql = "update Products set ProductName=@ProductName,
                SupplierName=@SupplierName, CategoryName=@CategoryName,
                UnitPrice=@UnitPrice,UnitsInStock=@UnitsInStock,
                Discount=@Discount where ProductID=@ProductID";
        SqlCommand comm = new SqlCommand(strSql, conn);
        comm.Parameters.Add(new SqlParameter("@ProductID",
                        txtID.Text));
        comm.Parameters.Add(new SqlParameter("@ProductName",
                        txtName.Text));
        comm.Parameters.Add(new SqlParameter("@SupplierName",
                        txtSupplier.Text));
        comm.Parameters.Add(new SqlParameter("@CategoryName",
                        comboCategory.Text));
        comm.Parameters.Add(new SqlParameter("@UnitPrice",
                        float.Parse(txtUnitPrice.Text)));
        comm.Parameters.Add(new SqlParameter("@UnitsInStock",
```

```
                                        float.Parse(txtUnitsInStock.Text)));
        comm.Parameters.Add(new SqlParameter("@Discount",
                            (chkDisc.Checked == true ? "1" : "0")));
        if (comm.ExecuteNonQuery() > 0)
            MessageBox.Show("更新商品信息成功! ");
        else
            MessageBox.Show("更新商品信息失败! ");
    }
    //刷新商品列表界面的 DataGridView 控件
    strSql = "select * from Products";
    SqlDataAdapter da = new SqlDataAdapter(strSql, conn);
    DataSet ds = new DataSet();
    da.Fill(ds);
    dgv.DataSource = ds.Tables[0];
    conn.Close();
}
```

总结：本例题是一个综合性较强的题目，其中包含了组合条件查询、DataGridView 控件的数据绑定、对数据库的增加、删除及修改操作，还包括窗体之间传递控件引用等知识点。读者可结合自己要做的习题要求，使用本例题中讲解的代码。

【**例 2-8**】 设计一个 Windows 应用程序，能实现商品信息的增加、删除、修改。本例题中，仅使用 DataGridView 完成对数据的显示及编辑操作，实现面向无连接的数据加载、批量添加、修改及删除操作。代码中需要使用 DataAdapter、DataSet 和 CommandBuilder 对象。

实现过程如下：

（1）新建一个 Windows 应用程序，命名为 commandBuilder，将创建的默认窗体名更名为 frmProducts，窗体的 Text 属性设置为"DataGridView 直接编辑数据"，界面设计如图 2-21 所示。frmProducts 窗体中的主要控件，按 Tab 键顺序，描述如表 2-11 所示。

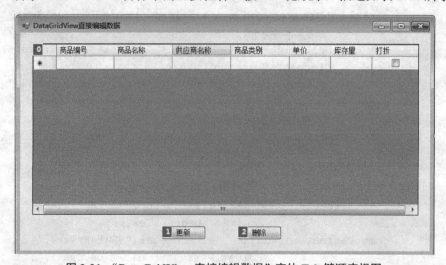

图 2-21 "**DataGridView** 直接编辑数据"窗体 **Tab** 键顺序视图

表 2-11 DataGridView 直接编辑数据窗体控件及说明

Tab 顺序	控件类型	控件名称	说 明	主要属性	
				属性名	属性值
0	DataGridView	dgvProducts	显示及编辑商品详细信息		需要编辑列
1	Button	btnUpdate	将添加和修改提交至数据源	Text	更新
2		btnDelete	删除多行数据并提交至数据源	Text	删除

其中 dgvProducts 控件编辑列时，"打折"列的 ColumnType 设计为 DataGridViewCheckBoxColumn，对其"数据"部分的属性设置如图 2-22 所示。

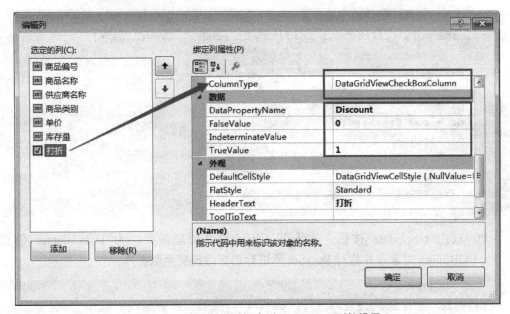

图 2-22 编辑列对话框中对 CheckBox 列的设置

dgvProducts 中各列的属性设置如表 2-12 所示。

表 2-12 dgvProducts 中各列的属性设置表

列 头 文 本	属 性 名	属 性 值
商品编号	DataPropertyName	ProductID
	Visible	False
商品名称	DataPropertyName	ProductName
供应商名称	DataPropertyName	SupplierName
商品类型	DataPropertyName	CategoryName
单价	DataPropertyName	UnitPrice
库存量	DataPropertyName	UnitsInStock
打折	ColumnType	DataGridViewCheckBoxColumn
	DataPropertyName	Discount

（2）主要程序代码。

① 声明 3 个成员变量，代码如下：

```csharp
//声明连接字符串为全局变量
string strConn = "server=XP-4;database=chap2;integrated security=true";
SqlDataAdapter da;    //数据适配器对象
DataSet ds;      //数据集对象
```

② 双击窗体标题栏，进入其 Load 事件处理函数，编写代码：读取商品表的全部数据，并加载至 DataGridView 控件中显示。

```csharp
//窗体加载事件处理函数，读取数据并加载至 DataGridView
private void frmProducts_Load(object sender, EventArgs e)
{
    SqlConnection conn = new SqlConnection(strConn);
    string strSql = "select * from Products";
    da = new SqlDataAdapter(strSql, conn);
    ds = new DataSet();
    da.Fill(ds);
    ds.Tables[0].PrimaryKey = new DataColumn[]
                        { ds.Tables[0].Columns["ProductId"] };
    dgvProducts.DataSource = ds.Tables[0];
}
```

③ 双击 btnUpdate 按钮，进入其 Click 事件处理函数，为 DataAdapter 创建 CommandBuilder 对象，并将对 DataSet 所进行的更改提交至数据库。

```csharp
//提交修改至数据源
private void btnUpdate_Click(object sender, EventArgs e)
{
    //为数据适配器创建 SqlCommandBuilder 对象
    SqlCommandBuilder mBuilder = new SqlCommandBuilder(da);
    if (ds.HasChanges())     //如数据集发生更改
    {
        da.Update(ds);     //将更改提交至数据库
    }
}
```

SqlCommandBuilder 类的对象可自动生成单表命令，用于将对 DataSet 所做的更改与关联的 SQL Server 数据库的更改同步。

④ 双击 btnDelete 按钮，进入其 Click 事件处理函数，循环删除所有选中行，并将对数据集的更新提交至数据源。

```csharp
//【删除】按钮单击事件处理函数，删除选中行并提交至数据库
private void btnDelete_Click(object sender, EventArgs e)
{
```

```
//声明变量存储在 DataGridView 中的选中行
DataGridViewSelectedRowCollection rows=dgvProducts.SelectedRows;
int count = rows.Count;            //计算选中的行数
//循环删除选中行
for (int i = 0; i < count; i++)
{
        string id = rows[i].Cells[0].Value.ToString();
        DataRow drow = ds.Tables["products"].Rows.Find(id);
        drow.Delete();
}
//为数据适配器创建 SqlCommandBuilder 对象
SqlCommandBuilder mBuilder = new SqlCommandBuilder(da);
da.Update(ds, "products");         //将更改提交至数据库
}
```

程序运行效果如图 2-23 所示。

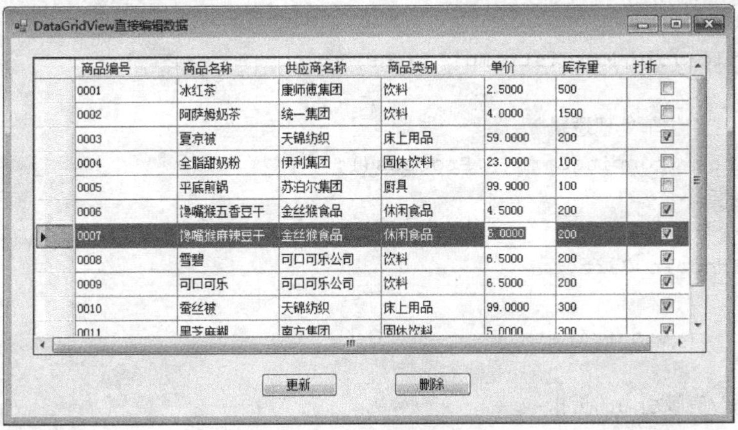

图 2-23　DataGridView 直接编辑数据界面

在数据列表中单击任一单元格，对数据进行修改，然后单击【更新】按钮，即可修改数据集并同时将修改提交至数据源。选择一行数据后单击【删除】按钮，即可删除一条记录。

说明：在例 2-6 中，从 Dataset 删除行使用的是 DataRow.Remove() 方法，该方法是直接在 DataTable 中将 Row 删除，本例的删除代码中使用了 DataRow.Delete() 方法，该方法标记 ROW 为删除，在调用 DataAdapter.Update() 方法的时候才会真正从 DataTable 中删除。

2.3　Entity Framework 基础知识

Entity Framework（简称 EF）是微软公司官方提供的 ORM（Object Relational Mapping，对象关系映射）工具，ORM 让开发人员节省开发数据库访问代码的时间，将更多的时间放到业务逻辑层代码上。EF 提供变更跟踪、唯一性约束、惰性加载、查询事务等。

2.3.1 从委托到 Lambda

在 2.0 之前的 C#版本中，声明委托的唯一方法是使用命名方法。C# 2.0 引入了匿名方法，而在 C# 3.0 及更高版本中，Lambda 表达式取代了匿名方法，成为编写内联代码的首选方式。Lambda 表达式在对匿名委托的处理上提供了更清晰的实现方式，对于编写 LINQ to Entities 查询表达式特别有用。

2.3.1.1 委托

为了方便解释委托，现在以一个例子说明。定义一个处理用户订单的购物车 ShoppingCart 类，经理决定根据数量、价格等给客人折扣。他们已经实现了处理订单时要考虑的其他方面，作为其中的一部分，现在需要简单声明一个变量来保存"有吸引力的折扣"（magicDiscount），然后实现逻辑部分。

```csharp
class Program
{
    static void Main(string[] args)
    {
        //购物车处理逻辑
        new ShoppingCart().Process();
    }
}
class ShoppingCart
{
    public void Process()
    {
        //有吸引力的折扣
        int magicDiscount = 5;
    }
}
```

第二天，异想天开的经理决定根据购买时间调整折扣：如果在 12 点之前购买，折扣为 10。这个很简单，仅需要改动少量代码。

```csharp
public void Process()
{
    //有吸引力的折扣
    int magicDiscount = 5;
    //根据购买时间调整折扣
    if (DateTime.Now.Hour < 12)
    {
        magicDiscount = 10;
    }
}
```

接下来一段时间内，经理又反复添加更多折扣方面的逻辑。那么该怎么做才能把这些无聊的逻辑从代码中剥离出去，让该处理的人去处理呢？这时要做的是移交或者委派这些任务给相应职能的人。幸运的是，.NET 为此提供了一种叫做"委托"的机制。

如果读者了解 C/C++编程语言，描述委托最好的方法是"函数指针"。对所有人来说，可以认为把委托传递给方法与把值或对象传递给方法是一样的，比如下面三行代码就表现出这样的原理。

```
//给方法 Process 传递一个整型值
Process(5);
//给方法 Process 传递一个 ArrayList 的引用
Process(new ArrayList());
//给方法 Process 传递一个方法的引用
Process(discountDelegate);
```

discountDelegate 是什么？如何创建？Process 方法该如何使用？首先如同声明一个类一样，声明一个委托类型。

```
delegate int DiscountDelegate();
```

这行代码声明一个名称为 DiscountDelegate 的委托类型，可以像使用类、结构体等一样使用它。它不需要传入参数，但返回一个整型值。像类一样，必须创建一个它的实例才有意义，创建一个委托实例实质上是创建一个方法的引用。创建实例时关键是要明白 DiscountDelegate 没有任何构造方法，它有一个隐式的构造函数来构造一个与它相同签名的方法（没有传入参数，返回一个整数）。

```
DiscountDelegate discount = new DiscountDelegate(class.method);
```

在深入学习之前，先回到刚才的例子，重构一下代码。添加一个 Calculator 类来帮助处理折扣逻辑部分，并给委托提供一些方法。

```
//声明委托类型
delegate int DiscountDelegate();
class Program
{
    static void Main(string[] args)
    {
        //实例化计算对象
        Calculator calc = new Calculator();
        //声明委托引用
        DiscountDelegate discount = null;
        if (DateTime.Now.Hour < 12)
        {
            //把 calc.Morning 方法委托给委托引用
            discount = new DiscountDelegate(calc.Morning);
        }
```

```
            else if (DateTime.Now.Hour < 20)
            {
                //把 calc.Afternoon 方法委托给委托引用
                discount = new DiscountDelegate(calc.Afternoon);
            }
            else
            {
                //把 calc.Night 方法委托给委托引用
                discount = new DiscountDelegate(calc.Night);
            }
            //购物车处理逻辑
            new ShoppingCart().Process(discount);
        }
    }
    //计算折扣类
    class Calculator
    {
        //不同的时间返回不同的折扣
        public int Morning()
        {
            return 5;
        }
        public int Afternoon()
        {
            return 10;
        }
        public int Night()
        {
            return 15;
        }
    }
    class ShoppingCart
    {
        //把委托引用作为参数
        public void Process(DiscountDelegate discount)
        {
            //把委托引用的方法的运行结果赋给 magicDiscount 变量
            int magicDiscount = discount();
        }
    }
```

　　在 Calculator 类中，为每个逻辑分支创建了一个方法。在 Main 方法中，创建一个 Calculator 实例和一个 DiscountDelegate 实例，并按照所期望的把它们整合在一起。

　　现在不用再担心 Process 方法中的逻辑，只需要简单回调定义的委托。不用关心委托是如何创建的，就像调用其他方法一样调用它。另一种理解委托的方法是，它延迟执行一个方法。Calculator 方法作为参数被传递，但不会执行，直到开始调用 discount() 的时候才执行。现在看看完成的解决方案，这里仍然存在一些丑陋的代码。在 Calculator 类中，可以用一个方法来返回替代所有有返回值的方法吗？答案是肯定的，现在将这些乱糟糟的代码合并起来。

```csharp
//定义委托类型
delegate int DiscountDelegate();
class Program
{
    static void Main(string[] args)
    {
        //购物车处理逻辑
        new ShoppingCart().Process(new DiscountDelegate
                                (Calculator.Calculate));
    }
}
//计算类
class Calculator
{
    public static int Calculate()
    {
        //不同的时间返回不同的折扣
        int discount = 0;
        if (DateTime.Now.Hour < 12)
        {
            discount = 5;
        }
        else if (DateTime.Now.Hour < 20)
        {
            discount = 10;
        }
        else
        {
            discount = 15;
        }
        return discount;
    }
}
class ShoppingCart
{
    //把委托引用作为参数
    public void Process(DiscountDelegate discount)
    {
        //把委托引用的方法的运行结果赋给magicDiscount变量
        int magicDiscount = discount();
```

```
        }
    }
```

这样代码看起来更好点，用一个静态的 Calculate 方法替换了所有原来的方法，在 Main 方法中也不用费心维护一个指向 DiscountDelegate 的引用。

2.3.1.2　泛型委托

微软公司在 .NET 2.0 中引入了泛型，并提供了一个泛型委托：Action <T>，后来在 .NET 3.5 中，它提供了一个 Func 通用委托，扩展了 Action。二者唯一的区别在于 Func 型有一个返回值而 Action 型没有。

这意味着开发者不需要声明自己的 DiscountDelegate，可以用 Func<int>替代。为了说明 Func 委托是如何工作的，假设经理又一次改变了逻辑，需要提供一些特殊的折扣。实施起来很简单，给 Calculate 方法传入一个 bool 类型值就可以实现。

现在委托签名变成 Func<bool,int>。注意 Calculate 方法现在包含一个 bool 型参数，用一个 bool 值调用 discount()。

```csharp
class Program
{
    static void Main(string[] args)
    {
        //购物车处理逻辑，把 Calculator.Calculate 方法委托给一个 Func 引用
        //并把该引用作为参数传递给 Process()方法。
        new ShoppingCart().Process(new Func<bool, int>
                                    (Calculator.Calculate));
    }
}
//计算类
class Calculator
{
    //根据时间和 special 的值返回折扣
    public static int Calculate(bool special)
    {
        int discount = 0;
        if (DateTime.Now.Hour < 12)
        {
            discount = 5;
        }
        else if (DateTime.Now.Hour < 20)
        {
            discount = 10;
        }
        //special 为 true 时, discount=20
        else if (special)
        {
```

```
                discount = 20;
            }
            else
            {
                discount = 15;
            }
            return discount;
        }
}
class ShoppingCart
{
        //把 Func 型委托引用作为参数，并传递两个参数
        public void Process(Func<bool, int> discount)
        {
                //把 bool 类型的值作为参数传递给委托引用
                //并把返回的值赋给变量 magicDiscount
                int magicDiscount = discount(false);
                int magicDiscount2 = discount(true);
        }
}
```

好像还算不错，省了一行代码，这样算结束了吗？当然没有，甚至还能省掉类型判断。只要传递的方法有严格签名的委托，.NET 允许完全忽略掉显式创建 Func<bool,int>。

```
//因为 Process 期望的方法有一个 bool 型输入参数和返回一个 int 值，所以下面这句话是正确的
new ShoppingCart().Process(Calculator.Calculate);
```

至此，首先通过忽略自定义委托，然后忽略显式的创建 Func 委托。还能继续压缩代码吗？答案显然是可以的，好戏才刚刚开始。

2.3.1.3　匿名方法

匿名方法能够声明一个方法体而不需要给它指定一个名字。在接下来的场景里，它们以一个“普通的”方法存在，但是代码中没有任何方法显式调用它。匿名方法只能在使用委托的时候创建，而且它们只能通过 delegate 关键字创建。

```
static void Main(string[] args)
{
        new ShoppingCart().Process(new Func<bool, int>(delegate(bool x)
                                { return x ? 10 : 5; }));
}
```

如上所示，代码完全没有 Calculator 类的出现。可以在大括号中添加任何其他方法中的逻辑。如果这段代码理解起来比较困难，可以把 delegate(bool x)看作一个方法签名，而不是一个关键字。设想这段代码在一个类里，delegate(bool x){return 5;}是一个完整的合法方法声明（确实有一个返回值），恰好 delegate 是一个保留字，在这里它让这个方法

匿名。

至此，确信现在这里甚至能压缩更多的代码。顺理成章的，能忽略显式声明 Func 委托的需要，.NET 可以让使用 delegate 关键字更加方便。

```
class Program
{
    static void Main(string[] args)
    {
        new ShoppingCart().Process(delegate(bool x) { return x ? 10 : 5;});
    }
}
```

当.NET 把方法作为委托参数处理时，就能看到匿名方法的真正用处。之前，已经为所关注的所有可能行为创建了一个方法，现在仅需以内联的方式创建它们，这样可以避免污染命名空间。

```
//创建一个匿名比对方法
custs.Sort(delegate(Customer c1, Customer c2) { return
        Comparer<int>.Default.Compare(c1.ID, c2.ID); });
//创建一个匿名事件
button1.Click += delegate(object o, EventArgs e)
                    { MessageBox.Show("Click!"); };
```

2.3.1.4　Lambda 表达式

Lambda 表达式是一个匿名函数，它可以包含表达式和语句，并且可用于创建委托或表达式树类型。下面说明如何使用 Lambda 表达式替换匿名方法和 Lambda 表达式的其他特性。回顾刚才的例子，如下代码所示，已经在一行代码里压缩了处理整个折扣算法的逻辑。

```
class Program
{
    static void Main(string[] args)
    {
        new ShoppingCart().Process(delegate(bool x) {return x ? 10 : 5; });
    }
}
```

能够让上面的代码更短吗？Lambda 表达式用"=>"运算符表明什么参数传递给表达式。编译器进一步处理，允许忽略类型并自动推断这些类型。如果有 2 个或更多个参数，需要用圆括号：(x,y)=>。如果只有一个，需要设置成这样：x=>。

```
static void Main(string[] args)
{
    Func<bool, int> del = x => x ? 10 : 5;
```

```
        new ShoppingCart().Process(del);
}
//更短啦...
static void Main(string[] args)
{
    new ShoppingCart().Process(x => x ? 10 : 5);
}
```

如此，x 被推断为 bool 型，并且有返回值，因为 Process 接收了一个 Func<bool,int> 委托。如果想实现像之前那样的完整代码块，只需要加上大括号。

```
class ShoppingCart
{
    public void Process(Func<bool, int> discount)
    {
        int magicDiscount = discount(false);
        int magicDiscount2 = discount(true);
    }
}
class Program
{
    static void Main(string[] args)
    {
        new ShoppingCart().Process(x =>
        {
            int discount = 0;
            if (DateTime.Now.Hour < 12)
            {
                discount = 5;
            }
            else if (DateTime.Now.Hour < 20)
            {
                discount = 10;
            }
            else if (x)
            {
                discount = 20;
            }
            else
            {
                discount = 15;
            }
            return discount;
        });
    }
}
```

2.3.1.5 var 关键字

从.NET Framework 3.0 开始，在方法范围中声明的变量可以具有隐式类型 var，可以使用 var 关键字来避免使用泛型语法。隐式类型的本地变量是强类型变量，但由编译器确定类型。下面代码中的两个 i 声明在功能上是等效的：

```
var i = 10; //隐式声明
int i = 10; //显示声明
```

2.3.2 Entity Framework 架构

EF 有三种使用场景：从数据库生成类、由实体类生成数据库表结构、通过数据库可视化设计器设计数据库并同时生成实体类。EF 的架构如图 2-24 所示。

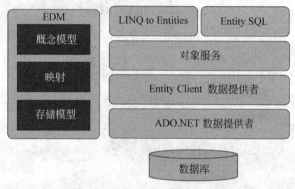

图 2-24 Entity Framework 架构

Entity Data Model（EDM）是类和数据库之间的映射模型，它包含概念模型、映射和存储模型。概念模型包含模型类和它们之间的关系，独立于数据库表的设计。映射包含有关如何将概念模型映射到存储模型的信息。存储模型是数据库设计模型，包括表、视图、存储过程和它们的关系和键。

LINQ to Entities 和 Entity SQL 是查询对象模型的两种语言。LINQ to Entities 是一种用于编写针对对象模型查询的查询语言，它返回在概念模型中定义的实体。Entity SQL 是类似于 SQL 的与存储无关的查询语言。通过 Entity SQL，可以将实体数据作为对象或以表格形式进行查询。

对象服务层在执行查询时将查询转换为一个命令树，并将这个命令树传递给 Entity Client；在返回结果时将 Entity Client 层获取的数据转换为对象，同时它也负责管理对象状态，跟踪对象的改变。

Entity Client Data Provider 层又称为 Entity Client，主要将 LINQ to Entities 和 Entity SQL 的查询转换为 SQL 语句，同时将数据库表格式数据转换为对象表格式数据，并传递给 Object Services 层。它使用 ADO.NET 向数据库发送数据或获取数据。

2.4　使用 Entity Framework 访问数据库

LINQ to Entities 是 LINQ 中最吸引人的部分，可以使用标准的 C# 对象与数据库的结构和数据打交道，使用 LINQ to Entities 时，LINQ 查询在后台转换为 SQL 查询语句并在需要数据的时候执行。

2.4.1　Entity Framework 的安装

1．EF Tools for Visual Studio

Entity Framework 6 Tools 已经包含在 Visual Studio 2013 中，如果使用的是 Visual Studio 2012 或 Visual Studio 2010，需要到微软公司网络下载。

2．EF Runtime

（1）打开 Visual Studio 2012；

（2）单击工具栏中的"菜单栏"→"扩展和更新"；

（3）搜索 Nuget，没有安装，可以直接在线安装；

（4）新建项目，给当前项目添加 EF Runtime；

（5）单击工具栏中的"菜单栏"→"库程序包管理器"→"程序包管理器控制台"；

（6）在程序包管理器控制台中，输入 Install-Package EntityFramework，安装 EF。

2.4.2　创建数据库及实体对象模型

手工创建数据库表之间的关系，繁琐又容易出错，在下面例子中展示如何通过 EF 设计器生成对象模型并完成简单的查询功能。

1．创建数据库 test

（1）客户表（Customers）。客户表表结构如表 2-13 所示，用来保存客户的基本信息。

表 2-13　客户表

列　　名	数据类型	是否主键	是否外键	是否允许空	说　　明
CustomerID	nvarchar(50)	是	否	否	客户 ID
City	nvarchar(255)	否	否	是	客户城市

（2）订单表（Orders）。订单表结构如表 2-14 所示，用来保存订单信息。

表 2-14　订单表

列　　名	数据类型	是否主键	是否外键	是否允许空	说　　明
OrderID	int	是	否	否	订单 ID
CustomerID	int	否	是	是	客户 ID

2．添加 ADO.NET 实体数据模型文件

（1）启动 Visual Studio 2012；

（2）在 Visual Studio 中，单击工具栏中的"文件"→"新建"→"项目"；

（3）在"新建项目"对话框中，选择 Visual C#→Windows，在右侧模板中，单击"控制台应用程序"；

（4）在"名称"中，输入 EFTest，为解决方案起个名字；

（5）单击【确定】按钮；

（6）在 Visual Studio 环境中，单击"项目"→"添加新项"菜单项；

（7）在模板框中，选中"ADO.NET 实体数据模型"；

（8）在名字对话框中输入 Model1，单击【确定】按钮，如图 2-25 所示；

图 2-25　添加 ADO.NET 实体数据模型文件

（9）在打开的实体数据模型向导中，选择"来自数据库的 Code First"，单击【确定】按钮，如图 2-26 所示；

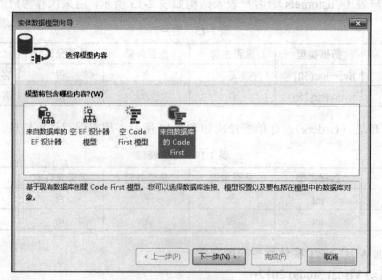

图 2-26　选择模型类型

（10）在打开的实体数据模型向导中，选择建好的数据库连接（如果没有，就新建一个），选中下面的复选框，输入 BookStoreEnities，单击【下一步】按钮，如图 2-27所示；

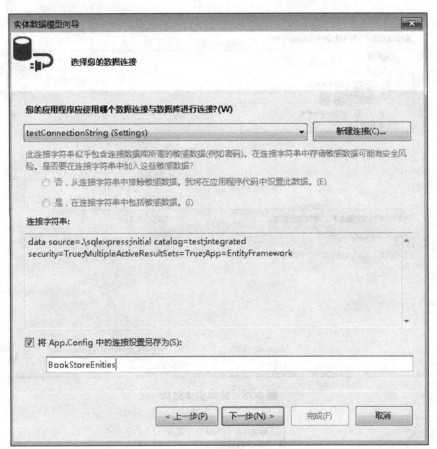

图 2-27 保存连接

（11）在打开的实体数据模型向导中，选择表 Customers 和 Orders 表，选中"将App.Config 中的连接设置另存为（S）："的复选框，如图 2-28 单击【完成】按钮。

3．相关文件说明

ADO.NET 实体数据模型添加以后，项目会添加与 EF 相关的引用和文件。

（1）打开项目资源管理器，会看到如图 2-29 所示的文件结构。每个实体数据模型生成一个 context 类，数据库每个表生成一个 entity 类，如 BookStoreModel 类、Customer类和 Order 类。

（2）在项目的 app.config 中会自动添加如下内容：

```
<?xml version="1.0" encoding="utf-8"?>
<configuration>
  <configSections>
    <section name="entityFramework"
```

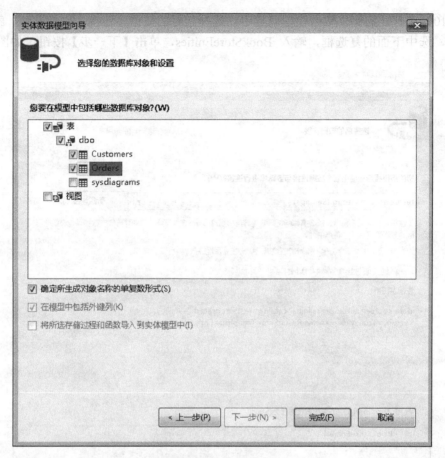

图 2-28 选择实体对象

图 2-29 项目文件结构

```
        type="System.Data.Entity.Internal.ConfigFile.EntityFrameworkSection,
            EntityFramework,Version=6.0.0.0,Culture=neutral,PublicKeyToken =
            b77a5c561934e089"
            requirePermission="false" />
    </configSections>
    <connectionStrings>
```

```
    <add name="BookStore"
        connectionString="metadata=res://*/Model1.csdl|res://*/
        Model1.ssdl|res://*/Model1.msl;provider=
        System.Data.SqlClient;provider connection string=&quot; data
        source=.;initial catalog=BookStore;integrated security= True;
        MultipleActiveResultSets=True;App=EntityFramework&quot;"
        providerName="System.Data.EntityClient" />
  </connectionStrings>
  <startup>
    <supportedRuntime version="v4.0" sku=".NETFramework,Version=v4.5" />
  </startup>
  <entityFramework>
    <defaultConnectionFactory
      type="System.Data.Entity.Infrastructure.LocalDbConnectionFactory,
      EntityFramework">
      <parameters>
          <parameter value="mssqllocaldb" />
      </parameters>
    </defaultConnectionFactory>
    <providers>
      <provider invariantName="System.Data.SqlClient"
          type="System.Data.Entity.SqlServer.SqlProviderServices,
          EntityFramework.SqlServer" />
    </providers>
  </entityFramework>
</configuration>
```

（3）项目中自动添加 packages.config 文件，从该文件里面可以看出所引用的包的信息以及版本，内容如下：

```
<?xml version="1.0" encoding="utf-8"?>
<packages>
  <package id="EntityFramework" version="6.1.3" targetFramework="net45" />
  <package id="EntityFramework.zh-Hans" version="6.1.3" targetFramework=
    "net45" />
</packages>
```

2.4.3 数据库增、删、改、查操作

实体数据模型生成 BookStoreModel 类，该类从 System.Data.Entity.DbContext 类继承。DbContext 主要负责以下活动。

- EntitySet：DbContext 包含了所有映射到表的 entities；
- Querying：将 Linq-To-Entities 转译为 SQL 并发送到数据库；
- Change Tracking：从数据库获取 entities 后保留并跟踪实体数据变化；
- Persisting Data：根据 entity 状态执行 insert、update、delete 命令；

- Caching：DbContext 的默认第一级缓存，在上下文中的生命周期中存储 entity；
- Manage Relationship：DbContext 在 DbFirst 模式中使用 CSDL、MSL、SSDL 管理对象关系，Code First 中使用 fluent api 管理关系；
- Object Materialization：DbContext 将物理表转成 entity 实例对象。

1．查询数据

修改 Main 方法，使用自动生成的数据库对象模型，创建一个简单查询，该查询根据客户的地址是 zhengzhou，返回所有客户的 ID 和他们的订单数量。

```csharp
static void Main(string[] args)
{
    //DbContext 实例化
    using (BookStoreModel content = new BookStoreModel())
    {
        //使用 content 实例进行条件查询
        var customers = content.Customers.Where
            //lambda 表达式
            (c => c.City == "zhengzhou");
        //循环输出客户的信息
        foreach (var customer in customers)
        {
            Console.WriteLine("ID={0}, Qty={1}",
                customer.CustomerID, //客户的 ID
                customer.Orders.Count);//客户的订单的数量
        }
    }
}
```

运行程序，结果如图 2-30 所示。

图 2-30　简单查询执行结果

2．添加数据

（1）创建一个新的实体对象，与创建普通的对象一样，像 Customers 和 Orders 对象都可以通过 new 运算符来创建对象。当然需要注意，这个对象外键的依赖性检查要通过才行。

（2）修改 Main 方法，创建一个新的 Customers 对象。

```csharp
static void Main(string[] args)
{
    //DbContext 实例化
    using (BookStoreModel content = new BookStoreModel())
    {
```

```
    Console.WriteLine("\n 更新之前的数据。");
    //构建查询表达式，返回城市名称中含有 zhumadian 的所有客户
    var customers = content.Customers.Where(cust => cust.City
                                    .Contains("zhumadian"));
    //输出客户 ID，城市，客户订单数
    foreach (var c in customers)
    {
        Console.WriteLine("{0}, {1}, {2}", c.CustomerID, c.City,
                            c.Orders.Count);
    }
    //创建新的 Customer 对象
    Customer customer = new Customer();
    customer.City = "zhumadian";
    customer.CustomerID = "102";
    //把新对象添加到 Customer 表中
    content.Customers.Add(customer);
    Console.WriteLine("\n 插入之后的数据。");
    //输出客户 ID，城市，客户订单数
    foreach (var c in customers)
    {
        Console.WriteLine("{0}, {1}, {2}", c.CustomerID, c.City,
                            c.Orders.Count);
    }
  }
}
```

（3）运行程序，结果如图 2-31 所示。

图 2-31　添加数据执行结果

　　注意：返回结果中并没有得到新插入的数据，通过上述代码可以看出，数据其实没有添加到数据库中。

　　（4）修改代码，在代码：content.Customers.Add(customer)后插入下列一行代码：

```
content.SaveChanges();
```

（5）再运行程序，已经得到正确结果，如图 2-32 所示。

图 2-32 添加数据执行结果

3．更新数据

（1）当得到一个实体对象的引用后，可以与修改其他对象的属性一样，修改该对象的属性。

（2）修改 Main 方法，实现对返回的第一个对象修改 City 属性：

```csharp
static void Main(string[] args)
{
    //DbContext 实例化
    using (BookStoreModel content = new BookStoreModel())
    {
        Console.WriteLine("\n 更新之前的数据。");
        //构建查询表达式，返回城市 ID 等于 102 的客户
        var customers = content.Customers.Where(c => c.CustomerID=="102");
        //输出客户 ID，城市，客户订单数
        foreach (var c in customers)
        {
            Console.WriteLine("{0}, {1}, {2}", c.CustomerID, c.City,
                        c.Orders.Count);
        }
        //获取第一个 Customer 对象
        Customer customer = customers.First();
        customer.City = "luoyang";
        //把更新的状态保存到数据库
        content.SaveChanges();
        Console.WriteLine("\n 更新之后的数据。");
        //输出客户 ID，城市，客户订单数
        foreach (var c in customers)
        {
            Console.WriteLine("{0}, {1}, {2}", c.CustomerID, c.City,
                        c.Orders.Count);
```

```
        }
    }
}
```

运行程序，结果如图 2-33 所示。

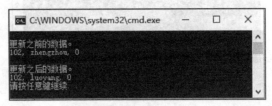

图 2-33　添加数据执行结果

4．删除数据

（1）得到一个 Customer 对象，删除对应的 Order 对象。

（2）下面的代码演示如何从数据库中删除一行数据：

```
static void Main(string[] args)
{
    //DbContext 实例化
    using (BookStoreModel content = new BookStoreModel())
    {

        Console.WriteLine("\n 删除之前的数据。");
        //构建查询表达式，返回 ID 等于 2 的客户列表
        var customers = content.Customers.Where(c => c.CustomerID=="2");
        //输出客户 ID，城市，客户订单数
        foreach (var c in customers)
        {
            Console.WriteLine("{0}, {1}, {2}", c.CustomerID, c.City,
                            c.Orders.Count);
        }
        //获取客户列表中第一个客户的第一个订单
        Order order = customers.First().Orders.First();
        //删除该订单
        customers.First().Orders.Remove(order);
        //把更新的状态保存到数据库
        content.SaveChanges();
        Console.WriteLine("\n 删除之后的数据。");
        //输出客户 ID，城市，客户订单数
        foreach (var c in customers)
        {
            Console.WriteLine("{0}, {1}, {2}", c.CustomerID, c.City,
                            c.Orders.Count);
        }
    }
```

```
}
```

运行程序，结果如图 2-34 所示。

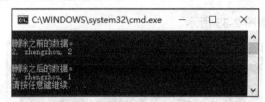

图 2-34　添加数据执行结果

5．使用事务

（1）添加对 System.Transactions 的引用，在 porgram.cs 文件的上方，添加如下声明：

```
using System.Transactions;
```

（2）在 Main 方法，添加如下代码，把查询和更新操作放到一个事务中：

```csharp
static void Main(string[] args)
{
    using (BookStoreModel content = new BookStoreModel())
    {
        //TransactionScope 实例化
        using (TransactionScope ts = new TransactionScope())
        {
            Console.WriteLine("\n 执行事务之前的数据。");
            //构建查询表达式，返回城市名称中含有 zhumadian 的所有客户
            var customers = content.Customers;
            //输出客户 ID，城市，客户订单数
            foreach (var c in customers)
            {
                Console.WriteLine("{0}, {1}", c.CustomerID, c.City);
            }
            //创建新的 Customer 对象
            Customer customer1 = new Customer();
            customer1.City = "shangqiu";
            customer1.CustomerID = "111";
            //把新对象添加到 Customer 表中
            content.Customers.Add(customer1);
            content.SaveChanges();
            //函数将返回
            return;
            //事务结束，该行代码将执行不到，事务不能正常结束，事务将回滚
            ts.Complete();
        }
    }
}
```

（3）运行程序，观察输出结果，第一条数据并没有插入，说明事务已经回滚，如图 2-35 所示。

图 2-35　事务执行结果

本 章 小 结

通过本章的学习，应掌握 ADO.NET 访问数据库的基础知识，包括连接数据库，对数据库进行添加、修改及删除操作，查询数据库中的数据及数据绑定控件的使用。还应掌握 LINQ 的基础知识，包括委托到 Lambda，LINQ 常用关键字及 EF 基础知识，最后应掌握使用 EF 访问数据库的方法，包括创建数据库对象模型，查询数据库的数据及修改数据库中的数据。

为了能正常访问数据库，本章先对 SQL Server 2012 中的常用操作进行了简单介绍。本章的难点在于对委托和 Lambda 表达式的理解和使用。通过本章的学习，读者应能通过 ADO.NET 或 EF 熟练访问数据库，并结合实际业务，设计出界面美观实用、操作方便、功能明确、代码简洁的数据库应用程序。

本 章 习 题

（1）仿照例 2-6，设计一张订单表及一张订单详情表，实现在一张订单里添加多种商品，暂存在数据集里，最终提交时再生成完整订单。

（2）在例 2-7 基础上增加供应商管理及商品类别管理界面，并补充代码。

（3）用 EF 实现例 2-7。

第3章

系统架构

在进行具有一定规模的数据库应用系统开发时，如果仍采用传统的代码编写方式，将一个功能模块的所有代码都写在 Form 中的做法是非常不合适的。因为以这种方式编写的代码，在面临需求变更时，所引发的修改往往是灾难性的。即使是一个数据库 IP 地址的变更都可能会导致数十甚至上百处的代码变化（每个涉及连接数据库的代码都要修改连接字符串）。所有的代码堆砌在一个窗体内，职责繁杂造成代码可读性差，可维护性、可移植性差，违反了单一职责原则；在面临需求变更时，一定要通读所有代码，再在合适的位置做修改，违反了对修改关闭、对扩展开放的开放-关闭原则；所有代码没有任何抽象，不对接口编程，代码耦合度太高，无法适应较大的需求变更，违犯了依赖倒转原则。

例如，本书第 8 章的考试系统属于中小型应用系统，该系统分为两个子系统：教师端子系统和学生端子系统。首先，两个子系统都访问同一个数据库，其中有许多访问数据库的操作及业务逻辑都是相同的，如果再像传统的编写方式一样将代码都放在各个 Form 中，那就无法实现现代码的复用，必然造成大量的冗余，为后续扩展和维护带来麻烦。此外，本考试系统面对的客户不同，其对于软件产品的经济投入也会不同，必然涉及不同的用户采用不同类型数据库的情况，如果代码不做到充分解耦，在面对数据库类型变更时，几乎都要把所有访问数据库的代码修改一遍，显然是不现实的。

采用一些典型架构开发软件，其目的就是为了使软件代码更具可维护、可扩展、可复用性，从而令系统更为灵活，可以适应任何合理的需求变更。

3.1　三层架构简介

在软件体系架构设计中，分层式结构是最常见、也是最重要的一种结构，微软公司推荐的分层式结构一般分为三层，即三层架构（3-Tier Application），这三层从下至上分别为数据访问层、业务逻辑层以及表示层，如图 3-1 所示。

1．数据访问层

数据访问层（Data Access Layer，DAL）又名持久层，该层负责访问数据库，通俗点讲就是该层负责实现对数据库各表的增、删、改、查操作，当然数据存储方式不一定是数据库，也可能是文本文件、XML 文档等。该层不负责任何业务逻辑的处理，更不涉及任何界面元素。

2. 业务逻辑层

业务逻辑层（Business Logic Layer，BLL）又称领域层。该层是整个系统的核心，负责处理所有的业务流程，从简单的数据有

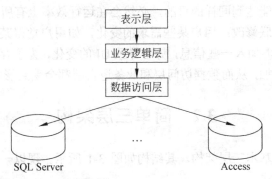

图 3-1 三层架构示意图

效性验证到复杂的对一整条业务链的处理。例如商城购物，从查询商品到添加购物车，再到下订单，直至付款结束等过程。当然，不排除个别软件项目业务逻辑简单，导致业务逻辑层代码较少的情况。例如本章由于篇幅所限，所提供的示例业务逻辑简单，就会出现业务逻辑层"瘦小"的现象。当业务逻辑层需要访问数据库时，它会通过调用数据访问层来实现，而不直接访问数据库。这样可以使业务逻辑层的实现与具体数据库无关，从而有效解耦。业务逻辑层同样不涉及任何界面元素。

3. 表示层

表示层（User Interface，UI）即用户界面，表示层可以是 WinForm、WebForm 甚至是控制台，该层负责用户与系统的交互，接收用户的输入及事件触发。理想状态下，该层不应包含系统的业务逻辑，即使有逻辑代码，也应只与界面元素有关。例如，根据用户的身份控制按钮的可用性等。具体的业务逻辑可通过调用业务逻辑层来完成，该层不能直接调用数据访问层，更不能直接访问数据库。

如此分层具有以下优点：

（1）分散关注：开发人员可以只关注自己所负责一层的技术实现。例如，负责数据访问层的开发人员，可以不需要关心系统的任何业务逻辑，更不用关心界面的设计，只需要关心所访问的数据库类型及表结构，最大限度地实现对各数据表的增、删、改、查操作即可。如此，对于开发人员的技术要求可以降到最低，项目经理也可以根据团队成员的专长，合理为其分配擅长的领域工作。

（2）松散耦合：三层之间呈线性调用，业务逻辑层的实现不依赖于数据访问层的具体实现，表示层的实现同样不依赖于业务逻辑层的具体实现，可以很容易用新的实现来替换原有层次的实现，而不会对其他层造成影响。

（3）逻辑复用：个别层代码所生成的组件（动态链接库文件 DLL）可以直接被其他项目所使用。例如，某系统最初只有 WinForm 版本，随着业务扩展，逐渐有了 Web 版、手机版等需求，但各版本功能一致，业务逻辑相同。这样在新建 Web 版和手机版项目时，只需将原 WinForm 版项目中的业务逻辑层和数据访问层组件引用到新项目中，直接使用

即可，无须再重写代码。

当然，在获得优点的同时，分层也不可避免会付出一些"代价"，其缺点是：

（1）降低了系统性能：原本在不采用分层的情况下，UI 可以直接访问数据库，但现在要通过层层调用才能达到同样的目的，必然会在运行效率上有所降低。

（2）容易导致级联修改：用户某些需求的变化，如用户觉得某个功能模块目前所维护的信息不够，需要再加入一些信息，势必导致 UI 的变化，为了存储这些数据也会导致相应数据表字段的增加，从而数据访问层和业务逻辑层都会受到影响，这就是级联修改。

3.2　简单三层架构

简单三层架构即基本三层架构，其结构如图 3-1 所示。现以一个小示例介绍简单三层架构的代码编写方式。

示例所用数据库及业务需求如下。

要求设计一个通讯录软件，实现对联系人类型的定制以及联系人的管理，即实现对联系人类型和联系人的增、删、改、查功能。

数据库名为 MyDb，其中有两个数据表，名为 LinkmanType（联系人类型）表和 Linkmen（联系人）表，表结构分别如表 3-1 和表 3-2 所示。

表 3-1　LinkmanType（联系人类型）表结构

字　段　名	数据类型	长　度	主　键	含　义
TypeId	nvarchar	20	是	联系人类型编号
typeName	nvarchar	20	否	联系人类型名称

表 3-2　Linkmen（联系人）表结构

字　段　名	数据类型	长　度	主　键	含　义
lkmId	int	4	是	联系人编号（自动加 1）
lkmName	nvarchar	10	否	联系人姓名
lkmMPNum	nvarchar	12	否	联系人移动电话
lkmOPNum	nvarchar	20	否	联系人办公室电话
lkmEmail	nvarchar	30	否	联系人电子邮箱
lkmCompName	nvarchar	50	否	联系人单位名称
typeId	nvarchar	20	否	联系人类型编号

3.2.1　数据访问层

1．创建一个空解决方案

打开 Visual Studio 2012，单击"文件"→"新建"→"项目"菜单项，弹出图 3-2 所示的"新建项目"窗口，在该窗口左侧列表中单击"其他项目类型"→"Visual Studio 解决方案"，选择右侧的"空白解决方案"，修改名称为"ThreeLayer"，选择好保存位置，单击【确定】按钮，完成空解决方案的创建，如图 3-3 所示。

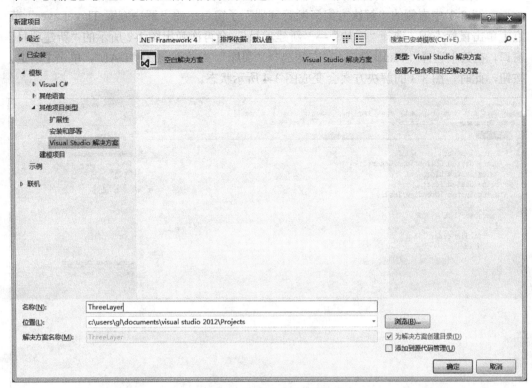

图 3-2 "新建项目"窗口

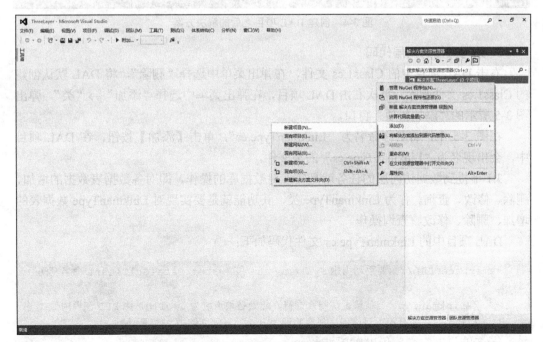

图 3-3 创建后的空解决方案

2．创建数据访问层项目 DAL

在图 3-3 中右侧的"解决方案资源管理器"子窗口中的"解决方案 ThreeLayer"节点上单击鼠标右键，选择"添加"→"新建项目"，会再次弹出图 3-2 所示的"新建项目"窗口，在其中选择"Visual C#"，在右侧选择"类库"，将名称改为"DAL"，单击【确定】按钮，此时，图 3-3 的解决方案会变成图 3-4 所示状态。

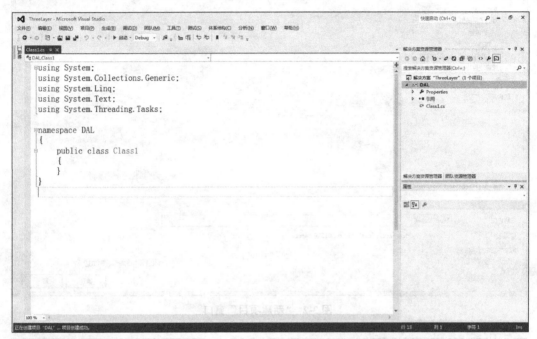

图 3-4　创建 DAL 项目之后的解决方案

3．编写数据访问层代码

右击 DAL 项目中的 Class1.cs 文件，在弹出菜单中选择"删除"，将 DAL 默认创建的 Class1.cs 文件删除。再次右击 DAL 项目，在弹出菜单中选择"添加"→"类"，弹出图 3-5 所示的"添加新项"窗口。

在图 3-5 中，将名称命名为"LinkmanType.cs"，单击【添加】按钮，在 DAL 项目中，会出现名为"LinkmanType.cs"的类文件。

3.1 节提到数据访问层的任务就是实现对数据库的操作，即对各数据表数据的增加、删除、修改、查询。作为 LinkmanType 类，其功能就是要实现对 LinkmanType 数据表的增加、删除、修改、查询操作。

DAL 项目中的 LinkmanType.cs 文件代码如下：

```
namespace DAL//需要手动引用 System.Data 和 System.Data.SqlClient 命名空间
{
    //LinkmanType 类默认无访问修饰符，此处必须声明为 public，因 BLL 在调用 DAL 中
    //该类时，属于跨项目访问，只有声明为 public 才能够被 BLL 所访问。
    public class LinkmanType
    {
```

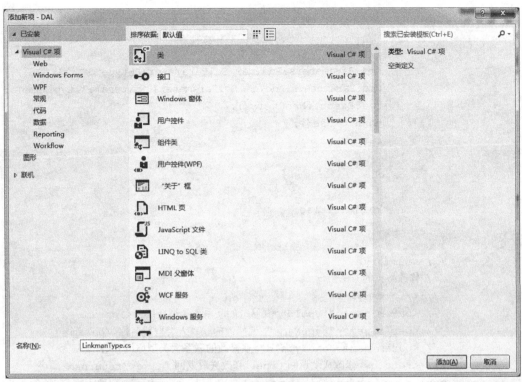

图 3-5　"添加新项"窗口

```
/// <summary>
/// 数据库连接字符串，server 为数据库服务器的名字或 IP 地址，
//database 为数据库的名字，uid 为数据库用户名，pwd 为该用户的密码
/// </summary>
public string connString = "server=(local); database = mydb; uid = test;
pwd=test";
/// <summary>
/// 插入数据的方法
/// </summary>
/// <param name="typeId">要插入的联系人类型编号</param>
/// <param name="typeName">要插入的联系人类型名称</param>
/// <returns>插入成功返回 true，插入失败返回 false</returns>
public bool insert(string typeId,string typeName)
{
    try
    {
        SqlConnection conn = new SqlConnection();
        conn.ConnectionString = connString;
        conn.Open();
        SqlCommand cmd = new SqlCommand();
        cmd.Connection = conn;
        cmd.CommandText="insert into linkmantype(typeid,
```

```
                            typename)values(@typeid,@typename)";
                                                    //参数形式的 SQL 语句
                //以下两句为 SQL 参数赋值
                cmd.Parameters.Add(new SqlParameter("@typeid", typeId));
                cmd.Parameters.Add(new SqlParameter("@typename", typeName));
                cmd.ExecuteNonQuery();
                conn.Close();
                return true;
            }
            catch
            {
                return false;
            }
        }
        /// <summary>
        /// 修改数据的方法
        /// </summary>
        /// <param name="typeId">要修改的联系人类型新编号</param>
        /// <param name="typeName">要修改的联系人类型新名称</param>
        /// <param name="oldTypeId">要修改的联系人类型原编号</param>
        /// <returns>修改成功返回 true, 修改失败返回 false</returns>
        public bool update(string typeId,string typeName,string oldTypeId)
        {
            try
            {
                SqlConnection conn = new SqlConnection();
                conn.ConnectionString = connString;
                conn.Open();
                SqlCommand cmd = new SqlCommand();
                cmd.Connection = conn;
                cmd.CommandText="update linkmantype set typeid=@typeid,
                        typename=@typename where typeid=@oldTypeId";
                cmd.Parameters.Add(new SqlParameter("@typeid", typeId));
                cmd.Parameters.Add(new SqlParameter("@typename", typeName));
                cmd.Parameters.Add(new SqlParameter("@oldTypeId",
                                        oldTypeId));
                cmd.ExecuteNonQuery();
                conn.Close();
                return true;
            }
            catch
            {
                return false;
            }
        }
        /// <summary>
```

```csharp
/// 删除数据的方法
/// </summary>
/// <param name="typeId">要删除的联系人类型编号</param>
/// <returns>删除成功返回 true，删除失败返回 false</returns>
public bool delete(string typeId)
{
    try
    {
        SqlConnection conn = new SqlConnection();
        conn.ConnectionString = connString;
        conn.Open();
        SqlCommand cmd = new SqlCommand();
        cmd.Connection = conn;
        cmd.CommandText = "delete from linkmantype where typeid=
                          @typeid";
        cmd.Parameters.Add(new SqlParameter("typeid", typeId));
        cmd.ExecuteNonQuery();
        conn.Close();
        return true;
    }
    catch
    {
        return false;
    }
}
/// <summary>
/// 查询数据的方法
/// </summary>
/// <param name="strWhere">strWhere 为空字符串时，代表查询表中所有数据；
///为非空时应传入查询依据，即 where 子句的内容，如 "typeName='朋友'" 等
/// </param><returns>返回 null 代表查询失败，返回非 null 代表查询成功，且
///结果存在于返回的 DataTable 中</returns>
public DataTable select(string strWhere)
{
    try
    {
        string sql = "select * from linkmantype";
        if (strWhere != "")
        {
            sql += " where " + strWhere;
        }
        SqlConnection conn = new SqlConnection();
        conn.ConnectionString = connString;
        SqlDataAdapter da = new SqlDataAdapter(sql, conn);
        DataSet ds = new DataSet();
        da.Fill(ds);
```

```
            return ds.Tables[0];
        }
        catch
        {
            return null;
        }
    }
  }
}
```

接下来实现 Linkmen 表的数据访问层代码。采用与创建 LinkmanType.cs 类文件同样的方法，在 DAL 项目中创建 Linkmen.cs 类文件。在其中编写对 Linkmen 表的访问代码如下：

```
namespace DAL//需要手动引用 System.Data 和 System.Data.SqlClient 命名空间
{
  public class Linkmen
  {
      public string connString = "server=(local);database=mydb;uid= test;
      pwd=test";
      /// <summary>
      /// 插入数据的方法
      /// </summary>
      /// <param name="lkmName">姓名</param>
      /// <param name="lkmMPNum">移动电话</param>
      /// <param name="lkmOPNum">固定电话</param>
      /// <param name="lkmEmail">电子邮箱</param>
      /// <param name="lkmCompName">单位名称</param>
      /// <param name="typeId">联系人类型编号</param>
      /// <returns>插入成功返回 true，插入失败返回 false</returns>
      public bool insert(string lkmName,string lkmMPNum,string lkmOPNum,
                  string lkmEmail,string lkmCompName,string typeId)
      {
          try
          {
              SqlConnection conn = new SqlConnection();
              conn.ConnectionString = connString;
              conn.Open();
              SqlCommand cmd = new SqlCommand();
              cmd.Connection = conn;
              cmd.CommandText = "insert into linkmen(lkmname,lkmMPNum,
                lkmOPNum,lkmEmail,lkmCompName,typeId) values(@lkmname,
                @lkmMPNum,@lkmOPNum,@lkmEmail,@lkmCompName,@typeId)";
              cmd.Parameters.Add(new SqlParameter("@lkmname", lkmName));
              cmd.Parameters.Add(new SqlParameter("@lkmMPNum", lkmMPNum));
              cmd.Parameters.Add(new SqlParameter("@lkmOPNum",lkmOPNum));
```

```
            cmd.Parameters.Add(new SqlParameter("@lkmEmail",lkmEmail));
            cmd.Parameters.Add(new SqlParameter("@lkmCompName",
                            lkmCompName));
            cmd.Parameters.Add(new SqlParameter("@typeId", typeId));
            cmd.ExecuteNonQuery();
            conn.Close();
            return true;
        }
        catch
        {
            return false;
        }
}
/// <summary>
/// 修改数据的方法
/// </summary>
/// <param name="lkmId">联系人编号</param>
/// <param name="lkmName">姓名</param>
/// <param name="lkmMPNum">移动电话</param>
/// <param name="lkmOPNum">固定电话</param>
/// <param name="lkmEmail">电子邮箱</param>
/// <param name="lkmCompName">单位名称</param>
/// <param name="typeId">联系人类型编号</param>
/// <returns>修改成功返回 true, 修改失败返回 false</returns>
public bool update(string lkmId,string lkmName, string lkmMPNum,
                string lkmOPNum,string lkmEmail,string lkmCompName,
                string typeId)
{
        try
        {
            SqlConnection conn = new SqlConnection();
            conn.ConnectionString = connString;
            conn.Open();
            SqlCommand cmd = new SqlCommand();
            cmd.Connection = conn;
            cmd.CommandText = "update linkmen set lkmname=@lkmname,
                    lkmMPNum=@lkmMPNum,lkmOPNum=@lkmOPNum,
                    lkmEmail=@lkmEmail,lkmCompName=@lkmCompName,
                            typeId=@typeId where lkmid=@lkmid";
                    cmd.Parameters.Add(new SqlParameter("@lkmname",
                                        lkmName));
            cmd.Parameters.Add(new SqlParameter("@lkmMPNum", lkmMPNum));
            cmd.Parameters.Add(new SqlParameter("@lkmOPNum", lkmOPNum));
            cmd.Parameters.Add(new SqlParameter("@lkmEmail", lkmEmail));
            cmd.Parameters.Add(new SqlParameter("@lkmCompName",
                            lkmCompName));
```

```
                cmd.Parameters.Add(new SqlParameter("@typeId", typeId));
                cmd.Parameters.Add(new SqlParameter("@lkmid", lkmId));
                cmd.ExecuteNonQuery();
                conn.Close();
                return true;
        }
        catch
        {
                return false;
        }
}
/// <summary>
/// 删除数据的方法
/// </summary>
/// <param name="lkmId">要删除的联系人的编号</param>
/// <returns>删除成功返回 true，删除失败返回 false</returns>
public bool delete(string lkmId)
{
        try
        {
                SqlConnection conn = new SqlConnection();
                conn.ConnectionString = connString;
                conn.Open();
                SqlCommand cmd = new SqlCommand();
                cmd.Connection = conn;
                cmd.CommandText = "delete from linkmen where lkmid=@lkmid";
                cmd.Parameters.Add(new SqlParameter("@lkmid", lkmId));
                cmd.ExecuteNonQuery();
                conn.Close();
                return true;
        }
        catch
        {
                return false;
        }
}
/// <summary>
/// 查询数据的方法
/// </summary>
/// <param name="strWhere">strWhere 为空字符串时，代表查询表中所有数据；
///为非空时应传入查询依据，即 where 子句的内容，如"lkmName='张三'"等</param>
/// <returns>返回 null 代表查询失败，返回非 null 代表查询成功，
///且结果存在于返回的 DataTable 中</returns>
public DataTable select(string strWhere)
{
        try
```

```
        {
            string sql = "select linkmen.typeid as typeid,typename,
                lkmname,lkmid,lkmMPNum,lkmOPNum,lkmEmail,
                lkmCompName from linkmen left join linkmantype on
                linkmen.typeid =linkmantype.typeid";
            if (strWhere != "")
            {
                sql += " where " + strWhere;
            }
            SqlConnection conn = new SqlConnection();
            conn.ConnectionString = connString;
            SqlDataAdapter da = new SqlDataAdapter(sql, conn);
            DataSet ds = new DataSet();
            da.Fill(ds);
            return ds.Tables[0];
        }
        catch
        {
            return null;
        }
    }
  }
}
```

上述代码为数据访问层的最基本实现，但还存在诸多不足：

（1）增加、删除、修改功能的代码基本类似，存在大量的冗余。事实上除了所执行的 SQL 语句以及所传递的 SQL 参数不同外，其他代码是一样的。此外，各类的查询功能实现也极其相似，只是 select 语句不同罢了。再者，每个类中都维护着同一个数据库连接字符串，不但冗余，更会给数据库迁移带来莫大的灾难，每次数据库迁移，都要修改每个类的连接字符串，何其麻烦！因此，完全可以对这些冗余的代码进行精简。

（2）以各类的 insert 函数为例，操作联系人类型表的 LinkmanType 类中的 insert 函数有 2 个形参：typeId 和 typeName，分别代表要插入类型的两个字段，而操作联系人表的 Linkmen 类中的 insert 函数有则有 6 个参数：lkmName、lkmMPNum、lkmOPNum、lkmEmail、lkmCompName、typeId，可见，函数的形参个数与数据表的字段数是成正比的，如果一个数据表的字段数过多，势必导致相关函数的形参数过于冗长，非常不利于调用和规范化管理。

3.2.2 数据访问通用类库

解决以上第一个不足，精简冗余的数据库访问代码，可考虑再创建一个数据库访问辅助类库，将重复的代码进行封装。

1. 创建数据访问通用类库 DBUtility

右击解决方案，单击"添加"→"新建项目"，创建一个名为"DBUtility"的类库项目。添加项目之后的解决方案列表如图3-6所示。

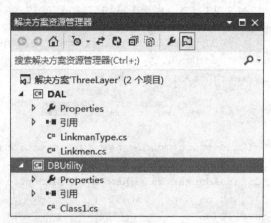

图3-6　添加 DBUtility 类库后的解决方案

2. 编写数据访问通用类库中的类代码

在图 3-6 中，删除 DBUtitlity 项目中的 Class1.cs 类文件，再新建一个名为 "DbHelperSQL.cs" 的类文件，DbHelperSQL.cs 类代码如下：

```csharp
namespace DBUtility //需要手动引用命名空间System.Data和System.Data.SqlClient
{
    public class DbHelperSQL
    {
        public static string connString = "server=(local);database=mydb;
        uid=test; pwd=test";
        /// <summary>
        /// 数据增加、删除、修改要调用的通用方法
        /// </summary>
        /// <param name="sql">要执行的 SQL 语句</param>
        /// <param name="sqlParams">所有要传给 SQL 语句的参数集合</param>
        /// <returns>返回 true 表示执行成功，false 为执行失败</returns>
        public static bool ExecuteSql(string sql,List<SqlParameter> sqlParams)
        {
            try
            {
                SqlConnection conn = new SqlConnection();
                conn.ConnectionString = connString;
                conn.Open();
                SqlCommand cmd = new SqlCommand();
                cmd.Connection = conn;
                cmd.CommandText = sql;
                //遍历传过来的SQL参数集合，将其逐一加到SqlCommand对象的参数集合中
                for(int i=0;i<sqlParams.Count ;i++)
                    cmd.Parameters.Add(sqlParams[i]);
                cmd.ExecuteNonQuery();
```

```
                conn.Close();
                return true;
            }
        catch
        {
                return false;
        }
    }
    /// <summary>
    /// 查询数据的通用方法
    /// </summary>
    /// <param name="sql">select 语句</param>
    /// <returns>返回 null 代表查询失败，返回非 null 代表查询成功，
    ///且结果存在于返回的 DataTable 中</returns>
    public static DataTable Query(string sql)
    {
        try
        {
            SqlConnection conn = new SqlConnection();
            conn.ConnectionString = connString;
            SqlDataAdapter da = new SqlDataAdapter(sql, conn);
            DataSet ds = new DataSet();
            da.Fill(ds);//将 sql 语句的查询结果填充到 ds 中
            return ds.Tables[0];
        }
        catch
        {
                return null;
        }
    }
    }
}
```

如此一来，数据访问层 DAL 项目中的各函数，只需要调用 DBUtility 中的函数即可实现对数据库的访问。

3. 为数据访问层项目 DAL 添加引用

要在 DAL 中调用 DBUtility 中的类和函数，需将 DBUtility 项目引入到 DAL 项目中：右击 DAL 项目，在弹出式菜单中选择"添加引用"，会弹出图 3-7 所示的"引用管理器"窗口。

在图 3-7 中，选择"解决方案"→"项目"选项，勾选"DBUtility"项目，单击【确定】按钮，会发现 DAL 项目的引用列表中，多出一个名为"DBUtility"的引用，如图 3-8 所示。

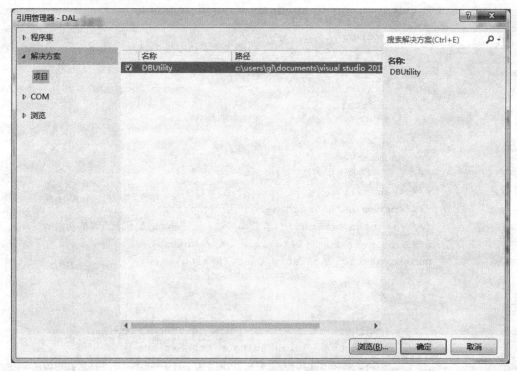

图3-7　"引用管理器"窗口

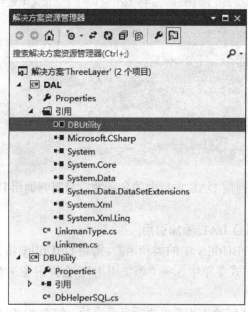

图3-8　添加引用后的DAL引用列表

4. 修改3.2.1节中的数据访问层代码

现在，可以在DAL项目中调用DBUtility中所有公开（public）的类和函数。以Linkmen类的insert函数为例，此时，insert函数可通过调用DBUtility的DbHelperSQL类中的

ExecuteSql 函数来实现数据的插入，而无须书写重复冗余的代码，修改后的 insert 函数
如下：

```
public bool insert(string lkmName, string lkmMPNum, string lkmOPNum,
                    string lkmEmail,string lkmCompName,string typeId)
{
    string sql = "insert into linkmen(lkmname,lkmMPNum,lkmOPNum,lkmEmail,
                lkmCompName,typeId)values(@lkmname,@lkmMPNum,
                @lkmOPNum,@lkmEmail,@lkmCompName,@typeId)";
    List<SqlParameter> sqlParams = new List<SqlParameter>();
    //以下六句代码把要传给 SQL 语句的参数存入集合，以便传递给函数
    sqlParams.Add(new SqlParameter("@lkmname", lkmName));
    sqlParams.Add(new SqlParameter("@lkmMPNum", lkmMPNum));
    sqlParams.Add(new SqlParameter("@lkmOPNum", lkmOPNum));
    sqlParams.Add(new SqlParameter("@lkmEmail", lkmEmail));
    sqlParams.Add(new SqlParameter("@lkmCompName", lkmCompName));
    sqlParams.Add(new SqlParameter("@typeId", typeId));
    //调用通用类库中的 ExecuteSql 方法执行 Sql 语句
    return DBUtility.DbHelperSQL.ExecuteSql(sql, sqlParams);
}
```

由上述代码可见，在 insert 函数中，已无须再编写 SqlConnection、SqlCommand 对
象的创建和属性赋值、方法调用等代码。同样，update、delete 等函数也不必再写这些重
复代码，代码复用度更高。此外，由于连接字符串已写在了 DbHelperSQL 类中，不会在
其他类中出现，对于数据库迁移所造成的修改量降到了最低——只需修改 DbHelperSQL
中的连接字符串即可。完整的数据访问层代码将在解决第二个不足之后给出。

3.2.3　实体类库

针对第二个不足——函数参数个数因数据表字段过多而变得复杂的问题。可以利用
面向对象的思想，将数据表封装成类。如对于 LinkmanType 表，可以定义
Model.LinkmanType 类，其中包括 2 个成员变量 typeId 和 typeName，分别对应
LinkmanType 表的 2 个字段。而对于 Linkmen 表，可以定义 Model.Linkmen 类，其中包
含 7 个成员变量 lkmId, lkmName, lkmMPNum, lkmOPNum, lkmEmail, lkmCompName,
typeId，分别对应 Linkmen 表的 7 个字段。这样在设计对应的 insert 和 update 函数时，可
以用对应的类类型来作为形参，例如 Linkmen 类的 insert 函数，只需用以下方式定义
即可：

```
public bool insert(Model.Linkmen mLKM);
```

如此大大缩减了形参数量，简化了函数结构。

可以创建一个专门的类库，用于设计这些针对数据表结构而产生的类，我们称为实
体（Model）类库。

1. 创建实体类库 Model

右击解决方案，单击"添加"→"新建项目"，创建一个名为"Model"的类库项目。添加项目之后的解决方案列表如图 3-9 所示。

图 3-9　添加 Model 之后的解决方案资源管理器

2. 编写实体类库中的类代码

在图 3-9 中，删除 Model 项目中的 Class1.cs 类文件，再新建 2 个分别名为"LinkmanType.cs"和"Linkmen.cs"的类文件，各自代码如下：

LinkmanType.cs 类代码如下：

```
namespace Model
{
    public class LinkmanType
    {
        public string typeId;
        public string typeName;
    }
}
```

Linkmen.cs 类代码如下：

```
namespace Model
{
    public class Linkmen
    {
        public string lkmId;
        public string lkmName;
        public string lkmMPNum;
        public string lkmOPNum;
        public string lkmEmail;
        public string lkmCompName;
```

```
            public string typeId;
        }
}
```

3. 修改数据访问层代码

首先，与引用 DBUtility 项目相同的方法，将 Model 项目引入到 DAL 项目中。

修改 LinkmanType.cs 类文件如下：

```
namespace DAL//需要引入 System.Data 和 System.Data.SqlClient 命名空间
{
    public class LinkmanType
    {
        public bool insert(Model.LinkmanType mLKMT)
        {
            string sql="insert into linkmantype(typeid, typename) values
                        (@typeid,@typename)";
            List<SqlParameter> sqlParams=new List<SqlParameter>();
            sqlParams.Add(new SqlParameter("@typeid", mLKMT.typeId));
            sqlParams.Add(new SqlParameter("@typename", mLKMT.typeName));
            return DBUtility.DbHelperSQL.ExecuteSql(sql, sqlParams);
        }
        public bool update(Model.LinkmanType mLKMT,string oldTypeId)
        {
            string sql="update linkmantype set typeid=@typeid, typename=
                        @typename where typeid=@oldTypeId";
            List<SqlParameter> sqlParams=new List<SqlParameter>();
            sqlParams.Add(new SqlParameter("@typeid", mLKMT.typeId));
            sqlParams.Add(new SqlParameter("@typename", mLKMT.typeName));
            sqlParams.Add(new SqlParameter("@oldTypeId", oldTypeId));
            return DBUtility.DbHelperSQL.ExecuteSql(sql, sqlParams);
        }
        public bool delete(string typeId)
        {
            string sql="delete from linkmantype where typeid=@typeid";
            List<SqlParameter> sqlParams=new List<SqlParameter>();
            sqlParams.Add(new SqlParameter("typeid",typeId));
            return DBUtility.DbHelperSQL.ExecuteSql(sql, sqlParams);
        }
        public DataTable select(string strWhere)
        {
            string sql = "select * from linkmantype";
            if (strWhere != "")
            {
                sql += " where " + strWhere;
            }
            return DBUtility.DbHelperSQL.Query(sql);
```

```
            }
        }
    }
```

修改 Linkmen 类文件如下：

```
namespace DAL
{
    public class Linkmen
    {
        public bool insert(Model.Linkmen mLKM)
        {
            string sql = "insert into linkmen(lkmname,lkmMPNum, lkmOPNum,
                    lkmEmail, lkmCompName,typeId)values(@lkmname,
                    @lkmMPNum,@lkmOPNum,@lkmEmail,@lkmCompName,
                    @typeId)";
            List<SqlParameter> sqlParams = new List<SqlParameter>();
            sqlParams.Add(new SqlParameter("@lkmname", mLKM.lkmName));
            sqlParams.Add(new SqlParameter("@lkmMPNum", mLKM.lkmMPNum));
            sqlParams.Add(new SqlParameter("@lkmOPNum", mLKM.lkmOPNum));
            sqlParams.Add(new SqlParameter("@lkmEmail", mLKM.lkmEmail));
            sqlParams.Add(new SqlParameter("@lkmCompName",
                    mLKM.lkmCompName));
            sqlParams.Add(new SqlParameter("@typeId", mLKM.typeId));
            return DBUtility.DbHelperSQL.ExecuteSql(sql, sqlParams);
        }
        public bool update(Model.Linkmen mLKM)
        {
            string sql = "update linkmen set lkmname=@lkmname, lkmMPNum=
                @lkmMPNum, lkmOPNum=@lkmOPNum,lkmEmail=@lkmEmail,
                lkmCompName = @lkmCompName,typeId=@typeId where lkmid=
                @lkmid";
            List<SqlParameter> sqlParams = new List<SqlParameter>();
            sqlParams.Add(new SqlParameter("@lkmname", mLKM.lkmName));
            sqlParams.Add(new SqlParameter("@lkmMPNum",
                    mLKM.lkmMPNum));
            sqlParams.Add(new SqlParameter("@lkmOPNum",
                    mLKM.lkmOPNum));
            sqlParams.Add(new SqlParameter("@lkmEmail",
                    mLKM.lkmEmail));
            sqlParams.Add(new SqlParameter("@lkmCompName",
                    mLKM.lkmCompName));
            sqlParams.Add(new SqlParameter("@typeId", mLKM.typeId));
            sqlParams.Add(new SqlParameter("@lkmid", mLKM.lkmId));
            return DBUtility.DbHelperSQL.ExecuteSql(sql, sqlParams);
        }
```

```
public bool delete(string lkmId)
{
    string sql= "delete from linkmen where lkmid=@lkmid";
    List<SqlParameter> sqlParams = new List<SqlParameter>();
    sqlParams.Add(new SqlParameter("@lkmid", lkmId));
    return DBUtility.DbHelperSQL.ExecuteSql(sql, sqlParams);
}
public DataTable select(string strWhere)
{
    string sql = "select linkmen.typeid as typeid,typename,lkmname,
        lkmid,lkmMPNum, lkmOPNum,lkmEmail,lkmCompName from linkmen
        left join linkmantype on linkmen.typeid=
        linkmantype.typeid";
    if (strWhere != "")
    {
        sql += " where " + strWhere;
    }
    return DBUtility.DbHelperSQL.Query(sql);
}
    }
}
```

上述 LinkmanType 类和 Linkmen 类，明显较上一版本要精简得多，函数实现得到精简，函数参数也得到了精简。此代码为本书简单三层架构终态的数据访问层代码结构。其中 DAL 调用了 DBUtility 项目的代码，但 DBUtility 类库不能称为一层，它的存在只是提供一套通用的访问数据库的方法。而 Model 类库更不能称为一层，在后面章节中可以看到，Model 实际上是贯穿了数据访问层、业务逻辑层和表示层等三层的，因为这三层均要调用 Model 层的类。

3.2.4　业务逻辑层

1. 创建业务逻辑层项目 BLL

右击"解决方案资源管理器"，选择"添加"→"新建项目"，打开"新建项目"窗口，在其中选择"Visual C#"，在右侧选择"类库"，将名称改为"BLL"，单击【确定】按钮。此时，解决方案资源管理器中的项目结构如图 3-10 所示。

2. 编写业务逻辑层代码

先引用 DAL 和 Model 项目，删除 BLL 项目中的 Class1.cs 文件，然后新建名为"LinkmanType.cs"的类文件，以实现联系人类型管理的业务逻辑。联系人类型管理的业务逻辑非常简单，只有基本的对联系人类型的增加、删除、修改、查询功能。因此，BLL 的 LinkmanType 类中的代码也只是简单调用 DAL 中的 LinkmanType 类来实现这些功能。

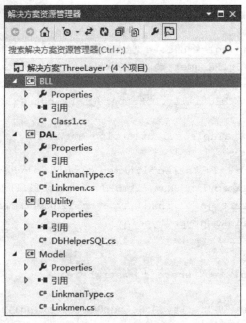

图 3-10　添加 BLL 之后的解决方案资源管理器

LinkmanType.cs 类文件代码如下：

```
namespace BLL
{
    public class LinkmanType
    {
        DAL.LinkmanType dLKMT = new DAL.LinkmanType();
        public bool insert(Model.LinkmanType mLKMT)
        {
            return dLKMT.insert(mLKMT);
        }
        public bool update(Model.LinkmanType mLKMT, string oldTypeId)
        {
            return dLKMT.update(mLKMT, oldTypeId);
        }
        public bool delete(string typeId)
        {
            return dLKMT.delete(typeId); ;
        }
        public DataTable select(string strWhere)
        {
            return dLKMT.select(strWhere);
        }
    }
}
```

　　现在来实现联系人管理的业务逻辑层代码，与联系人类型管理的业务逻辑相比，在实现联系人增加、删除、修改、查询功能之外，还打算实现随机抽取一名联系人的功能，这就是一种业务逻辑，需在业务逻辑层实现。

　　在 BLL 项目中新建名为"Linkmen.cs"的类文件，添加代码如下：

```
namespace BLL
{
    public class Linkmen
    {
        DAL.Linkmen dLKM = new DAL.Linkmen();
        public bool insert(Model.Linkmen mLKM)
        {
            return dLKM.insert(mLKM);
        }
        public bool update(Model.Linkmen mLKM)
        {
            return dLKM.update(mLKM);
        }
        public bool delete(string stuId)
        {
            return dLKM.delete(stuId);
        }
        public DataTable select(string strWhere)
        {
            return dLKM.select(strWhere);
        }
        /// <summary>
        /// 随机抽取一名联系人
        /// </summary>
        /// <returns>返回抽取到的联系人对象</returns>
        public Model.Linkmen randomFriend()
        {
            DataTable dt=select("");
            if (dt.Rows.Count > 0)
            {
                Random random = new Random();
                int currNum = random.Next(0, dt.Rows.Count);
                Model.Linkmen mLKM = new Model.Linkmen();
                mLKM.lkmId = dt.Rows[currNum]["lkmid"].ToString();
                mLKM.lkmName = dt.Rows[currNum]["lkmname"].ToString();
                mLKM.lkmMPNum = dt.Rows[currNum]["lkmmpnum"].ToString();
                mLKM.lkmOPNum = dt.Rows[currNum]["lkmopnum"].ToString();
                mLKM.lkmEmail=dt.Rows[currNum]["lkmemail"].ToString();
                mLKM.lkmCompName =
                        dt.Rows[currNum]["lkmcompname"].ToString();
```

```
                   mLKM.typeId = dt.Rows[currNum]["typeid"].ToString();
                   return mLKM;
               }
               else
               {
                   return null;
               }
           }
       }
   }
```

可见随着业务逻辑的复杂度增加，业务逻辑层代码也会相应增加。

3.2.5　表示层

1. 创建表示层项目 UI

本章 3.1 节提到表示层其实就是用户界面层，所以表示层的项目类型不是 DAL、BLL 这样的类库，而是 Windows 窗体应用程序。

右击"解决方案资源管理器"，选择"添加"→"新建项目"，打开"新建项目"窗口，在其中选择"Visual C#"，在右侧选择"Windows 窗体应用程序"，将名称改为"UI"，单击【确定】按钮。此时，解决方案资源管理器中的项目结构如图 3-11 所示。

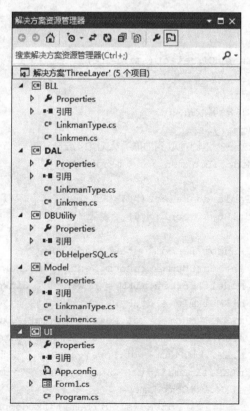

图 3-11　添加 UI 之后的解决方案资源管理器

2．编写表示层代码

表示层需要引用 BLL 和 Model 项目，无须引用 DAL。删除 UI 项目中的 Form1.cs 窗体文件后，右击 UI 项目，在弹出式菜单中选择"添加"→"Windows 窗体"在弹出的"添加新项"窗体中，将名称改为"MainForm.cs"，单击【添加】按钮完成窗体的添加。用同样的方法再添加 4 个 Windows 窗体，分别命名为"LinkmanTypeManage.cs""LinkmanTypeEdit.cs""LinkmenManage.cs"以及"LinkmenEdit.cs"。各窗体的作用如表 3-3 所示。

表 3-3　各窗体作用

窗　体　名	作　　　用
MainForm	入口主窗体，程序的 MDI 父窗体
LinkmanTypeManage	联系人类型管理窗体，显示联系人类型列表并且是编辑入口
LinkmanTypeEdit	联系人类型编辑窗体
LinkmenManage	联系人管理窗体，显示联系人列表并且是编辑入口
LinkmenEdit	联系人编辑窗体

将 UI 项目中的 Program.cs 文件的 Main 方法中的 Application.Run(new Form1())语句改为 Application.Run(new MainForm())，指明应用程序运行时首先运行 MainForm 窗体。

接下来设置 MainForm 窗体的若干属性及其值，如表 3-4 所示。

表 3-4　MainForm 属性设置表

属　性　名	属　性　值	作　　　用
Text	通讯录管理系统	设置窗体的标题文本
WindowState	Maximized	令窗体最大化
IsMdiContainer	True	设置该窗体为 MDI 父窗体

从工具箱中拖动一个 MenuStrip 控件到 MainForm 上，将该 MenuStrip 的 Name 属性更改为 menuMain，设计菜单样式如图 3-12 所示。

图 3-12　MainForm 窗体上的菜单样式

双击"联系人类型管理"菜单项，进入该菜单项的 Click 事件处理函数。填写代码如下：

```
LinkmanTypeManage frm = new LinkmanTypeManage();//创建联系人类型管理窗体对象
frm.MdiParent = this; //指定联系人类型管理窗体的MDI父窗体是 this，即 MainForm
frm.Show();          //显示联系人类型管理窗体
```

双击"联系人管理"菜单项，进入该菜单项的 Click 事件处理函数。填写代码如下：

```
LinkmenManage frm = new LinkmenManage();//创建联系人管理窗体对象
frm.MdiParent = this;
frm.Show();
```

设计 LinkmanTypeManage 窗体如图 3-13 所示。

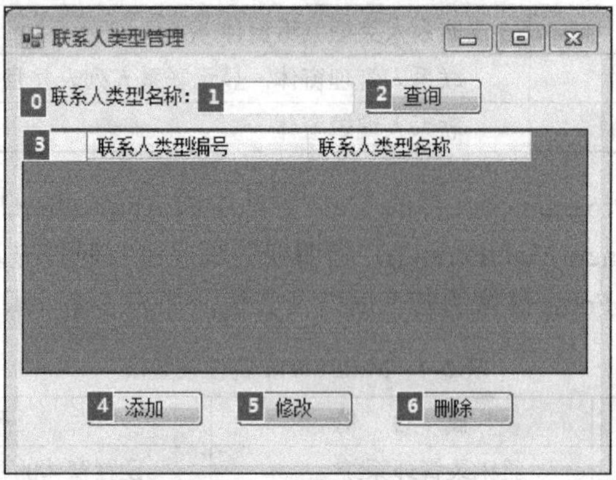

图 3-13 LinkmanTypeManage 窗体设计

对于 LinkmanTypeManage 窗体的属性设置如表 3-5 所示。

表 3-5 LinkmanTypeManage 窗体属性设置表

属 性 名	属 性 值	作　　用
Text	联系人类型管理	设置窗体的标题文本

LinkmanTypeManage 窗体中的主要控件，按 Tab 顺序，描述如表 3-6 所示。

表 3-6 LinkmanTypeManage 窗体中的主要控件

Tab 顺序	控 件 类 型	属 性 名	属 性 值
1	TextBox	Name	txtTypeName
2	Button	Name	btnSearch
		Text	查询
3	DataGridView	Name	dgvTypeList
		AllowUserToAddRows	False
4	Button	Name	btnAdd
		Text	添加

续表

Tab 顺序	控 件 类 型	属 性 名	属 性 值
5	Button	Name	btnUpdate
		Text	修改
6	Button	Name	btnDelete
		Text	删除

为 DataGridView 控件 dgvTypeList 添加列。右击该控件，在弹出式菜单中单击"添加列"，弹出图 3-14 所示"添加列"窗口。

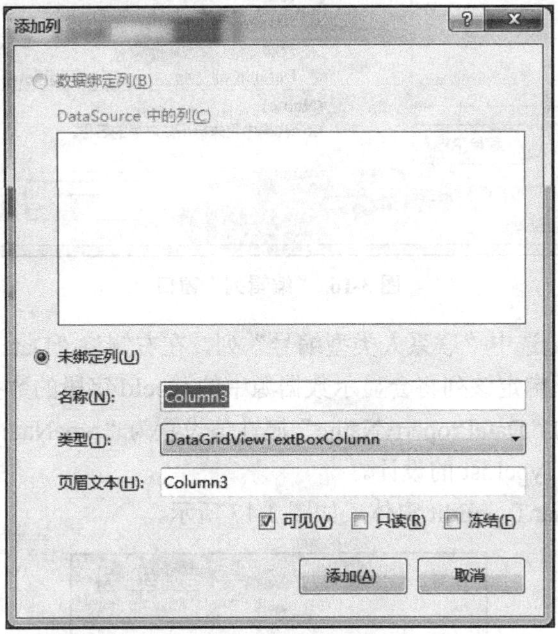

图 3-14　"添加列"窗口

在图 3-14 中，输入页眉文本为"联系人类型编号"，单击【添加】按钮，会看到 dgvTypeList 中已经添加了一个页眉为"联系人类型编号"的列。用同样方法再添加一个页眉文本为"联系人类型名称"的列。dgvTypeList 结果样式如图 3-15 所示。

联系人类型编号	联系人类型名称

图 3-15　dgvTypeList 控件结果样式

接下来为每一列绑定要显示的数据字段名。再次右击 dgvTypeList，在弹出菜单中单击"编辑列"，弹出图 3-16 所示的"编辑列"列窗口。

图 3-16 "编辑列"窗口

在图 3-16 的左侧选中"联系人类型编号"列，在右侧将"DataPropertyName"的值设置为"typeId"，即绑定该列将会显示数据源中的 typeId 字段的数据。同样方法将"联系人类型名称"列的"DataPropertyName"属性值设置为"typeName"。之后，单击【确定】按钮，完成 dgvTypeList 的设计。

接着设计 LinkmanTypeEdit 窗体，如图 3-17 所示。

图 3-17 LinkmanTypeEdit 窗体

对于 LinkmanTypeEdit 窗体的属性设置如表 3-7 所示。

表 3-7 LinkmanTypeEdit 窗体属性设置表

属 性 名	属 性 值	作 用
Text	联系人类型编辑	设置窗体的标题文本

LinkmanTypeEdit 窗体中的主要控件，按 Tab 顺序，描述如表 3-8 所示。

表 3-8 LinkmanTypeEdit 窗体中的主要控件

Tab 顺序	控 件 类 型	属 性 名	属 性 值
1	TextBox	Name	txtTypeId
3	TextBox	Name	txtTypeName
4	Button	Name	btnSubmit
		Text	

LinkmanTypeManage 窗体和 LinkmanTypeEdit 窗体共同完成对联系人类型的增加、删除、修改、查询操作。首先，LinkmanTypeManage 窗体加载时，dgvTypeList 中显示数据表 LinkmanType 中所有的联系人类别。在 LinkmanTypeManage 窗体的 txtTypeName 中输入一个联系人类别名称，单击【查询】按钮，可以进行模糊查询，并将结果显示在 dgvTypeList 中。单击【添加】按钮，弹出 LinkmanTypeEdit 窗体，并且 LinkmanTypeEdit 窗体中的 btnSubmit 按钮在该窗体加载时 Text 属性变为"添加"，在 LinkmanTypeEdit 窗体中输入要添加的联系人类型编号和名称后，单击【添加】按钮实现数据的添加，并刷新 LinkmanTypeManage 窗体中的 dgvTypeList。在 dgvTypeList 中选中一个联系人类型，单击【修改】按钮，同样弹出 LinkmanTypeEdit 窗体，但会在 LinkmanTypeEdit 窗体加载时呈现在 dgvTypeList 选中的这个联系人类型的详细信息，并将 btnSubmit 的 Text 属性变为"修改"，输入新的联系人类型编号和名称，单击【修改】按钮，实现数据的修改，且刷新 LinkmanTypeManage 窗体中的 dgvTypeList。在 dgvTypeList 中选中一个联系人类型，单击【删除】按钮，会弹出确认对话框，询问用户是否确认删除这个联系人类型，如果单击确认对话框中的【是】按钮，则执行删除，并刷新 dgvTypeList，如果单击【否】按钮则什么都不做。

在 UI 项目中，引入 BLL 和 Model 项目，编写 LinkmanTypeManage.cs 代码如下：

```
namespace UI
{
    public partial class LinkmanTypeManage : Form
    {
        /// <summary>
        /// 实例化业务逻辑层 LinkmanType 对象
        /// </summary>
        BLL.LinkmanType bLKMT = new BLL.LinkmanType();
        /// <summary>
        /// 当前查询条件，如果为空字符串，代表查询全部，
        /// 否则为指定查询条件，如:typename like '%朋友%'
        /// </summary>
        string currSearchContent = "";
        public LinkmanTypeManage()
        {
            InitializeComponent();
```

```
    }
    private void DepartmentManage_Load(object sender, EventArgs e)
                                        //窗体 Load 事件
    {
        dgvTypeList.AutoGenerateColumns = false;
                                        //禁止 dgvTypeList 自动创建列
        bindGridView();
    }
    /// <summary>
    /// 为 dgvTypeList 绑定数据源
    /// </summary>
    public void bindGridView()
    {
        dgvTypeList.DataSource = bLKMT.select(currSearchContent);
    }
    private void btnSearch_Click(object sender, EventArgs e)
                                            //查询按钮事件
    {
        currSearchContent = "typename like '%" + txtTypeName.Text + "%'";
                                            //设定查询条件
        bindGridView();
    }
    private void btnDelete_Click(object sender, EventArgs e)
                                        //删除按钮事件
    {
        DialogResult dr = MessageBox.Show("确认删除该联系人类型吗？",
                "删除确认", MessageBoxButtons.YesNo);//弹出确认对话框
        if (dr == DialogResult.Yes)         //如果选"是"
        {
            //执行删除, dgvTypeList.CurrentRow.Cells[0].Value 可以取得
            //dgvTypeList 当前选中行的第一个单元格内容，即联系人类型编号
            bLKMT.delete(dgvTypeList.CurrentRow.Cells[0].Value
                        .ToString());
            bindGridView();
        }
    }
    private void btnUpdate_Click(object sender, EventArgs e)
                                        //修改按钮事件
    {
        LinkmanTypeEdit frm = new LinkmanTypeEdit();
                                        //实例化 LinkmanTypeEdit 窗体对象
        //将当前选中行的联系人类型编号赋给 frm 窗体对象的 typeId 成员变量
        frm.typeId=dgvTypeList.CurrentRow.Cells[0].Value.ToString();
        frm.status = "修改";//将当前的 frm 窗体对象标记为修改状态
        frm.MdiParent = this.MdiParent;//设置 frm 窗体对象的 Mdi 父窗体
        //将当前 LinkmanTypeManage 窗体对象传递给 frm 对象，以便在 frm 对象中，
```

```
            //调用当前 LinkmanTypeManage 对象的 bindGridView 函数，完成列表更新
            frm.myParentFrm = this;
            frm.Show();//显示 LinkmanTypeEdit 窗体
        }
        private void btnAdd_Click(object sender, EventArgs e)//添加按钮事件
        {
            LinkmanTypeEdit frm = new LinkmanTypeEdit();
            frm.status = "添加";
            frm.MdiParent = this.MdiParent;
            frm.myParentFrm = this;
            frm.Show();
        }
    }
}
```

编写 LinkmanTypeEdit.cs 代码如下：

```
namespace UI
{
    public partial class LinkmanTypeEdit : Form
    {
        //用于接收从 LinkmanTypeManage 窗体传递过来的要修改的联系人类型的编号
        public string typeId;
        //用于接收从 LinkmanTypeManage 窗体传递过来的当前操作状态是添加还是修改
        public string status;
        //用于接收传递过来的 LinkmanTypeManage 窗体，
        //以便调用 LinkmanTypeMange 窗体对象的 bindGridView 方法
        public LinkmanTypeManage myParentFrm;
        public LinkmanTypeEdit()
        {
            InitializeComponent();
        }
        BLL.LinkmanType bLKMT = new BLL.LinkmanType();
        Model.LinkmanType mLKMT = new Model.LinkmanType();
                                        //实例化 LinkmanType 实体类
        private void DepartmentEdit_Load(object sender, EventArgs e)
        {
            btnSubmit.Text = status;//设置 btnSubmit 当前文本为"添加"或"修改"
            if (status == "修改")    //如果是修改，将当前的联系人类型原信息首先
                                        //呈现在各文本框内
            {
                DataTable dt = bLKMT.select("typeid='" + typeId + "'");
                txtTypeId.Text = dt.Rows[0]["typeid"].ToString();
                txtTypeName.Text = dt.Rows[0]["typename"].ToString();
            }
        }
```

```
    private void btnSubmit_Click(object sender, EventArgs e)
                          //添加或修改事件代码
{
    mLKMT.typeId = txtTypeId.Text;
    mLKMT.typeName = txtTypeName.Text; //为实体类对象赋属性值
    bool result = false;//标记是否添加或修改成功
    switch (status)
    {
        case "修改":
            result=bLKMT.update(mLKMT, typeId);//执行修改
            break;
        case "添加":
            result=bLKMT.insert(mLKMT);//执行添加
            break;
    }
    if (result)//如果操作成功
    {
        //调用 LinkmanTypeManage 窗体的 bindGridView 函数，完成列表的刷新
        myParentFrm.bindGridView();
        MessageBox.Show(status+ "成功！");
    }
    else
        MessageBox.Show(status + "失败！");
    }
}
```

设计 LinkmenManage 窗体如图 3-18 所示。

图 3-18　LinkmenManage 窗体设计

对于 LinkmenManage 窗体的属性设置如表 3-9 所示。

表 3-9　LinkmenManage 窗体属性设置表

属　性　名	属　性　值	作　　用
Text	联系人管理	设置窗体的标题文本

LinkmenManage 窗体中的主要控件，按 Tab 顺序，描述如表 3-10 所示。

表 3-10　LinkmenManage 窗体中的主要控件

Tab 顺序	控 件 类 型	属 性 名	属 性 值
1	ComboBox	Name	cmbSearchField
		DropDownStyle	DropDownList
2	ComboBox	Name	cmbOperator
		DropDownStyle	DropDownList
3	TextBox	Name	txtSearchContent
4	Button	Name	btnSearch
		Text	查询
5	DataGridView	Name	dgvLinkmenList
		AllowUserToAddRows	False
6	Button	Name	btnAdd
		Text	添加
7	Button	Name	btnUpdate
		Text	修改
8	Button	Name	btnDelete
		Text	删除
9	Button	Name	btnRandom
		Text	随机抽取联系人

为 DataGridView 控件 dgvLinkmenList 添加列，如表 3-11 所示。

表 3-11　dgvLinkmenList 列设置表

列 头 名	DataPropertyName 属性值	Visible 属性值
编号	lkmId	False
姓名	lkmName	True
移动电话	lkmMPNum	True
办公电话	lkmOPNum	True
电子邮箱	lkmEmail	True
工作单位	lkmCompName	True
联系人类型	typeName	True

接着设计 LinkmenEdit 窗体如图 3-19 所示。

对于 LinkmenEdit 窗体的属性设置如表 3-12 所示。

表 3-12　LinkmenEdit 窗体属性设置表

属 性 名	属 性 值	作 用
Text	联系人编辑	设置窗体的标题文本

图 3-19　LinkmenEdit 窗体

LinkmenEdit 窗体中的主要控件，按 Tab 顺序，描述如表 3-13 所示。

表 3-13　LinkmenEdit 窗体中的主要控件

Tab 顺序	控 件 类 型	属 性 名	属 性 值
1	TextBox	Name	txtName
3	TextBox	Name	txtMPNum
5	TextBox	Name	txtOPNum
7	TextBox	Name	txtEMail
9	TextBox	Name	txtCompName
11	ComboBox	Name	cmbTypeName
		DropDownStyle	DropDownList
12	Button	Name	btnSubmit
		Text	

　　LinkmenManage 窗体和 LinkmenEdit 窗体共同完成对联系人的增加、删除、修改、查询操作。首先，LinkmenManage 窗体加载时，dgvLinkmenList 中显示数据表 Linkmen 中所有的联系人信息。在 LinkmenManage 窗体的 cmbSearchField 中选择要查询的字段，如"姓名"；在 cmbOperator 中选择一个比较运算符，如"等于"；在 txtSearchContent 中输入要查询的数据，如"张三"；单击【查询】按钮，可以进行相应查询，并将结果显示在 dgvLinkmenList 中。单击【添加】按钮，弹出 LinkmenEdit 窗体，并且 LinkmenEdit 窗体中的 btnSubmit 按钮在该窗体加载时 Text 属性变为"添加"，在 LinkmenEdit 窗体中输入要添加的联系人信息，单击【添加】实现数据的添加，并刷新 LinkmenManage 窗体中的 dgvLinkmenList。在 dgvLinkmenList 中选中一条联系人信息，单击【修改】按钮，同样弹出 LinkmenEdit 窗体，但会在 LinkmenEdit 窗体加载时呈现在 dgvLinkmenList 选中的这条联系人现有信息，并将 btnSubmit 的 Text 属性变为"修改"，输入新的联系人信息，单击【修改】按钮，实现数据的修改，且刷新 LinkmenManage 窗体中的 dgvLinkmenList。在 dgvLinkmenList 中选中一条联系人信息，单击【删除】按钮，会弹出确认对话框，询

问用户是否确认删除这个联系人，如果单击确认对话框中的【是】按钮，则执行删除，并刷新 dgvLinkmenList，如果单击【否】按钮，则什么都不做。单击【随机抽取联系人】按钮，弹出 MessageBox 显示抽取到的联系人基本信息。

编写 LinkmenManage.cs 代码如下：

```
namespace UI
{
    public partial class LinkmenManage : Form
    {
        BLL.Linkmen bLKM = new BLL.Linkmen();
        string currSearchContent = "";
        public LinkmenManage()
        {
            InitializeComponent();
        }
        private void StudentManage_Load(object sender, EventArgs e)
        {
            //以下 6 句，向 cmbSearchField 中添加可选项
            cmbSearchField.Items.Add("姓名");
            cmbSearchField.Items.Add("移动电话");
            cmbSearchField.Items.Add("办公电话");
            cmbSearchField.Items.Add("电子邮箱");
            cmbSearchField.Items.Add("工作单位");
            cmbSearchField.Items.Add("所属类别");
            //以下 2 句，向 cmbOperator 中添加可选项
            cmbOperator.Items.Add("等于");
            cmbOperator.Items.Add("类似于");
            dgvLinkmenList.AutoGenerateColumns = false;
            bindGridView();
        }
        public void bindGridView()
        {
            dgvLinkmenList.DataSource = bLKM.select(currSearchContent);
        }
        private void btnSearch_Click(object sender, EventArgs e)
        {
            string searchField = "";
            //将 cmbSearchField 中选中的项转换成对应的数据表字段名
            switch (cmbSearchField.SelectedItem.ToString())
            {
                case "姓名":
                    searchField = "lkmname";
                    break;
                case "移动电话":
                    searchField = "lkmmpnum";
```

```
                        break;
                case "固定电话":
                    searchField = "lkmopnum";
                    break;
                case "电子邮箱":
                    searchField = "lkmemail";
                    break;
                case "工作单位":
                    searchField = "lkmcompname";
                    break;
                case "所属类别":
                    searchField = "typename";
                    break;
            }
            if (cmbOperator.SelectedItem.ToString()!="类似于")//组建查询子句
                currSearchContent = searchField +
                                    cmbOperator.SelectedItem.ToString()
                                    + "'" + txtSearchContent.Text + "'";
            else
                currSearchContent = searchField+" like '%" +
                                    txtSearchContent.Text + "%'";
            bindGridView();
        }
        private void btnDelete_Click(object sender, EventArgs e)
        {
            DialogResult dr = MessageBox.Show("确认删除该联系人吗？",
                            "删除确认", MessageBoxButtons.YesNo);
            if (dr == DialogResult.Yes)
            {
                bLKM.delete(dgvLinkmenList.CurrentRow.Cells[0].Value
                        .ToString());
                bindGridView();
            }
        }
        private void btnUpdate_Click(object sender, EventArgs e)
        {
            LinkmenEdit frm = new LinkmenEdit();
            frm.lkmId = dgvLinkmenList.CurrentRow.Cells[0].Value.ToString();
            frm.status = "修改";
            frm.MdiParent = this.MdiParent;
            frm.myParentFrm = this;
            frm.Show();
        }
        private void btnAdd_Click(object sender, EventArgs e)
        {
            LinkmenEdit frm = new LinkmenEdit();
```

```
            frm.status = "添加";
            frm.MdiParent = this.MdiParent;
            frm.myParentFrm = this;
            frm.Show();
        }
        private void btnRandom_Click(object sender, EventArgs e)
                                        //随机抽取联系人事件
        {
            Model.Linkmen mLKM = bLKM.randomFriend();
                                        //调用业务逻辑层随机抽取函数
            MessageBox.Show("抽取到的联系人：姓名"+ mLKM.lkmName+",联系电话"
                            + mLKM.lkmMPNum + ", 固定电话"
                            + mLKM.lkmOPNum);      //显示抽到的联系人主要信息
        }
    }
}
```

编写 LinkmenEdit.cs 代码如下：

```
namespace UI
{
    public partial class LinkmenEdit : Form
    {
        public string lkmId;
        public string status;
        public LinkmenManage myParentFrm;
        public LinkmenEdit()
        {
            InitializeComponent();
        }
        BLL.Linkmen bLKM = new BLL.Linkmen();
        Model.Linkmen mLKM = new Model.Linkmen();
        private void StudentEdit_Load(object sender, EventArgs e)
        {
            btnSubmit.Text = status;
            //以下 4 条语句，将联系人类型信息从联系人类型表取出，绑定到 cmbTypeName 中
            DataTable dtLKMT = new BLL.LinkmanType().select("");
            cmbTypeName.DataSource = dtLKMT;
            cmbTypeName.DisplayMember = "typename";
            cmbTypeName.ValueMember = "typeid";
            if (status == "修改")
            {
                DataTable dt = bLKM.select("lkmid='" + lkmId + "'");
                txtName.Text = dt.Rows[0]["lkmname"].ToString();
                txtMPNum.Text = dt.Rows[0]["lkmmpnum"].ToString();
                txtOPNum.Text = dt.Rows[0]["lkmopnum"].ToString();
```

```csharp
                txtEMail.Text = dt.Rows[0]["lkmemail"].ToString();
                txtCompName.Text = dt.Rows[0]["lkmcompname"].ToString();
                cmbTypeName.SelectedValue = dt.Rows[0]["typeid"].ToString();
            }
        }
        private void btnSubmit_Click(object sender, EventArgs e)
        {
            mLKM.lkmName = txtName.Text;
            mLKM.lkmMPNum = txtMPNum.Text;
            mLKM.lkmOPNum = txtOPNum.Text;
            mLKM.lkmEmail = txtEMail.Text;
            mLKM.lkmCompName = txtCompName.Text;
            mLKM.typeId = cmbTypeName.SelectedValue.ToString();
            bool result = false;
            switch (status)
            {
                case "修改":
                    mLKM.lkmId = lkmId;
                    result = bLKM.update(mLKM);
                    break;
                case "添加":
                    result = bLKM.insert(mLKM);
                    break;
            }
            if (result)
            {
                myParentFrm.bindGridView();
                MessageBox.Show(status + "成功！");
            }
            else
                MessageBox.Show(status + "失败！");
        }
    }
}
```

3.3　工厂模式三层架构

在上述简单三层架构的通讯录管理软件中，数据访问层是针对 SQL Server 数据库实现的，如果用户需求变更，不再打算使用 SQL Server 作为数据库，而改用 Access 数据库，需要做哪些变更呢？

以上需求变更，可能会有两种结果。其一，用户打算永久将数据库变更为 Access 而不再变回 SQL Server。其二，用户也不确定是否会再次变回 SQL Server。

面对第一种需求变更，只需将 DBUtility 中的 DbHelperSQL 类，以及数据访问层 DAL

中 LinkmanType 类和 Linkmen 类中的访问 SQL Server 数据库相关的类对象彻底更换成访问 Access 数据库的类对象即可，无须修改其他层的代码。而面对第二种需求变更，由于用户需求变更的不确定性，不但要为其实现访问 Access 数据库，还要为其保留现有的访问 SQL Server 实现。即，应保留 DBUtility 中的 DbHelperSQL 类，以及 DAL 中的所有类，并创建新的访问 Access 数据库的数据访问层实现。前面提到 DBUtility 是一个为简化数据库访问代码提供的通用类库，既然其中的 DbHelperSQL 类是访问 SQL Server 的通用类，那么现在可再创建一个名为 DbHelperAccess 类作为访问 Access 的通用类。而 DAL 项目的所有实现都是针对 SQL Server 的数据访问层实现。访问 Access 的数据访问层实现已不适合放在 DAL 中，应创建单独的名为 AccessDAL 的类库作为新的访问 Access 数据库的数据访问层实现，其中的各类，同样命名为 Linkmantype 和 Linkmen。如此一来，请读者考虑，基于本章 3.2 节中简单三层架构的代码结构，在进行数据库访问实现的切换时，是不是还需要涉及变更其他层呢？以 BLL 的 LinkmanType 类为例，数据库的切换，也就是数据访问层 DAL 与 AccessDAL 的切换。BLL 的 LinkmanType 类当前调用数据访问层是通过 DAL.LinkmanType dLKMT = new DAL.LinkmanType() 来实例化数据访问层对象的。如果要切换到调用 AccessDAL 中的 LinkmanType 类。需要改写上述代码为 AccessDAL.LinkmanType dLKMT = new AccessDAL.LinkmanType()。可见，对于简单三层架构，在面临这种需求变更时，耦合度还是偏高。需要继续解耦。尝试在数据访问层被替换时，不会影响业务逻辑层的变动。

　　上述问题，可分为两个部分：第一，如何使业务逻辑层中定义数据访问层对象引用的类型保持不变；第二，如何使业务逻辑层中实例化数据访问层对象的代码保持不变。

　　解决第一个问题，可以为 DAL.LinkmanType 和 AccessDAL.LinkmanType 类创建一个公共接口 IDal.ILinkmanType。在定义数据访问层对象引用时，可以使用该接口来定义，这样该引用可以指向任何实现该接口的类的实例对象。

　　解决第二个问题，可以使用 C# 中的一种称为"反射"的机制来实现。所谓反射，即是审查元数据并收集关于它的类型信息的能力。元数据（编译以后的最基本数据单元）就是一大堆的表，当编译程序集或者模块时，编译器会创建一个类定义表，一个字段定义表和一个方法定义表。System.Reflection 命名空间包括的几个类，允许反射（解析）这些元数据表的代码。通俗点讲，通过反射可以根据字符串形式的程序集和类名，实例化该类的对象。如：

```
Assembly.Load("DAL").CreateInstance("DAL.LinkmanType");
```

以上代码可实现加载"DAL"程序集，并实例化该程序集中"DAL.LinkmanType"类的对象。由此可见，用反射机制创建数据访问层对象的方法，在需要更换不同的数据访问层实现时，只需要将"DAL"字符串改为"AccessDAL"即可。而字符串完全可以存到文本文件或者配置文件 App.Config 中。经过这样的变更，数据访问层可完全与业务逻辑层解耦。

基于以上实现，可在现有简单三层架构基础上，再添加一个用于存放数据访问层各类接口的接口类库，以及一个专门用于实例化数据访问层各类对象的类库，此类库即是所谓的"工厂"，生产数据访问层类对象的工厂。改造后的三层架构就是工厂模式三层架构。其基本结构如图 3-20 所示。

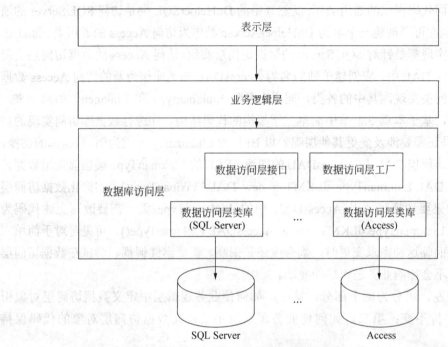

图 3-20　工厂模式三层架构示意图

3.3.1　接口类库设计

接下来，将本章 3.2 节中的简单三层架构项目 ThreeLayer 改写为工厂模式三层架构。

1. 创建数据访问层接口类库 IDAL

右击"解决方案资源管理器"，选择"添加"→"新建项目"，打开"新建项目"窗口，在其中选择"Visual C#"，在右侧选择"类库"，将名称改为"IDAL"，单击【确定】按钮。此时，解决方案资源管理器中的项目结构如图 3-21 所示。

2. 编写 IDAL 中数据访问层各接口

先引用 Model 项目，删除 IDAL 项目中的 Class1.cs 文件，然后右击"IDAL"项目，选择"添加"→"新建项"，弹出"添加新项"窗口，在中间的列表中选择"接口"，将名称改为"ILinkmanType.cs"，单击【添加】按钮，完成 ILinkmanType 接口的添加。再以同样方法创建一个名为"ILinkmen.cs"的接口文件。

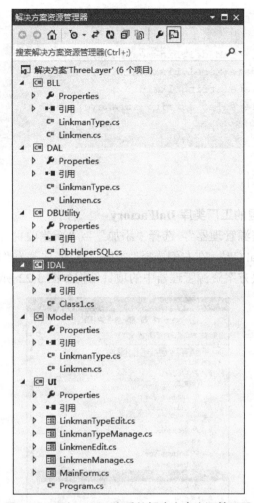

图 3-21 添加 IDAL 之后的解决方案资源管理器

编写 ILinkmanType.cs 代码如下：

```
namespace IDAL
{
    public interface ILinkmanType
    {
        bool insert(Model.LinkmanType mDep);
        bool update(Model.LinkmanType mDep, string oldTypeId);
        bool delete(string typeId);
        DataTable select(string strWhere);
    }
}
```

编写 ILinkmen.cs 代码如下：

```
namespace IDAL
{
```

```
public interface ILinkmen
{
    bool insert(Model.Linkmen mStu);
    bool update(Model.Linkmen mStu);
    bool delete(string lkmId);
    DataTable select(string strWhere);
}
}
```

3.3.2 工厂类库设计

1. 创建数据访问层的工厂类库 DalFactory

右击"解决方案资源管理器"，选择"添加"→"新建项目"，打开"新建项目"窗口，在其中选择"Visual C#"，在右侧选择"类库"，将名称改为"DalFactory"，单击【确定】按钮。此时，解决方案资源管理器中的项目结构如图 3-22 所示。

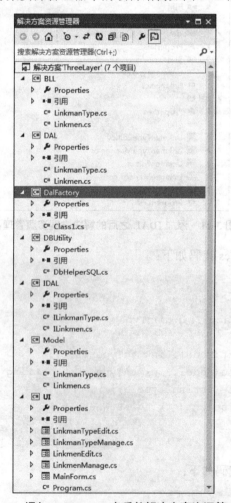

图 3-22 添加 DalFactory 之后的解决方案资源管理器

2. 编写 DalFactory 中生产数据访问层各类对象的代码

先引用 Model 项目和 IDAL 项目，删除 DalFactory 项目中的 Class1.cs 文件，然后添加一个名为 "DataAccess.cs" 的类文件。

编写 DataAccess.cs 代码如下：

```csharp
using System.Configuration;//ConfigurationSettings 所在命名空间
using System.Reflection;//Assembly 类所在命名空间
namespace DalFactory
{
    public class DataAccess
    {
        /// <summary>
        /// DAL 程序集名称，从 App.config 配置文件的 AppSettiings 节中
        /// 读取 key 为 DalAssemblyName 的值
        /// </summary>
        static readonly string AssemblyName=ConfigurationSettings
                                .AppSettings["DalAssemblyName"];
        /// <summary>
        /// 创建 LinkmanType 数据访问层对象。
        /// </summary>
        public static IDAL.ILinkmanType CreateLinkmanType()
        {
            string ClassNamespace = AssemblyName + ".LinkmanType";
            object objType = Assembly.Load(AssemblyName)
                            .CreateInstance(ClassNamespace);
            return (IDAL.ILinkmanType)objType;
        }
        /// <summary>
        /// 创建 Linkmen 数据访问层对象。
        /// </summary>
        public static IDAL.ILinkmen CreateLinkmen()
        {
            string ClassNamespace = AssemblyName + ".Linkmen";
            object objType = Assembly.Load(AssemblyName)
                            .CreateInstance(ClassNamespace);
            return (IDAL.ILinkmen)objType;
        }
    }
}
```

3.3.3 其他层的代码修改

1. 改写 DAL

首先，引用 IDAL 项目。然后，修改 DAL 中的 LinkmanType 类，令其实现

IDAL.ILinkmanType 接口：public class LinkmanType:IDAL.ILinkmanType。接着，修改 Linkmen 类，令其实现 IDAL.ILinkmen 接口：public class Linkmen:IDAL.ILinkmen。

2. 改写 BLL

首先，删除对 DAL 的引用，加入对 IDAL 和 DalFactory 项目的引用。然后修改 BLL 中的 LinkmanType 类中的 DAL.LinkmanType dLKMT = new DAL.LinkmanType()语句为 IDAL.ILinkmanType dLKMT = DalFactory.DataAccess.CreateLinkmanType()，修改 Linkmen 类 中 的 DAL.Linkmen dLKM = new DAL.Linkmen()语句为 IDAL.ILinkmen dStu = DalFactory.DataAccess.CreateLinkmen()。

3. 改写 UI

首先，加入对 DAL 项目的引用。然后，右击 UI 项目，选择"添加"→"新建项"，弹出"添加新项"窗口，在中间的列表中选择"应用程序配置文件"，单击【添加】按钮，添加一个配置文件 App.config，改写 App.config 文件内容如下：

```xml
<?xml version="1.0" encoding="utf-8" ?>
<configuration>
    <appSettings>
        <add key="DalAssemblyName" value="DAL"/>
    </appSettings>
</configuration>
```

再次面对上述数据库迁移的需求变更时，除需要编写访问对应数据库的数据访问层项目外（如访问 Access 数据库的 AccessDAL 项目，访问 Oracle 数据库的 OracleDAL 项目），只需修改 App.config 中的 DalAccemblyName 的 value 为"AccessDAL"或"OracleDAL"即可，而无须改动其他层的代码。真正地做到了抽屉式的代码替换，耦合度降到了最低。

通过上述的 IDAL 和 DalFactory，只能使业务逻辑层和数据访问层得到最大解耦，若要使表示层和业务逻辑层也能够完全解耦，又该如何实现，读者可自行思考。

此外，对于 DBUtility.DbHelperSQL 类中的数据库连接字符串 connString 的值，也可存放于 App.config 中，这样更有利于数据库迁移，在数据库连接信息变更时，可以不用重新编译程序，而直接修改 App.config 即可。

修改 App.config 配置文件如下：

```xml
<?xml version="1.0" encoding="utf-8" ?>
<configuration>
    <appSettings>
        <add key="DalAssemblyName" value="DAL"/>
        <add key="connString" value="server=(local);database=mydb;uid=test;
          pwd=test"/>
    </appSettings>
</configuration>
```

修改 DBUtility.DbHelperSQL 类中初始化静态成员变量 connString 的代码如下：

```csharp
public static string connString =
```

```
System.Configuration.ConfigurationSettings.AppSettings["connString"];
```

当然，对于 Windows 应用程序，从安全考虑，应将 App.Config 中 connString 的 value 进行加密，读者可自行完成。

本 章 小 结

通过本章的学习，应基本掌握三层架构的设计思想，能够利用 C# 语言在 Visual Studio 集成开发环境下，熟练地进行简单三层架构和工厂模式三层架构的项目开发。能够理解分层目的和解耦的原理，并能够尝试自行创造满足项目实际需求变更的软件体系架构。

本章的难点在于对于三层架构设计思想的理解、对于降低程序耦合度原理的理解以及对于反射机制的理解，读者应结合实际示例多加揣摩。学习三层架构的目的不是为了学会三层架构下代码分层的"形"，而是要理解其"神"——分层的目的是为了降低程序耦合度，耦合度越低，代码复用度就越高，且面临需求变更时，代码的修改量就会越小。三层架构只是"一式剑招"，它不一定适用于任何需求的变更，应做到面对不同的项目、不同的需求变更点，真正做到"见招拆招"、"无招胜有招"，只要能做到面对需求变更，代码修改量最小化即是好招。所以，真正在项目开发中，完全可以创造自己的架构。

本 章 习 题

（1）用简单三层架构实现一个简易学生信息管理系统。
（2）将上述简单三层架构的学生信息管理系统改造成工厂模式三层架构。

第 4 章

RDLC 报表

本章将讲解 RDLC 报表的相关知识与具体应用实例。通过建立这些报表，可以实现在应用程序当中嵌入报表，以便于及时统计各种所需数据信息，为管理人员提供决策支持。

通过本章的学习，读者应该重点掌握 RDLC 报表的设计与制作过程，并能够应用到具体的项目当中。

4.1 RDLC 报表简介

1. RDLC 报表介绍

在 Visual Studio 2005 之前，微软公司提供了一个报表服务（Reporting Service），其中也提供了报表自定义语言 RDL（Report Definition Language，报表定义语言），其报表定义为.rdl 文件。微软公司提供了针对这种报表的设计器，并且提供了在 WinForm 和 WebForm 中使用这种报表的能力。微软公司定义了 RDLC（Report Definition Language Client），即报表定义语言的客户端（亦称本地报表），该报表文件的后缀为.rdlc。

2. RDLC 功能

RDLC 报表提供了以下主要功能。

（1）支持数据钻取功能。钻取报表是通过设置 Navigation（HyperLink)和 Parameters 来实现的，而具有子报表的钻取报表实现的功能类似 Excel 中数据透视表（Pivot Table)的功能，在一个复杂的交叉表中可以进行时间和商品两个维度的向下钻取。这在别的报表中很难实现。

（2）导入导出。导出的 Excel 文件格式非常完美，任何其他报表在这方面都不能与之比拟，而且并不需要安装 Excel。

（3）交互排序。在 RDLC 报表的众多交互功能中，终端用户可以通过报表中列标题上的图标进行数据的排序，而预览及打印的效果完全取决于用户的排序。

RDLC 报表主要优点如下。

（1）简单易用。尤其是 Table 控件，非常方便字段在报表上的排列。

（2）灵活的可定制性。用 XML 完全可以实现一个基于 RDLC 的报表设计器，这样可以让终端用户参与到报表的设计中，至少可以使他们能够修改报表中一些标题、表头等。

（3）高度可编程性。在项目中，甚至不需要有一个报表文件，通过代码就可以实现报表生成、预览和打印等一系列操作。

3. RDLC 相关类

在 RDLC 应用程序中引入 Microsoft.Reporting.WinForms 命名空间，其相应的类和接口见表 4-1～表 4-4 所示。

表 4-1 **Microsoft.Reporting.WinForms 设计相关类**

类	说　明
BookmarkNavigationEventArgs	为 BookmarkNavigation 事件提供数据
DrillthroughEventArgs	为 Drillthrough 事件提供数据
LocalReport	表示不用连接到报表服务器而在本地处理和呈现的报表
ReportDataSource	表示报表的数据源
ReportErrorEventArgs	为 ReportError 事件提供数据
ReportParameter	表示报表的参数
ValidValue	表示可能有效的参数值
ZoomChangeEventArgs	为 ZoomChange 事件提供数据

表 4-2 **Microsoft.Reporting.WinForms 涉及接口**

接　口	说　明
IReportServerCredentials	允许对象提供用于连接到报表服务器的凭据
IReportViewerMessages	允许应用程序提供自定义的用户界面消息

表 4-3 **Microsoft.Reporting.WinForms 涉及委托**

委　托	说　明
BackEventHandler	表示将用来处理 ReportViewer 的 Back 事件的方法
BookmarkNavigationEventHandler	表示将用来处理 ReportViewer 的 BookmarkNavigation 事件的方法
DrillthroughEventHandler	表示将用来处理 ReportViewer 的 Drillthrough 事件的方法
SortEventHandler	表示将用来处理 ReportViewer 的 Sort 事件的方法
ZoomChangedEventHandler	表示将用来处理 ReportViewer 的 ZoomChange 事件的方法

表 4-4 **Microsoft.Reporting.WinForms 涉及枚举**

枚　举	说　明
DisplayMode	表示 ReportViewer 控件的可能显示模式
ParameterDataType	指定参数的数据类型
ParameterState	指定参数的状态
SortOrder	指示排序操作的方向
ZoomMode	指定 ReportViewer 控件的缩放模式

4.2 制作 RDLC 报表

在本书第 6 章图书管理系统设计实现过程当中，需要设计相应的报表来完成用户对数据的查看并打印功能，这就需要用到报表的设计与制作，下面是嵌入式 RDLC 报表程序的编写步骤，示例数据库为第 6 章图书管理系统的配套数据库 Book，并依托其中的"BookInfo"数据表作为报表的数据源。"BookInfo"表包括以下字段：BookID、BookName、BookBarCode、BookType、TotalNum、StorPosion、Price、Press、Author、StoreDate。

4.2.1 制作简单 RDLC 报表

（1）首先新建项目命名为 ReportView，在"解决方案资源管理器"上右击项目，选择"添加"→"新建项"→"Reporting"→"报表"，在名称栏当中输入"Report1.rdlc"，如图 4-1 所示。

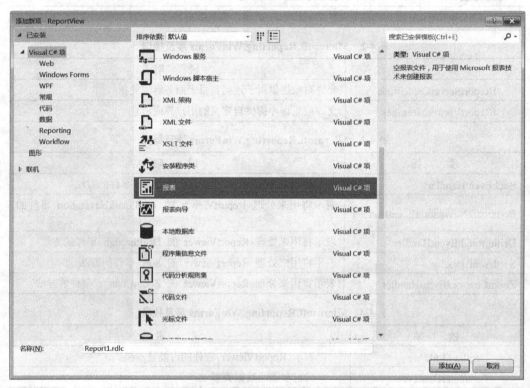

图 4-1　建立报表

建好报表以后，要在报表属性中把"复制到输出目录"选为始终复制，因为有时候会出现找不到数据文件导致加载失败。

（2）创建数据集。在项目上右键"添加"→"新建项"→"数据"→"数据集"来创建数据源，如图 4-2 所示。

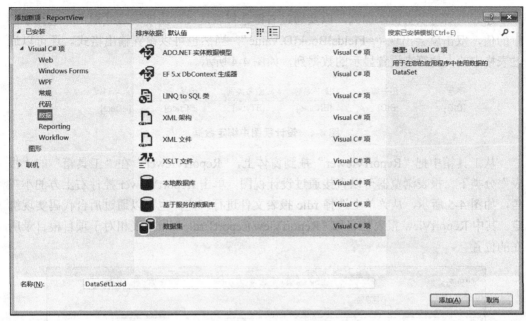

图 4-2　创建数据集

然后设置数据集对象。

（3）为报表绑定数据源。在项目中双击打开报表文件，在设计视图中右击，选择"插入"→"表"，会弹出如图 4-3 所示界面，在该界面中可以绑定当前报表文件的数据源。本例选择的数据源为"DataSet1"，名称设为"ds"。

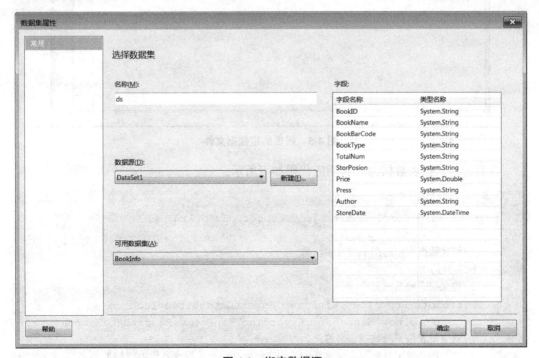

图 4-3　绑定数据源

建好表后可以右键添加列，以及通过右键选择表达式，出现表达式框后，选择字段中的值，双击就会出现"=Fields!BookID.Value"，当然也可以设置输出格式。还可以通过表格中的占位符来设置显示的数据列，如图 4-4 所示。

序号	图书编号	图书名称	图书类别	价格	入库时间
[BID]	[BID]	[BName]	[BType]	[BPrice]	[BDate]

图 4-4　设计视图中绑定数据

从工具箱中把"ReportViewer"拖到窗体上，"ReportViewer"在"工具箱"的"报表"分类下。报表浏览器可以直接通过设计视图，单击 ReportViewer 控件右上方的小三角，如图 4-5 所示，从菜单上选择 rdlc 报表文件进行绑定，也可以通过后台代码实现绑定。其中 ReportView 报表的名称"ReportView.Report1.rdlc"为报表相对于项目根目录所在的位置。

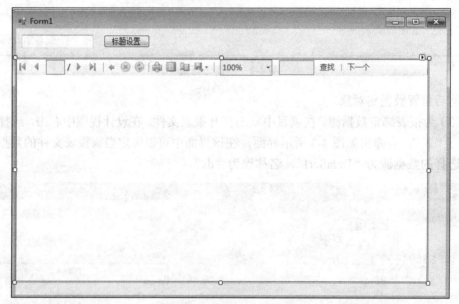

图 4-5　报表绑定数据文件

在后台写入报表数据源，其相应代码如下所示：

```
DataTable dt;
private void Form1_Load(object sender, EventArgs e)
{
    //绑定数据库中的图书信息表信息
    bing();
    //建立报表数据源对象
    Microsoft.Reporting.WinForms.ReportDataSource rsource =
            new Microsoft.Reporting.WinForms.ReportDataSource();
    //获取报表数据源数据集名称，
    //注：如果绑定数据源时未重新命名则在此处必须设数据源名称为 [数据集名_表名]
```

```
    rsource.Name = "ds";
    //封装绑定的数据集给报表数据源
    rsource.Value = dt;
    //清除本地缓存中的报表数据
    this.reportViewer1.LocalReport.DataSources.Clear();
    //加载设置的新报表数据源
    this.reportViewer1.LocalReport.DataSources.Add(rsource);
    //刷新报表数据
    this.reportViewer1.RefreshReport();
}
private void bing()
{
    //实例化,创建SQL连接对象
    SqlConnection con = new SqlConnection("Data Source = ZZTI-SOFTTECH\\
                        SQL2005; Initial Catalog = book; Integrated
                        Security = True");
    //创建连接数据库的适配器对象
    SqlDataAdapter da = new SqlDataAdapter("select * from BookInfo", con);
    //创建数据表对象
    DataSet ds = new DataSet();
    //将适配器产生的结果集填充到DataSet
    da.Fill(ds);
    //获取数据集的首表
    dt = ds.Tables[0];
    //释放Sql连接对象所占用的资源
    con.Dispose();
}
```

单击运行,其效果图如图4-6所示。

图4-6 显示结果

4.2.2　排序

如果需要对上面报表的数据按照一定的顺序排列，则可以通过右击表中的某一列，选择"组属性"→"排序"来设置排序依据，如图 4-7 所示。

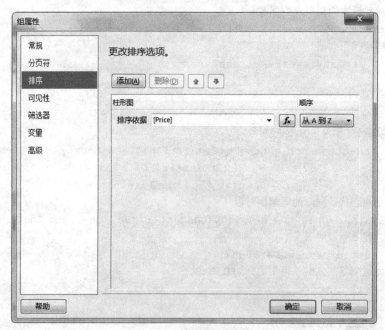

图 4-7　数据排序视图

下面是按照图书单价升序排序显示，其效果图如图 4-8 所示。

库存量	存放位置	图书单价	出版社	作者	入库时间
10	K-3	25.45	007	王海洋	2007-01-05 上午 12:00:00
10	H-2	25.52	009	大是大非	2008-06-06 上午 12:00:00
10	E-1	45.25	001	规划	2008-05-05 上午 12:00:00
10	K-5	45.44	009	李小林	2006-03-01 上午 12:00:00
10	J-1	45.45	001	李永鑫	2008-07-01 上午 12:00:00
10	K-1	45.48	006	顾江波	2008-01-01 上午 12:00:00
10	J-2	45.55	002	岳宁辉	2007-08-01 上午 12:00:00
10	TP-2	52.05	001	韩玉民	2008-09-01 上午 12:00:00
10	H-1	52.52	008	地方	2007-04-04 上午 12:00:00
10	F-1	54.2	003	陈进	2008-08-08 上午 12:00:00
10	TP-3	54.26	001	高亮	2008-10-01 上午 12:00:00
10	F-3	54.5	007	王老吉	2009-02-02 上午 12:00:00

图 4-8　报表排序显示

4.2.3 公式与函数

RDLC 报表也提供了很多函数,如果需要在报表打印时,能够在报表上面显示出打印时间,则可向报表中添加文本框,右击文本框输入表达式:="打印时间:"&Now(),如图 4-9 所示。如果想在报表当中添加一个行序号,则可以新添加一列,然后在列表达式当中写入输出行号的表达式:"=RowNumber(Nothing)"。

图 4-9 报表公式函数运用

对于 RDLC 报表函数,其实有更简单的使用方法,只要展开"表达式"窗体左下方"常见函数"节点,可以看到函数分类,单击某一分类即可在"项"列表中看到该分类下的所有函数,单击任意函数,都可在右侧看到该函数的使用示例,双击该函数则函数代码自动复制到上方的表达式编辑域中,再做一下简单修改即可使用。

4.2.4 分组

如果在上面的报表中,用户希望能够对数据按照一定的分组类别来显示,则可右击表中任意字段文本框,选择"行组"→"组属性",在"组属性"窗体中添加分组方式,图 4-10 是按图书分类分组的结果。

图 4-10　报表分组显示

4.2.5　制作图表

对于报表的内容，如果要按照图形的方式来显示某类数据的比例，则需要在报表制作时添加图表来完成。以饼图为例，具体步骤如下。

（1）在报表设计视图中右击，选择"插入"→"图表"→"形状"→"饼图"，单击【确定】按钮，如图 4-11 所示。

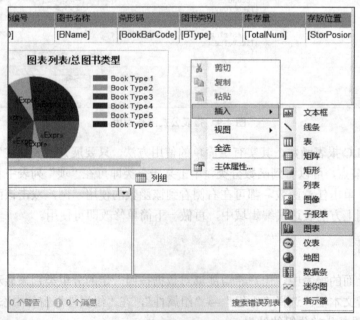

图 4-11　报表饼图效果图显示

（2）单击【图表】按钮，提示拖放字段，选择类别组和需要统计的字段，如图 4-12 所示。

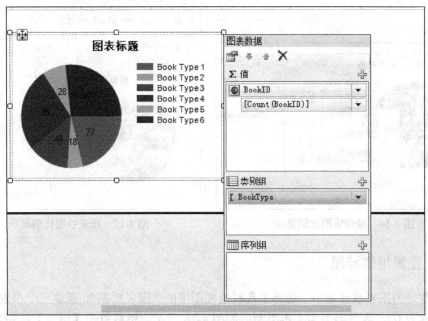

图 4-12 报表饼图效果图显示

（3）将数据源中的字段拖放到对应的位置，其中数据字段为 Count(Fields!Type.Value)，类别字段设置为 Fields!Type.Value，右键选中"显示数据标签"，单击图表标题进行图表标题设置，如图 4-13 所示。

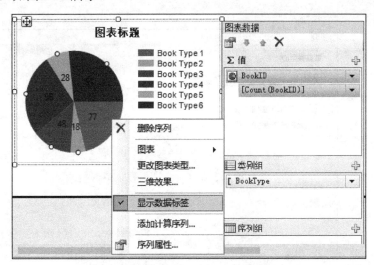

图 4-13 报表饼图效果图显示

（4）显示百分比，右击"序列标签属性"，设置序列标签数据中的表达式为 "=FormatPercent(Count(Fields!BookID.Value)/Count(Fields!BookID.Value, "ds"),2)"，如

图 4-14 所示。

最终效果如图 4-15 所示。

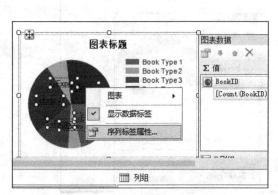

图 4-14　报表饼图比例显示

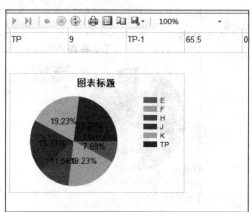

图 4-15　报表饼图比例显示

4.2.6　设置报表标题

在打开的报表设计器中，选择工具栏里视图中的"报表数据"，新建一个报表参数设置其名称为 ID，数据类型为文本类型，如图 4-16 所示，然后单击【确定】按钮。

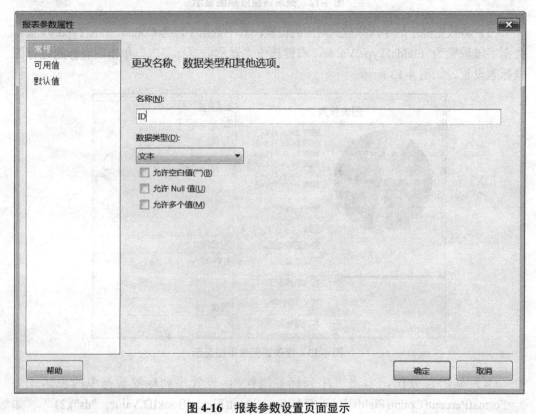

图 4-16　报表参数设置页面显示

在报表设计器的页面上放入一个文本框,在文本框上按鼠标右键选择"文本框属性",在"文本框属性"窗口中,选择"常规"选项卡内下部的"值"后面的【编辑表达式】按钮(Fx),在此窗口,左下框内选择参数,在右下框将会出现在上一步中设置的参数,双击此参数,在上面的框内将出现所需要的表达式:=Parameters!ID.Value。保存此报表。报表默认名称为 Report1.rdlc。

其实现代码如下所示:

```
private void btntou_Click(object sender, EventArgs e)
{
    //引入报表参数(参数字段,参数值¦)
    ReportParameter r = new ReportParameter("ID", this.textBox1 .Text);
    //设置本地报表参数属性
    reportViewer1.LocalReport.SetParameters(new ReportParameter[] { r });
    //刷新报表
    reportViewer1.RefreshReport();
}
```

这里需要引入 Microsoft.Reporting.WinForms 命名空间,代码如下:

```
using Microsoft.Reporting.WinForms;
```

运行效果如图 4-17 所示。

图 4-17 标题设置效果

4.2.7 制作动态报表

通常情况下,用户希望根据自己的需求来显示报表当中的内容,比如可以输入或者选择一个关键字,按照这个关键字从数据库中筛选出数据,然后将这些数据以报表的形式显示出来。状态效果如图 4-18 所示，先在文本框中输入需要检索的字段，然后单击【查询】按钮即可以将检索到的数据显示在下面的 DataGridView 中，如图 4-18 所示，再次单击【打印报表】按钮，即可以完成按照所需求的数据内容在报表中显示出来。

图书编号	图书名称	图书条形码	图书类别	图书数量	存放位置	图书单价	出版
E-0001	世界军事	4564654111	E	10	E-1	45.25	001
E-0003	世界军力分析	4545656+56	E	10	E-3	68.2	005
F-0001	世界经济	41657465...	F	10	F-1	54.2	003
F-0002	中国经济时报	15654531354	F	10	F-2	56.55	004
F-0003	金融风暴	54645645665	F	10	F-3	54.5	007
F-0004	经济论坛	5646512654	F	10	F-4	54.5	004
F-0005	时代金融	45645613156	F	10	F-5	63.5	004
H-0001	甲骨文	56465468748	H	10	H-1	52.52	008
H-0002	中国话	56489231324	H	10	H-2	25.52	009
H-0003	中国字体	15348456485	H	10	H-3	55.5	004
J-0001	古典美学	5646416546	J	10	J-1	45.45	001

请输入：［　　　　　　］　　【查询】　　【打印报表】

图 4-18　查询数据信息状态显示

其实现步骤及代码如下所示：

（1）首先在上节所建立的项目内容基础上新添加一个 FormNewReport 窗体，在该窗体上进行如图 4-18 的部署，在【查询】按钮事件下输入如下代码。

```
DataSet1 ds;
private void btnselct_Click(object sender, EventArgs e)
{
    SqlConnection con = new SqlConnection("Data Source=ZZTI-SOFTTECH\\
                        SQL2005; Initial Catalog=book; Integrated
                        Security=True");
    //创建接数据库的适配器对象
    SqlDataAdapter da = new SqlDataAdapter("select * from BookInfo where
                                    BookType='" + this.tbtext.Text
                                    + "'", con);
    //创建数据表对象
    ds = new DataSet1();
    //将适配器产生的结果集填充到 DataSet
    da.Fill(ds, "BookInfo");
    this.DBGridView.DataSource = ds;
    this.DBGridView.DataMember = "BookInfo";
    //释放 Sql 连接对象所占用的资源
```

```
    con.Dispose();
}
```

（2）在【打印报表】按钮事件下输入如下代码。

```
private void btnPrint_Click(object sender, EventArgs e)
{
    PrintRDLC d = new PrintRDLC(ds);
    d.ShowDialog();
}
```

（3）在项目当中再新添加一个 printRDLC 窗体，按照 4.2.1 节步骤完成一个简单的数据报表设计。并且使用与 4.2.1 节项目同样的数据源，在该窗体类下新添加一个带参数的构造函数，用于传递数据集对象。

```
DataTable dt;
public PrintRDLC(DataSet1 shujuji)
{
    InitializeComponent();
    //将获取的参数数据集
    dt = shujuji.Tables["BookInfo"];
}
```

（4）在 printRDLC 窗体的初始化 Load 事件中添加如下代码。

```
private void PrintRDLC_Load(object sender, EventArgs e)
{
    //TODO: 这行代码将数据加载到表 "DataSet1.BookInfo" 中。可以根据需要移动或删除它
    this.BookInfoTableAdapter.Fill(this.DataSet1.BookInfo);
    //Bind();
    //建立报表数据源对象
    ReportDataSource rsource = new ReportDataSource();
    //获取报表数据源据集名称，
    //注：如果绑定数据源时未重新命名则在此处必须设数据源名称为 [数据集名_表名]
    rsource.Name = "DST";
    //封装绑定的数据集给报表数据源
    rsource.Value = dt;
    //清除本地缓存中的报表数据
    this.reportViewer1.LocalReport.DataSources.Clear();
    //加载设置的新报表数据源
    this.reportViewer1.LocalReport.DataSources.Add(rsource);
    //刷新报表" 数据
    this.reportViewer1.RefreshReport();
}
```

在不同数据检索条件下 RDLC 报表显示效果如图 4-19 所示。

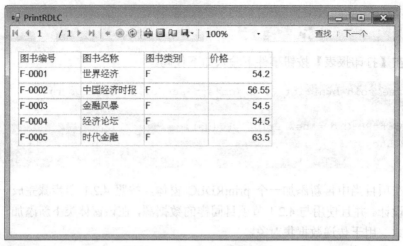

图 4-19　动态报表显示效果图

本 章 小 结

通过本章的学习，应掌握如何在 Visual Studio 2012 环境下进行简单 RDLC 报表程序的开发，能够正确设置 RDLC 报表的数据源，对其中的数据进行排序，并会利用公式和函数实现一些简单报表的控制。对于报表显示，应能够对数据按照不同的条件进行分组，并根据数据分组情况创建统计图表，为了满足不同数据源的需要还应该能够掌握这类报表动态报表的制作过程。

本章的难点在于掌握 Visual Studio 2012 集成开发环境下的 RDLC 报表开发过程当中所使用的各个类，能够正确地使用其中的属性和方法就可以实现对报表格式和内容的控制。

本 章 习 题

（1）新建一个 Windows 项目并设置一个静态 RDLC 报表。

（2）新建一个 Windows 项目并设置一个动态 RDLC 报表。

第5章

建模工具 PowerDesigner

本章将介绍在实际项目开发过程中常用的一款工具软件——Sybase 公司的计算机辅助软件工程工具集 PowerDesigner，本章中只介绍利用该工具软件设计数据库的方法和操作步骤。

5.1 PowerDesigner 简介

PowerDesigner 是 Sybase 公司的 CASE（Computer Aided（or Assisted）Software Engineering）工具集，使用它可以方便地对管理信息系统进行分析设计，它几乎包括了数据库模型设计的全过程。利用 PowerDesigner 可以制作数据流程图、概念数据模型（Conceptual Data Model，CDM）、物理数据模型（Physical Data Model，PDM），还可以为数据仓库制作结构模型，也能对团队设计模型进行控制。它可以集成到目前流行的许多集成开发环境中，例如 Microsoft Visual Studio、Eclipse 等，用来缩短开发时间和使系统设计更优化。

PowerDesigner 是能进行数据库设计的强大的软件，是一款开发人员常用的数据库建模工具。使用它可以分别从概念数据模型和物理数据模型两个层次对数据库进行设计。概念数据模型描述的是独立于数据库管理系统（DBMS）的实体定义和实体关系定义；物理数据模型是在概念数据模型的基础上针对目标数据库管理系统的具体化。PowerDesigner 还可优化 PDM，产生为特定 DBMS 创建数据库的 SQL 语句，并可以文件形式存储，以便在其他时刻运行这些 SQL 语句创建数据库。另外，PowerDesigner 还可根据已存在的数据库反向生成 PDM、CDM 及创建数据库的 SQL 脚本。

要做好系统的分析设计工作，需要深厚的项目实践功底。本章的目的是帮助分析设计人员更快熟练掌握 PowerDesigner 的使用方法，而不是过多讲解分析设计方面的理论。

本章的操作都是在 PowerDesigner 16.5 下完成的，版本信息如图 5-1 所示。

首先，对当前的工作空间（Workspace）进行简单介绍。一般将欲构建的目标系统的各种模型、文档及报告放在同一个 Workspace 中，以便于模型设计与管理。

启动 PowerDesigner 后将默认打开一个工作空间（Workspace），如图 5-2 所示。窗体左侧的 Browser 区域提供当前的 Workspace 层次结构：根节点为 Workspace，Workspace 中可以包含模型（Model）、目录（Folder），图表（Diagram）及其他子项，其中模型包括各种系统支持的模型类型。

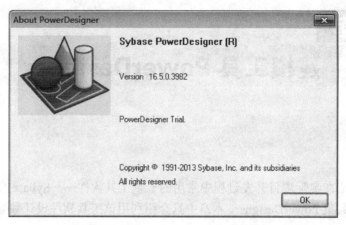

图 5-1 Sybase PowerDesigner 版本

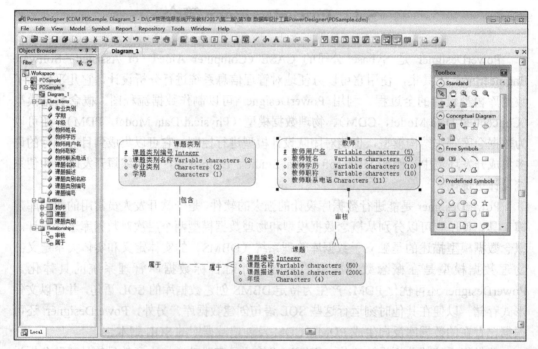

图 5-2 当前工作空间

Workspace 定义了使用 PowerDesigner 建模时的信息集合。PowerDesigner 工作时只能有一个 Workspace 处于打开状态，要新建 Workspace 必须先将当前 Workspace 关闭，操作方式为：右击当前 Workspace，在弹出的快捷菜单中选择 Close，这样即完成了原 Workspace 的关闭，同时也自动创建了新的 Workspace，只是新 Workspace 中还没有内容。接下来就可以在其中添加自己想要新建的模型了。

本章首先介绍使用 PowerDesigner，从概念数据模型出发设计数据库，以及从物理数据模型出发设计数据库的方法，然后介绍为现有的物理数据模型生成数据库脚本，最后对一个设计优秀的数据库进行反向工程，以获取其物理数据模型。

5.2　从概念数据模型出发设计数据库

5.2.1　问题描述

以下简要描述使用 PowerDesigner 设计概念数据模型（CDM）的过程。设计概念数据模型时，要用到三个实体，分别为课题类别、教师和课题实体。要设计的这三个实体如表 5-1 所示。

表 5-1　CDM 包含实体

实体名称（Name）	实体编码（Code）	实体说明（Comment）
课题类别	Topic_Type	课题类别实体
教师	Teacher	教师实体
课题	Topic	课题实体

上述 3 个实体的属性说明分别如表 5-2、表 5-3 及表 5-4 所示。

表 5-2　课题类别实体属性说明

属性名（Name）	编码（Code）	数据类型	长　　度	标识符
课题类别编号	topic_Type_ID	Integer		是
课题类别名称	topic_Type_Name	Variablecharacters	20	否
专业类别	profession_Type	Characters	2	否
学期	term	Characters	1	否

表 5-3　教师实体属性说明

属性名（Name）	编码（Code）	数据类型	长　　度	标识符
教师用户名	teacher_User_Name	Variablecharacters	5	是
教师姓名	teacher_Name	Variablecharacters	5	否
教师学历	teacher_Degree	Variablecharacters	10	否
教师职称	teacher_Position	Variablecharacters	10	否
教师联系电话	teacher_Phone	Characters	11	否

表 5-4　课题实体属性说明

属性名（Name）	编码（Code）	数据类型	长　　度	标识符
课题编号	topic_ID	Integer		是
课题名称	topic_Name	Variablecharacters	50	否
课题描述	topic_Description	Variablecharacters	2000	否
年级	grade	Characters	4	否

其中课题类别实体和课题实体之间存在包含联系，其联系类型为 1∶n；教师实体和课题实体之间也存在包含联系，其联系类型也为 1∶n。

5.2.2　创建概念数据模型

1．新建概念数据模型

（1）单击 File（文件）→New Model（新建模型）菜单项，弹出如图 5-3 所示的 New Model（新建模型）对话框，选择 Conceptual Data Model（概念数据模型），输入模型名称 PDSample，单击 OK 按钮建立模型。

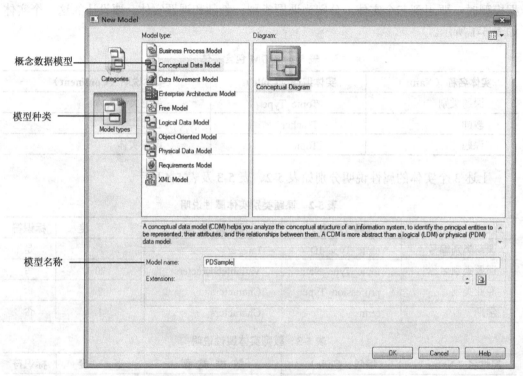

图 5-3　New Model（新建模型）对话框

（2）从主界面左侧的资源浏览窗口找到新创建的 CDM，右击该模型，在弹出的快捷菜单中选择 Properties（属性）菜单项，弹出如图 5-4 所示的对话框。在 General（常规）选项卡里可以输入所建模型的名称、代码、描述、创建者、版本以及默认的图表等信息。在 Notes（说明）选项卡里可以输入相关描述及说明信息。当然还有更多的选项卡，可以单击窗体左下角的 More 按钮，这里就不再详细介绍。

2．创建新实体

（1）在 CDM 的图形对话框中，单击 Toolbox（工具箱）上的 Entity（实体）工具，再单击图形窗口的空白处，在单击的位置就出现一个实体符号。单击 Pointer（指针）工具或右击鼠标，释放实体工具，如图 5-5 所示。

（2）双击刚创建的实体图符，打开 Entity Properties（实体属性）对话框，如图 5-6 所示。在此对话框的 General（常规）选项卡中可以输入实体的名称、代码、描述等信息。

图 5-4　概念模型属性窗口

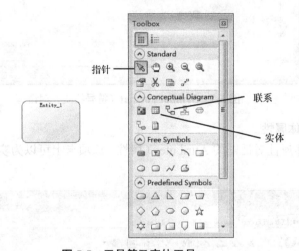

图 5-5　工具箱及实体工具

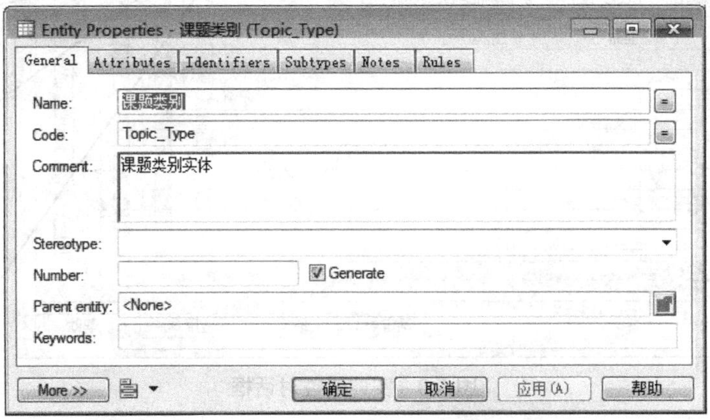

图 5-6　**Entity Properties**（实体属性）对话框

（3）选中实体后单击 Symbol（符号）→Format（格式）菜单项，将弹出 Symbol Format（符号格式）对话框，如图 5-7 所示。在该对话框中可对 PowerDesigner 中的图形字体、填充颜色、阴影等属性进行设置，为用户提供更友好的图形化界面。如应用系统的实体数目较多时，用户可按模块为实体选择不同的背景色填充，这样就可以在数十个甚至是数百个实体中迅速定位到用户想编辑的实体。

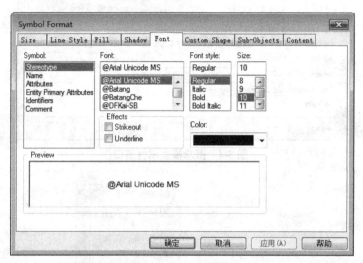

图 5-7　Symbol Format（符号格式）对话框

3. 添加实体属性

（1）在实体属性对话框的 Attributes（属性）选项卡上可以为实体添加属性，如图 5-8所示。

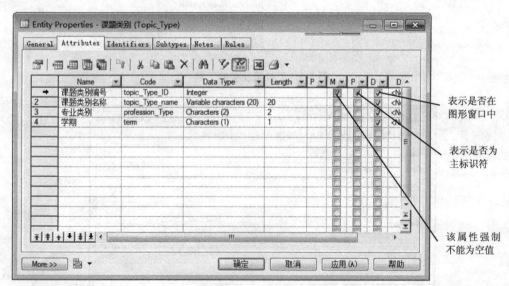

图 5-8　实体属性对话框

（2）输入属性的 Name 和 Code 之后，单击某属性的 Data Type（数据类型）列，可以直接选择或输入数据类型及长度，也可以单击列后面出现的 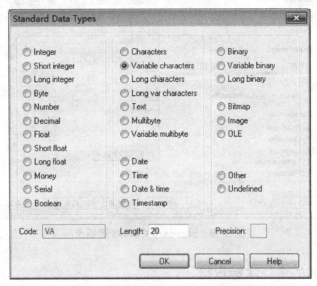 按钮，弹出如图 5-9 所示的 Standard Data Types（标准数据类型）对话框。标准数据类型可以分成 4 类：数字型、字符型、日期时间型和其他数据类型。

图 5-9　Standard Data Types 对话框

CDM 中为属性定义的数据类型是概念数据类型，当 CDM 生成 PDM 时，将根据所选 DBMS 的不同，把这些数据类型转换成相应 DBMS 的数据类型，它们所能容纳的字符、数字、日期时间、文本、图形的精度和范围将随着 DBMS 的不同而不同，实际上，在 PowerDesigner 内部已经定义了从 CDM 各数据类型到各类 DBMS 数据类型之间的转换关系。

图 5-8 中 P 列表示该属性是否为主标识符；D 列表示该属性是否在图形窗口中显示；M 列表示该属性是否为强制的，即该列是否可为空值。 如果一个实体属性为强制的，那么，这个属性在每条记录中都必须被赋值，不能为空。课题类别实体的标识符是课题类别编号，因此在该属性后的 P 列进行勾选，此时 M 列被自动勾选上，因为主标识符不能为空，而 D 列都是默认被勾选的。

重复上述步骤，按照表 5-3 和表 5-4 创建教师和课题实体。

5.2.3　定义属性的标准检查约束

标准检查约束即 Check 约束，是一组确保属性有效的表达式。双击课题实体的图符，在弹出的实体属性的特性对话框中切换至 Attributes 选项卡，双击年级属性前面的选择列，或在年级属性行中右击，选择 Properties（特性）菜单项，将弹出 Attributes Properties（属性的特性）对话框，切换至 Standard Checks（标准检查）选项卡，如图 5-10 所示。

在这个选项卡中可以定义属性的标准检查约束，如将课题实体的年级属性最小值设置为 2010，最大值设置为 2022。对话框中每项的参数的含义请参阅相关资料。也可以使用 Rules（规则）选项卡来完成同样的检查约束，此处不再详细介绍。

图 5-10 Standard Checks 选项卡

5.2.4 定义实体的主、次标识符

选择某个实体双击，弹出实体的属性对话框。在 Identifiers 选项卡上可以进行实体标识符的定义，如图 5-11 所示。

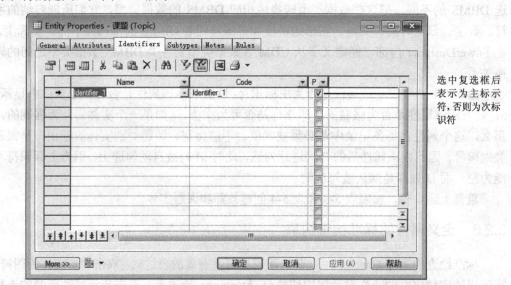

图 5-11 实体标识符

5.2.5 联系的定义及使用

1. 联系

按照实体类型中实例之间的数量对应关系，通常可将联系分为 4 类：即一对一（one

to one）联系、一对多（one to many）联系、多对一（many to one）联系和多对多（many to many）联系。

2. 建立联系

在图形窗口中创建两个实体后，单击工具箱上的 Relationship 工具，再单击一个实体（此处选择课题实体），并按下鼠标左键不放，把光标拖至别一个实体上（此处选择课题类别实体）并释放鼠标左键，这样就在两个实体间创建了联系，如图 5-12 所示。右击图形窗口，释放 Relationship 工具。

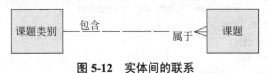

图 5-12 实体间的联系

3. 其他几类特殊联系

除了 4 种基本的联系之外，实体与实体之间还存在标定联系（Identify Relationship）、非标定联系（Non-Identify Relationship）和递归联系（Recursive Relationship），此处不再详细介绍。

4. 定义联系的特性

在两个实体间建立了联系后，双击联系线，打开联系特性对话框，如图 5-13 所示。

图 5-13 联系特性对话框的 General 选项卡

选择 Cardinalities（基数）选项卡，如图 5-14 所示。

图 5-14　联系特性对话框的 **Cardinalities** 选项卡

　　在联系的两个方向上各自包含有一个分组框，其中的各项参数只对这个方向起作用，Role Name 为角色名，描述该方向联系的作用，一般用一个动词或动宾组合。如："课题 to 课题类别" 组框中应该填写"属于"，而在"课题类别 to 课题"组框中填写"包含"。

5.2.6　CDM 转换为 PDM

　　PowerDesigner 在将 CDM 转换为 PDM 时，对象的转换对应关系如表 5-5 所示。

表 5-5　概念对象与物理对象的对应关系

CDM 对象	在 PDM 中生成的对象
实体（Entity）	表（Table）
实体属性（Entity Attribute）	列（Table Column）
主标识符（Primary Identifier）	根据是否为依赖关系确定是主键或外键
标识符（Identifier）	候选键（Alternate key）
关系（Relationship）	引用（Reference）

　　同一个表中的两列不能有相同的名称，如果因为外键迁移而导致列名冲突，PowerDesigner 会自动对迁移列重命名，新列名由原始实体名的前三个字母加属性的代码名组成。主标识符生成 PDM 中的主键和外键，非主标识符则对应生成候选键。

　　生成 PDM 过程中有关生成主键、外键等问题比较复杂，读者可以对一些设计得比较优秀的开源系统进行反向工程，然后慢慢研究借鉴，才能逐步提高自己的数据库分析设计能力。对已有数据库进行反向工程将在 5.4 节介绍。

下面介绍如何将概念数据模型转换成物理数据模型。单击 Tools（工具）→Generate Physical Data Model（生成物理数据模型）菜单项，弹出 PDM Generation Options（PDM 生成选项）对话框，如图 5-15 所示。

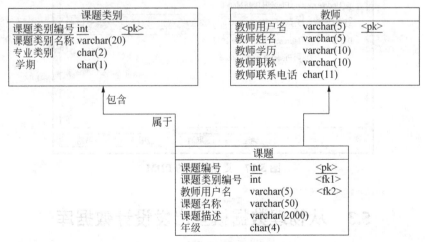

图 5-15 PDM 生成选项

选择 Generate new Physical Data Model（生成新的物理数据模型）单选按钮，在 DBMS 下拉列表中选择 Microsoft SQL Server 2012，输入新物理模型的 Name 和 Code。确认各项设置后，单击【确定】按钮。即生成相应的 PDM 模型，如图 5-16 所示。

课题类别		
课题类别编号	int	\<pk\>
课题类别名称	varchar(20)	
专业类别	char(2)	
学期	char(1)	

教师		
教师用户名	varchar(5)	\<pk\>
教师姓名	varchar(5)	
教师学历	varchar(10)	
教师职称	varchar(10)	
教师联系电话	char(11)	

包含

属于

课题		
课题编号	int	\<pk\>
课题类别编号	int	\<fk1\>
教师用户名	varchar(5)	\<fk2\>
课题名称	varchar(50)	
课题描述	varchar(2000)	
年级	char(4)	

图 5-16 生成的 PDM

由图 5-16 可以发现，PowerDesigner 中 CDM 生成 PDM 时遵循了数据库设计中 E-R 图转换成表的准则，也就是一个实体转换为一个关系模式（以下称为表），实体的属性就是关系的属性（即表的字段），实体的码就是关系的码（主键）。

对于实体间的联系的转换则有以下几种不同的情况：

（1）一个 1∶1 联系可以转换为一个独立的表，也可以与任意一端对应的表合并。

（2）一个 1∶n 联系可以转换为一个独立的表，也可以与 n 端对应的表合并。如图 5-16 的课题表中，除了原来实体中的课题编号、课题名称、课题描述及年级以外，又自动增加了 1 端课题类别表的主键"课题类别编号"及教师表的主键"教师用户名"作为外键。

（3）一个 m∶n 联系转换为一个表。与该联系相连的各实体的码以及联系本身的属性均转换为关系的属性，各实体的码组成关系的码或关系码的一部分。

三个或三个以上实体间的联系转换成表的规则略。

生成 PDM 后，可能还会对前面的 CDM 进行更改，若要将所做的更改同步到所生成的 PDM 中，可以对已有 PDM 进行更新。单击 Tools（工具）→Generate Physical Data Model（生成物理数据模型）菜单项，弹出 PDM Generation Options（PDM 生成选项）对话框，如图 5-17 所示。选择 Update existing Physical Data Model（更新已有物理数据模型）单选按钮，并通过 Select model 下拉列表框选择将要更新的 PDM，单击【确定】按钮，即可更新 PDM。

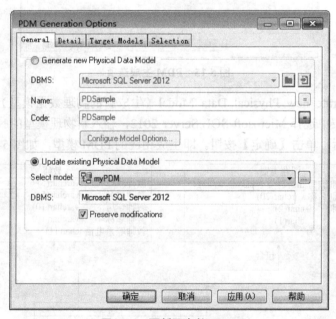

图 5-17   更新已有的 PDM

5.3   从物理数据模型出发设计数据库

5.3.1   问题描述

本节将简要描述 PowerDesigner 设计物理数据模型（PDM）的过程。要设计的三张表，分别是课题类别表、教师表和课题表，如表 5-6 所示。

表 5-6　PDM 包含的表

表名称（Name）	表编号（Code）	表说明（Comment）
课题类别表	Topic_Type	课题类别表
教师表	Teacher	教师表
课题表	Topic	课题表

上述 3 个表的表结构分别如表 5-7、表 5-8 和表 5-9 所示。

表 5-7　课题类别表表结构

列名（Name）	编号（Code）	数据类型（Data Type）	长度（Length）	主、外键
课题类别编号	topic_Type_ID	int		主键
课题类别名称	topic_Type_Name	nvarchar	20	
专业类别	profession_Type	nchar	2	
学期	term	char	1	

表 5-8　教师表表结构

列名（Name）	编号（Code）	数据类型（Data Type）	长度（Length）	主、外键
教师用户名	teacher_User_Name	nvarchar	5	主键
教师姓名	teacher_Name	nvarchar	5	
教师学历	teacher_Degree	nvarchar	10	
教师职称	teacher_Position	nvarchar	10	
教师联系电话	teacher_Phone	char	11	

表 5-9　课题表表结构

列名（Name）	编号（Code）	数据类型（Data Type）	长度（Length）	主、外键
课题编号	topic_ID	int		是
课题名称	topic_Name	nvarchar	50	
课题描述	topic_Description	nvarchar	2000	
年级	grade	char	4	

5.3.2　创建物理数据模型

（1）单击 New（新建）→New Model（新建模型）菜单项，弹出 New Model（新建模型）对话框，如图 5-18 所示。

（2）选择 Model Types（模型类型）选项卡。

（3）在 Model Type 列表中选择 Physical Data Model（物理数据模型），选中右边 Diagram（图形）区域中的 Physical Diagram（物理图）。列表中 Multidimensional Diagram（多维图）选项用于创建多维数据模型。

（4）接着输入 Model Name（模型名称）并在 DBMS 下拉列表框中选择相应的 DBMS 类型，也可以在后续操作过程中更改 DBMS 类型，此处选择 Microsoft SQL Server 2012。

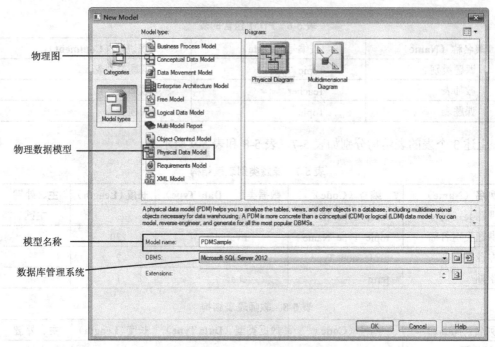

图 5-18　New Model 对话框

（5）单击 OK 按钮，即完成 PDM 创建过程。

5.3.3　创建表

（1）单击 Toolbox（工具箱）中的 Table（表）工具。

（2）单击模型图表空白区域以在模型图表中新建 Table 图符，如图 5-19 所示。

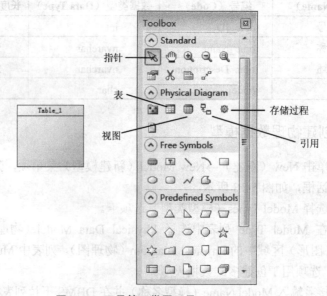

图 5-19　工具箱及常用工具

（3）右击鼠标或单击 Toolbox 中的 Pointer（指针）工具，释放 Table 工具。

（4）左键双击模型图表中刚创建的 Table 图符以打开 Table 属性对话框，如图 5-20 所示。

图 5-20　表属性对话框

（5）输入相应表的 Name 和 Code。

（6）其中 Number 选项为物理数据库中表的记录的大概估计，用于估计数据库的大小规模；Generate 复选框表示是否在物理数据库中生成该表。

（7）单击【确定】按钮，即完成课题类别表的创建。

（8）选中某个表的图符后，同样可以单击 Symbol（符号）→Format（格式）菜单项，在弹出的符号格式对话框中设置该图符中的字体、填充颜色及阴影等属性，以方便用户更好地识别各个图符。

5.3.4　编辑列

打开课题类别表属性对话框，选择 Columns（列）选项卡，如图 5-21 所示。

表的列（Columns）设置与之前实体的属性（Attributes）设置非常类似，其中列的 Data Type（数据类型）列中的数据类型都是所选择的 DBMS（此处为 Microsoft SQL Server 2012）中的数据类型。单击【确定】按钮，完成课题类别表的创建。

重复上述步骤，按照表 5-8 和表 5-9 创建教师表和课题表。

注意：表中的外键字段不是在 Columns 选项卡中创建，而是在下面要描述的定义引用时自动创建的。

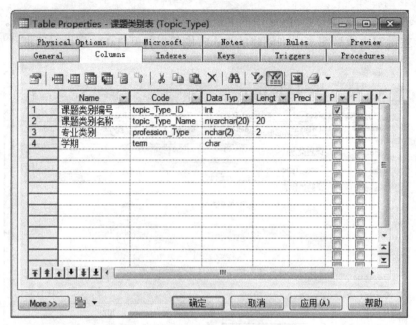

图 5-21　表属性的 **Columns** 选项卡

5.3.5　定义引用

Reference（引用）是一个 parent table（父表）和 child table（子表）之间的连接，它定义了在数据表各列用于主键、候选键、外键或用户指定列之间的完整性约束。当两个表中的数据列通过 Reference 连接时，子表中该列的每个值都对应了父表中对应列的一个确定值。

建立引用的操作步骤如下。

（1）选择 Toolbox 中的 Reference 工具 🔗。

（2）在模型图表区域，单击子表（此处选择课题表）图符并按住鼠标不放，拖动鼠标至父表（此处选择课题类别表）图符，松开鼠标，即在两表之间建立了引用关系，同时，父表中的主键（课题类别编号）被自动作为外键加入子表中。

（3）单击 Toolbox 中的 Pointer 工具或右击鼠标使鼠标处于选择状态。

（4）双击模型图表中的引用图符以打开 Reference Properties（引用特性）对话框，如图 5-22 所示。

（5）输入相应的引用 Name 和 Code。

（6）定义引用 Join（连接），选择 Joins 选项卡，如图 5-23 所示。

可在该选项卡中设置父表和子表的引用字段。当然，子表要引用的字段在父表中必须是主码，例如课题表中的课题类别编号作为外键，引用的是课题类别表中的主码。

图 5-22　引用特性对话框

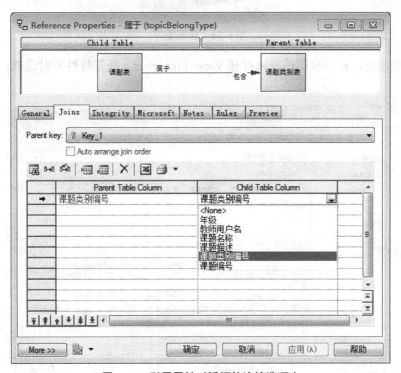

图 5-23　引用属性对话框的连接选项卡

5.3.6 创建视图

视图的创建有两种方法，一种是为图表中已选定的对象创建视图，另一种是直接创建空白视图，然后选择需要的表和视图，下面分别介绍这两种创建视图的方法与步骤。

1. 为图表中已选定的对象创建视图

（1）在模型图表中选择一个或以上的表或视图，此处选择 PDMSample 中的三个表。

（2）单击 Tools（工具）→Create View（创建视图）菜单项，这时可以看到模型图表中会出现一个视图图符，显示出了所选定的表和视图的所有字段，如图 5-24 所示。

图 5-24　视图图符

（3）双击刚创建的视图图符以打开 View Properties（视图特性）对话框，如图 5-25所示。

图 5-25　视图特性对话框

（4）输入相应的 Name 和 Code，同时可以通过不同选项卡对视图属性进行详细设计。

（5）单击【确认】按钮，完成视图创建过程。

2. 先建立空白视图，再选择所需表和视图

（1）单击 Tools（工具）→Create View（创建视图）菜单项，打开选择对话框，如图 5-26 所示。

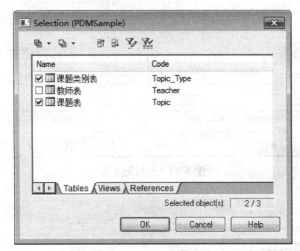

图 5-26　选择对话框

（2）在列表中选择所要添加的表和视图，单击 OK 按钮，确认添加即可完成创建，这时在模型视图中出现视图图符。其他操作略。

5.3.7　创建触发器

手动创建触发器的操作步骤如下：

（1）在模型图形中双击想要创建触发器的表的图符，此处选择课题表，弹出对应表属性对话框。

（2）选择 Triggers（触发器）选项卡，显示出已经定义的触发器列表，如图 5-27 所示。

（3）单击工具栏中添加行 工具，即在列表中添加了一个 Trigger。

（4）输入相应的 Name 和 Code，单击【确定】按钮，提交触发器的创建。

（5）双击刚创建完的 Trigger 行行头（图 5-27 箭头位置），弹出 Trigger Properties（触发器属性）对话框。

（6）切换到 Definition（定义）选项卡，可以在模板下拉列表中选择相应的触发器模板，如图 5-28 所示。

也可以通过选择下拉列表中的 None（无）选项来创建触发器，这时不是使用任何触发器模板，而是在文本框输入详细的触发器定义语句。

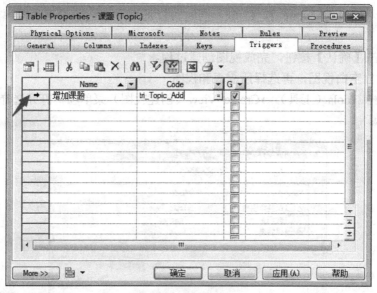

图 5-27　创建触发器

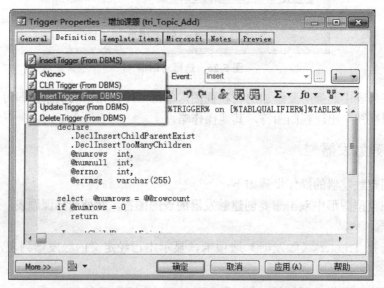

图 5-28　触发器属性对话框

（7）进行详细的触发器定义内容修改。

（8）单击【确定】按钮完成定义过程。

5.3.8　定义存储过程与函数

创建存储过程和函数的操作步骤如下：

（1）单击 Toolbox 中的 Procedure（过程）工具。

（2）在模型图表空白区域单击鼠标，即在图表中添加了一个 Procedure（存储过程）图符，如图 5-29 所示。

图 5-29 存储过程图符

（3）单击 Toolbox 中的 Pointer 工具或右击鼠标，释放 Procedure 工具。

（4）双击刚添加的图符，弹出 Procedure Properties（存储过程属性）对话框，如图 5-30 所示。

图 5-30 **Procedure Properties**（存储过程属性）对话框

（5）输入相应的 Name 和 Code 后，选择 Definition（定义）选项卡，在模板列表中选择需要创建的对象类别：Procedure（存储过程）或 Function（函数），如图 5-31 所示。

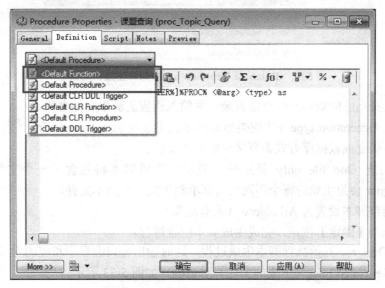

图 5-31 存储过程属性对话框

（6）在文本框中输入详细的 Procedure 或 Function 定义信息，也可以通过使用工具栏中的一些脚本项来编辑定义。

（7）单击【确定】按钮，完成存储过程或函数的创建过程。

当然，单击 Model（模型）→Procedure（存储过程）菜单项也可完成创建过程，这里不再赘述。

5.3.9　生成 SQL 脚本

前面介绍了使用 PowerDesigner 设计 PDM 的操作步骤。PDM 创建好之后可以生成 SQL 脚本，在 DBMS 中执行脚本以创建数据库，或从 PowerDesigner 中直接创建数据库。下面介绍使用 PDM 生成数据库脚本的操作步骤。

（1）单击 Database（数据库）→Generate Database（生成数据库），弹出 Database Generation（数据库生成）对话框，其中包含生成数据库的各种参数选项，如图 5-32 所示。

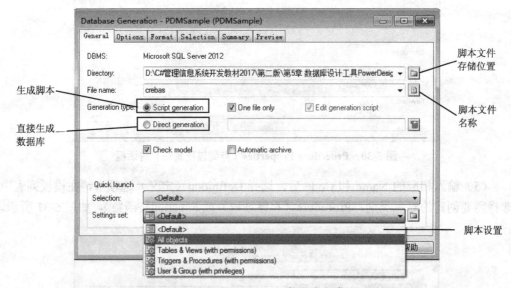

图 5-32　Database Generation（数据库生成）对话框

（2）选择相应的脚本文件存放目录，并输入相应的脚本文件名称。

（3）在 Generation type（生成类型）选项栏中选择 Script generation（生成脚本）单选按钮，确认生成数据库方式为直接生成脚本文件。

（4）勾选 One file only 复选框，表示所生成脚本将包含于一个文件中，否则 PowerDesigner 会为生成的每个不同表格都单独生成一个脚本文件。

（5）调整脚本设置为 All objects（所有对象）。

（6）单击【确定】按钮，完成生成脚本配置过程。

PowerDesigner 开始执行脚本生成过程，这时输出窗口会显示相应的生成过程信息，最后弹出 Generated Files（生成的文件）对话框，如图 5-33 所示。

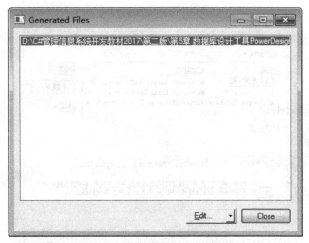

图 5-33 脚本生成结果对话框

可以利用已经生成的脚本文件来创建数据库，这里使用的 DBMS 是 Microsoft SQL Server 2012。现在启动 Microsoft SQL Server 2012 下的 SQL Server Management Studio，新建一个数据库 PDSample，单击新建查询后，将上述脚本文件内容复制到查询编辑窗口中或将脚本文件拖入查询编辑窗口，然后执行脚本文件。执行成功后打开当前新建的 PDSample 数据库，会发现已经成功创建了所有数据库对象。

5.4 反向工程

很多时候，项目的数据库设计没有使用 PowerDesigner，或者拿到的项目数据库资料中没有数据库设计文档，只有数据库物理文件，如果想还原物理文件为物理模型，则可以使用 PowerDesigner 的反向工程。本章只介绍使用数据库反向工程得到物理数据模型的方法，其他操作请参考相关书籍。

要进行反向工程，操作步骤分为两步，首先要创建 ODBC 数据源，然后才能在 PowerDesigner 中进行反向工程，具体操作步骤描述如下。

1. 创建 ODBC 数据源

单击"控制面板"→"管理工具"→"数据源（ODBC）"菜单项，打开"ODBC 数据源管理器"对话框，如图 5-34 所示。单击对话框右侧的【添加】按钮，弹出"创建新数据源"对话框，如图 5-35 所示。

在"选择您想为其安装数据源的驱动程序"列表中选择 SQL Server 并单击【完成】按钮。

在新弹出的"创建到 SQL Server 的新数据源"对话框中为新创建的数据源命名并给予简单描述，选择要连接的 SQL Server 实例名，如图 5-36 所示。

单击【下一步】按钮，在随后出现的两个对话框中也都单击【下一步】按钮，完成在"创建到 SQL Server 的新数据源" 对话框中的各项参数设置，这里都使用系统默认的参数设置，操作界面如图 5-37～图 5-39 所示。

图 5-34　ODBC 数据源管理器

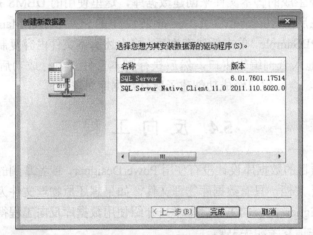

图 5-35　创建新数据源

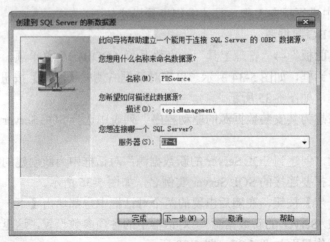

图 5-36　创建到 SQL Server 的新数据源（1）

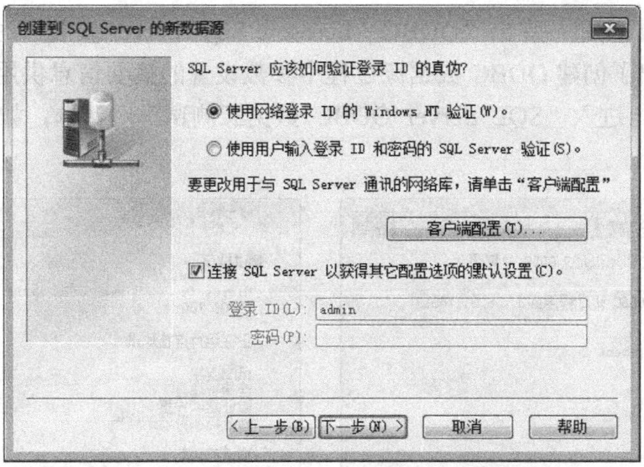

图 5-37 创建到 SQL Server 的新数据源（2）

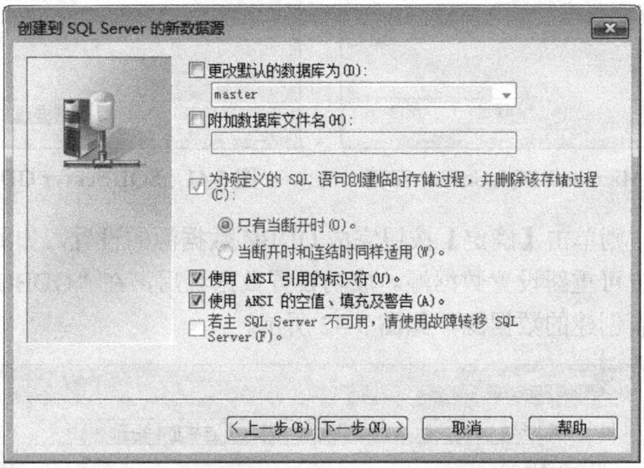

图 5-38 创建到 SQL Server 的新数据源（3）

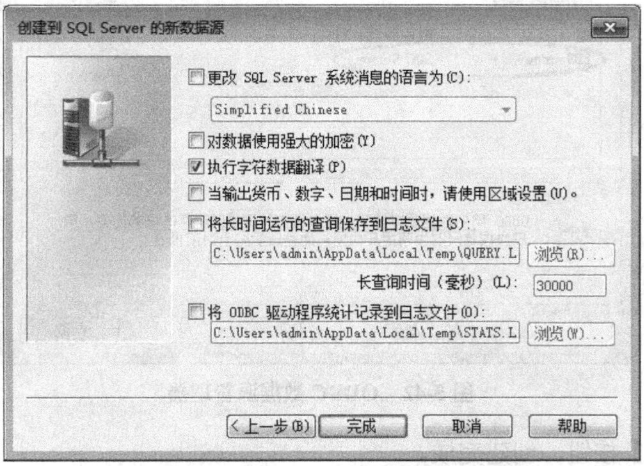

图 5-39 创建到 SQL Server 的新数据源（4）

单击【完成】按钮，弹出"ODBC Microsoft SQL Server 安装"对话框，如图 5-40 所示。界面中给出了创建 ODBC 数据源过程中参数设置的摘要信息供用户核对。单击【测试数据源】按钮，进入"SQL Server ODBC 数据源测试"对话框，如图 5-41 所示，显示测试结果。

图 5-40　ODBC Microsoft SQL Server 安装

图 5-41　SQL Server ODBC 数据源测试

若测试成功，则单击【确定】按钮完成 ODBC 数据源的设置，如测试不成功，则显示错误原因，用户可重新设置数据源。成功设置数据源后，在"ODBC 数据源管理器"对话框中可看到新创建的数据源，如图 5-42 所示。

图 5-42　ODBC 数据源管理器

单击【确定】按钮，创建完成。

2．PowerDesigner 反向工程

这里对 SQL Server 2000 中自带的系统示例数据库 Northwind 进行反向工程。数据库备份文件请从网络资源下载。读者可创建数据库后进行还原。

单击 File（文件）→Reverse Engineer（反向工程）→Database（数据库）菜单项，弹出 New Physical Data Model（新建物理数据模型）对话框，在 Model Name 文本框中输入 Northwind，并在 DBMS 下拉列表框中选择 Microsoft SQL Server 2012，如图 5-43 所示。

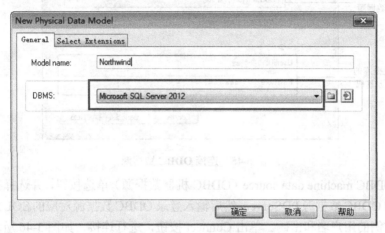

图 5-43　新建物理数据模型对话框

单击【确定】按钮后进入 Database Reverse Engineering Options（数据库反向工程选项）对话框，如图 5-44 所示。

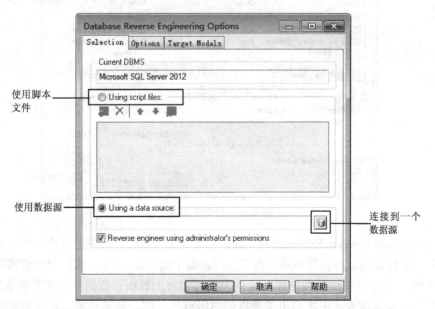

图 5-44　数据库反向工程选项

在 Selection 选项卡中选择 "Using a data source"（使用一个数据源）单选按钮，然后单击后面的 按钮，进入图 5-45 所示的 Connect to a Data Source（连接到数据源）对话框。

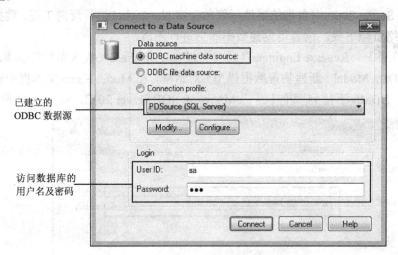

已建立的
ODBC 数据源

访问数据库的
用户名及密码

图 5-45　连接 ODBC 数据源

选择 ODBC machine data source（ODBC 机器数据源）单选按钮，并选择在第一步中已创建好的 ODBC 数据源 PDSource，然后输入登录 ODBC 数据源对应的 SQL Server 2012 的服务器实例的用户名和密码。单击 Connect 按钮，进行连接，如图 5-46 所示。

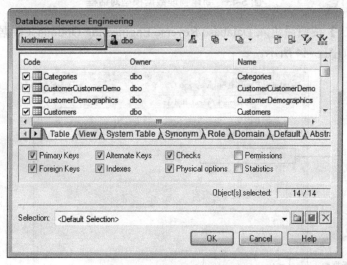

图 5-46　数据库反向工程

在 Database Reverse Engineering（数据库反向工程）对话框左上角的下拉列表框中选择要对其进行反向工程的数据库（该下拉列表框中将加载 ODBC 数据源当前实例下所有的数据库），对话框中部的数据库对象列表控件中将加载所选数据库中所有的表对象，切换数据库对象选项卡，还将列出该数据库中所有的视图、域等对象。可在数据库对象列表中勾选需要的数据库对象。还可在该对话框中选择是否将表的主键、外键、索引、检查约束等对象反向工程。设置好需要的数据库对象后单击 OK 按钮，PowerDesigner 即开始进行反向工程，系统将显示进度条，如图 5-47 所示。

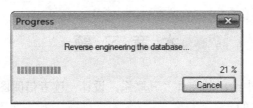

图 5-47 反向工程进度条

反向工程进行完成后，系统直接打开得到的物理数据模型，如图 5-48 所示。

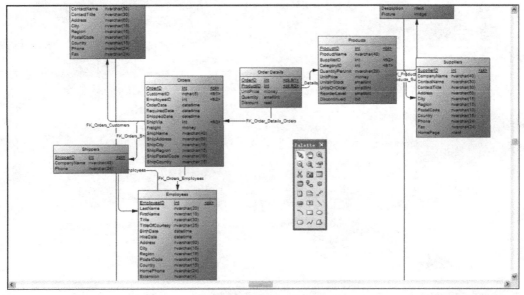

图 5-48 反向工程得到的 PDM

对生成的 PDM 可进行保存，以便研究其数据库设计思想。

除以上介绍的各项功能以外，PowerDesigner 还可以生成目标语言代码、定制报告模板并生成各种报告、建立及管理版本资料库等。感兴趣的读者可自行查阅相关资料。

本 章 小 结

本章介绍了一款常用的工具软件 PowerDesigner。它是 Sybase 公司的一款强大的 CASE 工具集，可以用来设计面向对象模型及业务程序模型等。本章主要介绍使用 PowerDesigner 设计数据库模型的几个常用方法，包括创建概念数据模型及物理数据模型的基本步骤，以及利用 PowerDesigner 进行数据库反向工程的基本操作。

PowerDesigner 设计数据库的优点在于其可视化操作界面，用户可以对模块较多、功能复杂的应用系统数据库进行清晰、简便的设计及修改。其导出数据库脚本的功能也可实现对不同数据库直接建库，使数据库设计与实现无缝连接。

本 章 习 题

（1）仿照 5.2.1 节中给出的实体及其联系，设计一读者借阅图书的 CDM，读者与图书的借阅关系是多对多的。

（2）仿照例 5.3.1 节，设计图书表、读者表及借阅表，实现一个读者可借阅多本图书、多个读者也可借阅一本图书的借书记录（可通过借阅时间或业务编号区分各记录）。

第6章

图书管理系统

本章将讲解利用 C#语言开发一个简单但完整的管理信息系统，主要以图书信息管理系统的系统管理、图书管理、读者管理、用户管理、图书借还管理等模块为主线进行管理信息系统开发的描述。

通过本章的学习，读者应该重点掌握简单管理信息系统开发的需求分析、设计和实现过程。

6.1 项 目 描 述

随着社会信息量的与日俱增，图书馆的规模和存书量都比以往大得多，因此，图书管理部门就需要使用一种方便有效的管理方式，来管理图书馆的书籍。在计算机日益普及的今天，对图书管理部门而言，以前单一的手工检索已不能满足人们的需求，为了便于图书资料的管理，就需要有效的图书管理软件，这也是图书管理系统开发的目的和意义。

6.1.1 项目背景

图书管理系统主要完成图书信息维护、读者借出和归还图书等工作，而这些工作又是比较繁杂的，若采用低级的手工操作往往需要耗费大量的人力物力，而且效率低，很容易出错。提高图书馆的管理效率，对图书馆来说是一个很大的问题。而图书管理系统的开发，却解决了这样的问题，通过图书管理系统的使用，不需要太多的人力，只需要在图书管理系统的帮助下，就能掌控图书馆的管理，既方便又经济。

6.1.2 业务描述

图书管理信息系统主要业务如下。

1. 图书入库

图书入库主要是采购员将图书采购回来后，由采编人员编目，然后将这些新书添加到系统中。在添加新书时，采购员可能添加同类的书籍，对于已经录入到系统中的书籍，可以修改部分信息；还有可能删除录入的书籍，像新录入的错误的书籍，还有过时的、丢失的书籍等。

2. 借出图书

当读者需要借书时，工作人员进入到借书管理的界面，输入读者借书证号和图书号，系统会将相应的图书信息及读者信息显示在界面上，设定借出时间即可以单击借出按钮来完成借书，并且也可以将读者所有借书信息显示出来。

3. 归还图书

当读者还书的时候，工作人员进入到还书管理的界面，输入读者借书证号和图书号，调出读者的借阅信息，判断该书是否有超期，是否需要做罚款处理；如果读者丢失了所借阅的图书，读者要赔偿一定的金额；读者也可以续借图书，系统还可以提示借书者是否还有其他已到期未还的书。

6.1.3 用户描述

图书管理系统开发的总体任务是实现图书的借阅和管理信息化，因此系统中既有面向读者的图书及个人信息查询接口，也有面向管理员的系统管理接口。

对于读者来说，所关心的问题主要包括以下几个：

（1）如何方便地查询到图书馆中的书籍？

（2）如何知道自己借阅过什么书籍？

（3）如何确定自己所借的书籍是否到期，是否有罚款的记录等？

而对于图书管理员来说，所关心的问题主要有：

（1）图书馆有哪些书，可不可以被借阅，不同类型的书都放在哪里，图书入库的时候有没有相同的图书类型？

（2）如何管理不同类型的读者，不同类型的读者分别可以借阅哪些书，每次的借书量和借书的期限是多长？

（3）如何来确定这些借书证是否可用，以及借书的归还期限等？

6.2 系统需求

6.2.1 需求描述

图书馆是高等院校的重要组成部门，是教师和学生获取知识的重要场所。一直以来，传统图书管理的特点是，中小型书店、中小学的小型图书馆及各高校图书馆和资料室使用传统的人工方式管理图书档案、会员档案。这种管理方式存在着诸多缺点，如手续繁琐、效率低下、出错率高等，对大量资料的查询、更新及维护都带来不少困难。

随着计算机技术的飞速发展，利用计算机来获得和处理信息是当今信息管理的一大特点。伴随计算机硬件的快速发展，有关信息管理的软件——数据库系统软件也在迅猛发展着。所以将计算机信息技术应用到图书管理当中是当前时代发展的需要。本系统是结合实际情况开发的图书资料管理系统。系统开发的主要任务是针对原来管理办公的时效性、数据的正确性、操作的方便性上的不足，解决图书流通上的问题，实现图书信息管理的系统化，规范化和自动化，以最大限度提高操作人员的办公效率。

6.2.2 模块设计

1. 系统管理模块

系统管理模块的设计，主要是为了管理系统的用户，为了保证系统的安全性，只有管理员才具有管理用户的权限，在该模块管理员可以添加、删除用户的信息。用户有三种权限，最高权限只有管理员才有，不同的权限管理的功能不同，有三级权限的是最高管理员，拥有所有的权限，其次是拥有两级权限的管理员，只能管理借书、还书以及图书查询和修改密码的操作，最低权限的管理员只具有查询和修改密码的功能。为了用户信息的安全性，该系统设计中管理员不具有修改用户信息的功能。

2. 图书管理模块

图书管理模块，设计了对图书的管理，包括图书类型和图书书目的管理，拥有该模块管理权限的管理人员是最高管理员，为了方便图书的管理，把图书分为不同的类型，除了设计图书类型的总界面外，还有添加、修改图书类型的界面，管理员可以添加新的图书类型，删除错误的图书类型，也可以修改图书的类型和浏览所有图书的图书类型。对图书的管理同图书类型相似，可以对图书的信息进行添加、删除、修改和浏览所有图书的信息。

3. 读者管理模块

该模块主要负责对读者的管理，包括读者类型和读者基本信息的管理；不同类型的读者对应不同的借书规则，如最长借阅时间、最大借书量等，这样除了限制不同读者具有不同的图书借阅量外，也帮助了不同身份的读者合理地利用了时间。特别对学生而言，不会使学生过度沉溺于课外书。对读者类型的管理中，可以添加、修改、删除读者的类型信息。

读者的信息管理，设计了浏览信息的界面，具有添加、修改、删除读者信息的操作，同时也设计了添加读者、修改读者的界面。在浏览信息界面可显示读者的借书证号、姓名、身份证号等详细信息，界面的设计在下面的章节中可以看到。

4. 用户登录模块

用户登录模块的设计主要是为了方便用户使用该系统，基于用户也可能是管理员或工作人员的情况，当用户登录时发生错误后可以重新登录该系统，方便了用户对该系统的使用。在该模块中，除了方便用户登录系统外，用户也可以在该模块修改自己的密码。

5. 借还管理模块

该模块是系统中最重要的部分，图书馆对图书的管理无非是管理借书和还书的过程，本系统为了方便用户的使用，设计了基于快捷键的模式。当读者要借书时，工作人员只需要输入读者的借书证号，按回车键就可以查看到读者的信息。当然，前提是读者的信息已经注册到图书馆；同时输入图书号，按回车键，读者所借阅的图书的信息就会显示在操作界面上，同时也可以看到读者借阅图书的数量，单击借书按钮，就完成了读者借书的过程，不仅减少了工作人员繁琐工作，也提高了工作效率。同样，当读者还书的时候，工作人员只需要输入图书号和读者的借书证号，单击还书按钮，即可完成还书操作。

6. 查询操作模块

设计该模块的目的，主要是为了方便读者查询借阅的图书，不需要麻烦管理人员，读者就可以自己登录系统，通过查询操作来查看图书馆的图书信息，同时也可以看到自己已借阅的图书信息和自己借书的详细信息，是否被罚款等；在读者查询图书时可以输入图书号，若读者不知道图书号，也可以输入书名或作者进行查询，实现了系统的人性化；管理员也可以通过此界面查询图书馆的图书信息。当图书馆需要添加图书而不确定那本书是否已经存在时，可以通过该模块来查询要查询的图书信息。

系统功能结构如图 6-1 所示。

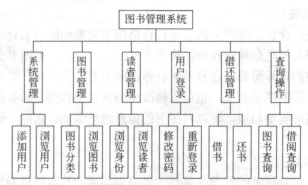

图 6-1　系统功能结构图

6.2.3　数据库设计

1. E-R 图

通过对数据库设计的分析得到该图书管理系统的局部 E-R 图，如图 6-2 所示。

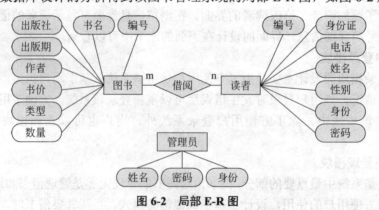

图 6-2　局部 E-R 图

2. 数据库关系表的设计

（1）读者信息表（person）。读者信息表主要存放读者的基本信息，表结构如表 6-1 所示。

表 6-1　读者信息表

序号	字段名	数据类型	长度	主键	可否为空	备注
1	PID	varchar	50	YES	NO	读者编号
2	PName	varchar	10	NO	NO	姓名
3	PSex	varchar	4	NO	YES	性别
4	PPhone	varchar	44	NO	YES	电话
5	PN	varchar	20	NO	NO	识别码
6	PCode	varchar	20	NO	NO	密码
7	PMoney	float		NO	YES	罚款
8	identity	varchar	10	NO	YES	身份
9	PRemark	varchar	100	NO	YES	备注

（2）管理员信息表（manage）。管理员信息表主要是存储管理员的信息如用户名、密码、权限等，如表 6-2 所示。

表 6-2　管理员信息表

序号	字段名	数据类型	长度	主键	可否为空	备注
1	MName	varchar	10	NO	NO	管理员名称
2	Password	varchar	10	NO	NO	密码
3	MCode	varchar	20	YES	NO	编号
4	manage	varchar	10	NO	YES	是否管理员
5	work	varchar	10	NO	YES	是否工作人员
6	query	varchar	10	NO	YES	是否查询人员

（3）图书信息表（book）。图书信息表用于存放图书馆图书的基本信息，如图书号、图书名、图书的作者、出版社、价格、类型、数量等信息，如表 6-3 所示。

表 6-3　图书信息表

序号	字段名	数据类型	长度	主键	可否为空	备注
1	BID	varchar	50	YES	NO	书号
2	BName	varchar	10	NO	YES	书名
3	BWriter	varchar	50	NO	YES	作者
4	BPublish	varchar	50	NO	YES	出版社
5	BDate	varchar	50	NO	YES	出版日期
6	BPrice	float	50	NO	YES	价格
7	BNum	varchar	50	NO	YES	数量
8	Type	varchar	10	NO	YES	类型
9	BRemark	varchar	100	NO	YES	备注

（4）借出书籍表（bookout）。该表存储借出书籍的信息，如图书号、读者号、借阅日期等，如表 6-4 所示。

表 6-4　借出图书信息表

序号	字段名	数据类型	长度	主键	可否为空	备　注
1	OID	varchar	50	YES	NO	借阅序号
2	BID	varchar	50	YES	NO	图书编号
3	PID	varchar	50	YES	NO	读者编号
4	ODate	varchar	50	NO	YES	借出日期

（5）书籍类型表（type）。书籍类型表存放图书的类型，如表 6-5 所示。

表 6-5　书籍类型表

序号	字段名	数据类型	长度	主键	可否为空	备　注
1	TID	varchar	50	YES	NO	读者编号
2	type	varchar	50	NO	YES	类别
3	tRemark	varchar	50	NO	YES	备注

（6）读者借阅类型表（identityinfo）。读者类型表存放读者的身份类型、最长借阅时间和最大借书数量等信息，如表 6-6 所示。

表 6-6　读者借阅类型表

序号	字段名	数据类型	长度	主键	可否为空	备　注
1	identity	varchar	50	YES	NO	身份标识
2	longTime	varchar	50	NO	YES	借阅时间
3	bigNum	varchar	50	NO	YES	数量

（7）数据库关系图。通过使用 PowerDesigner 设计工具得到的图书管理信息系统的数据库关系图，如图 6-3 所示。

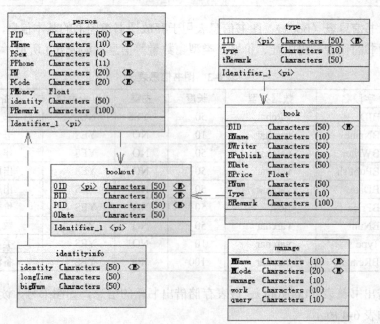

图 6-3　数据表关系图

6.3　系　统　实　现

6.3.1　技术要点

1．开发环境

（1）系统开发环境：Visual Studio 2012；

（2）系统开发语言：C#；

（3）运行平台：Windows 7；

（4）数据库：SQL Server 2012。

2．程序界面

为便于操作，本程序在开发过程中应当选择父子窗体的样式，即所有窗体都应该在父窗体内显示。在开发过程当中应注意父子窗体的程序设计方式。

3．程序设计

为便于数据查询及打印，在数据统计界面当中使用 RDLC 报表技术。鉴于程序复杂程度，本程序架构采用一般的程序开发结构，并未对其进行分层。

6.3.2　主要功能模块及界面设计

1．主要模块

（1）用户管理模块：只有管理员才有权限对用户信息进行管理，浏览用户管理模块主要是实现对用户信息的浏览和删除功能。

（2）图书书目管理模块：该模块中，主要实现了管理员对图书书目进行添加、删除、修改和浏览的功能。

（3）读者信息管理模块：管理员对读者的基本信息进行添加、删除、修改、查询等操作。

（4）借还管理模块：该模块的管理者是工作人员，工作人员通过该模块实现对读者借书和还书的操作。

（5）查询操作模块：该模块主要实现读者对自己借阅图书的查询功能。

2．界面设计

（1）浏览用户信息界面的设计：图书管理员登录后跳转至管理员主界面，在该界面管理员可以对系统、图书、读者、登录用户等进行管理，单击系统管理下拉列表，可以看到对用户的管理功能，主界面如图 6-4 所示。

在图 6-4 中单击"系统管理"→"浏览用户"，就会弹出浏览用户界面，如图 6-5 所示，该界面会显示所有用户的信息，在其中还可以实现对用户权限删除的操作，如果发现有信息错误或者已经失效等，可以选中该信息，单击【删除】按钮，被选中的信息就会被删除，单击【退出】按钮，系统跳至主界面。

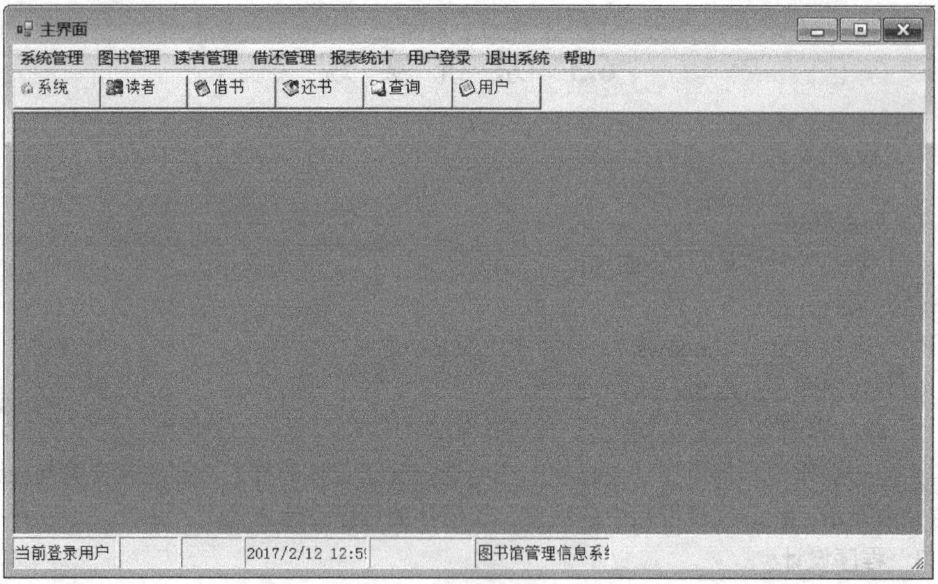

图 6-4　系统管理主界面

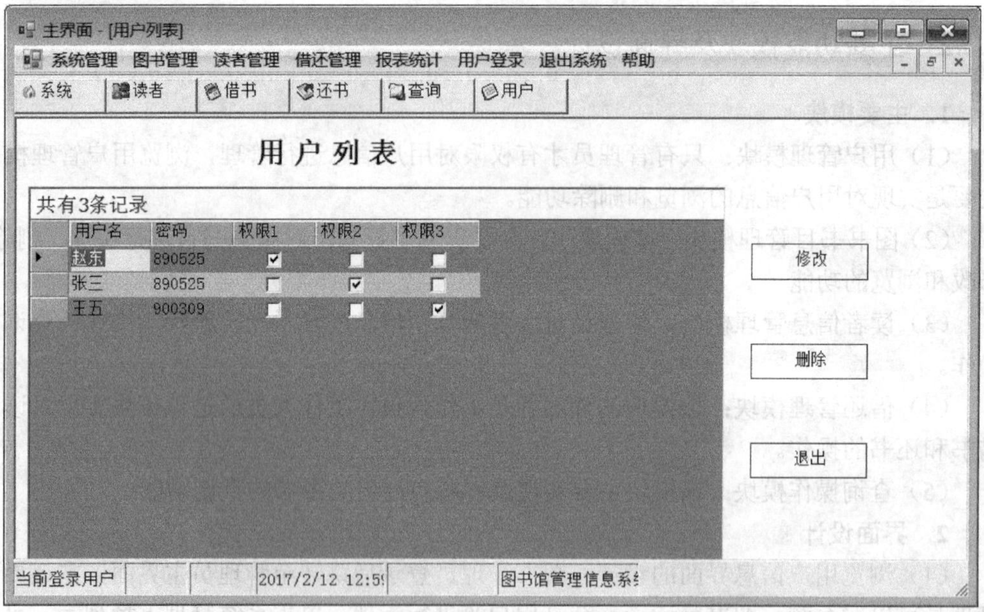

图 6-5　浏览用户信息界面

当前窗体的初始化代码如下：

```
DataSet ds;
private void User_Load(object sender, System.EventArgs e)
{
    oleConnection1.Open();
    string sql = "select MName as 用户名,MCode as 密码,manage as 权限1,
                work as 权限2,query as 权限3 from manager";
```

```
    SqlDataAdapter adp = new SqlDataAdapter(sql,oleConnection1);
    ds = new DataSet();
    ds.Clear();
    adp.Fill(ds,"user");
    dataGrid1.DataSource = ds.Tables["user"].DefaultView;
    dataGrid1.CaptionText="共有"+ds.Tables["user"].Rows.Count+"条记录";
    oleConnection1.Close();
}
```

在【修改】按钮的事件代码中添加如下代码：

```
ModifyUser modifyUser;
private void btModify_Click(object sender, System.EventArgs e)
{
    if (dataGrid1.CurrentRowIndex>=0&&dataGrid1.DataSource!=
                    null&&dataGrid1[dataGrid1.CurrentCell]!=null)
    {
        modifyUser = new ModifyUser();
        modifyUser.textName.Text = ds.Tables[0].Rows
                [dataGrid1.CurrentCell.RowNumber][0].ToString().Trim();
        modifyUser.ShowDialog();
    }
}
```

在【删除】按钮的事件代码中添加如下代码：

```
private void btDel_Click(object sender, System.EventArgs e)
{
    if (dataGrid1.CurrentRowIndex>=0&&dataGrid1.DataSource!=
                    null&&dataGrid1[dataGrid1.CurrentCell]!=null)
    {
        oleConnection1.Open();
        string sql="delete*from manager where MName='"+ds.Tables["user"].Rows
                [dataGrid1.CurrentCell.RowNumber][0].ToString().Trim()
                +"'";
        SqlCommand cmd = new SqlCommand(sql,oleConnection1);
        cmd.ExecuteNonQuery();
        MessageBox.Show("删除用户'"+ds.Tables[0].Rows
                [dataGrid1.CurrentCell.RowNumber][0].ToString().Trim()
                +"'成功|","提示");
        oleConnection1.Close();
    }
    else
        return;
}
```

（2）图书书目管理。只有图书管理员才有权限管理图书书目信息，管理员登录成功后，直接跳至管理员主界面，通过主界面上的"图书管理"→"浏览图书"，就可以管理图书书目，当弹出图书书目界面时，界面上会显示图书书目的所有信息，如图书编号、图书名、作者等书目的详细信息，其界面如图 6-6 所示。

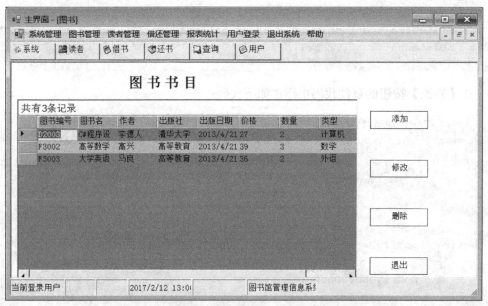

图 6-6 图书书目管理界面

在该界面可以添加、删除、修改图书书目信息，单击【添加】按钮，会弹出添加图书界面，可以添加一条新的图书书目信息；当要删除过时或错误的信息时，选中要删除的信息，单击【删除】按钮，就会删除该条信息；当要修改信息时，单击【修改】按钮，就会弹出修改信息界面，可以修改被选中的信息；单击【退出】按钮，系统跳至主界面。如单击【添加】按钮，会弹出添加信息界面，在该界面就可以添加一条新的图书信息，效果如图 6-7 所示。

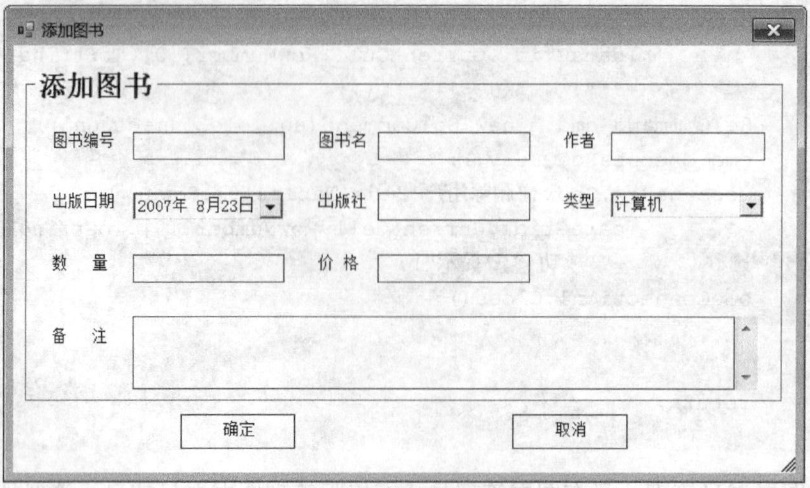

图 6-7 添加图书界面

添加图书书目的主要代码如下：

```
private void btAdd_Click(object sender, System.EventArgs e)
{
    if (textID.Text.Trim()==""||textName.Text.Trim()==""||
            textNum.Text.Trim()==""||textWriter.Text.Trim()=="")
        MessageBox.Show("请填写完整信息","提示");
    else
    {
        oleConnection1.Open();
        string sql="select*from book where BID='"+textID.Text.Trim()+"'";
        SqlCommand cmd = new SqlCommand(sql,oleConnection1);
        if (null!=cmd.ExecuteScalar())
            MessageBox.Show("图书编号重复","提示");
        else
        {
            sql="insert into book values ('"+textID.Text.Trim()+"',
                    '"+textName.Text.Trim()+"',
                    '"+textWriter.Text.Trim()+"',
                    "+"'"+textPublish.Text.Trim()+"',
                    '"+date1.Text.Trim()+"',
                    '"+textPrice.Text.Trim()+"',
                    '"+textNum.Text.Trim()+"',
                    "+"'"+comboType.Text.Trim()+"',
                    '"+textRemark.Text.Trim()+"')";
            cmd.CommandText=sql;
            cmd.ExecuteNonQuery();
            MessageBox.Show("添加成功","提示");
            clear();
        }
        oleConnection1.Close();
    }
}
```

（3）读者信息管理。该界面的管理权限也只有管理员才具有，管理员登录成功后进入管理员主界面，通过此界面，管理员可以管理读者的信息，像添加、修改、删除读者的信息。单击"读者管理"→"浏览读者"，就会弹出读者的信息，如图 6-8 所示。

在该界面可以添加、修改、删除读者的信息，如选中第二条信息，单击【修改】按钮，就会弹出修改读者信息的界面，在该界面除了借书证号不能修改外，可以任意的修改读者的信息。修改信息界面设计如图 6-9 所示。

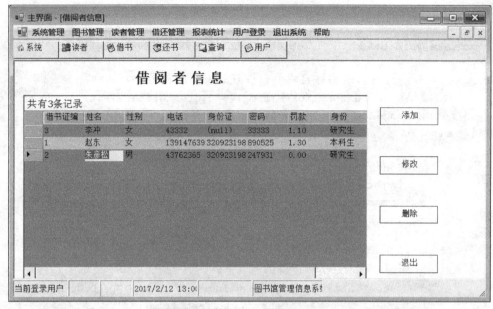

图 6-8　读者信息管理界面

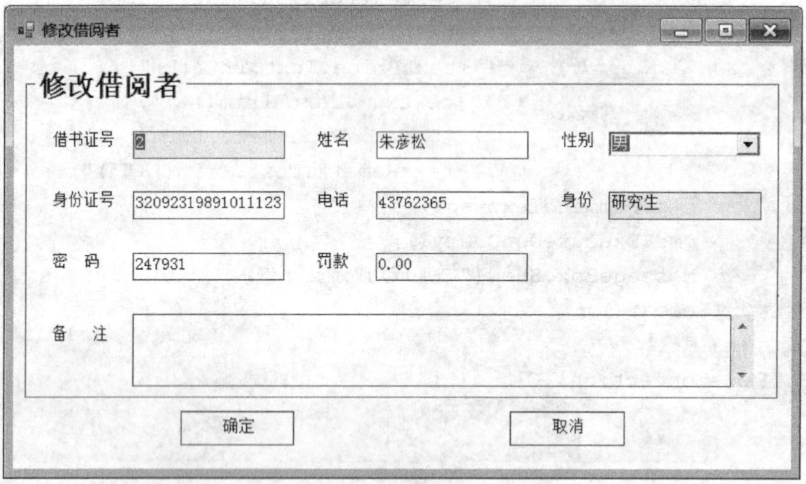

图 6-9　修改借阅者信息界面

修改读者信息的主要代码如下：

```
private void btAdd_Click(object sender, System.EventArgs e)
{
    if (textName.Text.Trim()==""||textPN.Text.Trim()==""||
        textCode.Text.Trim() =="")
        MessageBox.Show("请填写完整信息","提示");
    else
    {
        oleConnection1.Open();
        string sql1="select * from person where PID<>'"+
```

```
                        textID.Text.ToString()+"' and
                        PN='"+textPN.Text.ToString()+"'";
        SqlCommand cmd = new SqlCommand(sql1,oleConnection1);
        if (null!=cmd.ExecuteScalar())
            MessageBox.Show("身份证号发生重复","提示");
        else
        {
            string sql2="update person set PName='"+
                        textName.Text.Trim()+"',
                        PSex='"+comboSex.Text.Trim()+"', "+"PN='"+
                        textPN.Text.Trim()+"', PPhone=
                        '"+textPhone.Text.Trim()+"', PCode='"+
                        textCode.Text.Trim()+"', "+ " PRemark=
                        '"+textRemark.Text.Trim()+"',
                         PMoney='"+textMoney.Text.Trim()+
                         "' where PID='"+this.textID.Text.Trim()+"'";
            SqlCommand cmd2 = new SqlCommand(sql2,oleConnection1);
            cmd2.ExecuteNonQuery();
            MessageBox.Show("信息修改成功","提示");
            this.Close();
        }
        oleConnection1.Close();
    }
}
```

（4）借还管理功能。该模块主要由工作人员来管理，工作人员通过该模块来完成读者的借书和还书的工作，当读者第一次借书的时候，读者在图书馆注册自己的信息，当读者再次借书时，工作人员只需输入读者的借书证号，按回车键，如果数据库中存在该读者的信息，在界面上就会显示出来，输入图书号，按回车键，如果存在该书，图书的详细信息就会显示在界面上，单击【借书】按钮，读者就成功借阅了一本书，在界面上也会显示读者已借图书的情况，如图6-10所示。

为操作方便，在输入借书证号或者图书编号时，用户只要按回车键即可查询到当前证件及图书是否存在，这就要求在这两个输入框内的键盘事件当中完成如下代码。

借书证号查询验证代码如下：

```
DataSet ds;
private void textPID_KeyDown(object sender,
                            System.Windows.Forms.KeyEventArgs e)
{
    if (e.KeyCode == Keys.Enter)
    {
        oleConnection1.Open();
        string sql1 = "select PName as 姓名,PSex as 性别,PN as 身份证,
                       PMoney as 罚款,identityname as 身份 "+"from person
                       where PID= '"+textPID.Text.Trim()+"'";
```

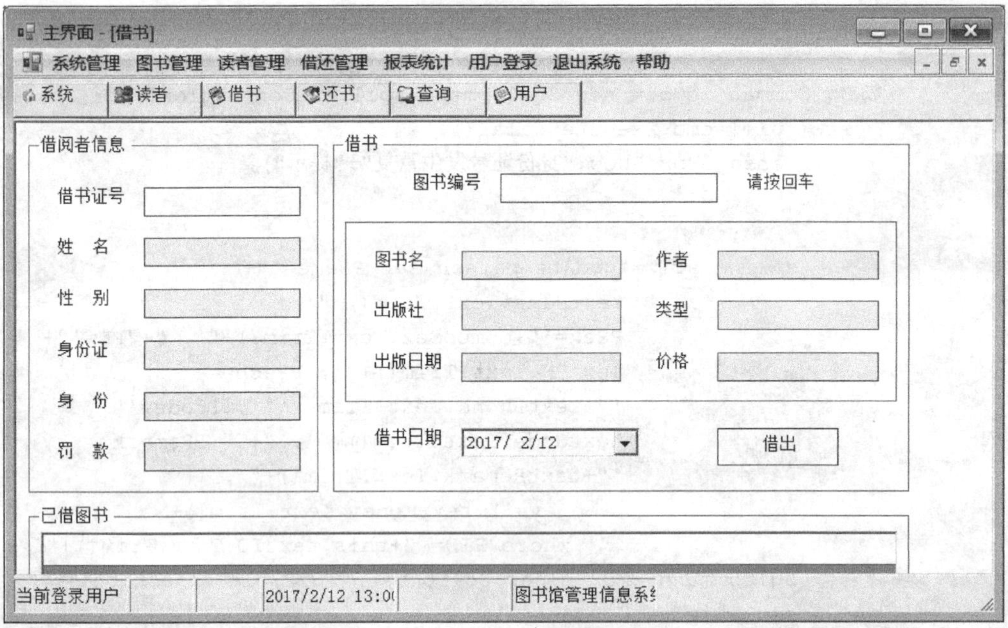

图 6-10　借书管理界面

```
string sql3 = "select BID from bookOut where PID = '"+
            textPID.Text.Trim() + "'";
SqlDataAdapter adp = new SqlDataAdapter(sql1,oleConnection1);
SqlDataAdapter adp3 = new SqlDataAdapter(sql3,oleConnection1);
ds = new DataSet();
ds.Clear();
adp.Fill(ds,"person");
adp3.Fill(ds,"bookid");
dataGrid2.DataSource = ds.Tables["person"].DefaultView;
dataGrid4.DataSource = ds.Tables["bookid"].DefaultView;
if (ds.Tables[0].Rows.Count!=0)
{
    textPName.Text = ds.Tables["person"].Rows
        [dataGrid2.CurrentCell.RowNumber][0].ToString().Trim();
    textPSex.Text = ds.Tables["person"].Rows
        [dataGrid2.CurrentCell.RowNumber][1].ToString().Trim();
    textPN.Text = ds.Tables["person"].Rows
        [dataGrid2.CurrentCell.RowNumber][2].ToString().Trim();
    textMoney.Text = ds.Tables["person"].Rows
        [dataGrid2.CurrentCell.RowNumber][3].ToString().Trim();
    textIden.Text = ds.Tables["person"].Rows
        [dataGrid2.CurrentCell.RowNumber][4].ToString().Trim();
    dataGrid2.CaptionText = "共有"+ds.Tables["person"].Rows.Count
                    +"条记录";
}
else
```

```
            MessageBox.Show("没有该借书证号","提示");
        for (int x=0;x<ds.Tables["bookid"].Rows.Count;x++)
        {
            string sql2="select book.BID as 图书编号,BName as 图书名,BWriter
                as 作者,BPublish as 出版社,BDate as 出版日期,BPrice as
                价格," +"type as 类型,ODate as 借书日期,(select longTime
                from identityinfo where identity= (select identity from
                person where PID='"+textPID.Text.Trim()+"'))"+ " as
                最长借书时间, DateAdd('m',最长借书时间,ODate) as 应还日期
                from book, bookOut where book.BID=bookOut.BID and
                book.BID='"+ds.Tables["bookid"].Rows[x][0]+"'"+" and
                PID='"+textPID.Text.Trim()+"'";
            SqlDataAdapter adp2 = new SqlDataAdapter(sql2,oleConnection1);
            adp2.Fill(ds,"bookout");
            dataGrid1.DataSource = ds.Tables["bookout"].DefaultView;
            dataGrid1.CaptionText = "已借图书"+ ds.Tables["bookout"]
                                    .Rows.Count +"本";

        }
        oleConnection1.Close();
    }
}
```

图书编号查询代码如下：

```
private void textBID_KeyDown(object sender,
                            System.Windows.Forms.KeyEventArgs e)
{
    if (e.KeyCode == Keys.Enter)
    {
        oleConnection1.Open();
        string sql = "select BName as 图书名,BWriter as 作者,BPublish as
                出版社, BDate as 出版日期,BPrice as 价格,"+ "type as 类型 from
                book where BID='"+textBID.Text.Trim()+"'";
        SqlDataAdapter adp = new SqlDataAdapter(sql,oleConnection1);
        ds = new DataSet();
        ds.Clear();
        adp.Fill(ds,"book");
        dataGrid3.DataSource = ds.Tables["book"].DefaultView;
        if (ds.Tables[0].Rows.Count!=0)
        {
        textBName.Text = ds.Tables[0].Rows[dataGrid3.CurrentCell
                        .RowNumber][0].ToString().Trim();
        textWriter.Text = ds.Tables[0].Rows[dataGrid3.CurrentCell
                        .RowNumber][1].ToString().Trim();
        textPublish.Text = ds.Tables[0].Rows[dataGrid3.CurrentCell
                        .RowNumber][2].ToString().Trim();
```

```
        textBDate.Text = ds.Tables[0].Rows[dataGrid3.CurrentCell
                      .RowNumber][3].ToString().Trim();
        textPrice.Text = ds.Tables[0].Rows[dataGrid3.CurrentCell.
                      RowNumber][4].ToString().Trim();
        textType.Text = ds.Tables[0].Rows[dataGrid3.CurrentCell.
                      RowNumber][5].ToString().Trim();
        dataGrid3.CaptionText = "共有"+ds.Tables["book"].Rows.Count+
                      "条记录";
    }
    else
    MessageBox.Show("没有该图书编号","提示");
    oleConnection1.Close();
    }
}
```

图书【借出】按钮事件代码如下：

```
private void btOut_Click(object sender, System.EventArgs e)
{
    if (textPID.Text.Trim() == " " || textBID.Text.Trim() == " ")
        MessageBox.Show("请输入完整信息", "提示");
    else
    {
        oleConnection1.Open();
        string sql = "select * from bookOut where BID='" + textBID.Text.Trim()
              + "' and PID= '" + textPID.Text.Trim() + "'";
        SqlCommand cmd = new SqlCommand(sql, oleConnection1);
        if (null != cmd.ExecuteScalar())
            MessageBox.Show("你已经借了一本该书", "提示");
        else
        {
            sql = "insert into bookOut (BID,PID,ODate) values ('" +
                  textBID.Text.Trim() + "','" +
                    textPID.Text.Trim()+"','"+date1.Text.Trim()+"')";
            cmd.CommandText = sql;
            cmd.ExecuteNonQuery();
            MessageBox.Show("借出成功", "提示");
        }
        oleConnection1.Close();
    }
}
```

当读者还书的时候，工作人员输入读者的图书证号和图书的图书号，按回车键，读者所借的图书的信息以及读者借阅的时间、应还日期等信息就会显示在界面上，通过此界面可以判断读者借阅的图书是否超期，和读者是否有罚款的记录等信息，单击【还书】按钮，读者还书过程就完成了。还书界面如图 6-11 所示。

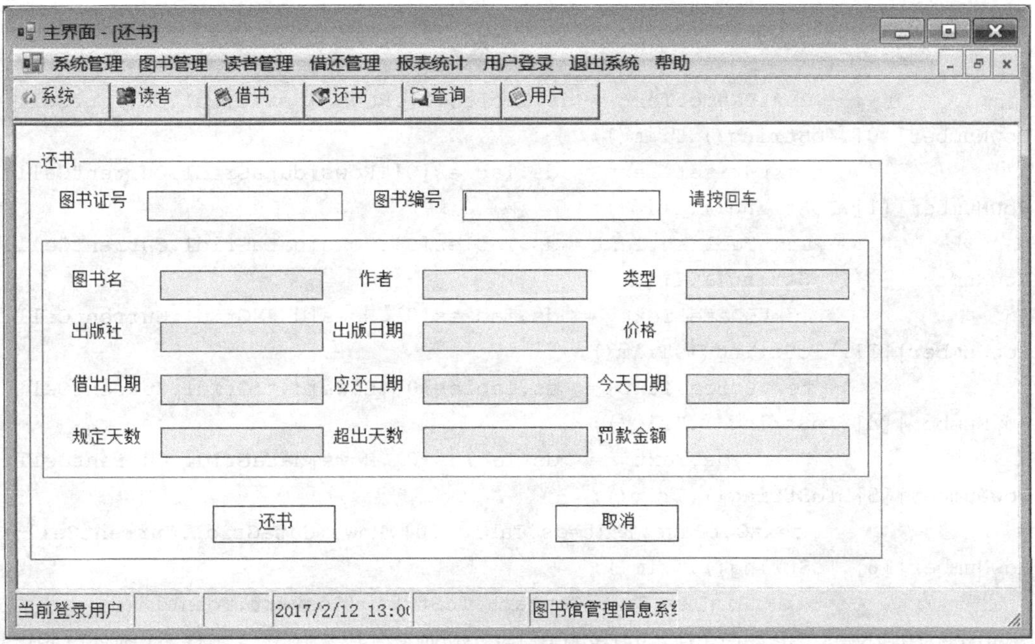

图6-11 还书管理界面

在图书编号文本框的键盘事件当中添加如下代码，如果用户按回车键将直接能够查询到所输入编号图书的详细信息。

```
DataSet ds;
private void textBID_KeyDown(object sender,
                            System.Windows.Forms.KeyEventArgs e)
{
    if (e.KeyCode == Keys.Enter)
    {
        oleConnection1.Open();
        string sql = "select BName as 图书名,BWriter as 作者,BPublish as
                    出版社,BDate as 出版日期,BPrice as 价格,type as 类型,"+
                    "ODate as 借出日期, (select longTime from identityinfo
                    where identityname=(select identityname from person
                    where PID='"+textPID.Text.Trim()+"'))"+"as 最长借书
                    时间,dateAdd('m',最长借书时间,ODate) as 应还日期,
                    DateDiff('d',应还日期,Now) as 超出天数
                    from book,bookOut where "+"book.BID='"+
                    textBID.Text.Trim()+"' and
                    PID='"+textPID.Text.Trim()+"'";
        SqlDataAdapter adp = new SqlDataAdapter(sql,oleConnection1);
        ds = new DataSet();
        ds.Clear();
        adp.Fill(ds,"book");
        dataGrid1.DataSource = ds.Tables["book"].DefaultView;
```

```
                if (ds.Tables[0].Rows.Count!=0)
                {
                    textBName.Text = ds.Tables[0].Rows [dataGrid1.CurrentCell.
RowNumber][0].ToString().Trim();
                    textWriter.Text = ds.Tables[0].Rows[dataGrid1.CurrentCell.
RowNumber][1].ToString().Trim();
                    textPublish.Text = ds.Tables[0].Rows[dataGrid1.CurrentCell.
RowNumber][2].ToString().Trim();
                    textBDate.Text = ds.Tables[0].Rows[dataGrid1.CurrentCell.
RowNumber][3]. ToString().Trim();
                    textPrice.Text = ds.Tables[0].Rows[dataGrid1.CurrentCell.
RowNumber][4].ToString().Trim();
                    textType.Text = ds.Tables[0].Rows[dataGrid1.CurrentCell.
RowNumber][5].ToString().Trim();
                    textOutDate.Text=ds.Tables[0].Rows[dataGrid1.CurrentCell.
RowNumber][6].ToString().Trim();
                    textBigDay.Text=Convert.ToString(Convert.ToInt16(ds
.Tables [0].Rows [dataGrid1.CurrentCell.RowNumber][7].ToString().Trim())*30);
                    textInDate1.Text=ds.Tables[0].Rows[dataGrid1.CurrentCell.
RowNumber][8].ToString().Trim();
                    if (Convert.ToInt16(ds.Tables[0].Rows
                        [dataGrid1.CurrentCell.RowNumber][9].oString().Trim())>0)
                    {
                        textDay.Text = ds.Tables[0].Rows[dataGrid1.CurrentCell.
RowNumber][9].ToString().Trim();
                        textMoney.Text=Convert.ToString(Convert.ToInt16(textDay.
                                Text)*0.15);
                    }
                    else
                    {
                        textDay.Text="0";
                        textMoney.Text="0";
                    }
                    textNow.Text = DateTime.Now.ToString();
                    dataGrid1.CaptionText = "共有"+ds.Tables["book"].Rows.Count+
                                "条记录";
                }
            else

                MessageBox.Show("该读者没有借该图书","提示");
                sql="update person set PMoney=PMoney+'"+textMoney.Text+
                    "' where PID='"+textPID.Text.Trim()+"'";
                SqlCommand cmd = new SqlCommand(sql,oleConnection1);
                cmd.ExecuteNonQuery();
                oleConnection1.Close();
```

```
        }
}
```

单击【还书】按钮，实现还书管理，其主要代码如下：

```
private void btIn_Click(object sender, System.EventArgs e)
{
    if (textBID.Text.Trim()==null)
        MessageBox.Show("请填写图书编号","提示");
    else
    {
        oleConnection1.Open();
        string sql = "delete * from bookOut where BID = '"+textBID.Text.Trim()+
                    "'and PID='"+textPID.Text.Trim()+"'";
        SqlCommand cmd = new SqlCommand(sql,oleConnection1);
        cmd.ExecuteNonQuery();
        MessageBox.Show("还书成功","提示");
    }
}
```

（5）图书查询界面。工作人员和读者都具有查询图书的权限，工作人员和读者可以查询图书馆的图书，输入图书号、图书名或者作者中的任一条信息，单击【查询】按钮，信息就会显示到界面上，图书查询界面如图 6-12 所示。

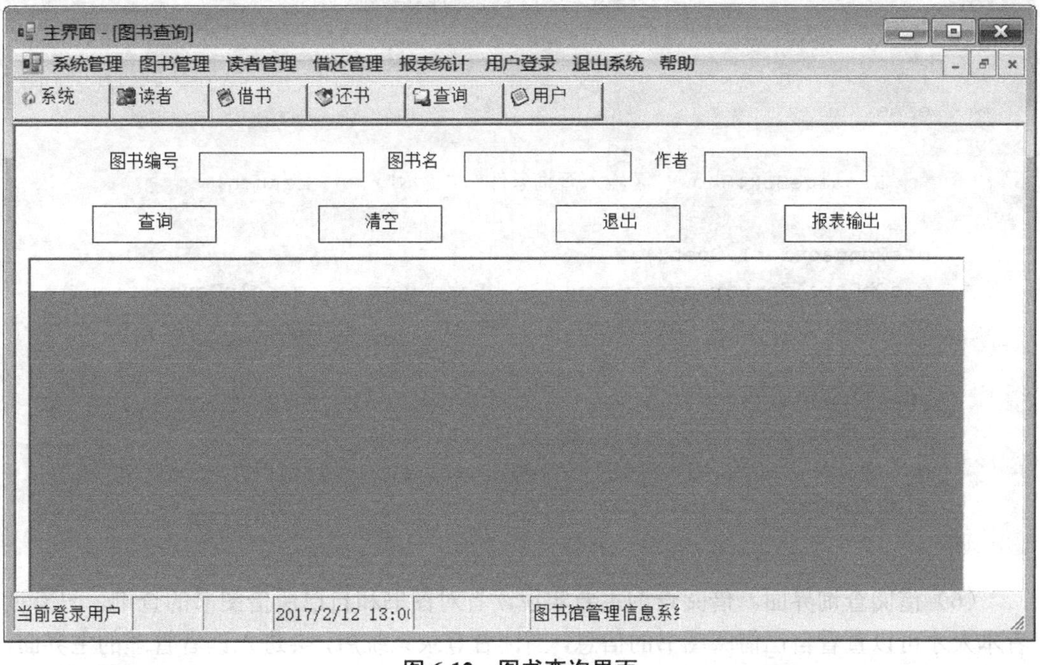

图 6-12 图书查询界面

主要代码如下：

```
private void btQuery_Click(object sender, System.EventArgs e)
{
    string sql1 = "(BNum-(select count(*) from bookOut where ";
    string sql = "select BID as 图书编号,BName as 图书名,BWriter as 作者,
        BPublish as 出版社,BDate as 出版日期,BPrice as 价格,"+"BNum as 数量,
        type as 类型,BRemark as 备注, ";
if (textID.Text.Trim() != "")
{
    sql1 = sql1+" BID= "+"'"+textID.Text.Trim()+"')) as 库存数量";
    sql = sql+sql1+"from book where BID= "+"'"+textID.Text.Trim()+"'";
}
else if (textName.Text.Trim() != "")
{
    sql1 = sql1+" BID=(select BID from book where BName='"+ textName.Text
                    +"'))) as 库存数量";
     sql = sql+sql1+"from book where BName= "+"'"+textName.Text+"'";
}
else if (textWriter.Text.Trim() != "")
{
    sql1 = sql1+" BID=(select BID from book where BWriter='"+ textWriter
                    .Text+"'))) as 库存数量";
    sql = sql+sql1+"from book where BWriter= "+"'"+textWriter.Text+"'";
}
else
{
    MessageBox.Show("请输入查询条件","提示");     return;
}
oleConnection1.Open();
OleDbDataAdapter adp = new OleDbDataAdapter(sql,oleConnection1);
DataSet ds = new DataSet();
ds.Clear();
adp.Fill(ds,"book");
dataGrid1.DataSource=ds.Tables[0].DefaultView;
dataGrid1.CaptionText="共有"+ds.Tables[0].Rows.Count+"条查询记录";
oleConnection1.Close();
}
```

（6）借阅查询界面。借阅查询主要实现读者对图书和自己所借图书的查询，只有读者本人才可以查看自己借阅图书的信息，当读者登录系统后，会进入读者管理的主界面，读者通过"报表统计"菜单中的"借阅报表"模块，可以查看自己的个人信息和自己借阅图书的信息，界面设计如图6-13所示。

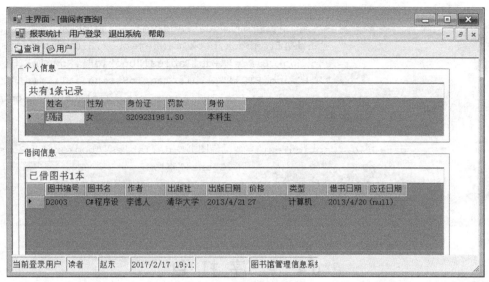

图 6-13 借阅查询界面

显示借阅者信息的主要代码如下：

```
DataSet ds;
private void PersonQuery_Load(object sender, System.EventArgs e)
{
    oleConnection1.Open();
    string sql1 = "select PName as 姓名,PSex as 性别,PN as 身份证,PMoney
                  as 罚款,identityname as 身份 "+"from person where PID='"+
                  this.Tag.ToString().Trim()+"'";
    string sql3 = "select BID from bookOut where PID = '"+this.Tag
                  .ToString().Trim()+"'";
    SqlDataAdapter adp = new SqlDataAdapter(sql1,oleConnection1);
    SqlDataAdapter adp3 = new SqlDataAdapter(sql3,oleConnection1);
    ds = new DataSet();
    ds.Clear();
    adp.Fill(ds,"person");
    adp3.Fill(ds,"bookid");
    dataGrid2.DataSource = ds.Tables["person"].DefaultView;
    dataGrid2.CaptionText = "共有"+ds.Tables["person"].Rows.Count+"条记录";
    dataGrid3.DataSource = ds.Tables["bookid"].DefaultView;
    for (int x=0;x<ds.Tables["bookid"].Rows.Count;x++)
    {
        string sql2="select book.BID as 图书编号,BName as 图书名,BWriter as
                    作者,BPublish as 出版社,BDate as 出版日期,BPrice as 价格,
                    "+"type as 类型,ODate as 借书日期,(select longTime from
                    identityinfo where identity=(select identity from
                    person where PID='"+this.Tag.ToString().Trim()+"'))"
```

```
                    +" as 最长借书时间,dateAdd('m',最长借书时间,ODate) as
                    应还日期 from book,bookOut where book.BID=bookOut.BID
                    and book.BID ='"+ds.Tables["bookid"].Rows[x][0]+
                    "'"+" and PID='"+ this.Tag.ToString().Trim()+"'";
            SqlDataAdapter adp2 = new SqlDataAdapter(sql2,oleConnection1);
            adp2.Fill(ds,"bookout");
            dataGrid1.DataSource = ds.Tables["bookout"].DefaultView;
            dataGrid1.CaptionText = "已借图书"+ds.Tables["bookout"].Rows
                                    .Count+"本";
        }
        oleConnection1.Close();
}
```

6.4　程　序　打　包

　　程序代码编写完成后，需要将程序交付给客户，但是客户通常根本就不懂计算机，因此他们是不可能懂得如何部署程序的，这就要求开发人员将程序完成后进行程序打包，这样客户在拿到程序后只需要直接安装就可以在计算机上运行，不需要或者只是进行简单的配置即可。本节结合本章所介绍的图书管理系统来详细介绍如何给一个程序打包和发布。

　　图书管理系统程序打包具体步骤如下。

　　（1）查看是否已经安装 InstallShield Limit Edition Project，一般如果是第一次使用的话，只有下边那个灰色的图标，单击会打开一个网页，说明你的 Visual Studio 中本身没有带打包工具，如图 6-14 所示。

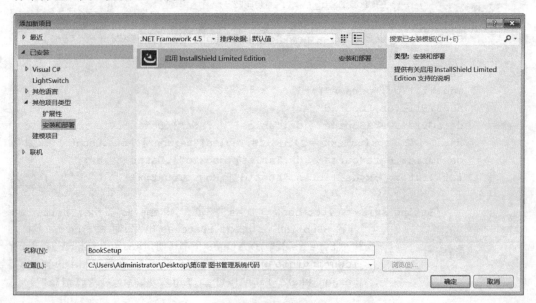

图 6-14　创建安装项目

单击【确定】按钮会进入网页，然后单击"转到下载网站"，如图 6-15 所示。

图 6-15　下载安装 InstallShield Limit Edition Project

（2）如果安装成功，重新打开 Visual Studio，选择"新建项目"→"其他项目类型"
→"Visual Studio Installer"→"安装项目"，如图 6-16 所示。

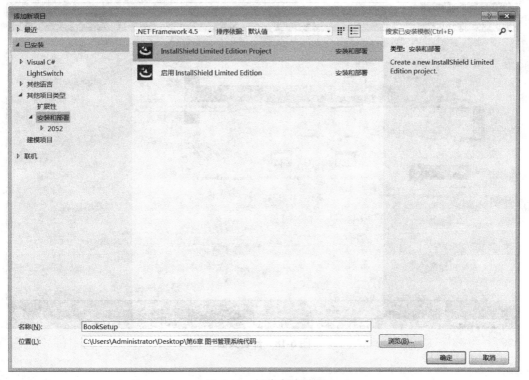

图 6-16　创建安装项目

单击【确定】按钮会弹出窗口提示激活或者是试用。第一项为激活，第二项为试用。本例选择试用，如图 6-17 所示。

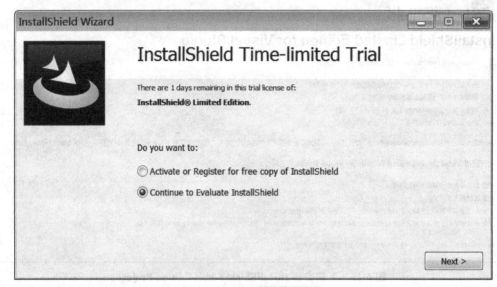

图 6-17   激活 InstallShield

此时进入部署页面，如图 6-18 所示。

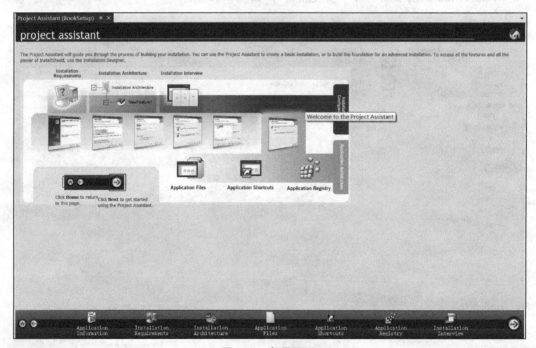

图 6-18   部署页面

（3）配置安装信息 Application Information，自定义填写公司名称、项目名称、项目
版本以及公司网址，如图 6-19 所示。

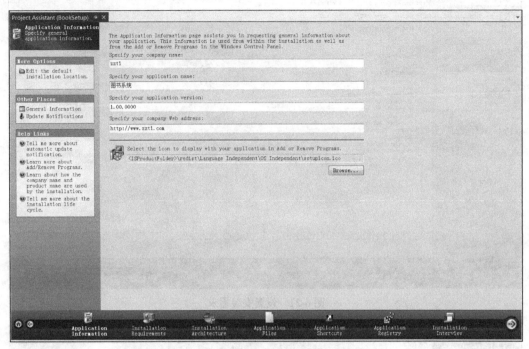

图 6-19 配置 Application Information

在左边框中选择"General Information"，配置安装文件的通用信息，将安装文件的
语言版本设置为简体中文，如图 6-20 所示。

General	
Product Name	图书系统
Product Version	1.00.0000
Product Code	{F10085FB-E3D3-408C-B341-97B8A9595FC3}
Upgrade Code	{DF03A14F-E061-466A-A84A-FB620F5CBD71}
Setup Language	Chinese (Simplified): 中文(简体)
INSTALLDIR	[ProgramFilesFolder]zzti\图书系统
Locked-Down Permissions	Custom InstallShield handling
DATABASEDIR	[INSTALLDIR]Database
Default Font	Tahoma; 8pt
ALLUSERS	ALLUSERS=1 (Per-machine installation)
Create MSI Logs	No
Fast Install	□No system restore point is saved for this installation □Perform only File Costing and skip checking other costs □Reduce the frequency of progress messages

图 6-20 设置通用信息

（4）配置安装需求 Installation Requirements。选择支持的环境以及附带安装.Net
Framework 框架，如图 6-21 所示。

（5）设置应用程序文件 Application Files。单击"Add Project Outputs"，选择"主输
出"，如图 6-22 所示。

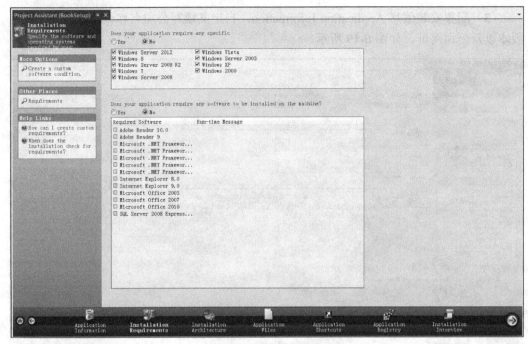

图 6-21　设置安装需求

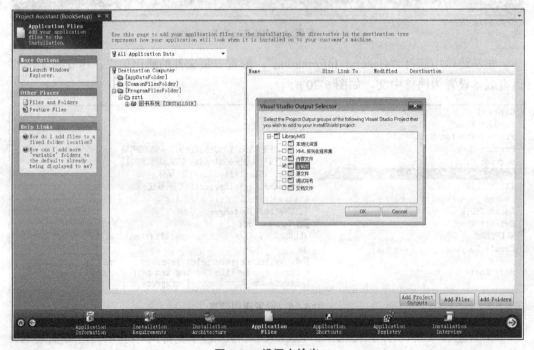

图 6-22　设置主输出

（6）设置程序快捷方式 Application Shortcuts。单击"New…"按钮，弹出对话框，依次选择"Program File"→"zzti"→"图书系统"→"LibraryMIS"→"主输出"，单击【OK】按钮创建成功，并单击【Rename】按钮重命名此快捷方式为"图书系统"，勾选右边选项，第一项为在开始菜单创建快捷方式，第二项为在桌面创建快捷方式，如图 6-23 所示。

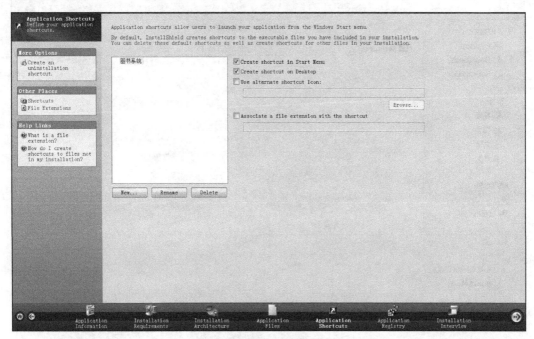

图 6-23　创建启动快捷方式

单击左侧"Create an uninstallation shortcut"选项，创建卸载快捷方式并重命名为"卸载"，如图 6-24 所示。

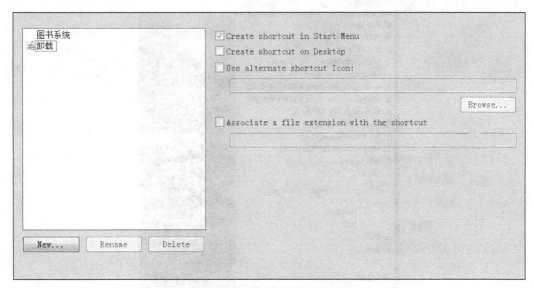

图 6-24　创建卸载快捷方式

（7）完成以上步骤，就可以生成解决方案了。

（8）生成解决方案后，在 DISK1 文件夹中就是所需要的安装包，如图 6-25 所示。

图 6-25　生成安装包

（9）安装完在开始菜单中有"BookSetup"程序项节点，里面有刚刚创建的两个快捷方式，如图 6-26 所示。

图 6-26　安装后效果

并且在桌面上也已安装有快捷方式。

本 章 小 结

通过本章的学习，应基本掌握如何在 Visual Studio 2012 环境下进行管理信息系统开发的整个流程，通过一个简单的图书管理系统实例，讲解了基本的管理信息系统界面设计，代码书写，数据库设计等，并讲解最终将一个程序进行打包，生成安装包文件提交给客户的详细制作过程，自此完成一个管理信息系统的全部开发过程。

本 章 习 题

（1）结合自己日常生活完成一个简单的学籍信息数据库管理信息系统的开发。

（2）结合自己日常生活完成一个简单的小型商店商品信息数据库管理信息系统的开发。

第7章

超市商品进销存管理系统

本章将讲解利用 EF 开发简单的管理信息系统，围绕某超市进销存业务展开，系统分为商品管理、进货管理、销售管理、库存统计等模块。

通过本章的学习，读者应该重点掌握利用 EF 开发一般的信息管理系统。

7.1 系 统 需 求

某超市为了节约人力成本，提高信息化管理水平，决定利用计算机对超市的进货、销售及库存进行一体化管理，开发一个商品进销存管理系统。

1．主界面

（1）主界面实现对每个功能模块的导航；

（2）主界面默认显示商品管理模块内容。

2．商品管理

包括商品基本信息的查询、新建、修改和删除等。详细描述如下：

（1）界面加载时显示所有商品信息，按商品编号升序排列显示商品信息；

（2）查询某个商品信息，可以实现商品名称的模糊查询；当没有输入商品名称时，查询出所有商品；

（3）可以添加新的商品，添加后刷新商品列表；不允许添加已经存在的商品，若发生这种操作则提示用户；

（4）当用户单击某商品时，则显示相应的商品信息。可对商品信息进行修改；

（5）选中某个商品，可以实施删除操作。

3．进货管理

商品进货管理功能完成进货信息登记等。详细描述如下：

（1）当界面加载时，由于商品过多，默认情况下从列表中可以选择的商品为存货量最少的 10 件商品；

（2）如果列表找不到相应商品，可以通过输入关键字在所有商品中筛选；

（3）进货数量可以是正整数或正小数，不能为负数或非数字；

（4）用户可以自行设置进货时间，默认为系统当前时间；

4．销售管理

商品销售管理功能完成销售信息登记等。详细描述如下：

（1）界面加载时，由于商品过多，默认情况下从列表中可以选择的商品为最近售出的 10 件商品；

（2）如果选择商品时找不到相应商品，可以通过设置关键字在所有商品中筛选；

（3）销售数量可以是正整数或正小数，不能为负数或非数字；

（4）用户可以自行设置销售时间，默认为系统当前时间；

5．库存统计

为了保证现有商品的数量、方便进货，统计出需要进货的商品。详细说明如下：

（1）能够统计出存货量少于 N 件的商品，默认 N=10；

（2）用户可以设置 N 值的大小；

（3）把商品名称和剩余货量显示出来。

7.2　系　统　设　计

7.2.1　模块设计

该系统分为四个模块，分别是基本信息管理、进货管理、销售管理、库存统计。

7.2.2　数据库设计

1．概念设计

数据库一共有 3 个实体，商品信息、进货和销售，其中商品信息与进货、销售存在一对多的联系，如图 7-1 所示。

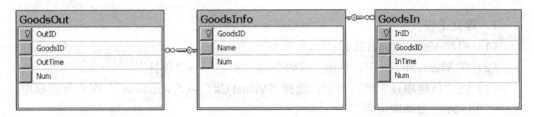

图 7-1　数据库模型

2．逻辑设计

对应概念设计阶段的三个实体，系统需要创建三个数据表，分别是商品信息表、进货表、销售表。

（1）商品信息表（GoodsInfo）。商品信息表结构如表 7-1 所示，用来保存商品的基本信息。

表 7-1　商品信息表

列　　名	数 据 类 型	是 否 主 键	是否允许空	说　　明
GoodsID	int	是	否	商品 ID
Name	nvarchar(255)	否	是	商品名称
Num	float	否	是	商品数量

（2）进货表（GoodsIn）。进货表表结构如表 7-2 所示，用来保存进货信息。

表 7-2　进货表

列　　名	数 据 类 型	是 否 主 键	是否允许空	说　　明
InID	int	是	否	进货 ID
GoodsID	int	否	是	进货商品 ID
InTime	datetime	否	是	进货时间
Num	int	否	是	进货商品数量

（3）销售表（GoodsOut）。销售表表结构如表 7-3 所示，用来保存销售信息。

表 7-3　销售表

列　　名	数 据 类 型	是 否 主 键	是否允许空	说　　明
OutID	int	是	否	销售 ID
GoodsID	int	否	是	销售商品 ID
OutTime	datetime	否	是	销售时间
Num	float	否	是	销售商品数量

7.3　系 统 实 现

7.3.1　实体数据模型

1．建立工程

（1）启动 Visual Studio 2012；

（2）在 Visual Studio 中，单击"文件"→"新建"→"项目"；

（3）在"新建项目"对话框中，选择"Visual C#"→"Windows"，在右侧模板中，单击"Windows 窗体应用程序"；

（4）在"名称"中，输入"GoodsManage"；

（5）单击【确定】按钮。

2．安装 EF

EF（Entity Framework）的安装方法见 2.4.1 节。

3．添加实体数据模型

在 Visual Studio 环境中，单击"项目"→"添加新项"按钮，弹出添加新项窗口。

在模板框中，选中"ADO.NET 实体数据模型"，下面的操作参考 2.4.2 节。在名称对话框中输入"GoodsManageModel"，单击【添加】按钮确定。将 App.Config 中的连接另存为"GoodsManage"。添加完成后，解决方案的视图如图 7-2 所示。

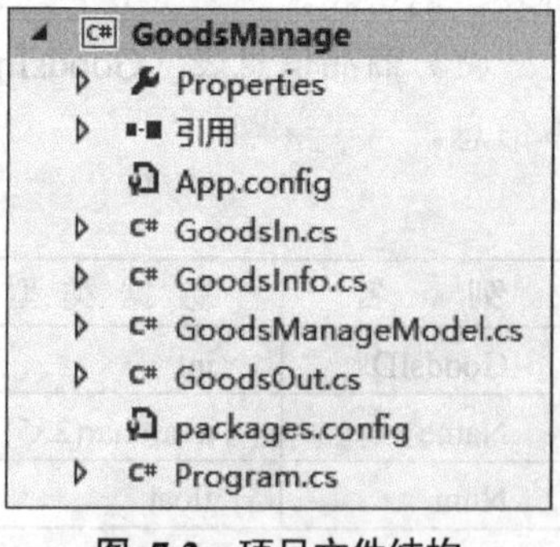

▲　C#　**GoodsManage**
　▷　🔧　Properties
　▷　■-■　引用
　　　🗋　App.config
　▷　C#　GoodsIn.cs
　▷　C#　GoodsInfo.cs
　▷　C#　GoodsManageModel.cs
　▷　C#　GoodsOut.cs
　　　🗋　packages.config
　▷　C#　Program.cs

图 7-2　项目文件结构

实体数据模型类名为 GoodsManageModel，文件名为 GoodsManageModel.cs；数据库中每个表生成一个实体类，分别为 GoodsIn、GoodsOut 和 GoodsInfo。

7.3.2 主界面模块

1．主界面设计

（1）自动生成的项目包含一个 Form1 窗体，该窗体无用，把该窗体删除。

（2）右击 GoodsManage 项目名称，在弹出的菜单中选中"添加"→"新建项"，弹出如图 7-3 所示的"添加新项"窗口，选中类型"Windows 窗体"，在名称对应的文本框中输入窗体名称 GoodsManageMain。

图 7-3 添加窗体

按照表 7-4 修改 GoodsManageMain 窗体的属性。

表 7-4 窗体属性

序　　号	属 性 名 称	属 性 值
1	MaximizeBox	False
2	MinimizeBox	False
3	Size	420, 256
4	Text	超市商品进销存管理系统

（3）在工具栏中选中 MenuStrip（菜单）组件，拖放到 GoodsManageMain 窗体中，设计界面如图 7-4 所示。

GoodsManageMain 窗体中的有关控件对应的属性如表 7-5 所示。

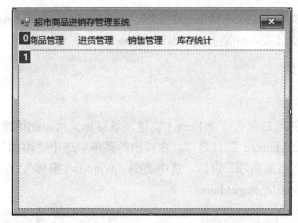

图 7-4　主界面

表 7-5　主窗体控件属性

Tab	控件类型	属性名	属性值
0	MenuStrip	Name	menuStrip1
1	Panel	Name	panel1
		Dock	Fill

单击 menuStrip1 控件的属性 Items，打开"项集合编辑器"，如图 7-5 所示。

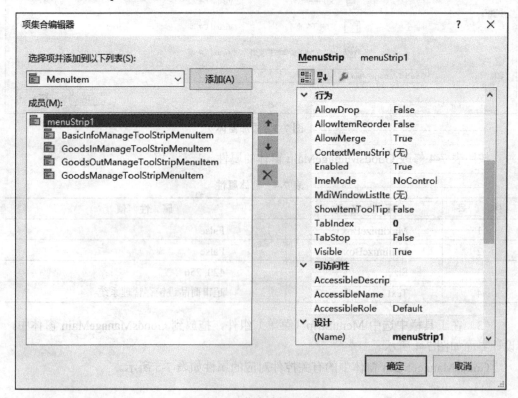

图 7-5　"项集合编辑器"窗体

给菜单添加 4 个 MenuItem 项，对应的属性值如表 7-6 所示。

表 7-6　菜单项属性

序　号	Name 属性值	Text 属性值
1	BasicInfoManageToolStripMenuItem	商品管理
2	GoodsInManageToolStripMenuItem	进货管理
3	GoodsOutManageToolStripMenuItem	销售管理
4	GoodsstocktoolStripMenuItem	库存统计

（4）修改 Programe.cs 文件代码如下：

```
[STAThread]
static void Main()
{
    Application.EnableVisualStyles();
    Application.SetCompatibleTextRenderingDefault(false);
    Application.Run(new GoodsManageMain()); //此处把Form1改为
                                            //GoodsManageMain
}
```

2．实现菜单

用户单击菜单中的按钮，触发相关的处理方法，显示有关的处理界面。下面以"商品管理"菜单项为例，描述实现方法。

双击"商品管理"菜单项，自动生成事件处理方法，打开代码编辑窗口。实现该方法，代码如下：

```
//"商品管理"菜单项单击事件的处理方法
private void BasicInfoManageToolStripMenuItem_Click(object sender,
                                                   EventArgs e)
{
    //把主窗体的内容切换为商品管理
    changeWindow(new GoodsInfoManage());
}
```

对于 changeWindow()方法用于当用户单击不同菜单项时，主窗体对显示的界面进行切换。

```
/// <summary>
///切换主窗体中显示的界面
/// </summary>
/// <param name="uc">用户自定义的每种不同功能的界面，切换的目标界面</param>
private void changeWindow(UserControl uc)
{
    if (panel1.Controls.Count > 0)//如果主界面面板中的控件不为空。
```

```
    {
        //对于panel1来讲，里面只有一个控件，panel1.Controls[0]就是当前显示的界面
        //如果单击按钮要显示的界面和当前显示的界面类型不一致
        if (!(panel1.Controls[0].GetType()== uc.GetType()))
        {
            panel1.Controls.Clear();  //把面板中以前的界面控件给清除
        }
        else
        {
            return;  //如果当前显示的界面与单击按钮要显示的界面是一样的，就什么也不做
        }
    }
    uc.Dock = DockStyle.Fill;      //设置要添加的界面控件的显示样式为布满
    panel1.Controls.Add(uc);       //把目标界面控件添加到面板中
}
```

其他菜单项的实现方法与上述相似，调用 changeWindow()方法，传入目标自定义控件作为参数即可。

3．实现主窗体初始化

当主窗体加载时与单击"商品管理"菜单项一样，也显示商品管理的界面。主窗体的构造方法如下：

```
//主窗体类的构造方法
public GoodsManageMain()
{
    InitializeComponent();
    //初始化主窗体，显示内容为商品管理
    changeWindow(new GoodsInfoManage());
}
```

7.3.3 商品管理模块

该模块包括商品信息管理，包括商品信息查询，新建、删除、更新商品的信息。

1．界面设计

（1）添加自定义控件。右击 GoodsManage 项目名称，在弹出的菜单中选中"添加"
→"新建项"，弹出如图 7-6 所示的"添加新项"窗口，选中类型"用户控件"，在名称对应的文本框中输入窗体名称：**GoodsInfoManage**。

（2）设计界面。给用户控件添加两个文本框、四个按钮和一个数据显示控件等，并进行布局，如图 7-7 所示。

（3）设置控件有关属性值。给控件设置有关的属性值，如表 7-7 所示。

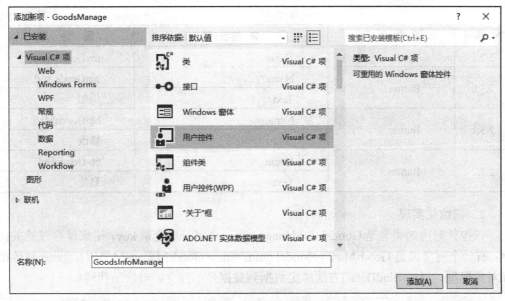

图 7-6　添加用户控件

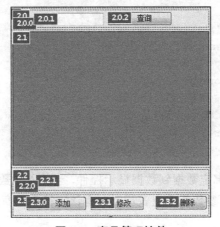

图 7-7　商品管理控件

表 7-7　商品管理控件属性

Tab 序号	控 件 类 型	属 性 名 称	属 性 值
2.0.1	TextBox	Name	tbxKey
2.0.2	Button	Name	btnGoodsQuery
		Text	查询
2.1	GataGridView	Name	dgvGoods
		AllowUserToAddRows	False
		Dock	Fill
		MultiSelect	False
		ReadOnly	True
		SelectionMode	FullRowSelect

续表

Tab 序号	控件类型	属性名称	属性值
2.2.1	TextBox	Name	tbxGoodsName
2.3.0	Button	Name	btnGoodsAdd
		Text	添加
2.3.1	Button	Name	btnGoodsMod
		Text	修改
2.3.2	Button	Name	btnGoodsDel
		Text	删除

2. 初始化实现

该控件对应的类名是 GoodsInfoManage，有一个字符串变量 key，用来保存过滤关键字；有一个对象成员 GoodsManageModel gmm = new GoodsManageModel()，gmm 是数据库对象模型。通过 BindData()方法绑定数据到数据显示控件。对应的代码如下：

```
//定义一个数据库模型
GoodsManageModel gmm = new GoodsManageModel();
//过滤关键字
string filter = "";
public GoodsInfoManage()
{
    InitializeComponent();
    //初始化时绑定商品列表，传入空参数。
    //当参数为空串时，显示所有商品
    BindData(filter);
}
```

BindData()方法实现绑定数据到数据显示控件，当传入参数值班为空串时，表示加载所有商品数据，当传入的参数值非空表示对含有该字符串的商品进行过滤。该方法代码如下：

```
//绑定商品列表
private void BindData(string key)
{
    //定义 lambda 查询表达式
    var query = gmm.GoodsInfoes.
        //对数据按 GoodsID 升序排列
        OrderByDescending(g => g.GoodsID).
        //选取的记录组成新的表
        Select(n => new
        {
            //返回的 GoodsID 数据列名重命名为"商品编号"
            商品编号 = n.GoodsID,
            //返回的 Name 数据列重命名为"商品名称"
```

```
        商品名称 = n.Name
    });
var result = query;
//如果有过滤条件，进行过滤数据集
if (key != "")
{
    //从返回结果中过滤出商品名称中包含 key 的商品列表
    result = query.Where(p => p.商品名称.Contains(key));
}
//把 lambda 表达式的查询结果绑定到显示控件 dataGridView1 中
dataGridView1.DataSource = result.ToList();
//如果查询的结果不为空
if (result.Count() > 0)
{
    //商品名称文本框为商品列表中第一个商品的名称
    tbxGoodsName.Text = result.First().商品名称;
}
//重置过滤条件为空
tbxKey.Text = "";
}
```

3. 实现商品查询功能

由于超市的商品很多，需要通过输入商品的名称进行查询。【查询】按钮功能实现代码如下：

```
//【查询】按钮的单击事件的处理方法
private void btnGoodsQuery_Click(object sender, EventArgs e)
{
    //绑定数据列表
    BindData(tbxKey.Text);
}
```

该按钮的单击事件处理方法通过调用 BindData()方法来实现，有关 BindData()方法不再介绍。

4. 实现商品添加功能

当有新商品入库时，需要把商品的信息添加到系统中。【添加】商品按钮功能实现代码如下：

```
//【添加】按钮的单击事件的处理方法
private void btnGoodsAdd_Click(object sender, EventArgs e)
{
    GoodsInfo goods = new GoodsInfo();        //定义一个商品实体对象
    goods.Name = tbxGoodsName.Text;           //对该商品的名称赋值
    goods.Num = 0;                            //新添加的商品数量为 0
    if(!goodsNameIsExit(tbxGoodsName.Text))   //检查该商品库中是否已经存在
    {
```

```
        gmm.GoodsInfoes.Add(goods);          //把该入库商品的信息添加到数据库中
        gmm.SaveChanges();                   //提交对数据库的修改
        BindData(tbxKey.Text);               //重新绑定数据控件
        tbxGoodsName.Text = "";              //重置商品名称
    }
}
```

在商品入库的时候，对于系统中已经存在的商品，不需要添加该商品，只需要更新商品现存数量即可。检查系统中是否已经存在该商品的方法是 goodsNameIsExit()，该方法实现代码如下：

```
// 判断商品是否已经存在
private bool goodsNameIsExit(String goodsName)
{
    //定义 lambda 查询表达式，以 goodsName 输入的内容作为查询关键字
    var query = gmm.GoodsInfoes.Where(g => g.Name == goodsName);
    if (query.Count() >= 1)  //判断是否查询到该商品
    {
        MessageBox.Show("该商品名称已经存在！");
        return true;
    }
    else
        return false;
}
```

5. 实现修改功能

为了方便对商品信息的修改，当单击某一商品时把商品信息读取到对应的文本框中。实现读取商品信息到文本框中的方法是 dataGridView1_CellClick()，代码如下：

```
//数据显示控件单击单元格时的处理方法
private void dataGridView1_CellClick(object sender,
                DataGridViewCellEventArgs e)
{
    if (e.RowIndex >= 0)   //如果鼠标单击选中行的索引>0
    {
        //取出数据显示控件 dataGridView1 被选中行的索引
        DataGridViewRow row = dataGridView1.Rows[e.RowIndex];
        //取出选中行中对应商品名称的值，赋值给 tbxGoodsName 文本框中
        tbxGoodsName.Text = row.Cells[1].Value.ToString();
    }
}
```

单击【修改】按钮事件的处理方法的代码如下：

```
//【修改】按钮的单击事件的处理方法
private void btnGoodsMod_Click(object sender, EventArgs e)
{
```

```
//返回选中的当前行
DataGridViewRow row = dataGridView1.SelectedRows[0];
//用选中行的商品信息实例化一个商品对象
GoodsInfo goods = findGoodsBySelectRow();
//同时以文本框 tbxGoodsName.Text 修改数据显示控件中对应商品名称的值
row.Cells[1].Value = tbxGoodsName.Text;
//同时以文本框 tbxGoodsName.Text 修改商品对象名称的值
goods.Name = tbxGoodsName.Text;
//向数据库提交修改
gmm.SaveChanges();
}
```

在该方法中使用了 **findGoodsBySelectRow()**，用来根据选中商品行返回一个商品对象，实现代码如下：

```
//返回选中行对应的商品对象
private GoodsInfo findGoodsBySelectRow()
{
    //获取数据显示控件中被选中的行
    DataGridViewRow row = dataGridView1.SelectedRows[0];
    //取出选中商品对应的 ID
    int id = Int32.Parse(row.Cells[0].Value.ToString());
    //以 ID 作为关键字，构建 lambda 表达式，实现查找该商品
    GoodsInfo good = gmm.GoodsInfoes.Where
        //商品 ID 等于 ID，所有找到记录的第一个被返回
        (g => g.GoodsID == id).First();
    //返回找到的商品
    return good;
}
```

6．实现删除功能

当某个商品不再供货，需要从系统中把该商品删除。【删除】按钮功能的实现代码如下：

```
//【删除】按钮的单击事件的处理方法
private void btnGoodsDel_Click(object sender, EventArgs e)
{
    //用选中行的商品信息实例化一个商品对象
    GoodsInfo good = findGoodsBySelectRow();
    gmm.GoodsInfoes.Remove(good);                //删除该对象
    gmm.SaveChanges();                           //提交对数据库的操作
    BindData(tbxKey.Text);                       //重新绑定数据
}
```

7.3.4　进货管理模块

该模块主要完成对已经存在的商品进行进货的管理。

1．界面设计

（1）添加自定义控件，名称为 GoodsInManage。

（2）设计界面，由两个文本框，一个下拉框，一个日期选择器和一个按钮组成，设计好的界面如图 7-8 所示。

图 7-8　进货管理控件

（3）设置控件有关属性值。

给控件设置有关的属性值，如表 7-8 所示。

表 7-8　进货管理控件属性

Tab 序号	控 件 类 型	属 性 名 称	属 性 值
5.4	TextBox	Name	tbxFilterKey
5.5	CombBox	Name	cmbGoods
		DropDownStyle	DropDownList
5.6	TextBox	Name	tbxGoodsNum
5.7	DataTimePicker	Name	dtpGoodsIn
5.8	Button	Name	btnGoodsIn
		Text	进货

2．初始化实现

该控件对应的类名是 GoodsInManage，有一个对象成员 GoodsManageModel gmm = new GoodsManageModel(); gmm 是数据库对象模型。该类实现初始界面的显示，其构造方法如下：

```
GoodsManageModel gmm = new GoodsManageModel();
//用户控件的构造方法
public GoodsInManage()
{
    //自动生成的控件初始化
    InitializeComponent();
    //构建 lambda 查询表达式，查询出所有的商品.
    //在进行绑定的时候由于商品过多，可以选择库存最少的 10 件商品
    var query = gmm.GoodsInfoes.
        //按照商品存货量的升序排列
```

```
        OrderBy(g => g.Num).Select(g => g.Name);
    //把商品名称绑定到商品选择下拉框中
    cmbGoods.DataSource = query.Take(10).ToList();
}
```

3．实现商品名称过滤功能

在进货时，有时系统中商品种类繁多，选择某一种商品很不方便。在实现进货时，系统提供了一个商品名称的过滤功能。用户输入商品的关键字，那么在商品选择的下拉框中就只显示包含该关键字的商品。对文本框的内容变化事件实现代码如下：

```
//过滤文本框控件文本发现变化事件处理方法
private void tbxFilterKey_TextChanged(object sender, EventArgs e)
{
    //构建以 tbxFilterKey.Text 为关键字的查询表达式
    var query = gmm.GoodsInfoes.
        //查询条件为商品名称包含传入的关键字
        Where(g => g.Name.Contains(tbxFilterKey.Text)).
        //以升序排列返回商品名称
        OrderBy(g => g.Name).Select(g => g.Name );
    //如果查询结果为空，设置 cmbGoods 控件没有任何项
    if (query.Count() == 0)
    {
        cmbGoods.Text = "";
    }
    else //绑定查询结果到 cmbGoods 控件
    {
        cmbGoods.DataSource = query.ToList();
    }
}
```

4．实现进货量验证功能

在用户输入进货数量时，要对输入的值进行有效性的验证，必须是正整数或正小数，输入负数和非数字是无效的。验证的方法由数量文本框的失去焦点事件触发，代码如下：

```
//实现对数量文本框的输入有效性验证
private void tbxGoodsNum_Leave(object sender, EventArgs e)
{
    //返回验证结果,IsPositiveNumber()方法验证有效性
    bool isValidNum = IsPositiveNumber(tbxGoodsNum.Text);
    if (!isValidNum)
    {
        MessageBox.Show("不是数字或者为空，请重新输入!");
        //数量控件获取焦点
        tbxGoodsNum.Focus();
        //设置数量控件为空
        tbxGoodsNum.Text = "";
```

```
        }
    }
```

方法 IsPositiveNumber()完成文本有效性的验证，并返回验证结果，该方法的实现代码如下：

```
//验证数字的有效性
public bool IsPositiveNumber(string strNumber)
{
    //用来验证整数部分的表达式
    Regex objNotPositivePattern = new Regex("[^0-9.]");
    //用来验证小数部分的表达式
    Regex objPositivePattern = new Regex("^[.][0-9]+$|[0-9]*[.]*[0-9]+$");
    //用来验证包含整数和小数的表达式
    Regex objTwoDotPattern = new Regex("[0-9]*[.][0-9]*[.][0-9]*");
    //返回验证结果
    return objNotPositivePattern.IsMatch(strNumber) ||
    objPositivePattern.IsMatch(strNumber) ||
    objTwoDotPattern.IsMatch(strNumber);
}
```

该方法的实现使用了正则表达式，需要引用命名空间：System.Text.RegularExpressions。

5．实现商品进货功能

实现商品进货的功能，需要两个操作。一是修改商品的库存量，二是记录该次进货。
【进货】按钮实现代码如下：

```
// 【进货】按钮单击的处理方法，实现进货处理
private void btnGoodsIn_Click(object sender, EventArgs e)
{
    //查询出选中的商品对象
    GoodsInfo good = gmm.GoodsInfoes.Where(g => g.Name == cmbGoods.Text).First();
    //把该商品的数量进行修改,现存量加上进货量
    good.Num = good.Num + Int32.Parse(tbxGoodsNum.Text);
    //实例化一个商品进货对象
    GoodsIn gi = new GoodsIn();
    //设置商品进货对象的商品 ID 等于商品对象的 ID
    gi.GoodsID = good.GoodsID;
    //设置商品进货对象的进货数量等于 tbxGoodsNum 文本框的值
    gi.Num = Int32.Parse(tbxGoodsNum.Text);
    //设置商品进货时间
    gi.InTime = dtpGoodsIn.Value;
    //把商品进货对象插入到数据库
    gmm.GoodsIns.Add(gi);
    //提交对数据库的修改
    gmm.SaveChanges();
}
```

7.3.5　销售管理模块

该模块主要完成超市商品的销售管理。

1．界面设计

（1）添加自定义控件，名称为 GoodsOutManage。

（2）设计界面，由两个文本框、一个下拉框、一个日期选择器和一个按钮组成，设计好的界面如图 7-9 所示。

图 7-9　销售管理控件

（3）设置控件有关属性值，如表 7-9 所示。

表 7-9　销售管理控件属性

Tab 序号	控 件 类 型	属 性 名 称	属 性 值
5.4	TextBox	Name	tbxFilterKey
5.5	CombBox	Name	cmbGoods
		DropDownStyle	DropDownList
5.6	TextBox	Name	tbxGoodsNum
5.7	DataTimePicker	Name	dtpGoodsOut
5.8	Button	Name	btnGoodsOut
		Text	销售

2．初始化实现

该控件与控件 GoodsInManage 类似，对应的类名是 GoodsOutManage。该控件也有商品的过滤功能和销售数量验证功能，与类 GoodsInManage 的实现方法一样。在初始化界面加载时与 GoodsInManage 有一点小的区别，下拉框绑定是最近售出的 10 种商品名称。初始化方法如下：

```
//定义数据库模型
GoodsManageModel gmm = new GoodsManageModel();
//用户控件的构造方法
public GoodsOutManage()
{
```

```
InitializeComponent();
//定义lambda表达式，返回商品销售记录
var query = gmm.GoodsOuts.
    //对销售的记录按销售的时间降序排列
    OrderByDescending(g => g.OutTime).
    //取关联到的商品的名称
    Select(g => g.GoodsInfo.Name);
//给下拉框绑定最近销售的10种商品，distinct用来去除重复商品
cmbGoods.DataSource = query.Distinct().Take(10).ToList();
}
```

3. 实现商品销售功能

实现商品销售的功能，需要两个操作。一是修改商品的剩余库存量，二是记录该次销售记录。【销售】按钮实现代码如下：

```
//【销售】按钮的处理方法
private void btnGoodsOut_Click(object sender, EventArgs e)
{
    //返回一个商品对象，该项商品对象是用户从下拉框中选中的商品
    GoodsInfo good = gmm.GoodsInfoes.
        //查询条件为商品名称称为等于选中的商品名称
        Where(g => g.Name == cmbGoods.Text).
        //返回查询结果中的第一个对象
        First();
    //计算商品剩余数量，并赋值
    good.Num = good.Num - Int32.Parse(tbxGoodsNum.Text);
    //定义商品销售对象
    GoodsOut go = new GoodsOut();
    //售出的商品ID等于商品ID
    go.GoodsID = good.GoodsID;
    //售出数量等于文件框内设置的数量
    go.Num = Int32.Parse(tbxGoodsNum.Text);
    //设置售出时间
    go.OutTime = dtpGoodsIn.Value;
    //向数据库对象中插入该条记录
    gmm.GoodsOuts.Add(go);
    //把对数据库的修改提交给服务器
    gmm.SaveChanges();
}
```

7.3.6 库存统计模块

该模块主要完成超市商品存货量的统计等，下面以统计存货量最小的商品为例说明。

1. 界面设计

（1）添加自定义控件，名称为 GoodsStatic。

（2）设计界面，由一个文本框、一个数据显示控件组成，界面设计如图 7-10 所示。

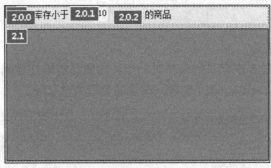

图 7-10　货存统计控件

（3）设置控件有关属性值，如表 7-10 所示。

表 7-10　货存量统计控件属性

Tab 序号	控 件 类 型	属 性 名 称	属 性 值
2.0.1	TextBox	Name	tbNum
		Text	10
2.1	DataGridView	Name	dgvGoods

2．初始化实现

该控件对应的类名是 GoodsStatic，有一个整型变量 num，用来存放存货量；有一个对象成员 GoodsManageModel gmm = new GoodsManageModel()，gmm 是数据库对象模型。通过 BindData() 方法绑定数据到数据显示控件。对应的代码如下：

```
//绑定数据到数据显示控件
private void bindData(int num)
{
    //重置数据显示控件的数据为空
    dgvGoods.DataSource = null;
    //定义查询存货量小于 num 的商品的 lambda 表达式
    var query = gmm.GoodsInfoes.
        //查询条件为存货量小于 num
        Where(g => g.Num < num).
        //按照 num 的升序排列
        OrderBy(g=>g.Num).
        //把查询结果重组为对象
        Select(g => new
        {
            //查询的商品名称的列名为：商品名称
            商品名称 = g.Name,
            //查询的商品数量的列名为：商品数量
            商品数量 = g.Num
        });
```

```
    //把查询的结果绑定到数据显示控件中
    dgvGoods.DataSource = query.ToList();
}
```

3．库存量筛选实现

当用户修改显示最少库存量的条件时，相应的商品能够在数据控件中显示出来。因此需要实现输入框的 TextChanged 事件，事件的处理方法如下：

```
//文本输入框文本修改时的处理方法
private void tbNum_TextChanged(object sender, EventArgs e)
{
    int num = 0;
    try
    {
        //把用户输入的数字转化为数字类型
        num = Int32.Parse(tbNum.Text);
        //绑定数据到数据显示控件
        bindData(num);
    }
    catch
    {
        MessageBox.Show("数据格式有误，请重新输入！");
    }
}
```

7.4 技术经验总结

7.4.1 技术总结

本系统用到了以下技术及知识点：

（1）本系统用到了使用 Visual Studio 的 EF 框架，自动生成数据库实体模型代码；

（2）在进行界面设计时，使用了大量用户自定义控件，方便了实现；

（3）本系统使用 LINQ to Enties 的方式完成对数据库操作。

7.4.2 经验总结

（1）好的开发工具能大大提高系统的开发效率；

（2）开发系统时，一定要从用户使用习惯出发来设计系统，提高用户使用的便利度；

（3）养成对代码重构的习惯，提高代码的可重用性。

第 8 章

考 试 系 统

本章以考试系统为例，讲解利用简单三层架构开发一个完整的管理信息系统。系统包括学生信息、班级信息、教师信息、课程信息、题库管理、组卷管理、在线考试等模块。通过本章的学习，读者应重点掌握简单三层架构在管理信息系统开发中的应用。

8.1 项目概述

传统的纸质考试方式具有诸多缺点，如教师要花费较大时间和精力在出题、组卷和阅卷上，而且很难避免错判、漏判、计错分等错误的发生。随着计算机软件和互联网技术的迅速普及与飞速发展，在线考试系统应运而生，它不但可以在很大程度上减轻教师出题、组卷和阅卷上的工作量，还可以大幅度地降低人为错误、提升考试成绩的准确性、客观性和公正性。

8.2 系统需求

8.2.1 业务描述

传统考试方式一般过程是教师出题，然后组成试卷再印刷试卷，接着安排考试时间、地点、监考教师，组织考生进行考试，最后人工阅卷、发布成绩。在这个过程中，教师选题、组卷、阅卷的工作量是十分巨大的，并且无论是在出卷还是阅卷环节都容易出错。

在线考试系统的考试过程是，首先教师向系统题库中录入大量试题，再按既定要求进行自动组卷；然后教师设定自己课程的考试时间；学生只有在规定的考试时间内才能进行考试，考试时间结束或者考生主动选择提交试卷则考试结束，不能继续答题。学生在考试期间，所有操作系统的热键将全部被屏蔽，防止出现作弊行为。

由于篇幅有限，本章介绍的考试系统只包含客观题型（单选题、多选题和判断题），系统可自动阅卷，大大提高了工作效率。

8.2.2 用户描述

本系统用户共分三种角色：学生、教师、管理员。每一种用户的业务描述如下。

1. 学生

学生登录系统可完成以下操作。

（1）考试：只有该生在本时间段存在需要考试的课程时才能够进入该课程的考试界面进行考试。

（2）查询成绩：学生只能查看自己的考试成绩，且必须是教师已经发布了该课程的考试成绩学生才可以看到。

2．教师

教师主要负责授课课程及班级的设定、考试时间的设定、题库的维护、组卷以及学生成绩的发布审查。

3．管理员

管理员主要负责对各类基础信息进行管理。包括：学生信息、班级信息、教师信息、课程信息、章节信息。此外，管理员也具有教师的全部功能。

8.2.3 功能分析

本系统包括两个子系统：教师子系统和学生子系统。教师子系统的用户是管理员及教师，学生子系统的用户是全体学生。

1．教师功能

（1）登录：登录验证成功才允许进入教师子系统。

（2）修改个人设置：教师可以修改自己账户的登录密码。

（3）授课信息管理：教师可设定自己本学期的授课课程及授课班级，一条授课信息代表教师的一个上课课头，教师可设定该课头的考试时间。

（4）试题库管理：教师可以对系统试题库中的试题进行增加、删除、修改、查询等操作。

（5）试卷管理：教师可以规定组卷份数，试卷所适用的课头，对组卷方式进行相应的设定，并且按照教师所设定的规则生成指定套数的试卷。

（6）成绩管理：教师可以对成绩是否发布进行管理，并且可以根据不同条件对成绩进行查询。

（7）注销：退出当前已经登录的用户，返回登录界面。

2．管理员功能

（1）管理员拥有教师的所有功能。

（2）维护所有基础数据：管理员可以对班级、学生、教师、课程和章节进行增加、删除、修改、查询以及批量导入操作。

3．学生功能

（1）登录：登录验证成功才允许进入学生子系统。

（2）考试：只有登录学生所属班级在当前服务器时间存在考试科目，该生才能进入考试界面进行考试。在进入考试界面后，应做一些必要的限制，如禁止用户使用任务管理器、系统组合键等，以防学生利用这些功能切换出考试界面进行作弊。

（3）提交试卷：如果考试时间结束，系统将自动提交试卷，结束考试。考生也可手动提前提交试卷，结束考试。考试结束时考试界面自动关闭，同时解除客户端对当前计算机的限制。

（4）查看考试成绩：学生提交试卷后，系统会自动阅卷，但是成绩必须经教师确认并发布后学生才可以查看到，且只能看到自己的考试成绩。

（5）注销登录：退出当前已经登录的用户，返回登录界面。

8.3 系统分析设计

8.3.1 模块设计

根据 8.2 节的需求分析，对系统进行总体结构设计，如图 8-1 所示。

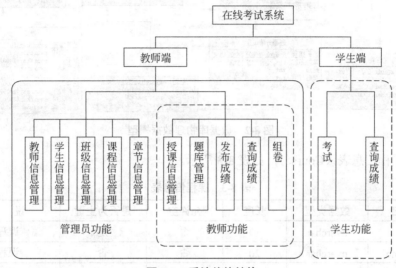

图 8-1 系统总体结构

8.3.2 数据库设计

根据系统需求分析，设计满足要求的数据库物理数据模型，如图 8-2 所示。

（1）章节信息表（Chapter），如表 8-1 所示。

表 8-1 章节信息表

列　　名	数据类型	长度	允许空	是否为主键	说　　明
chapterId	nvarchar	20	否	是	章节编号
courseId	nvarchar	10	否	否	课程号
chapterName	nvarchar	50	否	否	章节名称

（2）班级信息表（Classes），如表 8-2 所示。

表 8-2 班级信息表

列　　名	数据类型	长度	允许空	是否为主键	说　　明
className	nvarchar	20	否	是	班级名称

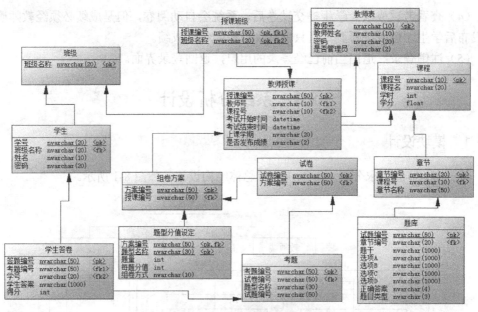

图 8-2 数据库物理数据模型

（3）课程信息表（Course），如表 8-3 所示。

表 8-3 课程信息表

列　　名	数据类型	长度	允许空	是否为主键	说　　明
courseId	nvarchar	10	否	是	课程号
courseName	nvarchar	20	否	否	课程名
courseHour	int		是	否	学时
courseCredit	float		是	否	学分

（4）组卷方案表（CreatePaperScheme），如表 8-4 所示。

表 8-4 组卷方案表

列　　名	数据类型	长度	允许空	是否为主键	说　　明
schemeId	nvarchar	50	否	是	方案编号
teachId	nvarchar	50	否	否	授课编号

（5）考题信息表（Questions），如表 8-5 所示。

表 8-5 考题信息表

列　　名	数据类型	长度	允许空	是否为主键	说　　明
testQuestionID	nvarchar	50	否	是	考题编号
paperID	nvarchar	50	否	否	试卷编号
typeName	nvarchar	30	否	否	题型名称
questionId	nvarchar	50	否	否	试题编号

（6）题型分值设定信息表（QuestionTypeScore），如表 8-6 所示。

表 8-6　题型分值设定信息表

列　名	数据类型	长度	允许空	是否为主键	说　明
schemeId	nvarchar	50	否	是	方案编号
typeName	nvarchar	30	否	是	题型名称
questionNum	int		否	否	题量
questionScore	int		否	否	每题分值
createType	nvarchar	10	否	否	组卷方式

（7）学生信息表（Student），如表 8-7 所示。

表 8-7　学生信息表

列　名	数据类型	长度	允许空	是否为主键	说　明
studentId	nvarchar	20	否	是	学号
className	nvarchar	20	否	否	班级名称
studentName	nvarchar	10	是	否	姓名
studentPwd	nvarchar	20	是	否	密码

（8）学生答题信息表（StudentAnswer），如表 8-8 所示。

表 8-8　学生答题信息表

列　名	数据类型	长度	允许空	是否为主键	说　明
answerId	nvarchar	50	否	是	答题编号
testQuestionID	nvarchar	50	否	否	考题编号
studentId	nvarchar	20	否	否	学号
answer	nvarchar	1000	是	否	学生答案
score	int		是	否	得分

（9）授课班级信息表（TeachClass），如表 8-9 所示。

表 8-9　授课班级信息表

列　名	数据类型	长度	允许空	是否为主键	说　明
teachId	nvarchar	50	否	是	授课编号
className	nvarchar	20	否	是	班级名称

（10）教师授课信息表（TeachCourse），如表 8-10 所示。

表 8-10　教师授课信息表

列　名	数据类型	长度	允许空	是否为主键	说　明
teachId	nvarchar	50	否	是	授课编号
teacherId	nvarchar	10	否	否	教师号

续表

列　名	数据类型	长度	允许空	是否为主键	说　明
courseId	nvarchar	10	否	否	课程号
beginTime	datetime		是	否	考试开始时间
endTime	datetime		是	否	考试结束时间
teachTerm	nvarchar	20	否	否	上课学期
isPublic	nvarchar	2	否	否	是否发布成绩

（11）教师信息表（Teacher），如表 8-11 所示。

表 8-11　教师信息表

列　名	数据类型	长度	允许空	是否为主键	说　明
teacherId	nvarchar	10	否	是	教师号
teacherName	nvarchar	10	是	否	教师姓名
teacherPwd	nvarchar	20	是	否	密码
isAdmin	nvarchar	2	否	否	是否管理员

（12）试卷信息表（TestPaper），如表 8-12 所示。

表 8-12　试卷信息表

列　名	数据类型	长度	允许空	是否为主键	说　明
paperID	nvarchar	50	否	是	试卷编号
schemeId	nvarchar	50	否	否	方案编号

（13）题库信息表（TestQuestion），如表 8-13 所示。

表 8-13　题库信息表

列　名	数据类型	长度	允许空	是否为主键	说　明
questionID	nvarchar	50	否	是	试题编号
chapterId	nvarchar	20	否	否	章节编号
questionTitle	nvarchar	1000	否	否	题干
answerA	nvarchar	1000	是	否	选项 A
answerB	nvarchar	1000	是	否	选项 B
answerC	nvarchar	1000	是	否	选项 C
answerD	nvarchar	1000	是	否	选项 D
correctAnswer	nvarchar	4	否	否	正确答案
questionType	nvarchar	3	否	否	题目类型

8.4 技 术 准 备

该项目涉及一些本书前面没有提到的技术。如在实现学生信息批量导入时，需要用到操作 Excel 电子表格的相关技术；在实现组卷时，需随机从数据库抽取试题，可借助 SQL Server 数据库的相关函数来实现；在线考试过程中，应杜绝考生切换考试界面，需借助系统 API 来实现；同样是在线考试过程中，还应杜绝考生使用任务管理器强制结束程序，需借助注册表来完成限制；此外，在线考试时，考生的答题界面中的控件需根据组卷时设定的试题数，自动产生相应的操作控件，需实现控件的动态生成。本节将针对上述问题，给出相应的技术解决方案。

8.4.1 Excel 组件使用

Excel 是微软公司 Office 办公自动化套件中的一个软件，它主要是用来处理电子表格的。Excel 以其功能强大、界面友好等特点受到了广大用户的欢迎。利用程序操作 Excel 不仅使得程序设计简单，而且又满足了用户的数据交换和数据复用要求，更加实用。那么用 Visual C# 如何调用 Excel、如何读写 Excel 呢？

要在项目中调用 Excel，向其中写入数据，首先需要引用 Excel 的 COM 组件。在 Visual Studio 的解决方案资源管理器中右击要调用 Excel 的项目，在弹出的快捷菜单中选择"添加引用"，弹出如图 8-3 所示的"引用管理器"对话框。在"引用管理器"对话框

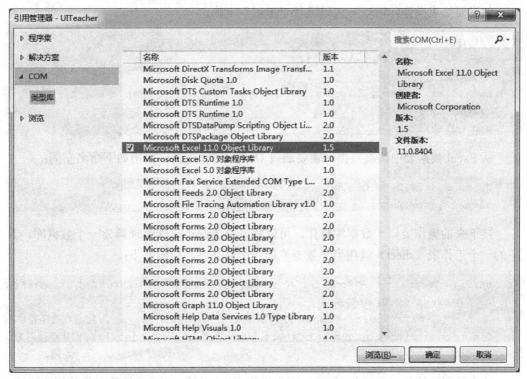

图 8-3 "引用管理器"对话框

中选择 COM 选项卡，在列表中勾选 Microsoft Excel 11.0 Object Library（随着计算机中安装的 Office 版本不同，组件名称也不相同，Microsoft Excel 11.0 Object Library 是 Office 2003 所带的 COM 组件名称）的组件，单击【确定】按钮完成引用的添加。

添加 COM 组件之后还需要在源代码中引入相应的命名空间，代码如下：

```
using Microsoft.Office.Interop;
using Excel = Microsoft.Office.Interop.Excel;
```

引用之后就可以进行写入操作：

```
Excel.Application app = new Excel.Application();//创建 Excel 程序实例对象
app.Application.Workbooks.Add(true);            //添加工作簿
Excel.Workbook book = (Excel.Workbook)app.ActiveWorkbook;
                                                //获得当前活动的工作簿
Excel.Worksheet sheet = (Excel.Worksheet)book.ActiveSheet;
                                                //获得当前活动的工作表
```

完成这些准备操作后，就可以利用赋值语句来为指定单元格赋值，如：

```
sheet.Cells[1, 1] ="ABC";            //指定当前工作表中第一行第一列的值为 ABC
```

还可以通过对 Visible 属性的设置来控制 Excel 程序窗口是否显示：

```
app.Visible = true;
```

如果要结束操作，用以下代码进行"善后"工作：

```
//保存文件
book.SaveCopyAs("c:\\source.xls");
//关闭文件
book.Close(false);
//退出 Excel
app.Quit();
```

从 Excel 数据表中读取数据，需要通过 OleDb 进行连接，引用如下命名空间：

```
using System.Data.OleDb;
using System.Data;
```

接下来的操作类似于数据库操作，可以将一个 Excel 工作簿理解为一个数据库，其中的一个工作表（sheet）就相当于数据库的一个数据表，代码如下：

```
string oleconstr = @"Provider=Microsoft.Jet.OLEDB.4.0;Extended Properties
    = Excel 12.0;
        data source="Excel 文件路径";                    //定义连接字符串
OleDbConnection oleConn = new OleDbConnection(oleconstr);//创建连接对象
oleConn.Open();                                          //打开连接
```

建立数据库连接后即可通过 SQL 语句进行查询，并读取数据，最后关闭数据库连接，代码如下：

```
string sqlexcel = "SELECT * FROM [sheet1$]"; //从工作表 sheet1 中查询所有数据
OleDbCommand olecmd = new OleDbCommand();
olecmd.Connection = oleConn;
olecmd.CommandText = sqlexcel;
using (OleDbDataReader odr = olecmd.ExecuteReader())
{
    while (odr.Read())
    {
        //从当前表的当前行中读取第一、二、三、四列的内容，并删除前后空格
        string para1 = Convert.ToString(odr[0]).Trim(); ;
        string para2 = Convert.ToString(odr[1]).Trim();
        string para3 = Convert.ToString(odr[2]).Trim();
        string para4 = Convert.ToString(odr[3]).Trim();
    }
    odr.Close();
    oleConn.Close();
}
```

8.4.2 数据库的随机排序方法

Transact-SQL 中有一个 newid()函数，该函数可以创建一个 uniqueidentifier 类型的唯一值。可以在使用 select 语句查询数据时，加入 order by newid()子句，这样在扫描每条记录的时候都生成一个值，而生成的值是随机的，没有大小写顺序，然后再按这个值排序，排序的结果即为随机结果。使用 newid()函数进行试题的随机抽取，要比写 C#程序算法更简洁且随机性更高。

以下语句是从学生表中随机抽取 10 个学号的 SQL 语句：

```
Select top 10 studentId from students order by newid()
```

8.4.3 API 的使用

API（Application Programming Interface，应用编程接口）其实就是操作系统留给应用程序的一套调用接口，应用程序通过调用操作系统的 API 函数可以完成一些系统级的操作，如截获 Windows 消息、进程控制、内存操作等。

本系统所需要的 API 都包含在以下 3 个 DLL 库中：Kernel、User、GDI，本小节以调用 User 库中的 MessageBox 函数为例，介绍在 C#中如何声明及使用 API 函数。User 库在 32 位的 Windows 操作系统中名为 USER32.DLL。它允许管理全部的用户接口，如窗口、菜单、对话框、图标等。

要使用 API 函数，需要以外部函数的方式声明该 API 函数，并且用 DllImport 属性指明该函数所在的库。函数正确声明后，即可像调用普通的 C#函数一样调用该 API 函数。

要使用 DllImport 属性需引入如下命名空间：

```
using System.Runtime.InteropServices;
```

接下来声明 API 函数 MessageBox，并调用它，以实现在控制台程序中，弹出 Windows 消息框的效果，代码如下：

```
using System;
using System.Runtime.InteropServices;
class Program
{
    //以下两行代码是在声明 API 函数，API 函数的用法、结构可查阅相应的 API 文档
    [DllImport("User32.dll")]
    public static extern int MessageBox(int h, string m, string c, int type);
    static int Main()
    {
        //调用 API 函数 MessageBox 参数一代表是否隐藏，参数二为消息框内容
        //参数三为标题栏名称，参数四标识消息框按钮类型
        MessageBox(0, "Hello Win32 API", "标题栏", 4);
        Console.ReadLine();
        return 0;
    }
}
```

8.4.4　注册表的使用

注册表是 Windows 操作系统中的一个核心数据库，其中存放着各种参数，直接控制着 Windows 的启动、硬件驱动程序的装载以及一些 Windows 应用程序的运行，从而在整个系统中起着核心作用。

Windows 操作系统的注册表包含了很多有关计算机运行的配置，打开注册表可以看到注册表是按类似于目录的树型结构组织的，其中第二级目录包含了 5 个预定义主键，分别是：HKEY_CLASSES_ROOT、HKEY_CURRENT_USER、HKEY_LOCAL_MACHINE、HKEY_USERS 和 HKEY_CURRENT_CONFIG。每个主键内包含了非常多的子键，子键中还有若干值项，一个值项则由名称、数据类型以及分配的值组成。读者可自行查阅注册表操作手册以深入了解注册表的操作。本系统利用注册表实现了屏蔽系统热键功能。

下面简单介绍如何实现对注册表的读、写操作。

（1）读取注册表指定值项的值。

示例代码如下：

```
private string GetRegistData(string name)
{
    string registData;
    RegistryKey hkml = Registry.LocalMachine;
                                //指明要访问的主键是 HKEY_LOCAL_MACHINE
    //打开 HKEY_LOCAL_MACHINE 下的子键
```

```
    RegistryKey software = hkml.OpenSubKey("@"Software\Microsoft\Windows\
                        CurrentVersion\Policies\System",true);
    RegistryKey aimdir = software.OpenSubKey("XXX",true);
    registData = aimdir.GetValue(name).ToString(); //获得指定名称的值项的值
    return registData;
}
```

以上代码的作用是读取注册表中 HKEY_LocalMachine\ Software\Microsoft\Windows\ CurrentVersion\Policies\System 子键下的 XXX 子键中名称为 name 的值项的值。

（2）向注册表中写数据。

示例代码如下：

```
private void WTRegedit(string name,string tovalue)
{
    RegistryKey hklm = Registry.LocalMachine;
    RegistryKey software = hklm.OpenSubKey("@"Software\Microsoft\Windows\
                        CurrentVersion\Policies\System",true);
    RegistryKey aimdir = software.CreateSubKey("XXX");//创建子键
    aimdir.SetValue(name,tovalue);              //向子键中写入值项的名称和值
}
```

以上是在注册表中 HKEY_LocalMachine\Software\Microsoft\Windows\ CurrentVersion \Policies\System 子键下新建 XXX 子键并在此子键下创建名称为 name、值为 tovalue 的值项。

8.4.5　控件的代码生成法

本系统的学生考试界面，涉及控件的代码生成技术，即要根据本次考试抽取到的数据库中的试题数据，用代码动态自动生成相应的控件，并完成试题在界面中的显示及相应的事件处理。

以代码生成 Button 控件及其 Click 事件为例介绍控件的代码生成方法。

示例代码如下：

```
private void FrmTest_Load(object sender, EventArgs e)  //窗体的 Load 事件
{
    Button btn = new Button();                   //实例化一个按钮对象
    btn.Text = "代码产生的按钮";                    //设置按钮的 Text 属性
    btn.Left = 50;                               //设置按钮的左上角横坐标
    btn.Top = 50;                                //设置按钮的左上角纵坐标
    btn.AutoSize = true;                         //设置按钮自动控制大小
    btn.Click+=new EventHandler(btn_Click);  //为按钮添加 Click 事件处理函数
    plContainer.Controls.Add(btn);       //将按钮添加到面板控件 plContainer 中
}
public void btn_Click(object sender, EventArgs e)  //按钮的 Click 事件处理函数
{
```

```
        MessageBox.Show("这是代码生成的按钮事件");
    }
```

8.5　实体类库实现

Model 即实体类库，该类库利用面向对象的思想，将数据表封装成类。本系统共涉及 13 个数据表的操作：Chapter、Classes、Course、CreatePaperScheme、Questions、QuestionTypeScore、Student、StudentAnswer、TeachClass、TeachCourse、Teacher、TestPaper、TestQuestion，因此需在 Model 类库中添加 13 个类，每个类的命名与对应的数据表相同，如图 8-4 所示。每个类中包含若干属性的定义，每个属性与数据表中的字段相对应，需要注意各个属性应定义为 public 公有属性。

由于篇幅所限，本章后续内容仅以学生信息管理模块、题库管理模块、组卷模块、学生端主界面以及学生考试模块的实现为例进行详细介绍。所列各实体类、数据访问层类、业务逻辑层类也仅与上述模块相关，更多内容可参照本书网络资源中的完整项目代码。

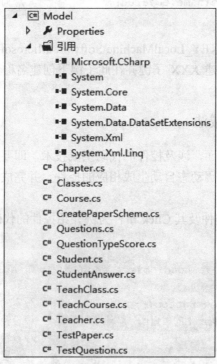

图 8-4　Model 类库结构

8.5.1　Student 类

该类是学生信息表 Student 的实体类。学生信息管理模块的实现需要调用此类。详细代码如下：

```csharp
public class Student
{
    private string studentId;
    private string studentPwd;
    private string className;
    private string studentName;
    /// <summary>
    /// 获取或设置学生的学号
    /// </summary>
    public string StudentId
    {
        get
        { return studentId; }
        set
        { studentId = value; }
    }
    /// <summary>
    /// 获取或设置学生的密码
    /// </summary>
    public string StudentPwd
    {
        get
        { return studentPwd; }
        set
        { studentPwd = value; }
    }
    /// <summary>
    /// 获取或设置学生的班级名称
    /// </summary>
    public string ClassName
    {
        get
        { return className; }
        set
        { className = value; }
    }
    /// <summary>
    /// 获取或设置学生的姓名
    /// </summary>
    public string StudentName
    {
        get
        { return studentName; }
        set
        { studentName = value; }
```

```
      }
  }
```

8.5.2　TestQuestion 类

该类是题库表 TestQuestion 的实体类。题库管理、组卷管理等多个模块的实现需要调用此类。详细代码如下：

```
public class TestQuestion
{
    private string questionId;
    private string chapterId;
    private string questionTitle;
    private string answerA;
    private string answerB;
    private string answerC;
    private string answerD;
    private string currentAnswer;
    private string questionType;
    /// <summary>
    /// 获取或设置题目试题编号
    /// </summary>
    public string QuestionId
    {
        get
        { return questionId; }
        set
        { questionId = value; }
    }
    /// <summary>
    /// 获取或设置题目章节编号
    /// </summary>
    public string ChapterId
    {
        get
        { return chapterId; }
        set
        { chapterId = value; }
    }
    /// <summary>
    /// 获取或设置题目题干
    /// </summary>
    public string QuestionTitle
    {
        get
        { return questionTitle; }
```

```
        set
        { questionTitle = value; }
}
/// <summary>
/// 获取或设置题目选项 A 的内容
/// </summary>
public string AnswerA
{
    get
    { return answerA; }
    set
    { answerA = value; }
}
/// <summary>
/// 获取或设置题目选项 B 的内容
/// </summary>
public string AnswerB
{
    get
    { return answerB; }
    set
    { answerB = value; }
}
/// <summary>
/// 获取或设置题目选项 C 的内容
/// </summary>
public string AnswerC
{
    get
    { return answerC; }
    set
    { answerC = value; }
}
/// <summary>
/// 获取或设置题目选项 D 的内容
/// </summary>
public string AnswerD
{
    get
    { return answerD; }
    set
    { answerD = value; }
}
/// <summary>
/// 获取或设置题目正确答案
/// </summary>
```

```
    public string CurrectAnswer
    {
        get
        { return currectAnswer; }
        set
        { currectAnswer = value; }
    }
    /// <summary>
    /// 获取或设置题目的类型
    /// </summary>
    public string QuestionType
    {
        get
        { return questionType; }
        set
        { questionType = value; }
    }
}
```

8.5.3　CreatePaperScheme 类

该类是组卷方案表 CreatePaperScheme 的实体类。组卷管理模块的实现需要调用此类。详细代码如下：

```
public class CreatePaperScheme
{
    private string schemeId;
    private string teachId;
    /// <summary>
    /// 获取或设置试卷方案的方案编号
    /// </summary>
    public string SchemeId
    {
        get
        { return schemeId; }
        set
        { schemeId = value; }
    }
    /// <summary>
    /// 获取或设置试卷方案的授课编号
    /// </summary>
    public string TeachId
    {
        get
        { return teachId; }
        set
```

```
        { teachId = value; }
    }
}
```

8.5.4　TestPaper 类

该类是试卷表 TestPaper 的实体类。组卷管理模块的实现需要调用此类。详细代码如下：

```
public class TestPaper
{
    private string paperId;
    private string schemeId;
    /// <summary>
    /// 获取或设置试卷的试卷编号
    /// </summary>
    public string PaperId
    {
        get
        { return paperId; }
        set
        { paperId = value; }
    }
    /// <summary>
    /// 获取或设置试卷的方案编号
    /// </summary>
    public string SchemeId
    {
        get
        { return schemeId; }
        set
        { schemeId = value; }
    }
}
```

8.5.5　QuestionTypeScore 类

该类是题型分值设定表 QuestionTypeScore 的实体类。组卷管理模块的实现需要调用此类。详细代码如下：

```
public class QuestionTypeScore
{
    private string schemeId;
    private string typeName;
    private int questionNum;
```

```csharp
        private int questionScore;
        private string createType;
        /// <summary>
        /// 获取或设置题型分值设定的方案编号
        /// </summary>
        public string SchemeId
        {
            get
            { return schemeId; }
            set
            { schemeId = value; }
        }
        /// <summary>
        /// 获取或设置题型分值设定的题型名称
        /// </summary>
        public string TypeName
        {
            get
            { return typeName; }
            set
            { typeName = value; }
        }
        /// <summary>
        /// 获取或设置题型分值设定的题量
        /// </summary>
        public int QuestionNum
        {
            get
            { return questionNum; }
            set
            { questionNum = value; }
        }
        /// <summary>
        /// 获取或设置题型分值设定的每题分值
        /// </summary>
        public int QuestionScore
        {
            get
            { return questionScore; }
            set
            { questionScore = value; }
        }
        /// <summary>
        /// 获取或设置题型分值设定的组卷方式
        /// </summary>
        public string CreateType
```

```
    {
        get
        { return createType; }
        set
        { createType = value; }
    }
}
```

8.5.6　Questions 类

该类是考题表 **Questions** 的实体类。组卷管理模块的实现需要调用此类。详细代码
如下：

```
public class Questions
{
    private string testQuestionId;
    private string paperId;
    private string typeName;
    private string questionId;
    /// <summary>
    /// 获取或设置考题的考题编号
    /// </summary>
    public string TestQuestionId
    {
        get
        { return testQuestionId; }
        set
        { testQuestionId = value; }
    }
    /// <summary>
    /// 获取或设置考题的试卷编号
    /// </summary>
    public string PaperId
    {
        get
        { return paperId; }
        set
        { paperId = value; }
    }
    /// <summary>
    /// 获取或设置考题的题型名称
    /// </summary>
    public string TypeName
    {
        get
        { return typeName; }
```

```
        set
        { typeName = value; }
    }
    /// <summary>
    /// 获取或设置考题的试题编号
    /// </summary>
    public string QuestionId
    {
        get
        { return questionId; }
        set
        { questionId = value; }
    }
}
```

8.5.7　StudentAnswer 类

该类是学生答题信息表 StudentAnswer 的实体类。学生考试模块的实现需要调用此类。详细代码如下：

```
public class StudentAnswer
{
    private string answerId;
    private string testQuestionId;
    private string studentId;
    private string answer;
    private int score;
    /// <summary>
    /// 获取或设置学生答卷的答题编号
    /// </summary>
    public string AnswerId
    {
        get
        { return answerId; }
        set
        { answerId = value; }
    }
    /// <summary>
    /// 获取或设置学生答卷的考题编号
    /// </summary>
    public string TestQuestionId
    {
        get
        { return testQuestionId; }
        set
        { testQuestionId = value; }
```

```
}
/// <summary>
/// 获取或设置学生答卷的学号
/// </summary>
public string StudentId
{
    get
    { return studentId; }
    set
    { studentId = value; }
}
/// <summary>
/// 获取或设置学生答卷的学生答案
/// </summary>
public string Answer
{
    get
    { return answer; }
    set
    { answer = value; }
}
/// <summary>
/// 获取或设置学生答卷的得分
/// </summary>
public int Score
{
    get
    { return score; }
    set
    { score = value; }
    }
}
}
```

8.6 数据访问层实现

数据访问层的主要任务是与数据库交互，实现对数据库各表的添加、删除、修改、查询等功能。本系统数据访问层包含的类如图 8-5 所示。

8.6.1 DALStudent 类

DALStudent 类是学生信息表 Student 的数据访问层类。学生管理、学生登录等多个模块的业务逻辑层需要调用此类。详细代码如下：

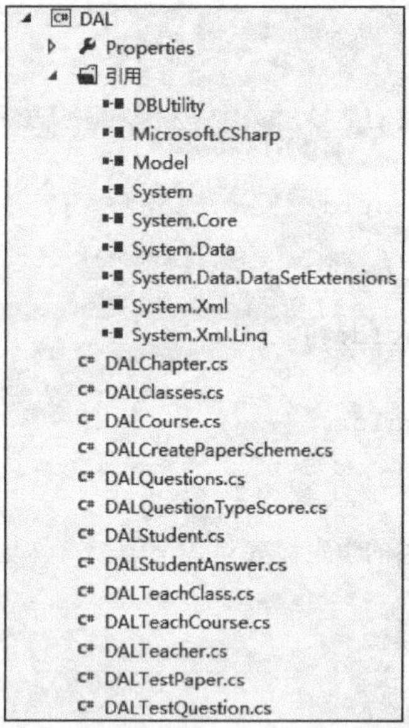

图 8-5   数据访问层中的类和引用

```
public class DALStudent
{
    //添加一条学生信息
    public bool Insert(Model.Student stu)
    {
        List<SqlParameter> parms = new List<SqlParameter>();
        parms.Add(new SqlParameter("@studentId", stu.StudentId));
        parms.Add(new SqlParameter("@className", stu.ClassName));
        parms.Add(new SqlParameter("@studentName", stu.StudentName));
        parms.Add(new SqlParameter("@studentPwd", stu.StudentPwd));
        return DBUtility.DbHelperSQL.ExecuteSql("insert into Student values
            (@studentId,@className,@studentName,@studentPwd)",parms);
    }
    //修改学生信息
    public bool Update(Model.Student stu, string currStudentId)
    {
        List<SqlParameter> parms = new List<SqlParameter>();
        parms.Add(new SqlParameter("@studentId", currStudentId));
        parms.Add(new SqlParameter("@studentName", stu.StudentName));
        parms.Add(new SqlParameter("@className", stu.ClassName));
        parms.Add(new SqlParameter("@studentPwd", stu.StudentPwd));
        return DBUtility.DbHelperSQL.ExecuteSql("update Student set
            studentName=@studentName, className=@className, studentPwd=
            @studentPwd where studentId=@studentId", parms);
    }
    //删除一条学生信息
    public bool Delete(string currStudentId)
```

```
{
    List<SqlParameter> parms = new List<SqlParameter>();
    parms.Add(new SqlParameter("@studentId", currStudentId));
    return DBUtility.DbHelperSQL.ExecuteSql("delete from Student where
        studentId=@studentId", parms);
}
//查询学生信息
public DataTable Select(string strwhere)
{
    string sql = "select * from Student";
    if (strwhere != "")
    {
        sql += " where " + strwhere;
    }
    return DBUtility.DbHelperSQL.Query(sql);
}
//按条件查询
public DataTable Select(string str, string type)
{
    if ("学生姓名" == type)
    { return Select("studentName like'" + str + "%'"); }
    else if ("班级名称" == type)
    { return Select("className like '" + str + "%'"); }
    else
    { return Select("studentId='" + str + "'"); }
}
}
```

8.6.2　DALTestQuestion 类

DALTestQuestion 类是题库表 TestQuestion 的数据访问层类。题库管理、组卷管理等多个模块的业务逻辑层需要调用此类。详细代码如下：

```
public class DALTestQuestion
{
    //添加一条题目信息
    public bool Insert(Model.TestQuestion cq)
    {
        List<SqlParameter> parms = new List<SqlParameter>();
        parms.Add(new SqlParameter("@questionId", cq.QuestionId));
        parms.Add(new SqlParameter("@chapterId", cq.ChapterId));
        parms.Add(new SqlParameter("@questionTitle", cq.QuestionTitle));
        parms.Add(new SqlParameter("@answerA", cq.AnswerA));
        parms.Add(new SqlParameter("@answerB", cq.AnswerB));
        parms.Add(new SqlParameter("@answerC", cq.AnswerC));
        parms.Add(new SqlParameter("@answerD", cq.AnswerD));
```

```
        parms.Add(new SqlParameter("@currectAnswer", cq.CurrectAnswer));
        parms.Add(new SqlParameter("@questionType", cq.QuestionType));
        return DBUtility.DbHelperSQL.ExecuteSql("insert into TestQuestion
            values(@questionId, @chapterId, @questionTitle, @answerA,
            @answerB,@answerC,@answerD,@currectAnswer,@questionType)",parms);
    }
    //修改题目信息
    public bool Update(Model.TestQuestion cq, string currQuestionId)
    {
        List<SqlParameter> parms = new List<SqlParameter>();
        parms.Add(new SqlParameter("@questionId", currQuestionId));
        parms.Add(new SqlParameter("@chapterId", cq.ChapterId));
        parms.Add(new SqlParameter("@questionTitle", cq.QuestionTitle));
        parms.Add(new SqlParameter("@answerA", cq.AnswerA));
        parms.Add(new SqlParameter("@answerB", cq.AnswerB));
        parms.Add(new SqlParameter("@answerC", cq.AnswerC));
        parms.Add(new SqlParameter("@answerD", cq.AnswerD));
        parms.Add(new SqlParameter("@currectAnswer", cq.CurrectAnswer));
        parms.Add(new SqlParameter("@questionType", cq.QuestionType));
        return DBUtility.DbHelperSQL.ExecuteSql("update TestQuestion set
            chapterId=@chapterId,questionTitle=@questionTitle, answerA=
            @answerA,answerB=@answerB,answerC=@answerC,answerD=@answerD,
            currectAnswer=@currectAnswer, questionType=@questionType
            where questionId=@questionId", parms);
    }
    //删除一条题目信息
    public bool Delete(string currQuestionId)
    {
        List<SqlParameter> parms = new List<SqlParameter>();
        parms.Add(new SqlParameter("@questionId", currQuestionId));
        return DBUtility.DbHelperSQL.ExecuteSql("delete from TestQuestion
            where questionId=@questionId", parms);
    }
    //查询题目信息
    public DataTable Select(string QuestionTitle, string CourseId, string
                        ChapterId, string typeName)
    {
        string sql = "select * from TestQuestion left join Chapter on
            TestQuestion.chapterId=Chapter.chapterId left join Course
            on Chapter.courseId=Course.courseId where Course.courseId='" +
            CourseId + "' and TestQuestion.questionType='" + typeName + "'";
        if ("" != QuestionTitle && "" != ChapterId)
        {
            sql += " and Chapter.chapterId ='" + ChapterId + "' and
                TestQuestion.questionTitle like '%" + QuestionTitle + "%'";
        }
```

```
        else if ("" == QuestionTitle && "" != ChapterId)
        {
            sql += " and Chapter.chapterId ='" + ChapterId + "'";
        }
        else if ("" != QuestionTitle && "" == ChapterId)
        {
            sql += " and TestQuestion.questionTitle like'%"+QuestionTitle + "%'";
        }
        return DBUtility.DbHelperSQL.Query(sql);
    }
    //完全随机生成试题
    public DataTable AllRandomQuestion(int QuestionNum, string QuestionType,
                                      string CourseId)
    {
        string sql = "Select top " + QuestionNum + " * from testQuestion
            left join chapter on testQuestion.chapterId=chapter.chapterId
            left join course on course.courseId=chapter.courseId where
            testQuestion.questionType='" + QuestionType + "' and
            course.courseId='" + CourseId + "' order by newid()";
        return DBUtility.DbHelperSQL.Query(sql);
    }
    //按章节随机生成试卷
    public DataTable ChapterRandomQuestion(int QuestionNum, string
                    QuestionType, string CourseId, string ChapterId)
    {
        string sql = "Select top " + QuestionNum + " * from testQuestion
            left join chapter on testQuestion.chapterId=chapter.chapterId
            left join course on course.courseId=chapter.courseId where
            testQuestion.questionType='" + QuestionType + "' and
            course.courseId='" + CourseId + "' and chapter.chapterId='"+
            ChapterId + "' order by newid()";
        return DBUtility.DbHelperSQL.Query(sql);
    }
}
```

8.6.3 DALCreatePaperScheme 类

DALCreatePaperScheme 类是组卷方案表 CreatePaperScheme 的数据访问层类。组卷
管理模块的业务逻辑层需要调用此类。详细代码如下：

```
public class DALCreatePaperScheme
{
    //添加一条试卷方案信息
    public bool Insert(Model.CreatePaperScheme cps)
    {
        List<SqlParameter> parms = new List<SqlParameter>();
```

```
        parms.Add(new SqlParameter("@schemeId", cps.SchemeId));
        parms.Add(new SqlParameter("@teachId", cps.TeachId));
        return DBUtility.DbHelperSQL.ExecuteSql("insert into
            createPaperScheme values(@schemeId,@teachId)", parms);
    }
}
```

8.6.4　DALTestPaper 类

DALTestPaper 类是试卷表 TestPaper 的数据访问层类。组卷管理模块的业务逻辑层需要调用此类。详细代码如下：

```
public class DALTestPaper
{
    /// <summary>
    /// 添加一条试卷信息
    /// </summary>
    /// <param name="tp">试卷类的对象</param>
    /// <returns></returns>
    public bool Insert(Model.TestPaper tp)
    {
        List<SqlParameter> parms = new List<SqlParameter>();
        parms.Add(new SqlParameter("@paperId", tp.PaperId));
        parms.Add(new SqlParameter("@schemeId", tp.SchemeId));
        return DBUtility.DbHelperSQL.ExecuteSql("insert into TestPaper
                values(@paperId,@schemeId)", parms);
    }
    /// <summary>
    /// 查询试卷信息
    /// </summary>
    /// <param name="teachId">授课编号</param>
    /// <returns>返回 DataTable 类型的数据</returns>
    public DataTable Select(string teachId)
    {
        string sql = "select * from TestPaper left join CreatePaperScheme
            on CreatePaperScheme.SchemeId=testpaper.SchemeId where
            CreatePaperScheme.teachId='" + teachId + "'";
        return DBUtility.DbHelperSQL.Query(sql);
    }
}
```

8.6.5　DALQuestionTypeScore 类

DALQuestionTypeScore 类是题型分值设定表 QuestionTypeScore 的数据访问层类。组卷管理模块的业务逻辑层需要调用此类。详细代码如下：

```
public class DALQuestionTypeScore
{
    /// <summary>
    /// 添加一条题型分值设定信息
    /// </summary>
    /// <param name="qts">题型分值设定类的对象</param>
    /// <returns></returns>
    public bool Insert(Model.QuestionTypeScore qts)
    {
        List<SqlParameter> parms = new List<SqlParameter>();
        parms.Add(new SqlParameter("@schemeId", qts.SchemeId));
        parms.Add(new SqlParameter("@typeName", qts.TypeName));
        parms.Add(new SqlParameter("@questionNum", qts.QuestionNum));
        parms.Add(new SqlParameter("@questionScore", qts.QuestionScore));
        parms.Add(new SqlParameter("@createType", qts.CreateType));
        return DBUtility.DbHelperSQL.ExecuteSql("insert into QuestionTypeScore
            values(@schemeId, @typeName,@questionNum,@questionScore,
            @createType)", parms);
    }
}
```

8.6.6　DALQuestions 类

　　DALQuestions 类是考题表 Questions 的数据访问层类。组卷管理模块的业务逻辑层需要调用此类。详细代码如下：

```
public class DALQuestions
{
    /// <summary>
    /// 添加一条考题信息
    /// </summary>
    /// <param name="q">考题类的对象</param>
    /// <returns></returns>
    public bool Insert(Model.Questions q)
    {
        List<SqlParameter> parms = new List<SqlParameter>();
        parms.Add(new SqlParameter("@testQuestionId", q.TestQuestionId));
        parms.Add(new SqlParameter("@paperId", q.PaperId));
        parms.Add(new SqlParameter("@typeName", q.TypeName));
        parms.Add(new SqlParameter("@questionId", q.QuestionId));
        return DBUtility.DbHelperSQL.ExecuteSql("insert into questions
            values(@testQuestionId,@paperId,@typeName,@questionId)",
            parms);
    }
    /// <summary>
```

```
/// 查询考题信息
/// </summary>
/// <param name="teachId">授课编号</param>
/// <param name="paperId">试卷编号</param>
/// <returns>返回 DataTable 类型的数据</returns>
public DataTable Select(string teachId, string paperId)
{
    string sql = "select * from questions left join testpaper on
        testpaper.paperId=questions.paperId left join CreatePaperScheme
        on CreatePaperScheme.SchemeId=testpaper.SchemeId where
        CreatePaperScheme.teachId='"+teachId+"' and testpaper.paperId='"
        + paperId + "'";
    return DBUtility.DbHelperSQL.Query(sql);
}
}
```

8.6.7　DALStudentAnswer 类

DALStudentAnswer 类是学生答题表 StudentAnswer 的数据访问层类。学生考试模块的业务逻辑层需要调用此类。详细代码如下：

```
/// <summary>
/// 学生答题 DAL 类
/// <summary>
public class DALStudentAnswer
{
    /// <summary>
    /// 添加学生答卷信息
    /// <summary>
    /// <param name="sa">Model.StudentAnswer 类</param>
    /// <returns>返回 false 代表添加失败，返回 true 代表添加成功</returns>
    public bool Insert(Model.StudentAnswer sa)
    {
        //parms 表示 SqlParameter 类集合的对象，用于存储参数并传递
        List<SqlParameter> parms = new List<SqlParameter>();
        parms.Add(new SqlParameter("@answerId", sa.AnswerId)); //答题编号
        parms.Add(new SqlParameter("@testQuestionId", sa.TestQuestionId));
                                                              //试题编号
        parms.Add(new SqlParameter("@studentId", sa.StudentId)); //学号
        parms.Add(new SqlParameter("@answer", sa.Answer));      //答案
        parms.Add(new SqlParameter("@score", sa.Score));        //分数
        return DBUtility.DbHelperSQL.ExecuteSql("insert into StudentAnswer
            values(@answerId,@testQuestionId,@studentId,@answer,@score)",
            parms);
    }
    /// <summary>
```

```
/// 修改学生答卷信息
/// <summary>
/// <param name="sa">Model.StudentAnswer 类</param>
/// <param name="currAnswerId">所选择的答题编号</param>
/// <returns>返回 false 代表修改失败，返回 true 代表修改成功</returns>
public bool Update(Model.StudentAnswer sa, string currAnswerId)
{
    List<SqlParameter> parms = new List<SqlParameter>();
    parms.Add(new SqlParameter("@answerId", currAnswerId));
    parms.Add(new SqlParameter("@answer", sa.Answer));
    parms.Add(new SqlParameter("@score", sa.Score));
    return DBUtility.DbHelperSQL.ExecuteSql("update StudentAnswer set
        answer=@answer,score=@score where answerId=@answerId", parms);
}
/// <summary>
/// 查询学生答卷信息
/// <summary>
///<param name="strwhere">sql 语句 select 语句的 where 子句,可为空</param>
/// <returns>返回 null 为查询失败，返回非 null 为查询成功，结果存在于返回的
/// 对象中</returns>
public DataTable Select(string strwhere)
{
    string sql = "select * from studentAnswer";
    if (strwhere != "")
    {
        sql += " " + strwhere;    //sql 为 SQL 查询语句
    }
    return DBUtility.DbHelperSQL.Query(sql);
}
/// <summary>
/// 读取已存试卷信息
/// <summary>
/// <param name="teachId">授课编号</param>
/// <param name="studentId">学号</param>
/// <returns>返回 null 为查询失败，返回非 null 为查询成功，且结果存在于返回的
/// 对象中</returns>
public DataTable Select(string teachId, string studentId)
{
    return Select("where studentId='" + studentId + "' and answerId like
                '" + teachId + "%' ");
}
/// <summary>
/// 查询学生成绩
/// <summary>
/// <param name="studentId">学号</param>
/// <returns>返回 null 为查询失败，返回非 null 为查询成功，且结果存在于返回的
```

```
/// 对象中</returns>
public DataTable ScoreSelect(string studentId)
{
    string sql = "select course.courseName, course.courseHour,
        course.courseCredit, StudentAnswer.score from teachCourse,
        course, CreatePaperScheme,TestPaper, StudentAnswer,questions
        where course.courseId=teachCourse.courseId and
        teachCourse.teachId=CreatePaperScheme.teachId and
        CreatePaperScheme.schemeId= TestPaper.schemeId and
        TestPaper.paperId=questions.paperId and questions.testQuestionId
        = StudentAnswer.testQuestionId and teachCourse.isPublic =
        '是' and studentId='" + studentId + "'";
    return DBUtility.DbHelperSQL.Query(sql);
}
/// <summary>
/// 读取所选试卷
/// <summary>
/// <param name="questionType">题型</param>
/// <param name="studentId">学号</param>
/// <param name="teachId">授课编号</param>
/// <returns>返回 null 为查询失败，返回非 null 为查询成功，且结果存在于返回的
/// 对象中</returns>
public DataTable LoadTestPaper(string questionType, string studentId,
                              string teachId)
{
    string where = "";
    if (questionType != "")
    {
        where = " and testQuestion.questiontype='" + questionType + "'";
    }
    string sql = "select * from CreatePaperScheme,QuestionTypeScore,
        testPaper,testquestion,questions,studentAnswer where
        QuestionTypeScore.schemeId=CreatePaperScheme.schemeId
        and CreatePaperScheme.schemeId=testPaper.schemeId and
        testPaper.paperId=questions.paperId and questions.questionId=
        testquestion.questionId and questions.testquestionId =
        studentAnswer.testquestionId and questionTypeScore.TypeName =
        questions.typeName  and studentAnswer.studentId='" + studentId
        + "' and studentAnswer.answerId like '" + teachId + "%'"+where;
    return DBUtility.DbHelperSQL.Query(sql);
}
//查询学生成绩
public DataTable ScoreSelect(string TeachTerm, string CourseId, string
                             TeacherId)
{
    string sql = "select student.studentId,student.studentName,
```

```
            teacher.teacherName, Classes.className,course.courseName,
            studentAnswer.score from course,teacher, teachCourse,
            teachClass,classes,student,CreatePaperScheme,TestPaper,
            StudentAnswer,questions where teachCourse.teacherId=
            teacher.teacherId and teachCourse.teachId= teachClass.teachId
            and teachClass.className=classes.className and classes.className
            =student.className and student.studentId=studentAnswer.studentId
            and teachCourse.teachId=CreatePaperScheme.teachId and
            CreatePaperScheme.schemeId= TestPaper.schemeId and
            TestPaper.paperId=questions.paperId and questions.testQuestionId=
            StudentAnswer.testQuestionId and teachCourse.teachTerm='"
            +TeachTerm + "' and course.courseId='" + CourseId + "' and
            teacher.teacherId='" + TeacherId + "'";
        return DBUtility.DbHelperSQL.Query(sql);
    }
}
```

8.7 业务逻辑层实现

业务逻辑层的主要任务是负责处理系统的业务逻辑, 当业务逻辑层需要访问数据库时, 要通过调用数据访问层来实现。本系统业务逻辑层包含的类如图 8-6 所示。

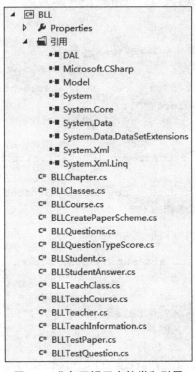

图 8-6 业务逻辑层中的类和引用

8.7.1　BLLStudent 类

BLLStudent 类是学生信息管理模块的业务逻辑层类。详细代码如下：

```csharp
public class BLLStudent
{
    //添加
    public bool StudentInsert(Model.Student stu)
    {
        DAL.DALStudent dStu = new DAL.DALStudent();
        return dStu.Insert(stu);
    }
    //修改
    public bool StudentUpdate(Model.Student stu, string StudentId)
    {
        DAL.DALStudent dStu = new DAL.DALStudent();
        return dStu.Update(stu, StudentId);
    }
    //删除
    public bool StudentDelete(string StudentId)
    {
        DAL.DALStudent dStu = new DAL.DALStudent();
        return dStu.Delete(StudentId);
    }
    //查询全部
    public DataTable StudentSelectAll()
    {
        DAL.DALStudent dStu = new DAL.DALStudent();
        return dStu.Select("");
    }
    //按条件查询
    public DataTable StudentSelectCondition(string str, string type)
    {
        DAL.DALStudent dStu = new DAL.DALStudent();
        return dStu.Select(str, type);
    }
    //学生登录
    public int StudentLogin(string Uid, string Pwd)
    {
        DAL.DALStudent dStu = new DAL.DALStudent();
        DataTable dt = dStu.Select(Uid, "学号");
        if (dt.Rows.Count != 0)
        {
            if (dt.Rows[0]["studentPwd"].ToString() == Pwd)
            {
```

```
            return 1;
        }
        else
        {
            return 0;
        }
    }
    else
    {
        return 0;
    }
  }
}
```

8.7.2　BLLTestQuestion 类

BLLTestQuestion 类是题库管理模块的业务逻辑层类。详细代码如下：

```csharp
/// <summary>
///BLLTestQuestion 的摘要说明
/// </summary>
public class BLLTestQuestion
{
    /// <summary>
    /// 添加题目信息
    /// </summary>
    public bool testQuestionInsert(Model.TestQuestion tq)
    {
        DAL.DALTestQuestion dTq = new DAL.DALTestQuestion();
        return dTq.Insert(tq);
    }
    /// <summary>
    /// 修改题目信息
    /// </summary>
    public bool testQuestionUpdate(Model.TestQuestion tq, string QuestionId)
    {
        DAL.DALTestQuestion dTq = new DAL.DALTestQuestion();
        return dTq.Update(tq, QuestionId);
    }
    /// <summary>
    /// 删除题目信息
    /// </summary>
    public bool testQuestionDelete(string QuestionId)
    {
        DAL.DALTestQuestion dTq = new DAL.DALTestQuestion();
        return dTq.Delete(QuestionId);
```

```
    }
    /// <summary>
    /// 查询
    /// </summary>
    public DataTable testQuestionSelect(string QuestionTitle, string
        CourseId, string ChapterId, string typeName)
    {
        DAL.DALTestQuestion dTq = new DAL.DALTestQuestion();
        return dTq.Select(QuestionTitle, CourseId, ChapterId, typeName);
    }
    /// <summary>
    /// 完全随机
    /// </summary>
    public DataTable AllRandomQuestion(int QuestionNum, string
        QuestionType, string CourseId)
    {
        DAL.DALTestQuestion dTq = new DAL.DALTestQuestion();
        return dTq.AllRandomQuestion(QuestionNum, QuestionType, CourseId);
    }
    /// <summary>
    /// 按章节随机
    /// </summary>
    public DataTable ChapterRandomQuestion(int QuestionNum, string
        QuestionType, string CourseId, string ChapterId)
    {
        DAL.DALTestQuestion dTq = new DAL.DALTestQuestion();
        return dTq.ChapterRandomQuestion(QuestionNum, QuestionType,
            CourseId, ChapterId);
    }
}
```

8.7.3　BLLCreatePaterScheme 类

　　BLLCreatePaterScheme 类是组卷方案数据表的业务逻辑层封装，组卷模块的业务逻辑层类需要调用该类。详细代码如下：

```
/// <summary>
/// BLLCreatePaperScheme 的摘要说明
/// </summary>
public class BLLCreatePaperScheme
{
    /// <summary>
    /// 添加组卷方案
    /// </summary>
    public bool Insert(Model.CreatePaperScheme cps)
    {
```

```
        DAL.DALCreatePaperScheme dCps = new DAL.DALCreatePaperScheme();
        return dCps.Insert(cps);
    }
}
```

8.7.4　BLLTestPaper 类

　　BLLTestPaper 类是试卷数据表的业务逻辑层封装，组卷模块的业务逻辑层类需要调用该类。详细代码如下：

```
/// <summary>
/// BLLTestPaper 的摘要说明
/// </summary>
public class BLLTestPaper
{
    /// <summary>
    /// 添加试卷
    /// </summary>
    public bool Insert(Model.TestPaper tp)
    {
        DAL.DALTestPaper dTp = new DAL.DALTestPaper();
        return dTp.Insert(tp);
    }
}
```

8.7.5　BLLQuestionTypeScore 类

　　BLLQuestionTypeScore 类是题型分值设定数据表的业务逻辑层封装，组卷模块的业务逻辑层类需要调用该类。详细代码如下：

```
/// <summary>
///BLLQuestionTypeScore 的摘要说明
/// </summary>
public class BLLQuestionTypeScore
{
    /// <summary>
    /// 添加
    /// </summary>
    public bool Insert(Model.QuestionTypeScore qts)
    {
        DAL.DALQuestionTypeScore dQts = new DAL.DALQuestionTypeScore();
        return dQts.Insert(qts);
    }
}
```

8.7.6　BLLQuestions 类

BLLQuestions 类是试题数据表的业务逻辑层封装，同时加入了大量的组卷业务逻辑，是组卷模块的核心业务逻辑层类。详细代码如下：

```
public class BLLQuestions
{
    public bool Insert(Model.Questions q)
    {
        DAL.DALQuestions dQ = new DAL.DALQuestions();
        return dQ.Insert(q);
    }
    //随机组卷
    public bool CreatePaperChapterRandom(List<Model.QuestionTypeScore>
        qts,List<string> chapterId_Num, Model.CreatePaperScheme cps,
         string CourseId, int paperCount)
    {
        for (int i = 0; i < paperCount; i++)
        {
            BLLQuestionTypeScore bQts = new BLLQuestionTypeScore();
            BLLCreatePaperScheme bCps = new BLLCreatePaperScheme();
            BLLTestPaper bTp = new BLLTestPaper();
            BLLQuestions bQ = new BLLQuestions();
            BLLTestQuestion bTq = new BLLTestQuestion();
            DataTable dt = new DataTable();
            Model.TestPaper tp = new Model.TestPaper();
            Model.Questions q = new Model.Questions();
            bCps.Insert(cps);
            tp.PaperId = DateTime.Now.ToString();
            tp.SchemeId = cps.SchemeId;
            bTp.Insert(tp);
            for (int j = 0; j < qts.Count; j++)
            {
                bQts.Insert(qts[j]);
                if ("按章节随机" == qts[j].CreateType)
                {
                    for (int m = 0; m < chapterId_Num.Count; m++)
                    {
                        if (qts[j].TypeName == chapterId_Num[m].Split('|')[0])
                        {
                            dt = bTq.ChapterRandomQuestion(
                                int.Parse(chapterId_Num[m].Split('|')[2].ToString()),
                                chapterId_Num[m].Split('|')[0], CourseId,
                                chapterId_Num[m].Split('|')[1]);
                                                        //题型|章节号|数量
```

```
                    for (int k = 0; k < dt.Rows.Count; k++)
                    {
                        q.TestQuestionId =
                            DateTime.Now.ToString("yyyyMMddHHmmssfff");
                        q.PaperId = tp.PaperId;
                        q.TypeName = qts[j].TypeName;
                        q.QuestionId = dt.Rows[k]["questionId"].ToString();
                        bQ.Insert(q);
                        System.Threading.Thread.Sleep(9);
                    }
                }
            }
        }
        else
        {
            dt = bTq.AllRandomQuestion(qts[j].QuestionNum,
            qts[j].TypeName, CourseId);
            for (int k = 0; k < dt.Rows.Count; k++)
            {
                q.TestQuestionId = DateTime.Now.ToString
                ("yyyyMMddHHmmssfff");
                q.PaperId = tp.PaperId;
                q.TypeName = qts[j].TypeName;
                q.QuestionId = dt.Rows[k]["questionId"].ToString();
                bQ.Insert(q);
                System.Threading.Thread.Sleep(9);
            }
        }
    }
    System.Threading.Thread.Sleep(200);
}
    return true;
}
/// <summary>
/// 获取随机出的试卷下的试题
/// </summary>
/// <param name="teachId">授课编号</param>
public DataTable QuestionsSelect(string teachId)
{
    DAL.DALTestPaper bTp = new DAL.DALTestPaper();
    DataTable dt = bTp.Select(teachId);
    DAL.DALQuestions bQ = new DAL.DALQuestions();
    return bQ.Select(teachId, dt.Rows[new Random().Next(0,
                dt.Rows.Count)]["paperId"].ToString());
}
}
```

8.7.7　BLLStudentAnswer 类

BLLStudentAnswer 类是学生答题数据表的业务逻辑层封装，同时加入了大量学生考试相关的业务逻辑，该类是学生考试模块的核心业务逻辑层类。详细代码如下：

```
public class BLLStudentAnswer
{
    /// <summary>
    /// 查询是否第一次进入本次考试
    /// </summary>
    /// <param name="teachId">授课编号</param>
    /// <param name="studentId">学号</param>
    public DataTable isSavePaper(string teachId, string studentId)
    {
        DAL.DALStudentAnswer dSa = new DAL.DALStudentAnswer();
        return dSa.Select(teachId, studentId);
    }
    /// <summary>
    /// 第一次进入本次考试，存储考试试卷
    /// </summary>
    /// <param name="sa">学生答题类</param>
    public bool SaveTestPaper(Model.StudentAnswer sa)
    {
        DAL.DALStudentAnswer dSa = new DAL.DALStudentAnswer();
        return dSa.Insert(sa);
    }
    /// <summary>
    /// 读取学生试题
    /// </summary>
    /// <param name="questionType">试题类型</param>
    /// <param name="studentId">学号</param>
    /// <param name="teachId">授课编号</param>
    public DataTable LoadTestPaper(string questionType,string studentId,
        string teachId)
    {
        DAL.DALStudentAnswer dSa = new DAL.DALStudentAnswer();
        return dSa.LoadTestPaper(questionType,studentId, teachId);
    }
    /// <summary>
    /// 查询成绩
    /// </summary>
    /// <param name="studentId">学号</param>
    public DataTable ScoreSelect(string studentId)
    {
```

```
DAL.DALStudentAnswer dSa = new DAL.DALStudentAnswer();
DataTable dt = new DataTable();
DataTable dtOrigin = dSa.ScoreSelect(studentId);
dt.TableName = dtOrigin.TableName;
//设置新的数据表的表头
for (int i = 0; i < dtOrigin.Columns.Count; i++)
{
    dt.Columns.Add(dtOrigin.Columns[i].Caption);
}
//筛选整合数据
for (int i = 0; i < dtOrigin.Rows.Count; i++)
{
    bool isExist = false;
    for (int j = 0; j < dt.Rows.Count; j++)
    {
        if (dtOrigin.Rows[i]["courseName"].ToString() ==
            dt.Rows[j]["courseName"].ToString())
        {
            dt.Rows[j]["score"] =
                        int.Parse(dt.Rows[j]["score"].ToString())
                + int.Parse(dtOrigin.Rows[i]["score"].ToString());
            isExist = true;
            break;
        }
    }
    if (!isExist)
    {
        if ("0" != dtOrigin.Rows[i]["score"].ToString())
        {
            DataRow dr = dt.NewRow();
            for (int ii = 0; ii < dtOrigin.Columns.Count; ii++)
            {
                dr[ii] = dtOrigin.Rows[i][ii];
            }
            dt.Rows.Add(dr);
        }
    }
}
return dt;
}
/// <summary>
/// 提交答案
/// </summary>
/// <param name="sa">学生答题类</param>
```

```
/// <param name="AnswerId">答题编号</param>
public bool SubmitPaper(Model.StudentAnswer sa, string AnswerId)
{
    DAL.DALStudentAnswer dSa = new DAL.DALStudentAnswer();
    return dSa.Update(sa, AnswerId);
}
//查询成绩
public DataTable ScoreSelect(string TeachTerm, string CourseId, string
    TeacherId)
{
    DAL.DALStudentAnswer dSa = new DAL.DALStudentAnswer();
    return dSa.ScoreSelect(TeachTerm, CourseId, TeacherId);
}
}
```

8.8　表示层实现

表示层 UI 负责界面的显示及用户交互，教师端该层共有章节编辑（FrmChapterEdit）、章节管理（FrmChapterManage）、班级信息管理（FrmClassManage）、课程编辑（FrmCourseEdit）、课程管理（FrmCourseManage）、组卷（FrmCreatePaper）、登录（FrmLogin）、成绩查询（FrmMarkManage）、成绩发布管理（FrmMarkPublishManage）、题库编辑（FrmQuestionEdit）、题库管理（FrmQuestionManage）、学生信息编辑（FrmStudentEdit）、学生信息管理（FrmStudentManage）、教师信息编辑（FrmTeacherEdit）、教师信息管理（FrmTeacherManage）、教师密码修改（FrmTeacherPwdChange）、授课信息编辑（FrmTeachMessageEdit）、授课信息管理（FrmTeachMessageManage）以及主窗体（FrmMain），共 19 个 Windows 窗体，分别负责实现不同的功能。学生端该层共有登录（FrmLogin）、主窗体（FrmMain）、成绩查询（FrmScore）、考试（FrmTest）4 个窗体。

注意：在 UI 中需要添加对 BLL 和 Model 的引用。UI 中的类和引用如图 8-7、图 8-8 所示。

8.8.1　学生信息管理模块——"学生信息管理"窗体

学生信息管理模块主要实现对学生信息的维护，"学生信息管理"窗体（FrmStudentManage）与 8.8.2 节介绍的"学生信息编辑"窗体（FrmStudentEdit）共同完成对学生信息的添加、修改、删除、查询以及批量导入功能。"学生信息管理"窗体如图 8-9 所示。

图 8-7 教师端 UI 层中的类和引用

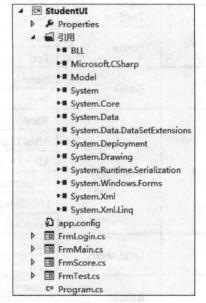

图 8-8 学生端 UI 层中的类和引用

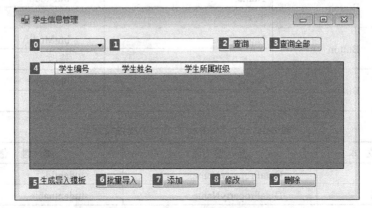

图 8-9 "学生信息管理"窗体

"学生信息管理"窗体的属性设置如表 8-14 所示。

表 8-14　"学生信息管理"窗体属性设置表

属　性　名	属　性　值	作　　用
Name	FrmStudentManage	窗体名称
Text	学生信息管理	设置窗体的标题文本

"学生信息管理"窗体中的控件，按 Tab 顺序，描述如表 8-15 和表 8-16 所示。

表 8-15　"学生信息管理"窗体中的控件

Tab 序号	控件类型	属　性　名	属　性　值
0	ComboBox	Name	CmbCondition
		DropDownStyle	DropDownList
1	TextBox	Name	txtKeyword
2	Button	Name	btnSearch
		Text	查询
3	Button	Name	btnAll
		Text	查询全部
4	DataGridView	Name	dgvStudent
		AllowUserToAddRows	False
		AllowUserToDeleteRows	False
		ColumnHeadersHeightSizeMode	AutoSize
		MultiSelect	False
		ReadOnly	True
5	LinkLabel	Name	llImportModel
		Text	生成导入模板
6	Button	Name	btnImport
		Text	批量导入
7	Button	Name	btnAdd
		Text	添加
8	Button	Name	btnModify
		Text	修改
9	Button	Name	btnDelete
		Text	删除

表 8-16　dgvStudent 中各列的属性设置表

列　头　文　本	属　性　名	属　性　值
学生编号	DataPropertyName	studentid
学生姓名	DataPropertyName	studentname

续表

列头文本	属性名	属性值
学生密码	DataPropertyName	studentpwd
	Visible	False
学生所属班级	DataPropertyName	classname

首先，在该窗体的类文件 FrmStudentManage.cs 中声明两个成员变量：

```
OpenFileDialog ofd;         //打开文件对话框，用于在批量导入时定位导入文件的路径
bool isPressedAllLast = true;//判断最后单击的是否是"查询全部"
```

加载窗体时，DataGridView 控件 dgvStudent 中会显示 Student 数据表中所有的学生信息。窗体的 Load 事件代码如下：

```
private void FrmStudentManage_Load(object sender, EventArgs e)
{
    updateDataGridViewDataSource();
}
```

updateDataGridViewDataSource 函数代码如下：

```
public void updateDataGridViewDataSource()
{
    if (isPressedAllLast)
    {
        btnAll_Click(null, null);//调用 btnAll_Click 函数，在 dgvStudent 中
                                 //显示所有学生数据
    }
    else
    {
        //调用 btnSearch_Click 函数，在 dgvStudent 中显示满足上一次查询条件的查询结果
        btnSearch_Click(null, null);
    }
}
```

在 ComboBox 控件 CmbCondition 中选择要查询的字段，并在 TextBox 控件 txtKeyword 中输入要查询的内容后，单击【查询】按钮实现学生信息的查询并将查询结果显示在 dgvStudent 中。单击【查询全部】按钮可再次在 dgvStudent 中查看到所有的学生信息。

【查询】按钮的事件处理代码如下：

```
private void btnSearch_Click(object sender, EventArgs e)
{
    if (""==txtKeyword.Text){MessageBox.Show("请输入查询关键字!"); return;}
    BLL.BLLStudent ssc = new BLL.BLLStudent();
```

```
dgvStudent.DataSource = ssc.StudentSelectCondition(txtKeyword.Text,
    cmbCondition.Text);
isPressedAllLast = false;
}
```

【查询全部】按钮的事件处理代码如下：

```
private void btnAll_Click(object sender, EventArgs e)
{
    BLL.BLLStudent ssc = new BLL.BLLStudent();
    dgvStudent.DataSource = ssc.StudentSelectAll();
    isPressedAllLast = true;
}
```

单击【批量导入】按钮可以将 Excel 中的学生数据导入到数据库中。但系统对 Excel 的表格样式是有要求的，单击【生成导入模板】超链接按钮可以生成 Excel 数据模板。【生成导入模板】超链接按钮的事件处理代码如下：

```
private void llImportModel_LinkClicked(object sender,
    LinkLabelLinkClickedEventArgs e)
{
    List<string> t = new List<string>();
    t.Add("学生编号");
    t.Add("学生名");
    t.Add("学生密码");
    t.Add("所属班级名");
    ExcelHelper.generateModel(t);
}
```

ExcelHelper 类中的 generateModel 函数是生成 Excel 模板的核心代码，如下：

```
public static void generateModel(List<string> headerList)
                                    //headList 内存储所有列的列头文本
{
    Excel.Application app = new Excel.Application();//创建 Excel 程序实例对象
    app.Application.Workbooks.Add(true);//添加工作集
    Excel.Workbook book = (Excel.Workbook)app.ActiveWorkbook;//激活工作集
    Excel.Worksheet sheet = (Excel.Worksheet)book.ActiveSheet;
                                    //为当前工作集添加一个工作表
    for (int i = 0; i < headerList.Count; i++)
    {
        sheet.Cells[1, i + 1] = headerList[i];
    }
    app.Visible = true;
}
```

导入操作就是逐行将 Excel 中的数据取出并插入到数据库的过程，【批量导入】按钮的事件处理代码如下：

```
private void btnImport_Click(object sender, EventArgs e)
{
    ofd = new OpenFileDialog();
    ofd.Filter = "*.xls|*.xls";              //过滤文件格式，只接受 Excel 文件
    DialogResult dr = ofd.ShowDialog();  //弹出打开文件对话框
    if (dr == DialogResult.OK)
    {
        DialogResult d = MessageBox.Show("确定要导入 " + ofd.FileName +
            " 中的内容到学生表中么？", "警告！", MessageBoxButtons.OKCancel);
        if (DialogResult.OK == d)
        {
            //开始导入
            ExcelHelper.importFromExcelFile(ofd.FileName, "student");
        }
    }
    updateDataGridViewDataSource();
}
```

ExcelHelper 类中的 **importFromExcelFile** 函数是导入数据的核心代码，该函数不仅在导入学生信息时需要，在批量导入教师信息时也会调用。具体代码如下：

```
public static void importFromExcelFile(string path, string importType)
//path 代表 Excel 文件路径，importType 标示当前导入的是教师信息、学生信息还是课程信息
{
    //连接 Excel 文件的连接字符串
    string oleconstr = @"Provider=Microsoft.Jet.OLEDB.4.0;Extended
        Properties=Excel 8.0; data source=" + path;
    OleDbConnection oleConn = new OleDbConnection(oleconstr);
    //选取 sheet1 中的全部数据（学生信息、教师信息或课程信息）
    string sqlexcel = "SELECT * FROM [sheet1$]";
    OleDbCommand olecmd = new OleDbCommand();
    oleConn.Open();
    olecmd.Connection = oleConn;
    olecmd.CommandText = sqlexcel;
    //执行上述 SELECT 语句，并返回 DataReader 对象
    using (OleDbDataReader odr = olecmd.ExecuteReader())
    {
        while (odr.Read())//遍历查询到的所有数据
        {
            //取出当前遍历到的数据的各字段的值
            string para1 = Convert.ToString(odr[0]).Trim(); ;
            string para2 = Convert.ToString(odr[1]).Trim();
            string para3 = Convert.ToString(odr[2]).Trim();
            string para4 = Convert.ToString(odr[3]).Trim();
```

```
            //将当前遍历到的数据按 importType 的值进行封装并将该数据插入到相应的数
            //据表中。如果 importType 的值是 teacher,则代表要导入的数据是教师信息;
            //如果 importType 的值是 student,则代表要导入的数据是学生信息;
            //如果 importType 的值是 course,则代表要导入的数据是课程信息
            if ("teacher" == importType)
            {
                Model.Teacher t = new Model.Teacher();
                t.TeacherId = para1;
                t.TeacherName = para2;
                t.TeacherPwd = para3;
                t.IsAdmin = para4;
                BLL.BLLTeacher ssc = new BLL.BLLTeacher();
                if (ssc.TeacherInsert(t)) { }
            }
            else if ("student" == importType)
            {
                Model.Student t = new Model.Student();
                t.StudentId = para1;
                t.StudentName = para2;
                t.StudentPwd = para3;
                t.ClassName = para4;
                BLL.BLLStudent ssc = new BLL.BLLStudent();
                if (ssc.StudentInsert(t)) { }
            }
            else if ("course" == importType)
            {
                Model.Course t = new Model.Course();
                t.CourseId = para1;
                t.CourseName = para2;
                t.CourseHour = int.Parse(para3);
                t.CourseCredit = int.Parse(para4);
                BLL.BLLCourse ssc = new BLL.BLLCourse();
                if (ssc.CourseInsert(t)) { }
            }
        }
        odr.Close();
        oleConn.Close();
        MessageBox.Show("导入完成!");
    }
}
```

单击【添加】按钮可以打开学生信息编辑界面（FrmStudentEdit），此时打开的学生
信息编辑界面可以实现学生信息的添加。【添加】按钮的处理代码如下：

```
private void btnAdd_Click(object sender, EventArgs e)
{
```

```
        FrmStudentEdit frm = new FrmStudentEdit();
        //设定学生信息编辑界面的 MdiParent 与当前学生信息管理界面的 MdiParent
        //是同一个窗体对象,即主窗体 FrmMain
        frm.MdiParent = this.MdiParent;
        //将当前 FrmStudentManage 类的实例对象传递给学生信息编辑界面 FrmStudentEdit,
        //以便在 FrmStudentEdit 类中调用 FrmStudentMange 类的
        updateDataGridViewDataSource
        //方法达到刷新 dgvStudent 的目的
        frm.studentManage = this;
        frm.Show();
    }
```

在 dgvStudent 中,选中一条学生记录,单击【修改】按钮可以打开学生信息编辑界面(FrmStudentEdit),但此时所打开的学生信息编辑界面可以实现学生信息的修改,且在打开学生信息编辑界面的同时会将当前选中的学生记录封装成 Model.Student 实体类对象并传递给学生信息编辑界面,以便在学生信息编辑界面可以查看到要修改学生信息的当前数据状况。【修改】按钮的处理代码如下:

```
private void btnModify_Click(object sender, EventArgs e)
{
    if (null == dgvStudent.CurrentRow)
    {
        MessageBox.Show("请先选择一行数据!");
        return;
    }
    FrmStudentEdit frm = new FrmStudentEdit();
    frm.MdiParent = this.MdiParent;
    Model.Student t = new Model.Student();
    //取出当前 dgvStudent 中选中的学生学号
    t.StudentId = dgvStudent.CurrentRow.Cells["studentid"].Value.ToString();
    //取出当前 dgvStudent 中选中的学生姓名
    t.StudentName = dgvStudent.CurrentRow.Cells["studentname"].Value.ToString();
    //取出当前 dgvStudent 中选中的学生密码
    t.StudentPwd = dgvStudent.CurrentRow.Cells["studentpwd"].Value.ToString();
    //取出当前 dgvStudent 选中的学生班级
    t.ClassName = dgvStudent.CurrentRow.Cells["classname"].Value.ToString();
    frm.student = t;//将当前学生对象传递给学生信息编辑界面的 student 成员变量
    frm.studentManage = this;
    frm.Show();
}
```

在 dgvStudent 中,选中一条学生记录,单击【删除】按钮,会弹出确认对话框,询问用户是否确定删除该学生,如果选择【是】则执行删除,并刷新 dgvStudent 控件,如果选择【否】则中止删除操作。【删除】按钮事件处理代码如下:

```
private void btnDelete_Click(object sender, EventArgs e)
```

```
{
    if (DialogResult.Cancel== MessageBox.Show("确定要删除此条信息？","警告！",
       MessageBoxButtons.OKCancel))
    {
        return;
    }
    BLL.BLLStudent ssc = new BLL.BLLStudent();
    if (ssc.StudentDelete(dgvStudent.CurrentRow.Cells["studentid"]
       .Value.ToString()))
    {
        MessageBox.Show("删除成功！");
    }
    else
    {
        MessageBox.Show("删除失败！");
    }
    updateDataGridViewDataSource();
}
```

8.8.2 学生信息管理模块——"学生信息编辑"窗体

学生信息编辑窗体负责实现学生信息的添加及修改，其界面如图 8-10 所示。
窗体属性设计如表 8-17 所示，窗体的控件如表 8-18 所示。

图 8-10 "学生信息编辑"窗体

表 8-17 "学生信息编辑"窗体属性设置表

属 性 名	属 性 值	作 用
Name	FrmStudentEdit	窗体名称
Text	学生信息编辑	设置窗体的标题文本

表 8-18　"学生信息编辑"窗体中的控件

Tab 序号	控件类型	属性名	属性值
1	TextBox	Name	txtId
3	TextBox	Name	txtName
5	ComboBox	Name	cmbClassName
		DropDownStyle	DropDownList
6	CheckBox	Name	ckbResetPwd
		Text	是否重置密码
7	Button	Name	btnDone
		Text	

首先，在该窗体的类文件 FrmStudentEdit.cs 中声明两个成员变量：

```
public Model.Student student;
//接收 FrmStudentManage 对象，以便调用其 updateDataGridViewDataSource 函数
//刷新 dgvStudent
public FrmStudentManage studentManage;
```

加载窗体时，需要做一些初始化操作：首先，需要将班级表中的班级信息绑定到
cmbClassName 控件中；其次，要根据当前窗体的操作目的是添加还是修改进行相应的信
息设置。

窗体的 Load 事件代码如下：

```
private void FrmStudentEdit_Load(object sender, EventArgs e)
{
    BLL.BLLClasses ssc = new BLL.BLLClasses();
    cmbClassName.DataSource = ssc.ClassesSelcet("");//设置 cmbClassName
                                                     //的数据源
    cmbClassName.DisplayMember = "classname";//设置 cmbClassName 中要显示
                                             //哪个字段的数据
    if (null == student) //添加
    {
        btnDone.Text = "添加";
        this.Text = "学生添加";
        ckbResetPwd.Visible = false;
    }
    else //修改
    {
        btnDone.Text = "修改";
        this.Text = "学生修改";
        txtId.Enabled = false;
        //以下三句代码是将学生的原始信息显示在各控件内
        txtId.Text = student.StudentId;
        txtName.Text = student.StudentName;
```

```
        cmbClassName.Text = student.ClassName;
    }
}
```

输入各类信息后，单击 btnDone 按钮可实现学生信息的添加或修改，事件处理代码如下：

```
private void btnDone_Click(object sender, EventArgs e)
{
    if ("" == txtId.Text || "" == txtName.Text || -1 ==
     cmbClassName.SelectedIndex)
    {
        //Localizable 是自定义的类，CHECK_INPUT_STRING 是其中定义的一个常量，
        //具体可查阅网络资源中的源代码
        MessageBox.Show(Localizable.CHECK_INPUT_STRING); return;
    }
    BLL.BLLStudent ssc = new BLL.BLLStudent();
    if (null == student) //添加
    {
        Model.Student t = new Model.Student();      //构造学生实体类对象，对数据
                                                    //进行封装
        t.StudentId = txtId.Text;
        t.StudentName = txtName.Text;
        t.StudentPwd = "123";                       //学生初始密码为 123
        t.ClassName = cmbClassName.Text;
        if (ssc.StudentInsert(t))                   //执行添加操作
        {
            MessageBox.Show("添加成功！");
        }
        else
        {
            MessageBox.Show("添加失败！");
        }
        this.Close();
    }
    else //修改
    {
        student.StudentId = txtId.Text;
        student.StudentName = txtName.Text;
        if (ckbResetPwd.Checked) //如果修改时勾选了"重置密码"选项，则将密码
                                 //重置为"123"
        {
            student.StudentPwd = "123";
        }
        student.ClassName = cmbClassName.Text;
        if (ssc.StudentUpdate(student, student.StudentId))//执行修改操作
```

```
{
    MessageBox.Show("修改成功！");
}
else
{
    MessageBox.Show("修改失败！");
}
this.Close();
}
this.studentManage.updateDataGridViewDataSource();
}
```

8.8.3　题库管理模块——"题库管理"窗体

题库管理模块主要实现对题库中试题的维护，"题库管理"窗体（FrmQuestionManage）与 8.8.4 节介绍的"题库编辑"窗体（FrmQuestionEdit）共同完成对题库中试题的添加、修改、删除、查询功能。"题库管理"窗体如图 8-11 所示，窗体属性设置如表 8-19 所示，窗体的控件如表 8-20 和表 8-21 所示。

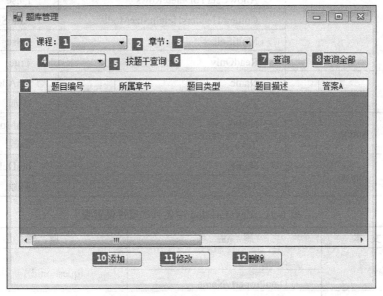

图 8-11　"题库管理"窗体

表 8-19　"题库管理"窗体属性设置表

属　性　名	属　性　值	作　　用
Name	FrmQuestionManage	窗体名称
Text	题库管理	设置窗体的标题文本

表 8-20 "题库管理"窗体中的控件

Tab 序号	控件类型	属性名	属性值
1	ComboBox	Name	cmbCourse
		DropDownStyle	DropDownList
3	ComboBox	Name	cmbChapter
		DropDownStyle	DropDownList
4	ComboBox	Name	cmbCondition
		DropDownStyle	DropDownList
6	TextBox	Name	txtKeyword
7	Button	Name	btnSearch
		Text	查询
8	Button	Name	btnAll
		Text	查询全部
9	DataGridView	Name	dgvQuestion
		AllowUserToAddRows	False
		AllowUserToDeleteRows	False
		ColumnHeadersHeightSizeMode	AutoSize
		MultiSelect	False
		ReadOnly	True
10	Button	Name	btnAdd
		Text	添加
11	Button	Name	btnModify
		Text	修改
12	Button	Name	btnDelete
		Text	删除

表 8-21 dgvQuestion 中各列的属性设置表

列头文本	属性名	属性值
题目编号	Name	questionid
	DataPropertyName	
所属章节	Name	chapterid
	DataPropertyName	
题目类型	Name	questiontype
	DataPropertyName	
题目描述	Name	questiontitle
	DataPropertyName	
答案 A	Name	answera
	DataPropertyName	

续表

列 头 文 本	属 性 名	属 性 值
答案 B	Name	answerb
	DataPropertyName	
答案 C	Name	answerc
	DataPropertyName	
答案 D	Name	answerd
	DataPropertyName	
正确答案	Name	currectanswer
	DataPropertyName	

首先，在该窗体的类文件 FrmQuestionManage.cs 中声明一个成员变量：

```
bool isPressedAllLast = true;//判断最后单击的是否是"查询全部"
```

加载窗体时，首先向 cmbCourse 控件中绑定课程表中的当前登录教师讲授的所有课程，因为只有该课程的授课教师才有权限维护该课程的题库，接着刷新 dgvQuestion，令其显示当前默认选中课程、选中题型的所有试题。窗体的 Load 事件处理代码如下：

```
private void FrmQuestionManage_Load(object sender, EventArgs e)
{
    BLL.BLLTeachCourse ssc = new BLL.BLLTeachCourse();
    dgvQuestion.AutoGenerateColumns = false;//禁止 dgvQuestion 自动生成列
    cmbCondition.SelectedIndex = 0;
    //Teacher_CourseSelect 函数的作用是取出当前登录教师讲授的所有课程
    cmbCourse.DataSource=ssc.Teacher_CourseSelect(LoginHelper.teacherID);
    //设定 cmbCourse 显示 coursename（课程名）字段的数据
    cmbCourse.DisplayMember = "coursename";
    //设定 cmbCourse 各选项实际的值是 courseid（课程号）字段的数据
    cmbCourse.ValueMember = "courseid";
    cmbCourse.SelectedIndex = 0;
    //以下两行代码设定 cmbChapter 控件的部分绑定信息
    cmbChapter.DisplayMember = "chaptername";
    cmbChapter.ValueMember = "chapterid";
    updateDataGridViewDataSource();
}
```

当在 cmbCourse 控件中选择一个课程时，会触发该控件的 SelectedValueChanged 事件，在该事件处理函数中，需要把当前选中课程的所有章节绑定到 cmbChapter 控件中。代码如下：

```
private void cmbCourse_SelectedValueChanged(object sender, EventArgs e)
{
    BLL.BLLChapter ssc = new BLL.BLLChapter();
```

```
        DataTable dt = ssc.ChapterSelectCondition(cmbCourse.SelectedValue.ToString(),
                                    "课程号");
        //ChapterSelectCondition 函数的作用是查询当前选中课程所有的章节信息
        DataRow dr = dt.NewRow();//产生一个新的行对象，该行的列样式与 dt 相同
        //以下两行代码是在为新行的各列赋值，目的是在课程列表中加入"全部章节"字符串，
        //这样在将 dt 作为数据源绑定给 cmbChapter 控件时，在该控件中可以具有"全部章节"
        //的选项，以方便查询。
        dr["chaptername"] = "全部章节";
        dr["chapterid"] = "-1";
        dt.Rows.InsertAt(dr, 0);//将行对象 dr 添加到表 dt 中
        cmbChapter.DataSource = dt;
    }
```

当在 cmbCondtion 控件中选择不同的题型时，会导致 dgvQuestion 控件中的列的变化，例如，选择查询选择题与判断题相比，dgvQuestion 中的会多出"答案 A""答案 B""答案 C""答案 D"等列。需要编写 cmbCondition 控件的 SelectedIndexChanged 事件处理函数如下：

```
private void cmbCondition_SelectedIndexChanged(object sender, EventArgs e)
{
    if (0 == cmbCondition.SelectedIndex)//选择题
        //控制"答案 A"、"答案 B"等列可见，
        //answera、answerb 等是 dgvQuestion 控件中的各列的名称，参见表 8-21
        answera.Visible=answerb.Visible=answerc.Visible=
                        answerd.Visible=true;
    else
        answera.Visible =answerb.Visible =answerc.Visible =
                        answerd.Visible = false;
    dgvQuestion.DataSource = null;
}
```

当选择完课程、章节、题型并输入要查询的内容后，单击【查询】按钮可实现题库的查询并将查询结果显示在 dgvQuestion 中。单击【查询全部】按钮可在 dgvQuestion 中查看到当前选中课程指定章节（cmbChapter 中选中的章节，如果选中的是"全部章节"则查询全部章节）、指定题型（cmbCondition 中选中的题型）的所有题库信息。

【查询】按钮的事件处理代码如下：

```
private void btnSearch_Click(object sender, EventArgs e)
{
    BLL.BLLTestQuestion ssc = new BLL.BLLTestQuestion();
    //testQuestionSelect 函数的功能是从题库中查询满足指定条件的试题
    DataTable dt = ssc.testQuestionSelect(txtKeyword.Text,
        cmbCourse.SelectedValue.ToString(),
        cmbChapter.SelectedValue.ToString(),cmbCondition.Text);
    dgvQuestion.DataSource = dt;
```

```
}
```

【查询全部】按钮的事件处理代码如下：

```
private void btnAll_Click(object sender, EventArgs e)
{
    BLL.BLLTestQuestion ssc = new BLL.BLLTestQuestion();
    if ("-1" == cmbChapter.SelectedValue.ToString())
    //如果当前选中的章节是"全部章节"，则查询当前选中课程，选中题型的所有试题
        dgvQuestion.DataSource = ssc.testQuestionSelect("",
            cmbCourse.SelectedValue.ToString(), "", cmbCondition.Text);
    else
        //否则查询当前选中课程的指定章节、指定题型的所有试题
        dgvQuestion.DataSource = ssc.testQuestionSelect("",
            cmbCourse.SelectedValue.ToString(),
            cmbChapter.SelectedValue.ToString(), cmbCondition.Text);
}
```

单击【添加】按钮可以打开题库编辑界面（FrmQuestionEdit），此时打开的题库编辑界面可以实现题库中试题的添加。【添加】按钮的处理代码如下：

```
private void btnAdd_Click(object sender, EventArgs e)
{
    FrmQuestionEdit frm = new FrmQuestionEdit();
    frm.MdiParent = this.MdiParent;
    frm.questionManage = this;
    frm.Show();
}
```

在 dgvQuestion 中，选中一条试题记录，单击【修改】按钮可以打开题库编辑界面（FrmQuestionEdit），但此时所打开的题库编辑界面可以实现题库中试题信息的修改，且在打开题库编辑界面的同时会将当前选中的试题记录封装成 Model.TestQuestion 实体类对象并传递给题库编辑界面，以便在题库编辑界面可以查看到要修改试题信息的当前数据状况。【修改】按钮的处理代码如下：

```
private void btnModify_Click(object sender, EventArgs e)
{
    if (null == dgvQuestion.CurrentRow)
    {
        MessageBox.Show("请先选择一行数据！");
        return;
    }
    FrmQuestionEdit frm = new FrmQuestionEdit();
    frm.MdiParent = this.MdiParent;
    Model.TestQuestion t = new Model.TestQuestion();
    t.ChapterId = dgvQuestion.CurrentRow.Cells["chapterid"].Value.ToString();
```

```
    t.QuestionId=dgvQuestion.CurrentRow.Cells["QuestionId"].Value.ToString();
    t.QuestionTitle =
        dgvQuestion.CurrentRow.Cells["QuestionTitle"].Value.ToString();
    t.QuestionType =
        dgvQuestion.CurrentRow.Cells["QuestionType"].Value.ToString();
    t.AnswerA = dgvQuestion.CurrentRow.Cells["AnswerA"].Value.ToString();
    t.AnswerB = dgvQuestion.CurrentRow.Cells["AnswerB"].Value.ToString();
    t.AnswerC = dgvQuestion.CurrentRow.Cells["AnswerC"].Value.ToString();
    t.AnswerD = dgvQuestion.CurrentRow.Cells["AnswerD"].Value.ToString();
    t.CurrectAnswer =
        dgvQuestion.CurrentRow.Cells["CurrectAnswer"].Value.ToString();
    frm.testQuestion = t;
    frm.questionManage = this;
    frm.Show();
}
```

在 dgvQuestion 中，选中一条试题记录，单击【删除】按钮，会弹出确认对话框，询问用户是否确定删除该试题，如果选择【是】则执行删除，并刷新 dgvQuestion 控件，如果选择【否】则中止删除操作。【删除】按钮事件处理代码如下：

```
private void btnDelete_Click(object sender, EventArgs e)
{
    if (DialogResult.Cancel == MessageBox.Show("确定要删除此条信息？","警告！",
        MessageBoxButtons.OKCancel))
        return;
    BLL.BLLTestQuestion ssc = new BLL.BLLTestQuestion();
    //执行删除操作
    if (ssc.testQuestionDelete(dgvQuestion.CurrentRow.Cells["questionid"]
        .Value.ToString()))
        MessageBox.Show("删除成功！");
    else
        MessageBox.Show("删除失败！");
    updateDataGridViewDataSource();
}
```

updateDataGridViewDataSource 函数代码如下：

```
public void updateDataGridViewDataSource()
{
    if (isPressedAllLast)
        btnAll_Click(null, null);
    else
        btnSearch_Click(null, null);
}
```

8.8.4 题库管理模块——"题库编辑"窗体

题库编辑窗体负责实现对题库的试题信息的添加及修改，其界面如图 8-12 所示，窗体属性设置如表 8-22 所示，窗体的控件设置如表 8-23 所示。

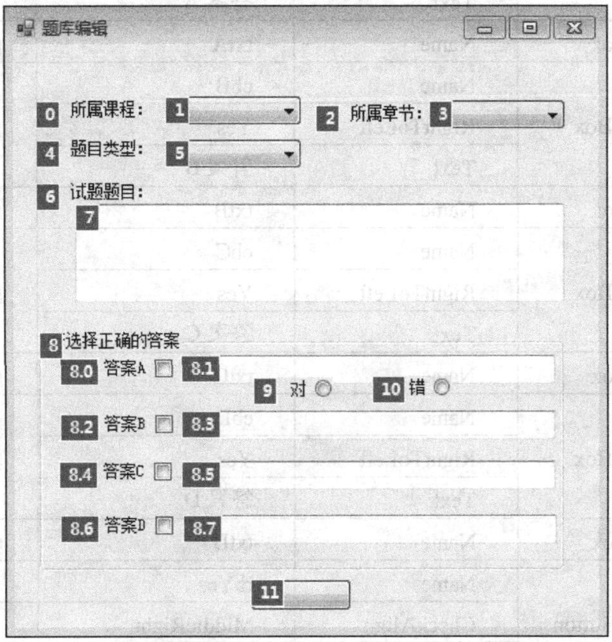

图 8-12 "题库编辑"窗体

表 8-22 "题库编辑"窗体属性设置表

属 性 名	属 性 值	作 用
Name	FrmQuestionEdit	窗体名称
Text	题库编辑	设置窗体的标题文本

表 8-23 "题库编辑"窗体中的控件

Tab 序号	控件类型	属 性 名	属 性 值	说 明
1	ComboBox	Name	cmbCourseName	
		DropDownStyle	DropDownList	
3	ComboBox	Name	cmbChapterName	
		DropDownStyle	DropDownList	
5	ComboBox	Name	cmbType	
		DropDownStyle	DropDownList	
7	TextBox	Name	txtName	
8	GroupBox	Name	gbSelect	
		Text	请选择正确的答案	

Tab 序号	控件类型	属 性 名	属 性 值	说 明
8.0	CheckBox	Name	cbA	gbSelect 的子控件
		RightToLeft	Yes	
		Text	答案 A	
8.1	TextBox	Name	txtA	gbSelect 的子控件
8.2	CheckBox	Name	cbB	gbSelect 的子控件
		RightToLeft	Yes	
		Text	答案 B	
8.3	TextBox	Name	txtB	gbSelect 的子控件
8.4	CheckBox	Name	cbC	gbSelect 的子控件
		RightToLeft	Yes	
		Text	答案 C	
8.5	TextBox	Name	txtC	gbSelect 的子控件
8.6	CheckBox	Name	cbD	gbSelect 的子控件
		RightToLeft	Yes	
		Text	答案 D	
8.7	TextBox	Name	txtD	gbSelect 的子控件
9	RadioButton	Name	rbYes	
		CheckAlign	MiddleRight	
		Text	对	
10	RadioButton	Name	rbNo	
		CheckAlign	MiddleRight	
		Text	错	
11	Button	Name	btnDone	

首先，在该窗体的类文件 FrmQuestionEdit.cs 中声明两个成员变量：

```
public Model.TestQuestion testQuestion;
public FrmQuestionManage questionManage;
```

窗体加载时，需要做一些初始化操作：首先，需要将当前教师承担的课程信息绑定到 cmbCourseName 控件中；其次，要根据当前窗体的操作目的是添加还是修改进行相应的信息设置。

窗体的 Load 事件代码如下：

```
private void FrmQuestionEdit_Load(object sender, EventArgs e)
{
    cmbChapterName.DisplayMember = "chaptername";
    cmbChapterName.ValueMember = "chapterid";
    BLL.BLLTeachCourse ssc = new BLL.BLLTeachCourse();
```

```
cmbCourseName.DataSource = ssc.Teacher_CourseSelect (LoginHelper.
    teacherID);
cmbCourseName.DisplayMember = "coursename";
cmbCourseName.ValueMember = "courseid";
if (null == testQuestion) //添加
{
    btnDone.Text = "添加";
    this.Text = "试题添加";
    cmbType.SelectedIndex = 0;
}
else //修改
{
    btnDone.Text = "修改";
    this.Text = "试题修改";
    //以下代码是将要修改试题的原始信息显示在各控件内
    txtName.Text = testQuestion.QuestionTitle;
    if ("选择题" == testQuestion.QuestionType)
        cmbType.SelectedIndex = 0;
    else
        cmbType.SelectedIndex = 1;
    BLL.BLLChapter sscCpt = new BLL.BLLChapter();
    //ChapterSelectCondition 函数的作用是查询当前章节号所属的课程信息,
    //该行代码的作用是获取当前试题的章节号所属课程的课程号,
    //并令 cmbCourseName 默认选中该课程
    cmbCourseName.SelectedValue = (sscCpt.ChapterSelectCondition
        (testQuestion.ChapterId,"章节号")).Rows[0]["courseid"];
    cmbChapterName.SelectedValue = testQuestion.ChapterId;
    //以下四行代码目的是勾选选择题正确答案所对应的 CheckBox
    if (testQuestion.CurrectAnswer.Contains("A")){cbA.Checked= true;}
    if (testQuestion.CurrectAnswer.Contains("B")) { cbB.Checked = true; }
    if (testQuestion.CurrectAnswer.Contains("C")) { cbC.Checked = true; }
    if (testQuestion.CurrectAnswer.Contains("D")) { cbD.Checked = true; }
    //以下四行代码目的是将该试题目前的所有选项内容显示在对应的文本框中
    txtA.Text = testQuestion.AnswerA;
    txtB.Text = testQuestion.AnswerB;
    txtC.Text = testQuestion.AnswerC;
    txtD.Text = testQuestion.AnswerD;
    //以下两行代码目的是勾选判断题正确答案所对应的 RadioButton
    if ("0" == testQuestion.CurrectAnswer) { rbNo.Checked = true; }
    else { rbYes.Checked = true; }
}
}
```

在 cmbType 控件中选择不同的题型时，题库编辑窗体中显示的控件会有所变化：选择判断题时，应显示 rbYes 和 rbNo 控件；而选择选择题时应显示 GroupBox 控件 gbSelect 中的所有控件。需要处理 cmbType 控件的 SelectedIndexChanged 事件代码如下：

```
private void cmbType_SelectedIndexChanged(object sender, EventArgs e)
{
   if (0 == cmbType.SelectedIndex)
   {
       //选择题
       gbSelect.Visible = true;
       gbSelect.BringToFront();
       rbYes.Checked = true;
   }
   else
   {
       //判断题
       gbSelect.Visible = false;
       cbA.Checked = false;
       cbB.Checked = false;
       cbC.Checked = false;
       cbD.Checked = false;
   }
}
```

当在 cmbCourse 控件中选择一门课程时，会触发该控件的 SelectedValueChanged 事件，在该事件处理函数中，需要把当前选中课程的所有章节绑定到 cmbChapterName 控件中，代码如下：

```
private void cmbCourseName_SelectedValueChanged(object sender, EventArgs e)
{
   updateChapterbyCourse();
   clearMulSelInputs();
}
```

updateChapterbyCourse 函数的作用就是根据当前选中的课程重新向 cmbChapterName 控件中绑定章节，代码如下：

```
void updateChapterbyCourse()
{
   BLL.BLLChapter ssc = new BLL.BLLChapter();
   cmbChapterName.DataSource =
       ssc.ChapterSelectCondition(cmbCourseName.SelectedValue.ToString(),
                                  "课程号");
}
```

clearMulSelInputs 函数的作用是清空 gbSelect 控件中所有子控件的内容，代码如下：

```
void clearMulSelInputs()
{
   txtA.Text=txtB.Text=txtC.Text=txtD.Text="";
```

```
        cbA.Checked =cbB.Checked =cbC.Checked = cbD.Checked = false;
    }
```

输入各类信息后，单击 **btnDone** 按钮可实现试题信息的添加或修改，事件处理代码如下：

```
private void btnDone_Click(object sender, EventArgs e)
{
    if (-1 == cmbChapterName.SelectedIndex|| -1 ==
        cmbCourseName.SelectedIndex|| -1 == cmbType.SelectedIndex|| "" ==
        txtName.Text)
    {
        MessageBox.Show(Localizable.CHECK_INPUT_STRING);
        return;
    }
    if (0 == cmbType.SelectedIndex)
    {
        if (""==txtA.Text||""==txtB.Text||""==txtC.Text || "" == txtD.Text)
        {
            MessageBox.Show(Localizable.CHECK_INPUT_ABCD_STRING);
            return;
        }
    }
    BLL.BLLTestQuestion ssc = new BLL.BLLTestQuestion();
    if (null == testQuestion) //添加
    {
        Model.TestQuestion t = new Model.TestQuestion();
        t.QuestionId=DateTime.Now.ToString("yyyyMMddHHmmss ");
        t.QuestionTitle = txtName.Text;
        t.QuestionType = cmbType.Text;
        t.ChapterId = cmbChapterName.SelectedValue.ToString();
        t.AnswerA = txtA.Text;
        t.AnswerB = txtB.Text;
        t.AnswerC = txtC.Text;
        t.AnswerD = txtD.Text;
        t.CurrectAnswer = "";
        if (0 == cmbType.SelectedIndex)
        {
            //选择题
            if (cbA.Checked) { t.CurrectAnswer += "A"; }
            if (cbB.Checked) { t.CurrectAnswer += "B"; }
            if (cbC.Checked) { t.CurrectAnswer += "C"; }
            if (cbD.Checked) { t.CurrectAnswer += "D"; }
        }
        else
        {
```

```
            //判断题
            if (rbYes.Checked) { t.CurrectAnswer = "1"; }
            else { t.CurrectAnswer = "0"; }
        }
        if ("" == t.CurrectAnswer)
        {
            MessageBox.Show("请选上正确答案之后再进行添加操作！");
            return;
        }
        if (ssc.testQuestionInsert(t))//执行添加操作
            MessageBox.Show("添加成功！");
        else
            MessageBox.Show("添加失败！");
        this.Close();
    }
    else //修改
    {
        testQuestion.QuestionTitle = txtName.Text;
        testQuestion.QuestionType = cmbType.Text;
        testQuestion.ChapterId = cmbChapterName.SelectedValue.ToString();
        testQuestion.AnswerA = txtA.Text;
        testQuestion.AnswerB = txtB.Text;
        testQuestion.AnswerC = txtC.Text;
        testQuestion.AnswerD = txtD.Text;
        testQuestion.CurrectAnswer = "";
        if (0 == cmbType.SelectedIndex)
        {
            //选择题
            if (cbA.Checked) { testQuestion.CurrectAnswer += "A"; }
            if (cbB.Checked) { testQuestion.CurrectAnswer += "B"; }
            if (cbC.Checked) { testQuestion.CurrectAnswer += "C"; }
            if (cbD.Checked) { testQuestion.CurrectAnswer += "D"; }
        }
        else
        {
            //判断题
            if (rbYes.Checked) { testQuestion.CurrectAnswer = "1"; }
            else { testQuestion.CurrectAnswer = "0"; }
        }
        if (ssc.testQuestionUpdate(testQuestion, testQuestion.QuestionId))
                                    //执行修改操作
            MessageBox.Show("修改成功！");
        else
            MessageBox.Show("修改失败！");
        this.Close();
    }
```

```
    this.questionManage.updateDataGridViewDataSource();
}
```

8.8.5 组卷模块

组卷管理模块的主要功能是实现学生考试用卷的组卷功能，该模块是教师端子系统中最复杂的一个模块，也是最核心的模块。其窗体设计如图 8-13 所示，窗体的属性设置如表 8-24 所示，窗体中的控件设置如表 8-25 所示。

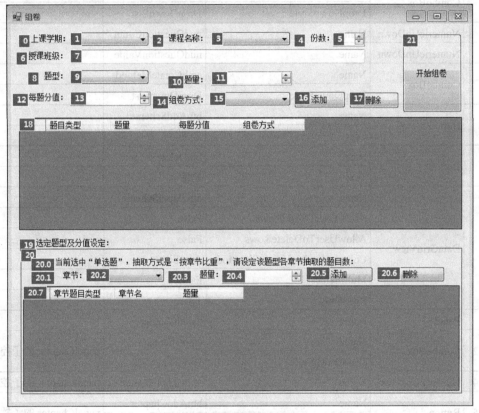

图 8-13 "组卷"窗体

表 8-24 "组卷"窗体属性设置表

属 性 名	属 性 值	作 用
Name	FrmCreatePaper	窗体名称
Text	组卷	设置窗体的标题文本

表 8-25 "组卷"窗体中的控件

Tab 序号	控件类型	属 性 名	属 性 值	说 明
1	ComboBox	Name	cmbTakeTerm	
		DropDownStyle	DropDownList	

续表

Tab 序号	控件类型	属 性 名	属 性 值	说 明
3	ComboBox	Name	cmbCourse	
		DropDownStyle	DropDownList	
5	NumericUpDown	Name	nudPaper	
7	TextBox	Name	txtTeachClass	
9	ComboBox	Name	cmbQuestionType	
		DropDownStyle	DropDownList	
11	NumericUpDown	Name	nudQuestionCount	
13	NumericUpDown	Name	nudQuestionValue	
15	ComboBox	Name	cmbCreateMethod	
		DropDownStyle	DropDownList	
16	Button	Name	btnAddScheme	
		Text	添加	
17	Button	Name	btnDeleteScheme	
		Text	删除	
18	DataGridView	Name	dgvPaperScheme	
		AllowUserToAddRows	False	
		AllowUserToDeleteRows	False	
		ColumnHeadersHeightSizeMode	AutoSize	
		MultiSelect	False	
		ReadOnly	True	
20	Panel	Name	panelChapter	
20.2	ComboBox	Name	cmbChapter	panelChapter 的子控件
		DropDownStyle	DropDownList	
20.4	NumericUpDown	Name	nudChapterCount	panelChapter 的子控件
20.5	Button	Name	btnAddChapter	panelChapter 的子控件
		Text	添加	
20.6	Button	Name	btnDeleteChapter	panelChapter 的子控件
		Text	删除	
20.7	DataGridView	Name	dgvChapterScheme	panelChapter 的子控件
		AllowUserToAddRows	False	
		AllowUserToDeleteRows	False	
		ColumnHeadersHeightSizeMode	AutoSize	
		MultiSelect	False	
		ReadOnly	True	
21	Button	Name	btnCreatePaper	
		Text	开始组卷	

dgvPaperScheme 中各列的属性设置如表 8-26 所示。

表 8-26　dgvPaperScheme 中各列的属性设置表

列 头 文 本	属 性 名	属 性 值
题目类型	DataPropertyName	questionType
题量	DataPropertyName	questionCount
每题分值	DataPropertyName	questionValue
组卷方式	DataPropertyName	method

dgvChapterScheme 中各列的属性设置如表 8-27 所示。

表 8-27　dgvChapterScheme 中各列的属性设置表

列 头 文 本	属 性 名	属 性 值
章节题目类型	DataPropertyName	chapterQuestionType
章节编号	DataPropertyName	chapterId
	Visible	False
章节名	DataPropertyName	chapterName
题量	DataPropertyName	chapterQuestionCount

首先，在该窗体的类文件 FrmCreatePaper.cs 中声明三个成员变量：

```
DataTable dtTerm;
Model.TeachCourse teachCourse = new Model.TeachCourse();
DataTable dtTeachCourse;//用于存储当前教师某一学期的授课信息
```

接下来，进行窗体加载，需要做一些初始化操作：

（1）对 DataGridView 控件 dgvPaperScheme 中的列的 Name 属性进行设置，方便后续操作。

（2）对 DataGridView 控件 dgvChapterScheme 中的列的 Name 属性进行设置，方便后续操作。

（3）从数据库中提取当前登录教师的授课信息。并将数据暂存至共用数据表 dtTerm 中。

（4）遍历 dtTerm 中的授课信息，将其中的授课学期提取出来，并显示在 cmbTakeTerm 中，由于可能有多门课程在同一学期，即 dtTerm 中同一个学期会出现多次，所以要进行重复项过滤。过滤完成后，选择第一项，保证该下拉列表选项不为空。

（5）设置 cmbChapter 的绑定显示字段与值字段，方便后续操作。

（6）从数据库中获取当前登录教师所有教授的课程列表（不重复），并绑定至 cmbCourse。选择第一项，保证默认不为空。

窗体的 Load 事件代码如下：

```
private void FrmCreatePaper_Load(object sender, EventArgs e)
{
```

```
for (int i = 0; i < dgvPaperScheme.Columns.Count; i++)
//为 dgvPaperScheme 中各列的 Name 属性赋值为该列的绑定字段名
    dgvPaperScheme.Columns[i].Name =
                        dgvPaperScheme.Columns[i].DataPropertyName;
for (int i = 0; i < dgvChapterScheme.Columns.Count; i++)
//为 dgvChapterScheme 中各列的 Name 属性赋值为该列的绑定字段名
    dgvChapterScheme.Columns[i].Name =
                        dgvChapterScheme.Columns[i].DataPropertyName;
//授课信息的业务逻辑层类，可参考本书网络资源的源代码
BLL.BLLTeachInformation ssc = new BLL.BLLTeachInformation();
//TeachInformationSelectCondition 函数的作用是取出指定教师号的教师的详细
//授课信息，包括上课学期
dtTerm = ssc.TeachInformationSelectCondition(LoginHelper.teacherID,
        "教师号");
for (int i = 0; i < dtTerm.Rows.Count; i++)
//遍历 dtTerm，将其中的上课学期添加到 cmbTakeTerm 选项集合中
{
    bool isExist = false;
    for (int j = 0; j < cmbTakeTerm.Items.Count; j++)
    //循环遍历 cmbTakeTerm 的选项集合，
    //查看当前遍历到的上课学期是否已经存在于 cmbTakeTerm 的选项集合中
    {
        if (dtTerm.Rows[i]["teachterm"].ToString() ==
            cmbTakeTerm.Items[j].ToString())
        {
            isExist = true;
        }
    }
    //如果当前遍历到的上课学期不在 cmbTakeTerm 的选项集合中，
    //则把该上课学期添加进 cmbTakeTerm
    if (!isExist)
        cmbTakeTerm.Items.Add(dtTerm.Rows[i]["teachterm"]);
}
cmbTakeTerm.SelectedIndex = 0;
cmbChapter.DisplayMember = "chaptername";
cmbChapter.ValueMember = "chapterid";
updateCmbCourse();
cmbQuestionType.SelectedIndex = 0;
cmbCreateMethod.SelectedIndex = 0;
checkChapterPanelEnable();
checkSchemeButtonEnable();
}
```

updateCmbCourse 函数的作用是根据当前选中的上课学期，为 cmbCourse 控件绑定当前登录教师在该学期讲授的所有课程，代码如下：

```
void updateCmbCourse()
{
    BLL.BLLTeachInformation sscLT = new BLL.BLLTeachInformation();
    // TeachInformationSelectConditionWithTeacherId 的作用查询指定教师,
    //满足指定条件的详细授课信息
    dtTeachCourse=sscLT.TeachInformationSelectConditionWithTeacherId
        (LoginHelper.teacherID, cmbTakeTerm.Text, "上课学期");
    cmbCourse.DataSource=dtTeachCourse;
    cmbCourse.DisplayMember="coursename";
    cmbCourse.ValueMember="courseid";
}
```

checkChapterPanelEnable 函数的作用是控制 panelChapter 的可用性, 如果用户在 dgvPaperScheme 中选中了一条题型的设置信息, 并且该题型的组卷方式是"按章节随机" 则 panelChapter 可用, 即允许用户操作按章节随机组卷的情况下各章试题的抽取比例, 代码如下:

```
private void checkChapterPanelEnable()
{
    if (null == dgvPaperScheme.CurrentRow) { panelChapter.Enabled = false;
        return; }
        panelChapter.Enabled = ("按章节随机"==
            dgvPaperScheme.CurrentRow.Cells["method"].Value.ToString());
}
```

checkSchemeButtonEnable 函数的作用是控制 btnDeleteScheme 和 btnAddScheme 按钮 的可用性, 代码如下:

```
private void checkSchemeButtonEnable()
{
    btnDeleteScheme.Enabled = (0 != dgvPaperScheme.RowCount);
    btnAddScheme.Enabled = (0 != cmbQuestionType.Items.Count);
    if (0 != cmbQuestionType.Items.Count) {cmbQuestionType.SelectedIndex = 0; }
}
```

当在 cmbTakeTerm 控件中选择一个学期时, 会触发该控件的 SelectedIndexChanged 事件, 在该事件处理函数中, 需要把当前教师在当前选中学期中承担的所有课程绑定到 cmbCourse 控件中, 代码如下:

```
private void cmbTakeTerm_SelectedIndexChanged(object sender, EventArgs e)
{
    updateCmbCourse();
}
```

当在 cmbCourse 控件中选择一个课程时, 会触发该控件的 SelectedIndexChanged 事件, 在该事件处理函数中, 需要把当前选中课程的章节信息绑定到 cmbChapter 控件中,同时要刷新 txtTeachClass 控件，显示当前课程的授课班级，代码如下：

```csharp
private void cmbCourse_SelectedIndexChanged(object sender, EventArgs e)
{
    if (dgvChapterScheme.Rows.Count != 0)
    {
        if (DialogResult.OK == MessageBox.Show
            ("变换课程将清空下方已经选好的章节配置，还要继续么？", "警告！",
            MessageBoxButtons.OKCancel))
            dgvChapterScheme.Rows.Clear();
        else
            return;
    }
    updateCmbChapter();
    updateTxtTeachClass();
}
```

updateCmbChapter 函数的作用是查询当前选中课程的所有章节，并绑定到 cmbChapter 控件中，代码如下：

```csharp
void updateCmbChapter()
{
    BLL.BLLChapter ssc = new BLL.BLLChapter();
    //ChapterSelectCondition 的作用是查询满足指定条件的章节信息
    cmbChapter.DataSource =
        ssc.ChapterSelectCondition(cmbCourse.SelectedValue.ToString(),
        "课程号");
}
```

updateTxtTeachClass 函数的作用是查询当前选中课程的授课班级并将结果显示在 txtTeachClass 控件中，代码如下：

```csharp
void updateTxtTeachClass()
{
    txtTeachClass.Text = "";
    if (null == cmbCourse.SelectedValue) { return; }
    //取出当前所选课程的授课班级
    txtTeachClass.Text = dtTeachCourse.Rows[cmbCourse.SelectedIndex]
                        ["classname"].ToString();
    if ("" == txtTeachClass.Text)
    {
        btnCreatePaper.Text = "没有上课班级，不能组卷！";
        btnCreatePaper.Enabled = false;
    }
    else
    {
        btnCreatePaper.Text = "组卷";
```

```
        btnCreatePaper.Enabled = true;
    }
}
```

选择好学期、课程、确认授课班级，输入组卷份数后，即可为试卷进行详细配置。选择题型、输入这种题型的题量、每题分值并选择组卷方式后，单击【添加】按钮（btnAddScheme），可将当前选中题型的配置信息添入 dgvPaperScheme 中。该【添加】按钮的事件处理代码如下：

```
private void btnAddScheme_Click(object sender, EventArgs e)
{
    if (!checkSchemeCanAdd())
    { MessageBox.Show(Localizable.CHECK_COUNT_VALUE_STRING); return; }
    BLL.BLLTestQuestion ssc = new BLL.BLLTestQuestion();
    if (ssc.testQuestionSelect("", cmbCourse.SelectedValue.ToString(), "",
        cmbQuestionType.Text).Rows.Count < nudQuestionCount.Value)
    //testQuestionSelect 函数，验证题库中该题型是否有足够的题量，
    //可查阅本书网络资源中的源代码
    { MessageBox.Show("题库中当前类型没有足够的题目！"); return; }
    DataGridViewRow dgvr = new DataGridViewRow();//产生一个 DataGridView
    //控件的行对象，为该行对象创建单元格，单元格样式与 dgvPaperScheme 中的列相同
    dgvr.CreateCells(dgvPaperScheme);
    //以下四行代码是为新产生的行对象的各单元格赋值
    dgvr.Cells[0].Value = cmbQuestionType.Text;
    dgvr.Cells[1].Value = int.Parse(nudQuestionCount.Text);
    dgvr.Cells[2].Value = int.Parse(nudQuestionValue.Text);
    dgvr.Cells[3].Value = cmbCreateMethod.Text;
    dgvPaperScheme.Rows.Add(dgvr);//将新产生的行对象添加到 dgvPaperScheme
                                  //控件中进行显示
    //将已设置的题型从 cmbQuestionType 中删除，避免用户重复设置
    cmbQuestionType.Items.Remove(cmbQuestionType.Text);
    checkSchemeButtonEnable();
    checkChapterPanelEnable();
}
```

checkSchemeCanAdd 函数的作用是对题型配置信息进行一次基本验证，即题量不能为 0，每题分值不能为 0，代码如下：

```
private bool checkSchemeCanAdd()
{
    return (0 != nudQuestionCount.Value && 0 != nudQuestionValue.Value);
}
```

如果要修改已设置题型的配置信息，需要在 dgvPaperScheme 中删除该配置信息之后再添加。在 dgvPaperScheme 中选中要删除的配置信息，单击【删除】按钮（btnDeleteScheme），完成配置信息的删除，代码如下：

```
private void btnDeleteScheme_Click(object sender, EventArgs e)
{
    //将当前题型加回 cmbQuestionType
    cmbQuestionType.Items.Add(dgvPaperScheme.CurrentRow.Cells
                        ["questionType"].Value.ToString());
    deleteChapterSetForType(dgvPaperScheme.CurrentRow.Cells
                        ["questionType"].Value.ToString());
    dgvPaperScheme.Rows.Remove(dgvPaperScheme.CurrentRow);
    checkSchemeButtonEnable();
    checkChapterPanelEnable();
}
```

如果用户已配置了每种题型是"按章节随机"的组卷方式，且已经在 dgvChapterScheme 中配置了详细的各章节试题的抽取策略，那么在删除该题型的配置信息时，应同时删除 dgvChapterScheme 中与该题型相关的抽取策略。deleteChapterSetForType 函数的作用就是删除 dgvChapterScheme 中的抽取策略，代码如下：

```
private void deleteChapterSetForType(string type)
{
    List<DataGridViewRow> dgvrs = new List<DataGridViewRow>();
                                    //用户存储所有的待删行
    for (int i = 0; i < dgvChapterScheme.RowCount; i++)
                                    //找到所有的待删行，加入到 dgvrs 集合中
    {
        if (type == dgvChapterScheme.Rows[i].Cells
            ["chapterQuestionType"].Value.ToString())
        {
            dgvrs.Add(dgvChapterScheme.Rows[i]);
        }
    }
    for (int i = 0; i < dgvrs.Count; i++)//删除所有的待删行
    {
        dgvChapterScheme.Rows.Remove(dgvrs[i]);
    }
}
```

如果用户配置了某题型是"按章节随机"的组卷方式，还需要针对这种组卷方式进行更详细的配置，即配置各章节试题的抽取策略。在 dgvPaperScheme 中选中一条组卷方式是"按章节随机"的配置信息，panelChapter 中的所有子控件呈可用状态，代码如下：

```
private void dgvPaperScheme_SelectionChanged(object sender, EventArgs e)
{
    if (null == dgvPaperScheme.CurrentRow) { return; }
    checkChapterPanelEnable();
    lblNotifyWord.Text = "当前选中""" +dgvPaperScheme.CurrentRow.Cells
```

```
["questionType"].Value.ToString() + "", 抽取方式是 "" +
dgvPaperScheme.CurrentRow.Cells["method"].Value. ToString()+"",
请设定该题型各章节抽取的题目数: ";
}
```

选择好章节、该题型在本章抽取的题量后，单击【添加】按钮（btnAddChapter），
可将当前选中章节的抽取策略添加入 dgvChapterScheme 中。该【添加】按钮的事件处理
代码如下：

```
private void btnAddChapter_Click(object sender, EventArgs e)
{
    if (!checkCanAddNewChapterForCurrentRow())
    {
        MessageBox.Show(Localizable.INSERT_CHAPTER_COUNT_OVERFLOW);return;
    }
    DataGridViewRow dgvr = new DataGridViewRow();
    dgvr.CreateCells(dgvChapterScheme);
    dgvr.Cells[0].Value = dgvPaperScheme.CurrentRow.Cells ["questionType"]
        .Value.ToString();
    dgvr.Cells[1].Value = cmbChapter.SelectedValue.ToString();//章节编号
    dgvr.Cells[2].Value = cmbChapter.Text;                    //章节名
    dgvr.Cells[3].Value = int.Parse(nudChapterCount.Text);//章节题目数量
    dgvChapterScheme.Rows.Add(dgvr);
}
```

checkCanAddNewChapterForCurrentRow 函数的作用是检验是否还能够向
dgvChapterScheme 中添加抽取策略信息，如果当前已经设置的抽取策略中，各章节的题
量的和加上本次要添加的抽取策略中的题量总和已经大于当前选中题型需要抽取的题
量，则不允许继续添加该抽取策略；此外，如果 dgvChapterScheme 中已经存在了选中题
型下该章节的抽取策略，则不允许继续添加该抽取策略，具体代码如下：

```
private bool checkCanAddNewChapterForCurrentRow()
{
    //获取当前选中题型
    string type = dgvPaperScheme.CurrentRow.Cells["questionType"].Value
                .ToString();
    for (int i = 0; i < dgvChapterScheme.RowCount; i++)
    {
        //判断 dgvChapterScheme 中是否已存在了题型是当前选中题型
        //并且章节与即将添加的抽取策略章节相同的记录
        if (type == dgvChapterScheme.Rows[i].Cells["chapterquestiontype"]
            .Value.ToString()&&cmbChapter.SelectedValue.ToString()==
            dgvChapterScheme.Rows[i].Cells["chapterid"].Value.ToString())
        { return false; }
    }
    //计算当前抽取策略+即将添加的抽取策略题量总和，并与当前选中题型需要的最大题量相比较
```

```
    return (getChapterCountByType(type) + (int)nudChapterCount.Value <=
        int.Parse(dgvPaperScheme.CurrentRow.Cells["questionCount"].Value
                .ToString())));
}
```

getChapterCountByType 函数的作用是计算 dgvChapterScheme 中指定题型的抽取策略包含的总题量，代码如下：

```
private int getChapterCountByType(string type)
{
    int t = 0;
    for (int i = 0; i < dgvChapterScheme.RowCount; i++)
    {
        if (type == dgvChapterScheme.Rows[i].Cells["chapterQuestionType"]
            .Value.ToString())
        {
            t += int.Parse(dgvChapterScheme.Rows[i].Cells
                        ["chapterQuestionCount"]. Value.ToString());
        }
    }
    return t;
}
```

如果要修改已设置章节的抽取策略，需要在 dgvChapterScheme 中删除该抽取策略之后再添加。在 dgvChapterScheme 中选中要删除的抽取策略，单击【删除】按钮（btnDeleteChapter），完成抽取策略的删除，代码如下：

```
private void btnDeleteChapter_Click(object sender, EventArgs e)
{
    dgvChapterScheme.Rows.Remove(dgvChapterScheme.CurrentRow);
}
```

各项配置完成后，即可单击【组卷】按钮执行组卷操作，代码如下：

```
private void btnCreatePaper_Click(object sender, EventArgs e)
{
    //检查所需数据是否合法，不合法就报错，并停止组卷
    if (-1 == cmbTakeTerm.SelectedIndex|| -1 == cmbCourse.SelectedIndex||
        nudPaper.Value <= 0|| dgvPaperScheme.RowCount <= 0)
    {
        MessageBox.Show(Localizable.CHECK_INPUT_STRING); return;
    }
    //按题目类型设定信息进行遍历检查信息合法性，主要遍历按章节随机的部分
    for (int i=0; i<dgvPaperScheme.RowCount;i++)
    {
        //是否是按章节随机
        if ("按章节随机" == dgvPaperScheme.Rows[i].Cells["method"]
```

```
                .Value.ToString())
        {
            //题目类型组卷信息是否大于 0
            if (dgvChapterScheme.RowCount <= 0)
            {
                MessageBox.Show(Localizable.CHECK_INPUT_STRING); return;
            }
            else
            {
                //按章节随机的题目，设定章节题目总数是否符合题目类型规则
                if (getChapterCountByType(dgvPaperScheme.Rows[i].Cells
                        ["questionType"].Value.ToString()) < int.Parse
                        (dgvPaperScheme.Rows[i].Cells["questionCount"].
                        Value.ToString()))
                {
                    MessageBox.Show("章节设定总数小于当前类型，请检查！");
                    return;
                }
            }
        }
}
Model.CreatePaperScheme cps = new Model.CreatePaperScheme();
//存储所有的题型、题量、分值信息
List<Model.QuestionTypeScore> qtsList = new List <Model
    .QuestionTypeScore>();
if (0 == dgvPaperScheme.Rows.Count)
{
    MessageBox.Show("没有添加任何规则，无法组卷！");
    return;
}
cps.SchemeId = DateTime.Now.ToString();//生成组卷方案 ID
//获取授课 ID 号
cps.TeachId = dtTeachCourse.Rows[cmbCourse.SelectedIndex]["teachid"]
    .ToString();
List<string> chapterList = new List<string>();//存储所有的章节抽取策略
//按题型设定信息进行遍历，构造题型、题量、分值信息集合
for (int i = 0;i < dgvPaperScheme.Rows.Count;i++)
{
    Model.QuestionTypeScore qts = new Model.QuestionTypeScore();
    //获取组卷方式：完全随机、按章节随机
    qts.CreateType = dgvPaperScheme.Rows[i].Cells["method"].Value
            .ToString();
    qts.QuestionNum = int.Parse(dgvPaperScheme.Rows[i]
            .Cells["questionCount"].Value.ToString());     //获取题量
    qts.QuestionScore = int.Parse(dgvPaperScheme.Rows[i]
            .Cells ["questionValue"].Value. ToString());//获取每题分值
```

```
            qts.SchemeId = cps.SchemeId;
            qts.TypeName = dgvPaperScheme.Rows[i].Cells["questionType"]
                     .Value.ToString();            //题型
            qtsList.Add(qts);
        }
        //按题目章节设定信息进行遍历，构造章节抽取策略集合
        for (int i = 0; i < dgvChapterScheme.Rows.Count; i++)
        {
            string str = "";
            for (int j = 0; j < dgvChapterScheme.Rows[i].Cells.Count; j++)
            {
                if (2 == j) { continue; }            //跳过章节名称列
                //将信息组合成"题型|章节|题量"的格式
                str += dgvChapterScheme.Rows[i].Cells[j].Value.ToString() + "|";
            }
            str = str.Substring(0,str.Length-1);//删除 str 最后边的"|"
            chapterList.Add(str);
        }
        //尝试与数据逻辑层交互，并组卷，显示反馈信息
        BLL.BLLQuestions ssc = new BLL.BLLQuestions();
        if (ssc.CreatePaperChapterRandom(qtsList, chapterList, cps,
            cmbCourse.SelectedValue.ToString(),
            int.Parse(nudPaper.Value.ToString())))
                                //CreatePaperChapterRandom 请查阅 8.7.6 节
        {
            MessageBox.Show("组卷成功！");
        }
        else
        {
            MessageBox.Show("组卷失败！");
        }
    }
```

8.8.6　学生端主界面

学生登录成功后会进入学生端主界面（FrmMain），如图 8-14 所示。

该界面是学生端各功能模块的入口点。学生可选择"操作"→"参加考试"查看自己是否有正在进行的考试。如果有正在进行的考试，可在"参加考试"菜单项内选择一个考试菜单项，进入考试；如果当前时间没有正在进行的考试，则"参加考试"菜单项中无考试选项。选择"操作"→"成绩查询"，可以查阅已经发布成绩的课程的自己的成绩。选择"操作"→"注销"，系统注销当前用户，退回到登录界面。选择"操作"→"退出"，即可退出学生端子系统。

该窗体的属性设置如表 8-28 所示。

图 8-14 学生端主界面

表 8-28 学生端主界面属性设置表

属 性 名	属 性 值	作 用
Name	FrmMain	窗体名称
Text	考试系统（学生端）	设置窗体的标题文本
WindowState	Maximized	设置窗体的初始状态为最大化
IsMdiContainer	True	设置该窗体为 MDI 父窗体

首先，在该窗体的类文件 FrmMain.cs 中声明一个成员变量：

```
public string studentId = "";//用于接收从登录窗体传过来的学生学号
```

编写 FrmMain 类的构造函数，用于在登录窗体实例化本窗体对象时，调用该构造函数并传递学号，代码如下：

```
public FrmMain(string StudentId)
{
    studentId = StudentId;
```

```
        InitializeComponent();
    }
```

　　主界面窗体加载时，首先访问数据库，查询当前时间段该考生可以考试的科目，并将考试科目添加在"操作"→"参加考试"（tsmiAttendTest）菜单项中，并且为该考生随机选择一份可考科目的试卷，考生可以选择考试科目进行考试。窗体的 Load 事件代码如下：

```
private void FrmMain_Load(object sender, EventArgs e)
{
    //启动定时器 timer1，触发其 Tick 事件，
    //事件的核心功能是更新主窗体状态栏显示的当前时间，请查阅网络资源中的源代码
    timer1.Start();
    toolStripStatusLabel1.Text = "学号: " + studentId;
    //在状态栏中显示当前登录学生学号
    BLL.BLLCourse bC = new BLL.BLLCourse();
    //TestCourseSelect 函数的作用是获得当前登录学生当前时间能考试的科目，
    //请查阅网络资源中的源代码
    DataTable dt = bC.TestCourseSelect(studentId);
    if (dt.Rows.Count != 0)
    {
        //遍历所有的能考试的科目，向"参加考试"菜单项增加可选项，并随机抽取试卷
        for (int i = 0; i < dt.Rows.Count; i++)
        {
            string teachId = dt.Rows[i]["teachid"].ToString();
            int count=new BLL.BLLStudentAnswer().isSavePaper("|"+
                teachId+"|", studentId).Rows.Count;
            //isSavePaper 函数的作用是从 studentAnswer 表中获取当前登录学生指定
            //授课课程的答题情况，如果 count=0 则说明该学生第一次登录，还没有抽取试卷
            if (!tsmiAttendTest.DropDownItems.ContainsKey(dt.Rows[i]
                ["courseName"].ToString()))
            {
                //如果学生还没有抽取试卷
                if (count == 0)
                {
                    Model.StudentAnswer sa = new Model.StudentAnswer();
                    //构造该课程的考试菜单项
                    ToolStripMenuItem tsmi = new ToolStripMenuItem();
                    //设置菜单项上的文本为课程名称
                    tsmi.Text = dt.Rows[i]["courseName"].ToString();
                    tsmi.Tag = teachId;//保存该课程的授课 ID
                    //将该菜单项添加到"参加考试"菜单中
                    tsmiAttendTest.DropDownItems.Add(tsmi);
                    //为"参加考试"菜单添加 DropDownItemClicked 事件处理函数
                    tsmiAttendTest.DropDownItemClicked += new
                        ToolStripItemClickedEventHandler
```

```
            (tsmiAttendTest_DropDownItemClicked);
        //QuestionSelect 函数的作用是随机抽取一份试卷，
        //返回结果中含有本试卷所有的试题
        DataTable dtPaper = new BLL.BLLQuestions()
         .QuestionsSelect(dt.Rows[i]["teachId"].ToString());
        for (int j = 0; j < dtPaper.Rows.Count; j++)
        //遍历所有的试题，保存到 studentAnswer 中，作为该生的试卷内容
        {
        //AnswerId 字段的内容格式是"|授课 ID|年月日时分秒毫秒"，
        //在保证该字段唯一性的同时，带入授课 ID 信息，方便后面的操作
            sa.AnswerId = "|"+teachId+"|" +
                DateTime.Now.ToString("yyyyMMddHHmmssfff");
        //试题在题库中的唯一编号
            sa.TestQuestionId = dtPaper.Rows[j]
                ["testQuestionId"].ToString();
            sa.StudentId = studentId;   //学号
            sa.Answer = "";             //答案
            sa.Score = 0;               //得分
            new BLL.BLLStudentAnswer().SaveTestPaper(sa);
                                        //为该生保存试卷
        }
        }
    }
    }
}
```

"参加考试"菜单项的 **DropDownItemClicked** 事件处理函数如下：

```
private void tsmiAttendTest_DropDownItemClicked(object sender,
    ToolStripItemClickedEventArgs e)
{
    //调用有参构造函数，将当前考试菜单项的课程名、学号及授课 ID 传递过去
    FrmTest frm = new FrmTest(e.ClickedItem.Text, studentId,
    e.ClickedItem.Tag.ToString());
    frm.Show();
    //进入考试界面后删除主界面中该考试菜单项，默认为已经参加了考试，
    //但如果学生进入考试界面后未回答任何问题，在二次登录时，依然可以看到本考试菜
    //单项，允许参加考试。
    tsmiAttendTest.DropDownItems.Remove(e.ClickedItem);
}
```

8.8.7 学生考试模块

单击"参加考试"菜单中的某个考试菜单项，即可进入考试模块，如图 8-15 所示，窗体的属性设置如表 8-29 所示，窗体中的控件设置如表 8-30 所示。

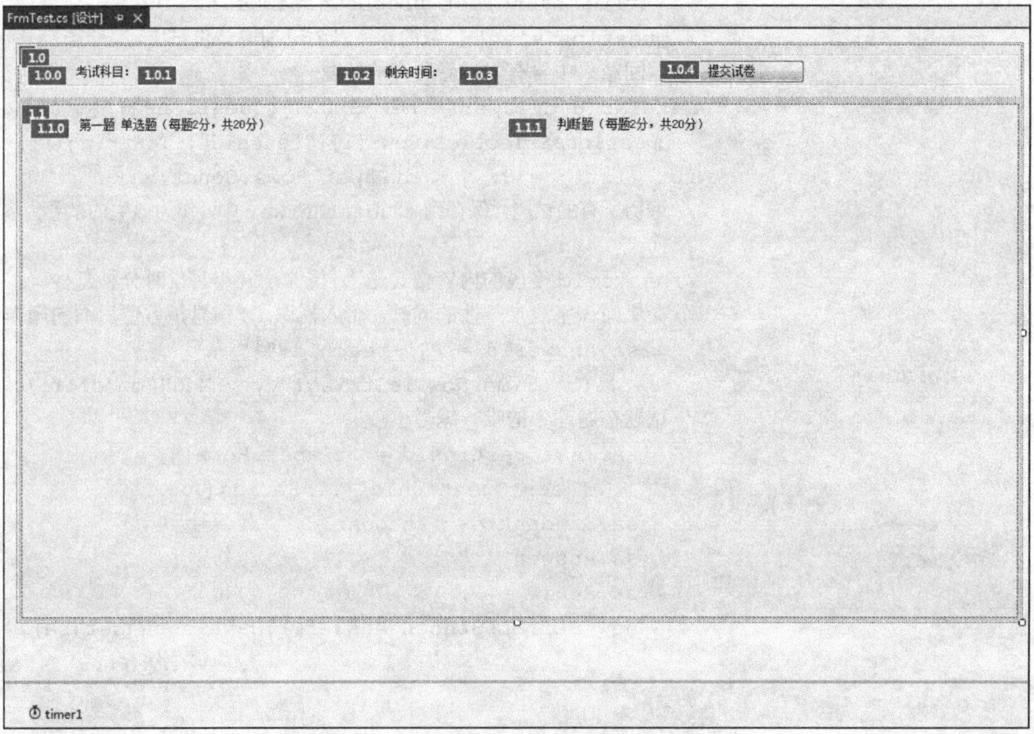

图 8-15 学生考试模块界面

表 8-29 学生考试界面属性设置表

属 性 名	属 性 值	作 用
Name	FrmTest	窗体名称
WindowState	Maximized	设置窗体的初始状态为最大化
FormBorderStyle	None	清除界面标题栏

表 8-30 学生考试界面中的控件

Tab 序号	控 件 类 型	属 性 名	属 性 值
1	TableLayoutPanel	Name	tlpTest
1.0.1	Label	Name	lbCourse
1.0.3	Label	Name	lbTimeRemainder
1.0.4	Button	Name	btnFinish
		Text	提交试卷
1.1	Panel	Name	plTest
1.1.0	Label	Name	lbTitle_1
1.1.1	Label	Name	lbTitle_2

考试模块运行效果如图 8-16 所示。

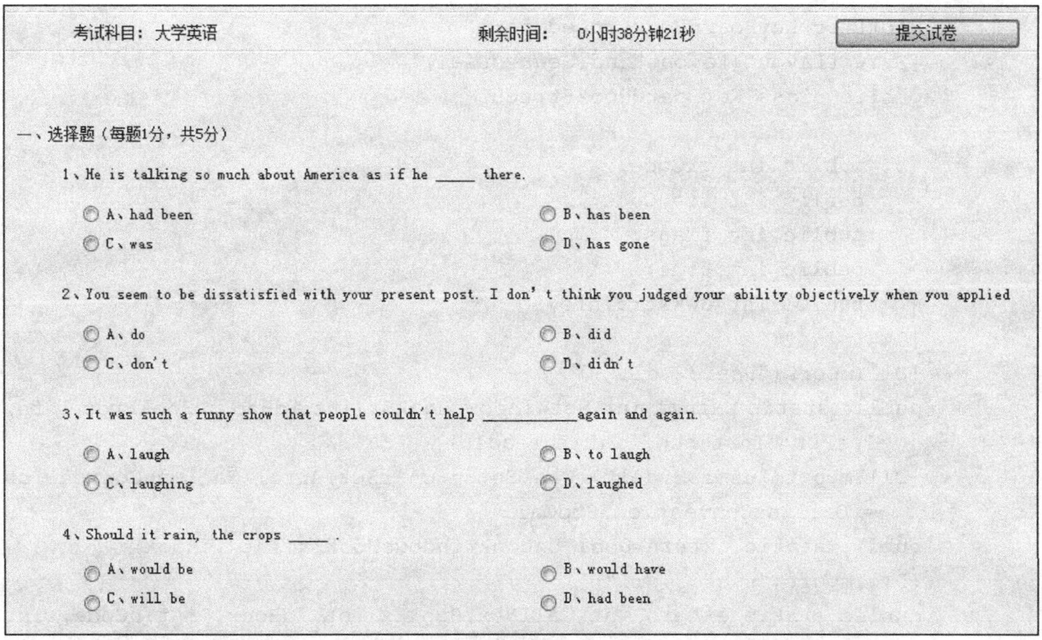

图 8-16 考试模块运行效果

首先，在该窗体的类文件 FrmTest.cs 中声明六个成员变量，并加入一个有参构造函数，代码如下：

```
Hook hook = new Hook();
public static string courseName = "", studentId = "", teachId="";
Dictionary<string, string> rbAnswer = new Dictionary<string, string>();
//存储题目及其对应的学生答案
DateTime endTime;//存储考试结束时间
//在 FrmMain 中用该构造函数实例化对象，并将参数传递过来
public FrmTest(string CourseName, string StudentId, string TeachId)
{
    courseName = CourseName;
    studentId = StudentId;
    teachId = TeachId;
    InitializeComponent();
}
```

Hook 类用于屏蔽热键及任务管理器。学生一旦进入本界面，系统会自动屏蔽 Alt+F4、Alt+Tab、Windows+D、任务管理器等热键，以防止学生在考试过程中作弊。Hook 类调用 API 函数，利用 Hook（钩子）技术实现热键屏蔽。Hook 类代码如下：

```
public class Hook : IDisposable
{
    public delegate int HookProc(int nCode, int wParam, IntPtr lParam);
    static int hHook = 0;
    public const int WH_KEYBOARD_LL = 13;
```

```
HookProc KeyBoardHookProcedure;
[StructLayout(LayoutKind.Sequential)]
public class KeyBoardHookStruct
{
    public int vkCode;
    public int scanCode;
    public int flags;
    public int time;
    public int dwExtraInfo;
}
[DllImport("user32.dll")]
public static extern int SetWindowsHookEx(int idHook, HookProc lpfn,
    IntPtr hInstance, int threadId);
[DllImport("user32.dll", CharSet = CharSet.Auto, CallingConvention
    = CallingConvention.StdCall)]
public static extern bool UnhookWindowsHookEx(int idHook);
[DllImport("user32.dll")]
public static extern int CallNextHookEx(int idHook, int nCode, int
    wParam, IntPtr lParam);
[DllImport("kernel32.dll")]
public static extern IntPtr GetModuleHandle(string name);
public void Start()   //安装键盘钩子
{
    if (hHook == 0)
    {
        KeyBoardHookProcedure = new HookProc(KeyBoardHookProc);
        hHook=SetWindowsHookEx(WH_KEYBOARD_LL,KeyBoardHookProcedure,
            GetModuleHandle(Process.GetCurrentProcess()
                            .MainModule.ModuleName), 0);
        //如果设置钩子失败
        if (hHook == 0)
            Close();
        else
        {
            RegistryKey key = Registry.CurrentUser.OpenSubKey
                (@"Software\Microsoft\Windows\CurrentVersion\
                Policies\System", true);
            if (key == null)//如果该项不存在的话，则创建该项
              key = Registry.CurrentUser.CreateSubKey
                  (@"Software\Microsoft\Windows\CurrentVersion\
                  Policies\System");
            //禁用任务管理器
            key.SetValue("DisableTaskMgr", 1,
                        RegistryValueKind.DWord);
            key.Close();
        }
```

```
        }
    }
    public void Close()//去掉钩子
    {
        bool retKeyboard = true;
        if (hHook != 0)
        {
            retKeyboard = UnhookWindowsHookEx(hHook);
            hHook = 0;
        }
        RegistryKey key = Registry.CurrentUser.OpenSubKey
            (@"Software\Microsoft\Windows\CurrentVersion\Policies\
            System", true);
        if (key != null)
        {
            key.DeleteValue("DisableTaskMgr", false);
            key.Close();
        }
    }
    public static int KeyBoardHookProc(int nCode, int wParam, IntPtr
        lParam)
    {
        if (nCode >= 0)
        {
            KeyBoardHookStruct kbh = (KeyBoardHookStruct) Marshal
                .PtrToStructure(lParam, typeof(KeyBoardHookStruct));
            if (kbh.vkCode == 91) // 截获左 Win(开始菜单键)
                return 1;
            if (kbh.vkCode == 92) // 截获右 Win
                return 1;
            if (kbh.vkCode == (int)Keys.Escape &&
                (int)Control.ModifierKeys == (int)Keys.Control)
                //截获 Ctrl+Esc
                return 1;
            if (kbh.vkCode == (int)Keys.F4 && (int)Control.ModifierKeys
                == (int)Keys.Alt)
                //截获 Alt+F4
                return 1;
            if (kbh.vkCode == (int)Keys.Tab && (int)Control.ModifierKeys
                == (int)Keys.Alt)
                //截获 Alt+Tab
                return 1;
            if (kbh.vkCode == (int)Keys.Escape && (int)Control
                .ModifierKeys == (int)Keys.Control + (int)Keys.Shift)
                //截获 Ctrl+Shift+Esc
                return 1;
```

```
            if (kbh.vkCode == (int)Keys.Space && (int)Control.ModifierKeys
                == (int)Keys.Alt)
                //截获 Alt+空格
                return 1;
            if (kbh.vkCode == 241)                    //截获 F1
                return 1;
            if (kbh.vkCode == (int)Keys.Control && kbh.vkCode == (int)
                Keys.Alt && kbh.vkCode == (int)Keys.Delete)
                return 1;
            if ((int)Control.ModifierKeys == (int)Keys.Control + (int)
                Keys.Alt + (int)Keys.Delete)
                //截获 Ctrl+Alt+Delete
                return 1;
            if ((int)Control.ModifierKeys == (int)Keys.Control + (int)
                Keys.Shift)
                //截获 Ctrl+Shift
                return 2;
            if ((int)Control.ModifierKeys == (int)Keys.Control + (int)
                Keys.Alt)
                //截获 Ctrl+Alt
                return 1;
            if (kbh.vkCode == (int)Keys.Escape)// 截获 Esc
                return 1;
            if (kbh.vkCode == (int)Keys.Decimal)// 截获
                return 1;
            if ((int)Control.ModifierKeys == (int)Keys.Control + (int)
                Keys.Alt &&
                kbh.vkCode == (int)Keys.Decimal)// 截获任务管理器
                return 1;
        }
        return CallNextHookEx(hHook, nCode, wParam, lParam);
    }
    public void Dispose()
    {
        Close();
    }
}
```

考试界面加载时，首先调用 Hook 类的 Start 方法安装钩子，屏蔽热键操作；然后启动定时器控件 timer1，开始考试时间的倒计时；接下来，将该学生随机抽取到的试卷中所有的试题按题型分类进行遍历，并生成合适的控件将试题信息放置在各控件内，并将控件添加到窗体中的 Panel 控件 plTest 的合适位置上。代码如下：

```
private void FrmTest_Load(object sender, EventArgs e)
{
    hook.Start();//安装钩子，屏蔽热键操作
```

```
this.Text = courseName;
lbCourse.Text = courseName;
DataTable dt = new BLL.BLLCourse().TestCourseSelect(studentId);
//查询登录学生当前能够考试的所有科目
if (dt.Rows.Count != 0)
{
    for (int a = 0; a < dt.Rows.Count; a++)//遍历到当前考试课程的相关信息
    {
        if (teachId == dt.Rows[a]["teachId"].ToString())
        {
            endTime = DateTime.Parse(dt.Rows[a]["endTime"].ToString());
        }
    }
    timer1.Start();//开启计时器，进行考试时间的倒计时显示
}
int i = 0;
//获取该生试卷中的所有选择题
DataTable dtXz = new BLL.BLLStudentAnswer().LoadTestPaper
    ("选择题", studentId, "|"+teachId+"|");
if (dtXz.Rows.Count != 0)//如果试卷中存在选择题
{
    //以下四行代码，设定选择题的题头信息、坐标及可见性
    lbTitle_1.Text = "一、选择题（每题" + dtXz.Rows[0]["questionScore"]
        .ToString() + "分，共"+ (int.Parse(dtXz.Rows[0]["questionNum"]
        .ToString())*int.Parse(dtXz.Rows[0]["questionScore"]
        .ToString())).ToString() + "分）";
    lbTitle_1.Left = 10;
    lbTitle_1.Top = 5;
    lbTitle_1.Visible = true;
    for (i = 0; i < dtXz.Rows.Count; i++)
    //遍历所有的选择题，生成相应控件承载试题信息，并加以显示
    {
        Panel p = new Panel();
        p.Tag = dtXz.Rows[i]["answerId"].ToString();
        p.Left = 35;
        p.Top = 30 + i * 90;
        p.Width = 750;
        p.Height = 75;
        plTest.Controls.Add(p);
        Label lbTitle = new Label();
        lbTitle.Location = new Point(10, 5);
        lbTitle.Size = new Size(1000, lbTitle.Size.Height);
        if (dtXz.Rows[i]["CurrectAnswer"].ToString().Length > 1)
            //如果是多选题
        {
            lbTitle.Text = (i + 1).ToString() + "、(多选题)" +
```

```
                dtXz.Rows[i]["questionTitle"].ToString();
    p.Controls.Add(lbTitle);
    CheckBox cbAnswerA = new CheckBox();//多选题选项用 checkBox 承载
    cbAnswerA.Location = new Point(28, 29);
    cbAnswerA.Text="A、"+dtXz.Rows[i]["answerA"].ToString();
                                            //存储选项内容
    cbAnswerA.Tag = dtXz.Rows[i]["answerId"];//存储 answerId
    p.Controls.Add(cbAnswerA);           //将 checkBox 加入 panel 中
    cbAnswerA.CheckedChanged += new EventHandler(cbAnswer_
    CheckedChanged);//为 checkBox 添加 CheckedChanged 事件处理函数
    CheckBox cbAnswerB = new CheckBox();
    cbAnswerB.Location = new Point(380, 29);
    cbAnswerB.Text="B、"+dtXz.Rows[i]["answerB"].ToString();
    cbAnswerB.Tag = dtXz.Rows[i]["answerId"];
    p.Controls.Add(cbAnswerB);
    cbAnswerB.CheckedChanged += new EventHandler(cbAnswer_
        CheckedChanged);
    CheckBox cbAnswerC = new CheckBox();
    cbAnswerC.Location = new Point(28, 51);
    cbAnswerC.Text="C、"+dtXz.Rows[i]["answerC"].ToString();
    cbAnswerC.Tag = dtXz.Rows[i]["answerId"];
    p.Controls.Add(cbAnswerC);
    cbAnswerC.CheckedChanged += new EventHandler(cbAnswer_
        CheckedChanged);
    CheckBox cbAnswerD = new CheckBox();
    cbAnswerD.Location = new Point(380, 51);
    cbAnswerD.Text="D、"+dtXz.Rows[i]["answerD"].ToString();
    cbAnswerD.Tag = dtXz.Rows[i]["answerId"];
    p.Controls.Add(cbAnswerD);
    cbAnswerD.CheckedChanged += new EventHandler(cbAnswer_
        CheckedChanged);
}
else
{
    lbTitle.Text = (i + 1).ToString() + "、" + dtXz.Rows[i]
        ["questionTitle"].ToString();
    p.Controls.Add(lbTitle);
    RadioButton rbAnswerA = new RadioButton();
                                //单选题用 RadioButton 承载选项
    rbAnswerA.Location = new Point(28, 29);
    rbAnswerA.Text="A、"+dtXz.Rows[i]["answerA"].ToString();
    rbAnswerA.Tag = dtXz.Rows[i]["answerId"];
    p.Controls.Add(rbAnswerA);
    rbAnswerA.CheckedChanged += new EventHandler(rbAnswer_
        CheckedChanged);
    RadioButton rbAnswerB = new RadioButton();
```

```
            rbAnswerB.Location = new Point(380, 29);
            rbAnswerB.Text="B、"+dtXz.Rows[i]["answerB"].ToString();
            rbAnswerB.Tag = dtXz.Rows[i]["answerId"];
            p.Controls.Add(rbAnswerB);
            rbAnswerB.CheckedChanged += new EventHandler(rbAnswer_
                CheckedChanged);
            RadioButton rbAnswerC = new RadioButton();
            rbAnswerC.Location = new Point(28, 51);
            rbAnswerC.Text="C、"+dtXz.Rows[i]["answerC"].ToString();
            rbAnswerC.Tag = dtXz.Rows[i]["answerId"];
            p.Controls.Add(rbAnswerC);
            rbAnswerC.CheckedChanged += new EventHandler(rbAnswer_
                CheckedChanged);
            RadioButton rbAnswerD = new RadioButton();
            rbAnswerD.Location = new Point(380, 51);
            rbAnswerD.Text="D、"+dtXz.Rows[i]["answerD"].ToString();
            rbAnswerD.Tag = dtXz.Rows[i]["answerId"];
                p.Controls.Add(rbAnswerD);
                rbAnswerD.CheckedChanged += new
                    EventHandler(rbAnswer_CheckedChanged);
        }
    }
}
//获取该生试卷中所有判断题
DataTable dtPd = new BLL.BLLStudentAnswer().LoadTestPaper("判断题",
    studentId, "|"+teachId+"|");
if (dtPd.Rows.Count != 0)//如果试卷中存在判断题
{
    lbTitle_2.Text = "二、判断题（每题" + dtPd.Rows[0]["questionScore"]
        .ToString() + "分，共" +(int.Parse(dtPd.Rows[0]["questionNum"]
        .ToString()) * int.Parse(dtPd.Rows[0]["questionScore"]
        .ToString())).ToString() + "分）";
    lbTitle_2.Left = 10;
    lbTitle_2.Top = i * 90 + 30;
    lbTitle_2.Visible = true;
    for (int j = 0; j < dtPd.Rows.Count; j++)
    {
        Panel p = new Panel();
        p.Left = 35;
        p.Top = i * 90 + 60 + j * 65;
        p.Width = 750;
        p.Height = 55;
        plTest.Controls.Add(p);
        Label lbTitle = new Label();
        lbTitle.Location = new Point(10, 5);
        lbTitle.Text = (j + 1).ToString() + "、" + dtPd.Rows[j]
```

```
                      ["questionTitle"].ToString();
                    p.Controls.Add(lbTitle);
                    RadioButton rbAnswerT = new RadioButton();
                    rbAnswerT.Location = new Point(28, 29);
                    rbAnswerT.Text = "对";
                    rbAnswerT.Tag = dtPd.Rows[j]["answerId"];
                    p.Controls.Add(rbAnswerT);
                    rbAnswerT.CheckedChanged += new EventHandler(rbAnswer_
                        CheckedChanged);
                    RadioButton rbAnswerF = new RadioButton();
                    rbAnswerF.Location = new Point(380, 29);
                    rbAnswerF.Text = "错";
                    rbAnswerF.Tag = dtPd.Rows[j]["answerId"];
                    p.Controls.Add(rbAnswerF);
                    rbAnswerF.CheckedChanged += new EventHandler(rbAnswer_
                        CheckedChanged);
                }
            }
        }
```

定时器 timer1 的 Tick 事件主要用来进行考试时间的倒计时，并且在考试结束时自动
提交试卷，代码如下：

```
private void timer1_Tick(object sender, EventArgs e)
{
    DateTime dt1 = new DateTime(DateTime.Now.Ticks);
    DateTime dt2 = new DateTime(endTime.Ticks);
    TimeSpan ts = dt2 - dt1;        //计算当前时间距离考试结束时间的时间差
    lbTimeRemainder.Text = ts.Hours.ToString() + "小时" + ts.Minutes
        .ToString() + "分钟" + ts.Seconds.ToString() + "秒";
    if (lbTimeRemainder.Text == "0 小时 0 分钟 0 秒")//如果考试时间到，则提交试
                                                //卷，结束考试
    {
        timer1.Stop();                  //停止计时
        MessageBox.Show("考试时间到");
        submitPaper();                  //提交试卷
        this.Close();
    }
}
```

submitPaper 函数的作用是提交试卷。将学生的答案与正确答案进行匹配，并根据组
卷时的分值设定信息计算得分，最终将学生答案与得分更新到 studentAnswer 数据表，完
成试卷提交，代码如下：

```
void submitPaper()
{
```

```
try
{
    DataTable dt = new BLL.BLLStudentAnswer().LoadTestPaper("",
        studentId, "|"+teachId+"|");
    for (int i = 0; i < dt.Rows.Count; i++)//遍历该生试卷中所有题
    {
        Model.StudentAnswer sa = new Model.StudentAnswer();
        sa.Score = 0;
        if (rbAnswer.ContainsKey(dt.Rows[i]["answerId"].ToString()))
        //如果rbAnswer中包含该试题的answerId，说明学生答了该题，
        //则获取学生对该试题的答案
        {
            if ("对" == rbAnswer[dt.Rows[i]["answerId"].ToString()])
            { sa.Answer = "1"; }
            else if ("错" == rbAnswer[dt.Rows[i]["answerId"].ToString()])
            { sa.Answer = "0"; }
            else {sa.Answer = rbAnswer[dt.Rows[i]["answerId"].ToString()];}
        }
        if (dt.Rows[i]["CurrectAnswer"].ToString()==sa.Answer)
        //判断学生答案是否正确，如果正确，则设定分值
        {
            sa.Score = int.Parse(dt.Rows[i]["questionScore"].ToString());
        }
        //向数据库提交结果
        new BLL.BLLStudentAnswer().SubmitPaper(sa, dt.Rows[i]
            ["AnswerId"].ToString());
    }
    MessageBox.Show("提交成功！");
    this.Close();
}
catch { MessageBox.Show("提交失败！"); }
}
```

学生在考试界面中，每选择一个单选题或判断题的选项（RadioButton）时，会触发该控件的 CheckedChanged 事件，该事件负责将学生选择的单选题、判断题答案添加到字典对象 rbAnswer 中，代码如下：

```
public void rbAnswer_CheckedChanged(object sender, EventArgs e)
{
    RadioButton rb = (RadioButton)sender;
    if (rb.Checked)
    {
        if (rbAnswer.ContainsKey(rb.Tag.ToString()))
        {
            rbAnswer.Remove(rb.Tag.ToString());
        }
```

```
            rbAnswer.Add(rb.Tag.ToString(), rb.Text.Substring(0, 1));
    }
}
```

学生在考试界面中，每选择一个多选题的选项（CheckBox）时，会触发该控件的 CheckedChanged 事件，该事件处理程序负责将学生选择的多选题答案添加到字典对象 rbAnswer 中，代码如下：

```
public void cbAnswer_CheckedChanged(object sender, EventArgs e)
{
    CheckBox cb = (CheckBox)sender;
    Panel p = (Panel)(cb.Parent);
    string str="";
    for (int i = 0; i < p.Controls.Count; i++)
    {
        if (p.Controls[i] is CheckBox)
        {
            CheckBox cbTemp=(CheckBox)(p.Controls[i]);
            if(cbTemp.Checked)
                str +=cbTemp.Text.Substring(0, 1);
        }
    }
    if (rbAnswer.ContainsKey(cb.Tag.ToString()))
    {
        rbAnswer.Remove(cb.Tag.ToString());
    }
    rbAnswer.Add(cb.Tag.ToString(), str);
}
```

答题完毕，单击【提交试卷】按钮，完成试卷提交，并退出考试界面，回到学生端主界面，代码如下：

```
private void btnFinish_Click(object sender, EventArgs e)
{
    DialogResult dr = MessageBox.Show("提交后无法继续答卷，您确定提交试卷？ ",
                                     "提示框", MessageBoxButtons.YesNo);
    if (dr == DialogResult.Yes)
    {
        submitPaper();
    }
}
```

8.9 技术经验总结

8.9.1 技术总结

本系统用到了以下技术及知识点。

（1）本系统使用了简单三层架构，使用三层架构可以使程序结构更清晰、可维护性更强。

（2）本系统使用了 API 函数和操作注册表，合理利用 API 函数及注册表可以做到很多系统级的操作，达到一些常规操作无法实现的效果，如禁用系统热键、屏蔽任务管理器等。

（3）本系统操作了 Excel 文件，实现了从 Excel 文件读取数据的功能。事实上，操作 Excel 文件与操作 Access 数据库极其类似，只是数据库连接字符串不同。

（4）在实现从数据库随机读取试题时，在 SQL 语句中使用了 newid()函数，该函数可以进行随机排序动作，并选取符合条件的前 N 条数据，有效提高了随机抽取效率和随机性。

（5）本系统学生考试模块使用了控件的代码生成技术，可以使界面的生成更灵活，适应性更强。

8.9.2 经验总结

在进行软件项目开发时，不应急于进入编码阶段，尤其是对于业务逻辑复杂、功能较多的应用系统。应遵循软件工程思想，将更多的时间花在需求调研及系统设计上，要经过反复论证。尤其是对于三层架构的项目，如果需求和设计阶段做得不够严谨，在开发阶段势必会因为需求理解的失误或者设计缺陷导致级联修改。

本系统充分体现了三层架构的优越性。本系统分为两个子系统：教师端子系统、学生端子系统。教师端子系统与学生端子系统都访问相同的数据库，甚至部分业务逻辑都相同。系统分层后，Model、DAL、BLL 均可为两个子系统所使用，大大提高了代码复用度。在今后面临需求变更，如数据库类型更换等问题时，只需更改同一个数据访问层即可。

另外要说明的是，为方便读者阅读源代码及系统调试，特将教师端子系统和学生端子系统分为两个项目，并各自拥有一套 Model、DAL 和 BLL 类库源代码，但两端这三个类库的代码是相同的。

第 9 章

高校实践课题管理系统

本章描述的是一个实际项目——高校实践课题管理系统。该系统首先对高校实践课题管理中的教师、学生、专业、班级、课题类型、语言类型、课题时间等基本信息进行维护；其次，系统对实践课题管理过程中的教师课题维护、课题申报、课题审批、课题选报等一系列业务操作进行管理，保证各阶段数据的一致性和连续性；对于各阶段工作产生的数据记录，系统均提供组合条件查询，并对教师及课题负责人工作中需要的学生名单、课题选报情况等进行统计分析，为教师进行考勤及课题负责人统筹安排教师指导人数等工作环节提供准确的数据支持。本章介绍了项目的开发过程，描述了项目的需求获取、分析设计、测试以及最后的交付运行等环节的实现。

9.1 项 目 描 述

9.1.1 项目背景

软件学院在校各年级学生每个学期都要参与实践课题，作为一门必修的课程。目前各实践环节中教师指导学生是采用自由选择的方式，即指导教师发布题目之后，由学生选择其感兴趣的任一教师的题目。教师也可以在已选报自己题目的学生中选择合适的学生，即实现双向选择。

这种自由选择的方式效果很好，深受教师和学生的欢迎。但是整个实践课题管理工作需要经历：教师申报课题→课题负责人审批课题→学生选报课题→教师确认学生→课题负责人汇总结果等步骤，且各步骤之间衔接非常紧密，每个步骤又都有各自的操作规则。以往的实践课题工作主要以文件方式（Excel 文件）管理，这种方式容易发生数据重复、遗漏及统计数据出错等问题，因此，必须有一套管理系统作为工具来支持整个实践课题管理工作的正常进行。

9.1.2 业务描述

1. 名词说明

以下列出本系统使用的几个业务名词，以方便读者理解后续内容，如表 9-1 所示。

2. 用户描述

软件学院实践课题管理系统主要分三种用户：教师、学生和课题负责人。以下对这三种用户所需要的功能分别进行描述。

表 9-1 系统业务名词说明

名　称	说　明
课题申报	教师申报实践课题，申报内容包括课题名称、课题类型、适合专业、要求、使用的语言等
课题审批	课题负责人对于教师申报的实践课题进行审批，同意或驳回教师申报的题目
课题选报	学生选报指导教师的题目，方式为一人创建组，同组其他学生加入组

（1）教师用户：

① 教师用户需要在每学期课题申报工作开始后通过系统申报实践课题。

② 教师用户在申报过课题后希望可以查看申报状况，即课题负责人是否审批通过了自己申报的课题。

③ 在学生选报过课题后，教师可以从已选报的学生组中确定自己要指导的学生，也可以驳回某个组或者某个学生的选报。

④ 教师可以查询并打印学生点名册。

⑤ 课题结束后教师可以录入自己指导的学生的成绩。

⑥ 教师用户可以查看课题负责人发布的公告。

（2）学生用户：

① 学生用户在每学期课题选报系统开放后，可登录系统查看本专业方向已公布的实践课题情况，并进行课题选报。

② 学生可以查看自己的选报状况，即教师是否同意指导自己做课题。

③ 学生可以查看课题负责人发布的公告。

（3）课题负责人用户：

课题负责人用户实际承担了系统管理员及课题负责人两个角色的功能。

① 作为系统管理员，应负责设置系统基本参数，包括学生基本信息维护、教师基本信息维护、专业管理、方向管理及班级管理等；课题负责人还负责系统用户管理及权限设置、数据库备份及恢复等。

② 作为课题负责人，应负责开放课题申报及选报功能，即设置课题选报时间段。学生用户只有在选报时间段内才能选报课题，教师用户及课题负责人用户的各项功能不受选报时间段的影响。

③ 课题负责人可对所有教师用户申报的课题进行审批，结论是通过或驳回申报。

④ 课题负责人可删除已审批课题及解除已确定的教师与学生的指导关系。

⑤ 课题负责人可对课题申报、选报等情况进行各种查询及统计。

⑥ 课题负责人可以汇总教师提交的成绩，形成完整的成绩单。

⑦ 课题负责人可发布及维护系统公告。

9.1.3 项目目标

软件学院实践课题管理系统需要实现的目标为：

（1）对系统所需的基础数据，如学生信息、教师信息、专业信息、班级信息、课题开放时间、教师能带领学生的人数上限等进行维护。

（2）对实践课题生命周期中的各环节工作进行管理，以保证课题负责人、教师及学生能按步骤正常完成各自的任务。

（3）在实践课题各阶段，能为教师及课题负责人提供完善的查询、统计功能。

9.2 系 统 需 求

实践课题管理的业务流程阶段性很强，每个阶段产生的数据都要求准确无误，并且各阶段之间的数据连续性及相关性要求很高，后一阶段的工作必须依据前一阶段的数据并满足当前阶段的业务规则限制。

由于开发人员本身即为实践课题管理系统的用户——教师及课题负责人，对系统的需求非常了解，因此系统需求分析阶段及设计阶段基本上是同步进行的。并且由于系统的核心业务模块之间数据联系很紧密，每个模块的功能都受相关模块的牵制，因此系统的功能需求获取不可能一步到位，经常是设计另一功能模块时才发现原有的需求中存在的问题及不足。另外，在系统设计、开发及测试的过程中，还会增加及修改一些需求，主要是模块之间的数据联系。每次需求变动，均需完整地记录下来，并同步修改设计、编码及测试计划。

以下将给出系统最终的需求描述、用例规约及用例图。中间修改及完善的过程略去。

9.2.1 系统主要功能

系统采用 B/S 架构设计，主要功能包括公告、课题操作、查询统计、个人信息及基础信息设置。系统功能模块图如图 9-1 所示。

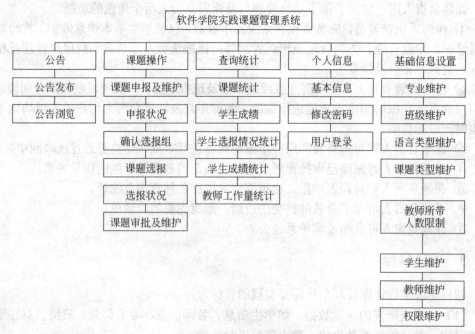

图 9-1 系统功能模块图

系统总体业务活动图如图 9-2 所示。

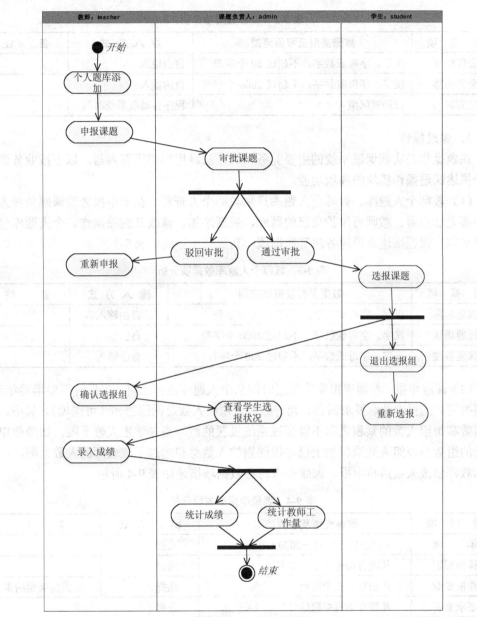

图 9-2　系统总体业务活动图

9.2.2　需求描述

实践课题管理工作中有很多业务规则，以下按业务流程分别描述。

1. 公告

公告管理功能主要包括公告发布、公告维护、公告查询及公告浏览。公告发布时需要填写公告标题及内容。公告维护可对已发布的公告进行修改及删除操作。用户可按公告标题查询公告、浏览公告内容。其数据项描述如表 9-2 所示。

表 9-2　公告数据项分析

数　据　项	数据类型及取值范围	输 入 方 式	备　　注
公告标题	汉字、字母或数字，不超过 50 个字符	自由输入	
公告内容	汉字、字母或数字，不超过 2000 个字符	自由输入	
发布时间	日期时间型	程序自动取系统时间	

2. 课题操作

课题操作是实践课题系统的主要业务模块，三种用户都需要参与。以下按业务流程逐个描述课题操作模块的各项功能。

（1）教师个人题库。教师个人题库只供教师个人查看，在未申报之前课题负责人和学生都无法查看。教师可维护自己的题库，包括添加、修改及删除操作。个人题库包括课题名称、课题描述及课题备注等数据项，其数据项描述如表 9-3 所示。

表 9-3　教师个人题库数据项分析

数　据　项	数据类型及取值范围	输 入 方 式	备　　注
课题名称	汉字、字母或数字，不超过 50 个字符	自由输入	
课题描述	汉字、字母或数字，不超过 2000 个字符	自由输入	
课题备注	汉字、字母或数字，不超过 200 个字符	自由输入	

（2）课题申报。教师申报实践课题时需从个人题库选择题目，申报时需要填写年级、课题类别、选报专业、要求语言、允许组数、每组人数及课题密码（可选项）。其中，允许组数和每组人数的乘积之和不能超过系统设置的教师指导学生人数上限，如当前申报题目的组数与每组人数乘积加上已申报课题的人数总和超过了该教师的人数上限，则需提示教师修改人数后再申报。课题申报时各数据项描述如表 9-4 所示。

表 9-4　课题申报数据项分析

数　据　项	数据类型及取值范围	输 入 方 式	备　　注
年　　级	4 位整数（2004—2020）	选择	
课题类别	从现有课题类别中取值	选择	
选报专业	从现有专业中取值	选择	受课题类别约束
要求语言	从现有语言中取值	选择	
允许组数	数字（1～6）	选择或输入	
每组人数	数字（1～6）	选择或输入	
课题密码	数字或字母，16 位以下	自由输入	

说明：

① 教师的个人题库中的题目经申报之后就成为已申报课题，这时即使教师修改了个人题库中的题目内容或者删除了该题目，也不会影响到已申报课题的内容。

② 在选择过课题类别之后，就可以确定该课题对应的专业类型了（专科、本科），

因此在选报专业中只提供相应专业类型下的专业供用户选择。

③ 如教师想让指定学生做某个课题，可设置课题密码。在学生选报课题时，如该课题有密码，则学生必须正确输入密码才能选报。

（3）课题审批。课题负责人在教师完成课题申报后，需对已申报的课题进行审批。审批的结果有两种，通过或者驳回。只有审批通过的题目，学生才能看到并进行选报。

不管是哪种结果，课题负责人都可以在审批时给出自己的意见或建议。

（4）申报状况。教师申报课题后，要由课题负责人进行审批，教师可以查看已申报课题的申报状况，有三种情况：

① 未审批：即课题负责人尚未审批该课题。教师可以对未审批的实践课题进行修改或撤销申报操作。

② 已审批：即课题负责人已审批通过该课题的申报。已审批过的课题教师无权再进行修改，如有特殊情况，则需课题负责人操作。

③ 已驳回：即课题负责人已驳回该课题的申报。教师可以查看课题负责人驳回的理由，修改过后再次申报。

以上三种状态可用一个"申报状况"来标识。

（5）课题选报。学生用户的课题选报功能是课题操作过程中业务最复杂的一个环节。在描述课题选报的业务流程之前，需要介绍一下专业类别、学期与课题类别的对应关系。

首先，由于实践课题期间要求每个学生单独占用一台电脑，而学院的机房规模有限，不能容纳在校的所有学生同时做课题，因此我们安排专科学生每学期期末的最后三周做课题，而本科学生在每学期开学的前三周做课题。

其次，专、本科学生的一级课题均统一安排教师指导，因此不参与课题选报；专科学生在校的第2和第3学期末分别对应其二级实践课题和三级实践课题；本科学生在校的第3～6学期，分别对应二级、三级实践课题和软工实践一、二。专科的第4学期及本科的第7、8学期，学生都要到校外实习，目前的实践课题管理系统暂不管理这些校外的实习环节。具体对应关系如表9-5所示。

表9-5　本/专科、学期与课题类别的对应关系

本科/专科	学　期	课题类别
专科	2	二级实践课题（专科）
专科	3	三级实践课题（专科）
本科	3	二级实践课题（本科）
本科	4	三级实践课题（本科）
本科	5	软工实践一
本科	6	软工实践二

再次，当课题负责人开放了学生的选报权限，即设置好选报时间段后，学生即可在系统中看到经课题负责人审批通过的题目。此时，针对不同的学生，系统将对题目进行筛选并显示，筛选条件如下：

① 课题类别：学生用户成功登录后，系统将根据该用户所在的年级及当前的年份及

月份，计算出该学生当前所在的学期数，算法如下：

- 由当前系统时间获取当前年份及月份，分别为 y_1 和 m。
- 获取该生所在年级，即入学年份，设为 y_2。
- 设入学年数为 y_3，则 $y_3 = y_1 - y_2$。
- 设当前学期为 term 如 $y_3 = 0$, term=1。
- 如 $y_3 = 1$ 则根据当前月份判断学期数：如 $m < 3$，则 term=1；如 $3 < m < 10$，则 term=2；否则 term=3。
- 如 $y_3 = 2$ 则根据当前月份判断学期数：如 $m < 3$，则 term=3；如 $3 < m < 10$，则 term=4；否则 term=5。
- 如 $y_3 = 3$ 则根据当前月份判断学期数：如 $m < 3$，则 term=5；如 $3 < m < 10$，则 term=6；否则 term=7。

由于本科第四学年的实践活动本系统不予管理，所以不再参与运算。

得到了学期之后，根据当前学生所属的专业类别，即可由表 9-5 中专业类别、学期找到该生当前可以选报的课题类别。

② 专业方向：软件学院的专业方向是按学生学习的开发语言平台来划分的，目前主要有.NET、Java、网络及游戏四个方向。

最后，介绍学生选报组的管理。教师申报课题的时候每个题目都可以允许多组学生完成，每组也可以有多名组员。例如，某学生想选报某教师的一个可容纳 3 组、每组可容纳 2 人的课题。当第一个学生选报时，他需要新建一个选报组。而第二个学生选报时，可以选择加入已存在的选报组或者另外新建组。当已有 3 个选报组时，后来的学生只能加入尚未报满的选报组，如所有组均被报满，则其他学生无法选报该课题。

（6）确认选报组。实践课题是允许教师和学生的双向选择的，当学生选报课题完成后，教师可对选报自己课题的学生进行确认或驳回。教师可按课题名称查询到所有选报该课题的学生，这些学生是以组为单位列出的，教师可以整组地确认学生，也可以进入某一组，单独确定或者驳回某个学生。一旦教师确认过，就没有权限改变与学生之间的指导关系了，如有特殊情况，则需课题负责人处理。

（7）选报状况。学生选报过课题之后，可以查看自己的选报状况，选报状况有以下三种：

① 未确认：即教师尚未确认是否指导该学生做课题。这时学生可以选择退出选报组，另行选报其他题目，如不退出原有选报组，则不能再选报其他课题。

② 已确认：即教师已确认指导该学生做课题。已确认过的学生不能再修改自己的选报情况，如有特殊情况，则需课题负责人处理。

③ 已驳回：即教师驳回了学生的选报，这时学生可以重新选报其他课题。

（8）已审批课题维护。由于实践课题申报、选报的过程中涉及的教师及学生用户较多，难免会出现操作错误或者其他的意外情况，因此课题负责人需要拥有处理各种意外情况的权限。已审批课题维护主要有以下几个功能。

① 删除课题：如教师申报的课题已经过审批，教师用户就不能再撤销申报或修改课题申报信息了，这时课题负责人可以删除该课题，然后教师再重新申报即可。已有学生

选报的课题不能删除。

②　组员维护：在教师确认过选报组后，无论是教师还是学生用户都无法更改他们之间的指导关系了，如果需要解除这种指导关系，课题负责人可以从已确认的选报组中驳回一个或多个学生。被驳回后这些学生就恢复成未选报课题时的初始状态，可重新选报课题。

3. 查询统计

（1）课题统计。在教师课题申报工作进行到一定程度之后，课题负责人希望能统计所有指导教师所报题目能容纳的各专业方向学生总数，并与各专业方向的学生总数进行对比，算出两者之间的差额，以便确定下一步的管理策略：

①　如差额较小，则可以安排个别老师增加题目，并适当加大其所带学生人数的上限。

②　如差额较大，则可以将没报上课题的学生交给合作实训公司指导。

由于教师在申报课题时，同一个课题可以由多个专业的学生共同选报，所以统计出来的各专业课题数及可容纳学生的人数和一定会超过真正的题目总数和学生总数。

（2）学生名单。教师确认过选报组后，可以查询出自己所指导的学生名单，并可导出至 Excel 或直接打印。学生名单可按学生学号或者是分组排序。学生名单的主要作用是方便教师对学生进行考勤及记录平时成绩。

（3）学生成绩录入。课题结束后，教师要为每个学生录入成绩，与学生名单一样，可以按学号或分组对学生进行排序。成绩录入后可以"暂存"或"提交"。"暂存"后教师还可以对成绩进行修改，而"提交"之后就不能再修改了。在教师提交成绩时，系统会判断是否每个出现在名单上的学生都有了有效的成绩，如有学生成绩为空，则系统将不允许教师提交成绩。

（4）学生选报情况统计。课题负责人可在学生结束选报后对学生选报的整体情况进行统计。在统计的时候可以选择年级、课题类别、专业、班级等条件，也可以按选报状态进行统计，课题负责人对统计结果的相应处理方式有以下几种情况：

①　统计出未选报学生的总数，结合课题统计的结果进行分析，如果教师申报的课题还有余量，则需要辅导员通知学生抓紧时间选报；如果教师申报的课题已报满，则需要根据未选报学生的人数安排实训公司指导学生做课题。

②　对于已选报但未被确认学生，课题负责人需要通知相关教师尽快确认学生。

③　对于已确认学生，课题负责人可以统计出其总数以掌握当前学生总体的选报情况。

（5）学生成绩统计。由于每个教师所指导的学生分别属于不同的专业和班级，而课题负责人需要整理所有教师录入的成绩后汇总得到按专业和班级排序，即按学号严格排序的成绩单，并录入到教务系统中。在课题负责人输入年级和课题类别后，系统会查询得到本次实践课题工作中指导学生的所有教师，并查看每个教师成绩的提交状态，如还有教师没有提交成绩，系统将查询出这些教师的姓名及联系方式，课题负责人可联系相关教师，提醒他们及时提交成绩。

当所有教师都提交了自己所带学生的成绩之后，课题负责人即可按专业和班级统计出所有学生的成绩。每个教师指导学生的人数上限一般是 30 个人，也就是说，每个教师每次最多只需录入 30 个学生的成绩。而课题负责人每次需录入几百个学生的成绩。所以系统限制课题负责人必须在所有教师都提交成绩之后才能汇总成绩，以避免漏掉个别学生的成绩。

（6）教师工作量统计。对于指导实践课题的教师，学院是按教师指导的实际学生人数计算工作量的。在每次实践课题工作结束后，课题负责人都需要统计每个教师指导的学生人数。系统提供教师工作量统计功能，课题负责人在输入年级和课题类别之后，系统将给出所有参与该次实践课题的教师指导学生的人数列表。

（7）历史信息查询。由于本系统基础信息设置中对专业方向、专业、班级等数据记录的删除都是级联删除的，最终都会导致对学生选报记录的删除（参考后续基础信息设置部分内容）。系统要求每次实践课题的所有工作结束之后，课题负责人将本次课题产生的所有数据备份至数据库，这样可以保证即使系统基础信息被删除，也能查询到所有课题选报的历史记录。

4. 个人信息

（1）基本信息。每个用户登录系统后都可查询自己的基本信息。

（2）修改密码。各用户登录系统后都可以修改自己的密码。

5. 登录

系统使用基于角色的权限控制，课题负责人、教师及学生所能访问的页面。由课题负责人在权限控制部分进行设置，用户成功登录后，只能访问提前设置好的功能页面。

6. 基础信息设置

（1）专业方向维护。专业方向是系统的初始数据，一般不会修改，但仍需提供添加、修改及删除的功能。需要说明的是，删除专业方向的同时将对该专业方向包含的专业进行删除。专业方向维护的数据项分析如表 9-6 所示。

表 9-6　专业方向维护数据项分析

数　据　项	数据类型及取值范围	输　入　方　式	备　　注
专业方向名称	汉字、字母，不超过 30 个字符	自由输入	

（2）专业维护。专业也是系统的初始数据，系统提供添加、修改及删除的功能。删除某专业的同时将对该专业包含的所有班级进行删除。专业维护的数据项分析如表 9-7 所示。

表 9-7　专业维护数据项分析

数　据　项	数据类型及取值范围	输　入　方　式	备　　注
专业名称	汉字、字母，不超过 30 个字符	自由输入	
专业类型	固定选项	选择	专科、本科
所属专业方向	从现有专业方向中取值	选择	

（3）班级维护。班级数据每年都要发生变化，主要是添加新的班级。删除某班级的同时将对该班级包含所有的学生进行删除。班级维护的数据项分析如表 9-8 所示。

表 9-8 班级维护数据项分析

数 据 项	数据类型及取值范围	输 入 方 式	备 注
班级名称	汉字、字母，不超过 20 个字符	自由输入	
所属专业	从现有专业中取值	选择	
年级	4 位整数（2004～2020）	选择	

（4）语言类型维护。对于语言类型，系统也提供了添加、修改及删除的功能。删除语言类型对已申报课题会产生影响。语言的数据项分析如表 9-9 所示。

表 9-9 语言类型数据项分析

数 据 项	数据类型及取值范围	输 入 方 式	备 注
语言名称	汉字、字母，不超过 10 个字符	自由输入	

（5）课题类别维护。课题类别是系统的初始化数据，如要删除某课题类别，则该课题类别下的所有课题都会受到影响。课题类别维护的数据项分析如表 9-10 所示。

表 9-10 课题类别维护数据项分析

数 据 项	数据类型及取值范围	输 入 方 式	备 注
课题类别名称	汉字、字母，不超过 20 个字符	自由输入	
专业类型	固定选项	选择	专科、本科
学期	1 位整数（1～8）	选择	

（6）课题时间维护。实践课题的时间段主要是限制学生用户选报课题的开始及结束时间，对于教师用户及课题负责人用户来说，任何时候都可以登录系统并访问其功能模块。课题负责人可以为某年级的某课题类别设置学生选报开始时间及结束时间。当学生用户登录系统后，系统将判断当前系统时间是否在课题选报时间段内，如不在则提示不能进行选报。课题时间维护的数据项分析如表 9-11 所示。

表 9-11 课题时间维护数据项分析

数 据 项	数据类型及取值范围	输 入 方 式	备 注
年级	4 位整数（2004-2020）	选择	
课题类别名称	从已有课题类别名称中选择	选择	
开始时间	有效日期数据(YYYY-MM-DD)	选择	
结束时间	有效日期数据(YYYY-MM-DD)	选择	必须大于开始时间

（7）教师所带人数限制。为了保证教学质量，需要限制每个老师指导的学生人数，一般情况下，每个教师能指导的人数上限为 30 人。如某教师还有其他教学任务，如已指导一级课题（一级课题为期一周，以专业方向为单位，一个教师负责指导所有该专业方向的所有学生），则对于同一时期进行的其他实践课题，需降低其人数上限，如 15 人。因此，系统对于教师指导学生的人数上限的设置是由以下两种方式相结合实现的：

① 设置默认人数上限，所有未被排除的教师都以该数值为可申报的题目人数上限；

② 为个别教师设置排除默认值，被排除的教师所能指导的人数上限可另行设置。

（8）教师信息维护。教师用户的基本信息可以进行添加、修改及删除。教师基本信息的数据项如表 9-12 所示。

表 9-12　教师信息数据项分析

数　据　项	数据类型及取值范围	输　入　方　式	备　　　注
教师用户名	中文（1～5 个字符）	自由输入	
教师姓名	中文（1～5 个字符）	自由输入	
教师学历	中文（1～10 个字符）	选择	大学本科、硕士研究生、博士研究生
教师职务	中文（1～10 个字符）	自由输入	
教师职称	中文（1～10 个字符）	选择	教授、副教授、讲师、助教
联系电话	11 位数字	自由输入	限填手机号码
E-mail	数字、字母、符号，小于 50 个字符	自由输入	有效 Email 地址
个人简介	中文，小于 200 个字符	自由输入	
状态	0 或 1	选择	0：账号停用 1：账号启用
备注	中文，小于 150 个字符	自由输入	

（9）学生信息维护。学生用户的基本信息可以进行添加、修改及删除。学生基本信息的数据项如表 9-13 所示。

表 9-13　学生信息数据项分析

数　据　项	数据类型及取值范围	输　入　方　式	备　　　注
学生用户名	12 位数字表示的学号	自由输入	
学生姓名	中文（1～5 个字符）	自由输入	
所属班级	从现有班级中取值	选择	

（10）权限维护。课题负责人可为不同角色分配权限，即指定该角色可以访问的页面。

9.2.3　用例分析

首先分析参与者，本项目的参与者主要有三种，为了便于描述，分别用一个字母表示如下：

- A：课题负责人。
- B：教师。
- C：学生。

其中系统用例总表如表 9-14 所示。

限于篇幅，本节只给出典型用例的描述。

表 9-14　系统用例一览表

用　例	子用例编号	子用例名称	参　与　者	备　注
公告	UC_01	公告发布	A	
	UC_02	公告修改	A	
	UC_03	公告删除	A	
	UC_04	公告浏览	A、B、C	
课题操作	UC_05	个人题库添加	B	略
	UC_06	个人题库修改	B	略
	UC_07	个人题库删除	B	略
	UC_08	课题申报	B	
	UC_09	课题审批	A	
	UC_10	申报状况	B	
	UC_11	申报撤销	B	
	UC_12	重新申报	B	
	UC_13	课题选报	C	
	UC_14	确认选报组	B	
	UC_15	确认组员	B	
	UC_16	选报状况	C	
	UC_17	撤销选报	C	
	UC_18	已审批课题查询	A	
	UC_19	已审批课题删除	A	
	UC_20	组员删除	A	
查询统计	UC_21	课题统计	A	
	UC_22	学生名单	B	
	UC_23	学生成绩录入	B	
	UC_24	学生选报情况统计	A	
	UC_25	学生成绩统计	A	
	UC_26	教师工作量统计	A	
个人信息	UC_27	基本信息	A，B，C	
	UC_28	修改密码	A，B，C	
登录	UC_29	用户登录	A，B，C	
基础信息设置	UC_30	专业方向添加	A	略
	UC_31	专业方向删除	A	略
	UC_32	专业添加	A	略
	UC_33	专业修改	A	略
	UC_34	专业删除	A	略
	UC_35	班级添加	A	略
	UC_36	班级修改	A	略

续表

用　　例	子用例编号	子用例名称	参　与　者	备　注
	UC_37	班级删除	A	略
	UC_38	学生添加	A	略
	UC_39	学生修改	A	略
	UC_40	学生删除	A	略
	UC_41	学生信息导入	A	略
	UC_42	教师添加	A	略
	UC_43	教师修改	A	略
	UC_44	教师禁用	A	略
基础信息设置	UC_45	语言类型添加	A	略
	UC_46	语言类型修改	A	略
	UC_47	语言类型删除	A	略
	UC_48	课题类别添加	A	略
	UC_49	课题类别修改	A	略
	UC_50	课题类别删除	A	略
	UC_51	课题时间添加	A	略
	UC_52	课题时间修改	A	略
	UC_53	课题时间删除	A	略
	UC_54	教师所带人数限制	A	
	UC_55	权限维护	A	

1. 公告

公告管理是对系统公告的管理功能，主要包括公告发布、公告修改、公告删除及公告浏览四个用例，以下分别进行描述。

（1）公告发布。课题负责人发布系统公告，用例规约如表 9-15 所示。

表 9-15　公告发布用例规约

用例编号	UC-01
用例名称	公告发布
用例描述	课题负责人发布公告
参与者	课题负责人
前置条件	参与者成功登录系统
后置条件	正常实现发布公告
涉众利益	参与者希望登录后能编辑系统公告并发布
基本路径	1. 参与者请求公告维护 2. 系统显示公告维护页面 3. 在公告维护页面的公告列表中显示数据库中现有的公告信息 4. 参与者请求公告发布

续表

基本路径	5. 系统显示公告发布页面
	6. 参与者输入公告标题
	7. 参与者输入公告内容
	8. 参与者请求发布公告
	9. 公告信息添加成功
	10. 刷新公告维护页面的公告列表，按发布时间倒序排列，即最新发布的在第一条
扩展点	6.a 公告标题不能为空
	7.a 公告内容不能为空
字段列表	公告标题、公告内容、发布日期
业务规则	公告列表中按发布时间倒序排列

（2）公告修改。课题负责人用户对系统公告进行修改。用例规约如表 9-16 所示。

表 9-16　公告修改用例规约

用例编号	UC-02
用例名称	公告修改
用例描述	课题负责人修改已发布的公告
参与者	课题负责人
前置条件	参与者成功登录系统
后置条件	正常实现公告的修改
涉众利益	参与者希望登录后能对系统公告进行修改
基本路径	1. 参与者请求公告维护
	2. 系统显示公告维护页面
	3. 系统在公告维护页面的公告列表中显示数据库中现有的公告信息
	4. 参与者可根据公告标题查询公告信息
	5. 参与者选择需要修改的公告信息
	6. 参与者请求修改公告
	7. 系统显示公告发布页面
	8. 参与者修改公告信息
	9. 参与者请求保存修改
	10. 系统提示公告信息修改是否成功
	11. 刷新公告维护页面的公告列表，按发布时间倒序排列，即最新发布的在第一条
字段列表	公告标题，公告内容，发布日期
业务规则	公告列表中按发布时间倒序排列

（3）公告删除。课题负责人负责对系统公告进行删除。用例规约如表 9-17 所示。

表 9-17　公告删除用例规约

用例编号	UC-03
用例名称	公告删除

续表

用例描述	课题负责人删除已发布公告
参与者	课题负责人
前置条件	参与者用户成功登录系统
后置条件	正常实现公告的删除
涉众利益	参与者希望登录后能对系统公告进行删除
基本路径	1. 参与者请求公告维护 2. 系统显示公告维护页面 3. 系统在公告维护页面的公告列表中显示数据库中现有的公告信息 4. 参与者可根据公告标题查询公告信息 5. 参与者选中需删除的公告信息 6. 参与者请求删除公告 7. 参与者确认删除公告 8. 系统提示公告信息删除是否成功 9. 刷新公告维护页面的公告列表，按发布时间倒序排列，即最新发布的在第一条
字段列表	公告标题，公告内容，发布日期

（4）公告浏览。教师和学生用户登录系统后可查看课题负责人发布的公告。用例规约如表 9-18 所示。

表 9-18   公告浏览用例规约

用例编号	UC-04
用例名称	公告浏览
用例描述	课题负责人、教师及学生可浏览系统公告列表并查看公告详情
参与者	课题负责人、教师、学生
前置条件	参与者成功登录系统
后置条件	参与者能浏览所有系统公告内容
涉众利益	参与者希望登录后能查看系统公告
基本路径	1. 参与者请求公告浏览 2. 系统显示公告浏览页面 3. 参与者可根据公告标题查询公告信息 4. 参与者选择要查看的公告标题 5. 参与者请求查看公告内容 6. 系统显示公告详情页面
字段列表	公告标题，公告内容，发布日期

2. 课题操作

课题操作是本系统的核心业务模块，系统各用户均需参与到课题操作的生命周期中。以下给出各用户在课题操作过程中参与的用例规约。

（1）个人题库添加。教师可以随时向个人课题库中添加新题目，用以在实践课题工作开始时进行申报。个人课题的添加用例规约略。

（2）个人题库修改。教师可以修改个人题库中的课题信息。个人课题的修改用例规约略。

（3）个人题库删除。教师可以删除个人题库中的课题。课题的删除用例规约略。

（4）个人题库信息查看。教师可以只读方式查看课题的详细信息。操作方式是在课题维护页面的课题列表中单击要查看的课题名称超链接，系统将显示课题详细信息页面。用例规约略。

（5）课题申报。教师在申报课题时需从个人题库中选择一个题目，然后输入课题名称、适合专业、要求使用的语言，课题允许的组数及每组允许的人数等信息。如教师想指定特定学生做某个题目，可以为该题目设定密码。学生选报时需输入这个密码才允许选报。用例规约如表 9-19 所示。

表 9-19 课题申报用例规约

用例编号	UC-08
用例名称	课题申报
用例描述	教师申报课题
参与者	教师
前置条件	1. 参与者成功登录系统 2. 教师个人题库中已存在课题信息
后置条件	成功申报课题
涉众利益	1. 参与者希望登录后能从个人题库中选择合适的题目进行申报 2. 参与者希望能为指定课题设置密码
基本路径	1. 参与者请求课题维护 2. 系统显示课题维护页面 3. 系统在课题维护页面的课题列表中显示数据库中现有的属于该教师的课题信息 4. 参与者选择要申报的课题 5. 系统显示课题申报详情页面 6. 系统提示当前用户可指导的学生人数上限，及可申报课题的容纳人数。 7. 参与者填写申报所需信息 8. 参与者请求申报课题 9. 系统计算参与者本次所申报课题容纳人数是否超过可申报课题的容纳人数 10. 系统返回是否申报成功 11. 系统返回课题维护页面
扩展点	6a. 计算可申报课题的容纳人数 num 　　6a.1 查询教师所带人数上限 sum 　　6a.2 计算参与者已申报课题容纳总人数 sum1 　　6a.3 num = sum − sum1 9a. 本次所申报课题容纳人数超过剩余的人数 　　9a.1 提示用户申报失败

字段列表	年级、课题类别、选报专业、要求语言、允许组数、每组人数、课题密码（可选项）
业务规则	"课题密码"是供教师用户设置的，如教师想让指定的学生做某个课题，可设置课题密码

（6）课题审批。教师申报的课题，需要经过课题负责人的审批后才能公布出来供学生选报。课题负责人可以审批通过教师的课题，也可以驳回其申报。用例规约如表 9-20 所示。

表 9-20　课题审批用例规约

用例编号	UC-09
用例名称	课题审批
用例描述	课题负责人对教师申报的课题进行审批
参与者	课题负责人
前置条件	参与者成功登录系统
后置条件	参与者审批或驳回教师申报的课题
涉众利益	1. 参与者希望能对教师申报的课题进行组合条件查询 2. 参与者希望能审批或驳回教师申报的课题
基本路径	1. 参与者请求课题审批 2. 系统显示已申报课题维护页面 3. 系统在课题信息列表中默认显示所有未审批的课题 4. 参与者可输入查询条件 5. 系统返回符合查询条件的课题列表 6. 参与者选择要审批的课题 7. 课题负责人请求审批课题 8. 系统显示课题审批页面，显示该课题的详细信息 9. 课题负责人可填写建议（可选项），并请求审批通过该课题或者驳回该课题 10. 系统提示审批操作是否成功
扩展点	查询条件："教师姓名"、"年级"、"课题类别"、"审批状况"
业务规则	1. 审批状况：未审批、已审批、已驳回

（7）申报状况。教师申报课题后，可查看所申报课题的申报状况，课题的申报状况有：未审批、已审批和已驳回三种，申报状况用例是撤销申报用例与重新申报用例的包含用例。查看申报状况的用例规约如表 9-21 所示。

表 9-21　申报状况用例规约

用例编号	UC-10
用例名称	申报状况
用例描述	教师查看个人申报课题的审批状况
参与者	教师

续表

前置条件	1. 参与者成功登录系统
	2. 参与者已申报过课题
后置条件	系统显示教师已申报课题的审批情况
涉众利益	参与者希望能看到自己申报课题的审批情况
基本路径	1. 参与者请求申报状况
	2. 系统显示已申报课题页面
	3. 系统在课题信息列表中加载所有参与者已申报过的课题
	4. 可根据"课题名称"、"年级"、"课题类别"、"要求语言"、"审批状态"等条件对其申报的课题进行查询
	5. 系统返回查询到的课题审批情况
字段列表	年级、课题名称、课题类别、要求语言、审批状态
业务规则	审批状态包括三种情况：未审批、已审批、已驳回

（8）申报撤销。教师申报的课题，如果课题负责人尚未审批，则教师可撤销对该课题的申报，用例规约如表 9-22 所示。

表 9-22　申报撤销用例规约

用例编号	UC-11
用例名称	申报撤销
用例描述	教师撤销个人申报的课题
参与者	教师
前置条件	1. 参与者成功登录系统
	2. 参与者已申报过课题且该课题未被课题负责人审批或驳回
后置条件	教师撤销已提交的课题申报
涉众利益	参与者希望能撤销未经审批的课题申报
基本路径	1. 参与者请求查看申报状况
	2. 系统显示当前用户的已申报题目列表
	3. 参与者选择要撤销的课题
	4. 参与者请求撤销申报
	5. 系统提示撤销是否成功
	6. 系统重新计算教师可申报课题的容纳人数
字段列表	年级、课题名称、课题类别、语言、审批状态
补充说明	可申报课题的容纳人数计算方法与课题申报用例中的计算方法相同

（9）重新申报。对于课题负责人驳回的课题，教师可进行适当修改后重新申报，用例规约如表 9-23 所示。

表 9-23　重新申报用例规约

用例编号	UC-12
用例名称	重新申报

续表

用例描述	教师用户重新申报被课题负责人驳回的课题
参与者	教师
前置条件	1. 参与者成功登录系统 2. 参与者已申报过课题且该课题已被课题负责人驳回
后置条件	重新申报成功
涉众利益	参与者希望能修改被驳回的课题信息并重新提交申报
基本路径	1. 参与者请求查看申报状况 2. 系统显示当前用户的已申报题目列表 3. 参与者选择被驳回的课题 4. 参与者请求重新申报 5. 系统显示重新申报页面 6. 参与者修改课题申报信息 7. 参与者请求提交申报 8. 系统提示申报是否成功及可申报课题的容纳人数
字段列表	年级、课题名称、课题类别、要求语言、申报状况

（10）课题选报。学生在选报实践课题时的操作步骤为：学生首先对想选报的课题创建组，同时设置组密码，其他学生在选报时需输入"组密码"才能加入该组。每组所能容纳的学生人数由教师申报课题时指定。用例规约如表9-24所示。

表9-24　课题选报用例规约

用例编号	UC-13
用例名称	课题选报
用例描述	学生选报课题
参与者	学生
前置条件	1. 参与者成功登录系统 2. 当前系统时间处于课题选报时间段内
后置条件	学生成功选报课题
涉众利益	1. 参与者希望能通过系统查看待选报课题信息 2. 参与者希望能选报课题
基本路径	1. 参与者请求课题选报 2. 系统显示课题选报页面 3. 参与者输入教师姓名、语言，请求查询 4. 系统显示已发布的实践课题列表、该课题是否已经报满、是否能新建组或加入组等信息 5. 如课题未报满且能新建组，则参与者可请求新建组（如该课题是教师加密课题，则参与者新建选报组时系统要求输入课题密码） 6. 参与者设置并确认该组的密码后请求提交选报 7. 如参与者希望加入组且有未报满组，则参与者请求加入组 8. 如该组创建人设置了组密码，则参与者需输入组密码并提交选报 9. 系统提示是否选报成功

扩展点	5a. 输入错误课题密码 　　5a.1　不能创建组，即课题选报失败 8a. 输入错误组密码 　　8a.1　不能加入组，即课题选报失败
字段列表	指导教师、课题类别、课题名称、语言、组数、每组人数、状态
业务规则	1. 参与者登录后系统根据学生的年级及当前的系统时间确定其当前应该选报的课题类别，如已无课题可选，则给出提示； 2. 根据参与者所属的专业和教师申报课题时选择的专业对课题进行筛选，即学生只能看到自己所在的专业下的题目

（11）确认选报组。教师用户在学生选报过课题之后可以确认选报自己的学生，确认选报时是按课题和分组来操作的，可以确认整组学生，也可以确认或驳回单个学生。整组确认的用例规约如表 9-25 所示，确认单个学生的用例规约如表 9-26 所示。

表 9-25　确认选报组用例规约

用例编号	UC-14
用例名称	确认选报组
用例描述	教师用户确认选报自己课题的选报组
参与者	教师
前置条件	1. 参与者成功登录系统 2. 已有学生选报该教师的课题
后置条件	参与者完成选报组的确认
涉众利益	参与者希望能整组确定组员
基本路径	1. 参与者请求确认选报组 2. 系统显示确认选报组页面 3. 参与者选择年级、课题类别及课题名称，并请求查询 4. 系统显示查询出来的学生的选报组列表 5. 参与者选中待确认的组 6. 参与者请求确认选报组 7. 系统提示是否成功确认 8. 系统显示选报组列表，已确认的组将不再出现在列表中

表 9-26　确认组员用例规约

用例编号	UC-15
用例名称	确认组员
用例描述	教师用户确认选报自己课题的组员
参与者	教师
前置条件	参与者成功登录系统
后置条件	参与者完成组员的确认

涉众利益	参与者希望能在某一组中选择自己想指导的学生，驳回自己不想指导的学生
基本路径	1. 参与者请求确认选报组
	2. 系统显示确认选报组页面
	3. 参与者选择年级、课题类别及课题名称，并请求查询
	4. 系统显示查询出来的学生的选报组列表
	5. 参与者选择选报组
	6. 参与者请求确定组员
	7. 系统显示确认组员页面
	8. 确定组员页面中列出了该组的所有组员信息
	9. 参与者可以对单个或多个学生进行驳回操作，然后确定剩下的组员
	10. 系统提示操作是否成功
业务规则	已经确定过的组，不能再单独确认组员

（12）选报状况。学生选报过课题后，可以查看选报状况，即教师是否确认指导自己做课题。用例规约如表 9-27 所示。选报状况是撤销选报的包含用例。

表 9-27　选报状况用例规约

用例编号	UC-16
用例名称	选报状况
用例描述	学生查看自己选报课题是否成功
参与者	学生
前置条件	参与者成功登录系统
后置条件	参与者能查看自己选报课题的状况
涉众利益	参与者希望能查看自己所选报课题的状况
基本路径	1. 参与者请求查看选报状况
	2. 系统显示选报状况界面
	3. 系统在选报状况界面显示参与者已选报过的所有课题信息列表
	4. 参与者选择课题类别并请求查询
	5. 系统显示该学生选报课题的选报状况
业务规则	选报状况有三种：未确认、已确认和已驳回

（13）撤销选报。学生选报过课题后，如教师尚未确认，则可撤销选报。用例规约如表 9-28 所示。

表 9-28　撤销选报用例规约

用例编号	UC-17
用例名称	撤销选报
用例描述	学生撤销对课题的选报
参与者	学生

续表

前置条件	1. 参与者成功登录系统 2. 教师尚未确认选报组
后置条件	参与者撤销课题选报
涉众利益	参与者希望能撤销尚未经教师确认的课题选报，从而改报其他题目
基本路径	1. 参与者请求查看选报状况 2. 系统显示选报状况界面 3. 系统在选报状况界面显示参与者已选报过的所有课题信息列表 4. 参与者请求撤销选报 5. 系统提示撤销是否成功

（14）已审批课题查询。课题负责人可对已审批通过的课题进行组合条件查询，用例规约如表 9-29 所示。

表 9-29　已审批课题查询用例规约

用例编号	UC-18
用例名称	已审批课题查询
用例描述	课题负责人对已审批通过的课题进行查询
参与者	课题负责人
前置条件	参与者成功登录系统
后置条件	参与者成功查询已审批课题
涉众利益	参与者希望能对已审批的课题进行组合条件查询
基本路径	1. 参与者请求已审批课题维护 2. 系统显示已审批课题维护页面 3. 系统在已审批课题维护页面的课题列表中显示数据库中所有的已审批课题 4. 输入教师姓名、年级、课题类别等条件并请求查询 5. 系统返回查询得到的课题信息

（15）已审批课题删除。对于已审批通过的课题，只有课题负责人才能删除。如某课题已有学生选报并经过了教师的确认，则必须先驳回该课题的所有组员后，才能删除该课题。用例规约如表 9-30 所示。

表 9-30　已审批课题删除用例规约

用例编号	UC-19
用例名称	已审批课题删除
用例描述	课题负责人对已审批通过的课题进行删除操作
参与者	课题负责人
前置条件	1. 参与者成功登录系统 2. 无学生选报该课题
后置条件	参与者成功删除已审批课题

续表

涉众利益	参与者希望能删除已审批的课题
基本路径	1. 参与者请求已审批课题维护 2. 系统显示已审批课题维护页面 3. 系统在已审批课题维护页面的课题列表中显示数据库中所有的已审批课题 4. 参与者选择要删除的课题 5. 用户请求删除课题 6. 系统提示用户确认删除 7. 系统提示删除是否成功
扩展点	查询条件：教师姓名、年级、课题类别、审批状况（审批状况为"已审批"）
业务规则	"操作"列按钮上文字为"删除"

（16）组员删除。当教师确认过选报组后，就不能再自行解除与学生的指导关系了，只能由课题负责人删除组员，用例规约如表 9-31 所示。

表 9-31　组员删除用例规约

用例编号	UC-20
用例名称	组员删除
用例描述	课题负责人对已确认的组员进行删除操作
参与者	课题负责人
前置条件	参与者成功登录系统
后置条件	参与者成功删除组员
涉众利益	用户希望能解除已确定的老师和学生之间的指导关系
基本路径	1. 参与者请求已审批课题维护 2. 系统显示已审批课题维护页面 3. 在已审批课题维护页面的课题列表中显示数据库中所有的已审批课题 4. 参与者选择要维护的课题，并请求组员维护 5. 系统显示该课题的分组列表 6. 参与者选择课题分组，并请求组员维护 7. 系统显示该组组员列表 8. 参与者选择组员，并请求驳回该组员 9. 系统要求参与者确认驳回 10. 参与者确认驳回组员 11. 系统返回操作是否成功

3. 查询统计

（1）课题统计。当教师申报课题工作进行到一定程度时，课题负责人需要对已申报的课题进行统计，主要目的是想了解教师所申报的课题在各专业方向上的分布情况，再对比各专业实际的学生数，从而得出以下结论。

① 教师申报的题目容纳学生总数是否大于学生总数。

② 教师申报题目在各专业方向的容纳人数是否大于该专业方向的学生。

根据以上统计结果，课题负责人要确定应对的措施。用例规约如表 9-32 所示。

表 9-32　课题统计用例规约

用例编号	UC-21
用例名称	课题统计
用例描述	课题负责人对教师申报的课题进行统计
参与者	课题负责人
前置条件	参与者成功登录系统
后置条件	参与者可对教师已申报的所有实践课题题目总数及能容纳的学生人数按组合条件进行统计
涉众利益	参与者希望能按专业方向统计教师所申报课题容纳的学生人数，并与该专业方向的实际学生人数进行对比
基本路径	1. 用户成功登录系统 2. 用户请求课题统计 3. 系统显示课题统计页面 4. 用户输入统计条件 5. 系统列出符合条件的课题列表，并显示统计结果
扩展点	1. 查询条件：年级、课题类别、专业方向、专业 2. 统计结果：课题总数、学生总人数、课题容纳人数、差额
字段列表	教师姓名、课题类别、课题名称、语言要求、面向专业、要求组数、每组人数

（2）学生名单。在教师确认完选报组后，可以随时查看当前已确认的学生名单。学生名单主要是方便教师在指导课题时记录学生的考勤及其他平时成绩，名单可以按学号排序，也可以按课题分组排序。用例规约如表 9-33 所示。

表 9-33　学生名单用例规约

用例编号	UC-22
用例名称	学生名单
用例描述	教师查询自己的学生名单并导出或打印
参与者	教师
前置条件	参与者成功登录系统
后置条件	参与者成功查询到自己所带的学生名单并导出或打印
涉众利益	1. 参与者希望登录后能查看自己确定过的学生名单 2. 参与者希望能导出或打印学生名单
基本路径	1. 参与者请求查看学生名单 2. 系统显示查看学生名单页面 3. 参与者输入查询条件 4. 参与者请求查询学生名单 5. 系统在学生名单页面的学生列表中加载查询到的学生名单 6. 用户请求导出或打印学生名单

续表

业务规则	3.a 查询条件：年级、课题类别、专业、班级 5.a 排序方式有两种：（1）按学号排序（2）按课题名称及分组排序
补充说明	系统默认显示最近一次实践课题中教师已确认的学生名单

（3）学生成绩录入。课题结束后，指导教师需要给每个学生一个成绩，并录入到系统。与学生名单功能一样，学生列表可按学号排序，也可以按课题分组排序。用例规约如表9-34所示。

表9-34　成绩录入用例规约

用例编号	UC-23
用例名称	学生成绩录入
用例描述	教师录入自己所带的学生成绩并提交
参与者	教师
前置条件	参与者成功登录系统
后置条件	参与者成功录入自己所带的学生成绩并提交
涉众利益	参与者希望能录入自己所带学生的成绩并提交
基本路径	1. 参与者请求学生成绩录入 2. 系统显示学生成绩录入页面 3. 参与者输入查询条件 4. 参与者请求查询学生名单 5. 系统在学生名单页面的学生列表中加载查询到的学生名单 6. 参与者录入学生成绩 7. 参与者请求暂存或提交成绩单
扩展点	1. 查询条件：年级、课题类别、专业、班级 2. 排序方式有两种：（1）按学号排序（2）按课题名称及分组排序
字段列表	课题类别、学号、姓名、专业、班级、课题名称、学生成绩（可输入）
业务规则	对于成绩可以进行"暂存"和"提交"两种操作： （1）暂存后成绩仍然可以进行修改 （2）提交后成绩不能修改 （3）提交成绩后才能导出和打印
补充说明	默认显示最近一次实践课题中教师已确认的学生名单

（4）选报情况统计。为了及时掌握学生选报课题的情况，为下一步的工作做好准备，在学生选报课题工作进行到一定程度后，课题负责人要对学生的选报情况进行统计。用例规约如表9-35所示。

表9-35　选报情况统计用例规约

用例编号	UC-24
用例名称	学生选报情况统计

续表

用例描述	课题负责人希望能统计学生选报课题的情况
参与者	课题负责人
前置条件	参与者正常登录系统
后置条件	参与者按各种组合条件统计学生的选报情况
涉众利益	1. 参与者希望能对实践课题的学生选报情况进行组合条件统计 2. 参与者希望能导出及打印学生选报情况详单
基本路径	1. 参与者请求学生选报情况统计 2. 系统显示学生选报情况统计页面 3. 参与者输入年级、课题类别、专业、班级、选报状况等条件 4. 参与者请求查询 5. 系统显示符合条件的记录列表，同时统计出记录条数（即学生人数） 6. 参与者可对查询出的记录导出至 Excel
扩展点	6.a 导出的 Excel 文件系统将自动命名，命名规则为： 年级+课题类别+"学生选报情况统计"
字段列表	学号、姓名、专业、班级、课题名称、指导教师、选报状况
业务规则	1. 查询条件：年级、课题类别、专业、班级、选报状态 2. 选报状况包括：全部学生、未选报学生、已选报未被确认的学生及已确认的学生 3. 查询出来的记录排序方式有两种：（1）按学号排序（2）按选报状况排序

（5）学生成绩统计。当参与本次课题工作的所有教师都将自己所指导的学生成绩录入系统后，课题负责人就可以完成学生成绩统计了。如还有教师未提交成绩，则系统将提示课题负责人这些教师的姓名及联系方式。统计出来的学生成绩是按专业和班级排序的。用例规约如表 9-36 所示。

表 9-36 成绩统计用例规约

用例编号	UC-25
用例名称	学生成绩统计
用例描述	课题负责人希望能统计各个教师录入的学生成绩情况
参与者	课题负责人
前置条件	参与者成功登录系统
后置条件	参与者成功统计学生成绩
涉众利益	参与者希望能按专业和班级统计学生成绩
基本路径	1. 参与者请求学生成绩统计 2. 系统显示学生成绩统计页面 3. 参与者输入查询条件 4. 系统查询所有教师的提交成绩情况 5. 如尚有教师未提交成绩，则系统显示未提交成绩的教师信息（用户名、联系电话） 6. 如所有教师都已提交成绩，则系统显示专业、班级列表 7. 参与者选择班级 8. 参与者请求查看该班级的学生成绩单 9. 系统显示选中班级的学生成绩单 10. 参与者可以将成绩单导出至 Excel

续表

字段列表	学号、姓名、专业、班级、课题名称、指导教师、成绩
业务规则	3.a 查询条件：年级、课题类别

　　（6）教师工作量统计。在每次实践课题工作结束后，课题负责人需要统计出每位教师本次指导的学生人数，作为工作量计算的依据。用例规约如表 9-37 所示。

表 9-37　教师工作量统计用例规约

用例编号	UC-26
用例名称	教师工作量统计
用例描述	课题负责人希望能统计各个教师最终指导的学生人数
参与者	课题负责人
前置条件	参与者成功登录系统
后置条件	参与者成功统计教师所指导的学生人数及工作量
涉众利益	参与者希望能统计出每个教师在每次实践课题工作中指导学生的总人数及教师的工作量
基本路径	1. 参与者请求教师工作量统计 2. 系统显示教师工作量统计页面 3. 参与者输入查询条件，并请求查询 4. 系统给出结果列表 7
扩展点	查询条件：年级，课题类别
字段列表	教师用户名，学生总数，工作量
业务规则	本系统中的教师工作量计算方法是按每个学生 1.5 个工作量计算的

4. 个人信息

　　（1）基本信息。用户成功登录系统后，可以查看自己的基本信息。用例规约如表 9-38 所示。

表 9-38　基本信息用例规约

用例编号	UC-27
用例名称	基本信息
用例描述	显示当前用户的基本信息
参与者	课题负责人、教师、学生
前置条件	参与者正常登录系统
后置条件	参与者可以查看自己的基本信息
涉众利益	参与者希望登录后能查看自己的基本信息
基本路径	1. 参与者请求查看基本信息 2. 系统显示基本信息页面 3. 系统显示当前用户的基本信息
字段列表	1. 教师信息：用户名、姓名、学历、职务、职称、联系电话、Email、个人简介、是否参与课题操作 2. 学生信息：用户名（学号）、姓名、班级 3. 课题负责人信息同教师信息

续表

业务规则	不同用户看到的基本信息字段不同，教师用户显示的是教师的基本信息，学生用户显示学生基本信息，课题负责人同教师

（2）修改密码。用户成功登录系统后，可以修改自己的密码。用例规约如表 9-39 所示。

表 9-39　修改密码用例规约

用例编号	UC-28
用例名称	修改密码
用例描述	系统用户修改自己的登录密码
参与者	课题负责人、教师、学生
前置条件	参与者成功登录系统
后置条件	参与者成功修改自己的登录密码
涉众利益	参与者希望能修改自己的登录密码
基本路径	1. 参与者请求修改密码 2. 系统显示修改密码页面 3. 参与者输入原密码、新密码、确认新密码后请求修改密码 4. 系统提示密码修改是否成功

5. 登录

用户登录。系统所有用户都需要登录，在验证合法身份后方可访问相关功能页面，用例规约如表 9-40 所示。

表 9-40　用户登录用例规约

用例编号	UC-29
用例名称	用户登录
用例描述	用户登录系统
参与者	课题负责人、教师、学生
前置条件	无
后置条件	参与者成功登录系统
涉众利益	参与者希望能正常登录系统并按自己的权限访问系统功能
基本路径	1. 参与者请求系统登录页面 2. 系统显示登录页面 3. 参与者输入用户名和密码 4. 参与者请求登录系统 5. 系统判断用户是否合法 6. 进入系统功能页面，并根据用户角色显示用户可访问的功能
扩展点	5.a 如用户名不存在或密码错误，则系统给出提示并停留在登录页面

6. 基础信息设置

（1）专业方向添加。软件学院的专业方向是按学生学习的开发语言平台来划分的，目前主要有.NET、Java、网络及游戏四个方向。对软件学院的专业方向信息进行添加，用例规约略。

（2）专业方向删除。实现对软件学院现有专业方向的删除，用例规约略。

（3）专业添加。软件学院的各专业方向下均有若干专业。对软件学院的专业信息进行添加，用例规约略。

（4）专业修改。实现对软件学院现有专业的修改，用例规约略。

（5）专业删除。实现对软件学院现有专业的删除，用例规约略。

（6）班级添加。各专业下有多个班级，对软件学院的班级信息进行添加，用例规约略。

（7）班级修改。实现对所有行政班级的修改，用例规约略。

（8）班级删除。实现对所有行政班级的删除，用例规约略。

（9）学生添加。对学生基本信息进行添加，用例规约略。

（10）学生修改。对学生基本信息进行修改，用例规约略。

（11）学生删除。对学生基本信息进行删除，用例规约略。

（12）学生信息导入。对学生基本信息进行批量导入，用例规约略。

（13）教师添加。对教师基本信息进行添加。其字段列表为：用户名、姓名、学历、职务、职称、联系电话、Email、个人简介、是否参与课题操作，用例规约略。

业务规则为：添加教师后同时在系统用户表中添加一条教师记录，只取其用户名，密码默认为 888888，用户类型为教师。

（14）教师修改。对教师基本信息进行修改，用例规约略。

（15）教师禁用。由于教师有申报课题、确认课题选报组和组员的权限，所以删除教师会造成学生的选报出现问题，所以系统不提供删除教师，只提供对教师申报课题权限的禁用操作。用例规约略。

（16）语言类型添加。语言类型添加用例用来对课题的语言类型进行添加，用例规约略。其字段列表为：语言类型编号、语言名称。

（17）语言类型修改。语言类型修改用例用来对课题的语言类型进行修改，用例规约略。

（18）语言类型删除。语言类型删除用例用来对课题的语言类型进行删除，用例规约略。

（19）课题类别添加。课题类别添加用例用来对实践课题的类别进行添加，用例规约略。其字段列表为：课题类别编号、课题类别名称、专业类型（本科|专科）、学期（1～8）。

（20）课题类别修改。课题类别修改用例用来对实践课题的类别进行修改，用例规约略。

（21）课题类别删除。课题类别删除用例用来对实践课题的类别进行删除，用例规约略。

（22）课题时间添加。添加课题申报的开始及截止时间，该时间段只针对学生选报课题，教师申报课题及课题负责人审批课题应在此时间段之前完成，用例规约略。

字段列表：年级、课题类别编号、开始时间、结束时间，其中年级和课题类别编号共同确定一条记录即作联合主键。

（23）课题时间修改。课题时间修改用例用来对课题时间的修改，用例规约略。

（24）课题时间删除。课题时间删除用例用来对课题时间的删除，用例规约略。

（25）教师所带人数限制。设置指定课题中教师所带学生人数的上限，默认情况下所有教师的指导学生人数是一样的，也可为个别教师单独指定人数上限。用例规约如表 9-41 所示。

表 9-41　教师所带人数限制用例规约

用例编号	UC-54
用例名称	教师所带人数限制
用例描述	课题负责人设置每个教师在某课题中所带的学生人数上限
参与者	课题负责人
前置条件	参与者成功登录系统
后置条件	成功设置教师所带的学生人数上限
涉众利益	1. 课题负责人希望能对教师指导的学生人数进行批量设置 2. 课题负责人希望能对个别特殊教师设置其指导学生人数上限
基本路径	1. 参与者请求教师所带人数限制 2. 参与者输入年级、课题类别及人数 3. 参与者请求添加教师所带人数限制 4. 如该课题限定人数中有需要排除的教师，即需要为个别教师单独设置所带人数上限，则请求排除教师 5. 系统弹出排除教师选择页面 6. 参与者选择一个或多个教师，添加到页面右侧的列表中并输入这些教师可以指导的人数上限 7. 参与者请求确认 8. 系统提示添加人数限制成功 9. 参与者也可删除已设置的人数限制记录

（26）权限维护。对系统各用户类别进行权限分配，用例规约如表 9-42 所示。

表 9-42　权限维护用例规约

用例编号	UC-55
用例名称	权限维护
用例描述	课题负责人为系统各级用户分配访问权限
参与者	课题负责人
前置条件	参与者成功登录系统
后置条件	参与者成功维护系统用户权限
涉众利益	课题负责人希望能为各用户合理地分配系统访问权限
基本路径	1. 参与者请求权限维护 2. 系统显示权限维护页面 3. 参与者选择用户类别 4. 系统显示该用户类别对应的系统操作权限 5. 参与者对用户权限进行修改并请求保存 6. 系统提示是否成功修改用户权限
扩展点	系统权限以树形结构展示，每个权限对应系统一个页面

9.2.4 用例图

1. 系统总体用例图

下面首先给出系统总体用例图，如图 9-3 所示。

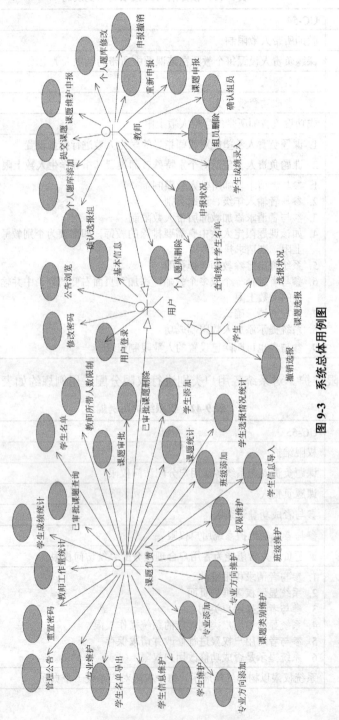

图 9-3 系统总体用例图

2. 课题负责人用例图

系统课题负责人用例图如图 9-4 所示。

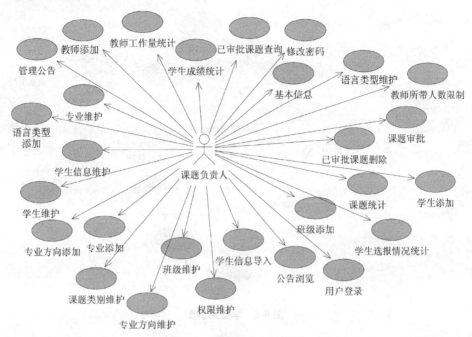

图 9-4　课题负责人用例图

说明：由于版面限制，图中"**信息维护"包含了修改和删除两个子用例，不再一一列出。

3. 教师用例图

系统教师用例图如图 9-5 所示。

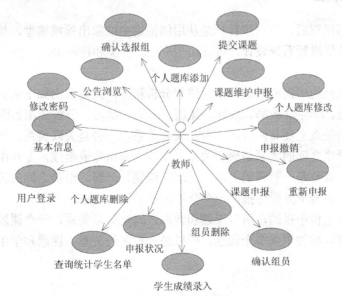

图 9-5　教师用例图

4. 学生用例图

系统学生用例图如图9-6所示。

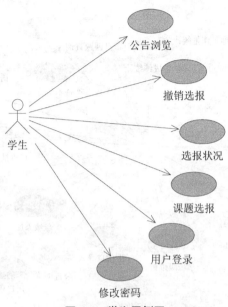

图 9-6　学生用例图

9.3　系统分析设计

9.3.1　UML 建模

9.3.1.1　领域模型

建立好用例模型后，下一步目标是从用例描述中抽象出领域模型，找出分析类；然后按照一定的原则进行系统设计，设计出相应的边界类和控制类。

1. 分析类

首先从需求规约中提取名词，然后进行分析精炼，共提取出如下名词，包括专业方向、专业、班级、学生、教师、题库、课题、分组、组员。分析类图如图9-7所示。

实体之间的关系主要有两种，一种是聚合关系，一种是关联关系。比如专业方向、专业、班级和学生之间的关系是聚合关系，专业方向由专业组成，专业由班级组成，班级由学生组成，且都是一对多的关系。同理，课题、分组、组员之间的关系也是聚合关系，一个课题可由若干分组选报，一个分组由若干组员组成。

课题是教师上传申报的，所以课题和教师之间是关联关系，一个课题由一个教师上传，一个教师可以添加申报多个课题，所以是一对多的关系。课题和学生的关系也是关联关系。

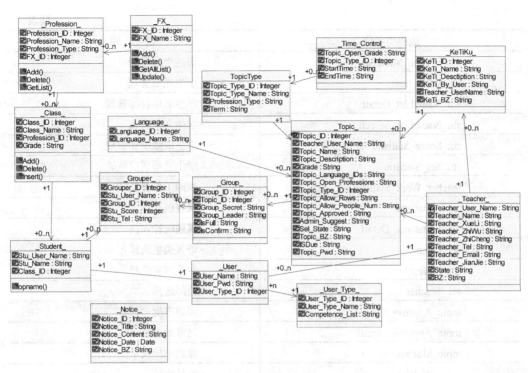

图 9-7　分析类关联关系图

2. 边界类

系统的参与者通过边界类与系统进行交互，参与者向边界类发起访问，边界类把参与者的申请交给控制类，控制类最终调用实体类。一般在进行设计时可能一个用例对应一个边界类，也可能是一个参与者对应一个边界类，有时一个边界类可能还要调用另一个边界类才能完成用例。系统的边界类说明如表 9-43 所示。

表 9-43　系统边界类说明表

边界类名称	说　　明
Notice_Add	公告添加
Notice_Detail	公告详情
Notice_Manage	公告维护
Notice_Scan	公告浏览
class_Manage	班级管理
language_Manage	语言类型管理
profession_Manage	专业管理
profession_FX_Manage	专业方向管理
stuInfo_Manage	学生信息管理
stu_Limit_Num	教师所带人数限制
teacher_Info_Manage	教师信息管理
topic_Time_Manage	课题时间管理

续表

边界类名称	说　明
topic_Type_Manage	课题类别管理
class_Stu_Score	学生成绩管理
stu_NameList_Detail	学生名单打印管理
stu_NameList_Search	学生名单查询
stu_Score_Statistic	学生成绩统计管理
stu_Sel_Statistic	学生选报情况统计
teacher_Work_Statistic	教师工作量统计
topic_Statistic	课题统计
topic_Statistic_Detail	课题统计详情
sel_Language	语言类型选择
sel_Profession	专业方向选择
sel_Teacher	教师选择
topic_Approve	课题审批
topic_Approve_Detail	已审批课题详情
topic_Manage	课题维护及审批
topic_ZYWH	组员维护
topic_CreateGroup	新建组
topic_CurrentGroups	现有组
topic_Detail	课题描述（student）
topic_Sel	课题选报
topic_SelState	选报状况查询（student）
stu_Score	成绩录入
topic_Add	课题添加
topic_Apply	课题申报
topic_Apply_Detail	课题申报详情
topic_Apply_State	教师申报状况
topic_Apply_Update	修改未申报课题
topic_Confirm_Group	确认选报组
topic_Confirm_Grouper	确认组员
topic_Detail	个人课题详情（teacher）
topic_ReApply	重新申报课题
base_Info	个人信息
update_Pwd	修改密码
login	登录
index	主页面

3. 控制类

边界类通过控制类调用实体类，这是三层架构体系结构。本系统每个实体类基本由一个控制类管理，系统主要的控制类如表 9-44 所示。

表 9-44　系统控制类说明表

控制类名称	说　　明
FXManager	专业方向控制类
ProfessionManager	专业控制类
LanguageManager	语言控制类
CompetenceManager	页面导航控制类
NoticeManager	公告控制类
TopicTimeManager	课题时间控制类
TopicTypeManager	课题类别控制类
TopicManager	已审批课题控制类
TeacherInfoManager	教师信息控制类
ClassManager	班级控制类
GroupManager	课题组控制类
GrouperManager	课题组员控制类
NoticeManager	公告控制类
Stu_InfoManager	学生信息控制类
UserManager	用户控制类
UserTypeManager	用户类别控制类
KeTiKuManager	课题库控制类

4. 实体类

实体类基本与分析类一一对应，本系统主要的实体类如表 9-45 所示。

表 9-45　系统实体类说明表

实体类名称	说　　明
FX	专业方向实体类
Profession	专业实体类
Language	语言实体类
Competence	页面导航实体类
Notice	公告实体类
TopicTime	课题时间实体类
TopicType	课题类别实体类
Topic	已审批课题实体类
TeacherInfo	教师信息实体类
Class	班级实体类

续表

实体类名称	说　明
TGroup	课题组实体类
Grouper	课题组员实体类
Notice	公告实体类
StuInfo	学生信息实体类
TUser	用户实体类
UserType	用户类别实体类
KeTiKu	课题库实体类

9.3.1.2　顺序图

顺序图可以描述在设计中对象如何控制它的方法和行为，展示了活动或者行为发生的顺序。本节对每个主要用例建立了顺序图，建立顺序图是为了进一步描述用例。

本项目的体系结构采用工厂模式三层架构规范。其中：

表示层用于与用户进行交互并显示结果，在顺序图中用边界类实现这一层。

控制层主要完成三项任务，一是进行业务逻辑验证，二是调用模型组件，三是决定将合适的视图组件返回给用户。

模型层主要由实体类组成，包括一些基本的逻辑。

1．用户登录顺序图

用户登录顺序图描述的是用户登录用例。参与者通过边界类输入用户名和密码，请求登录，边界类把请求提交给控制类，控制类最终通过调用实体类完成用例。登录系统顺序图如图9-8所示。

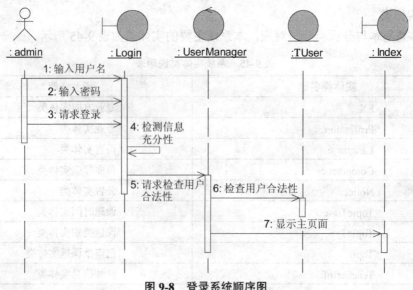

图9-8　登录系统顺序图

2. 公告发布顺序图

公告发布顺序图描述的是公告发布用例。参与者在主边界类请求公告管理，主边界类调用公告管理边界类，公告管理边界类通过公告控制类调用实体类返回所有公告信息，参与者在公告管理边界类中请求公告发布，在公告发布边界类中填写公告信息，通过控制类调用实体类完成公告发布。发布公告顺序图如图 9-9 所示。

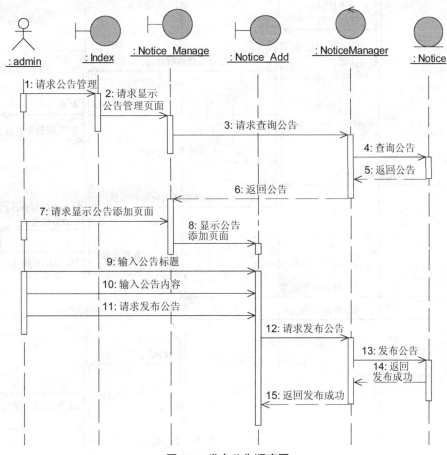

图 9-9　发布公告顺序图

3. 公告修改顺序图

公告修改顺序图描述的是公告修改用例。参与者在公告管理边界类中选择需要修改的公告，再请求修改公告，在修改公告边界类中，修改相应信息，再通过控制类调用实体类完成用例。公告修改顺序图如图 9-10 所示。

4. 公告删除顺序图

公告删除顺序图描述的是公告删除用例。参与者在公告管理边界类中选择需要删除的公告，再请求删除公告，通过控制类调用实体类完成用例。

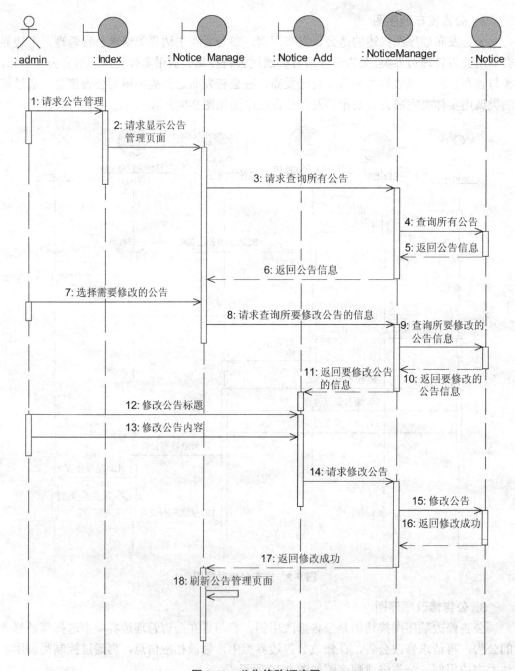

图 9-10　公告修改顺序图

5. 公告浏览顺序图

公告浏览顺序图描述的是公告浏览用例。参与者在登录系统后，系统默认给出的页面即公告列表，参与者在边界类中选择需要查看的公告，控制类通过调用实体类显示公告详情。公告浏览顺序图如图 9-11 所示。

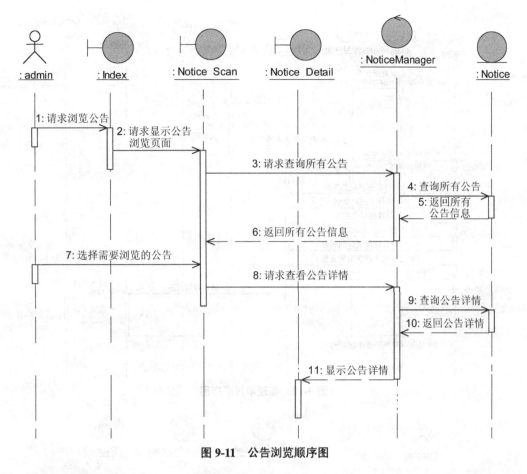

图 9-11 公告浏览顺序图

6. 课题申报顺序图

课题申报顺序图是描述课题申报用例。参与者在主边界类请求课题维护及申报,主边界类调用课题维护及申报边界类,在这个边界类中选择需要申报的课题,请求课题申报,请求显示课题申报边界类,参与者在课题申报边界类中选择所选课题针对哪种专业的学生,以及所选课题开设多少课题组,提交后,控制类调用实体类完成申报。课题申报顺序图如图 9-12 所示。

7. 撤销申报顺序图

撤销申报顺序图描述的是撤销申报用例。参与者在主边界类请求查看申报状况,主边界类调用申报状况边界类,申报状况边界类中显示所有已申报的课题,可在此边界类中选择未审批的课题并撤销申报,控制类通过调用实体类完成撤销申报操作。撤销选报的顺序图与此类似,不再重复介绍。撤销申报顺序图如图 9-13 所示。

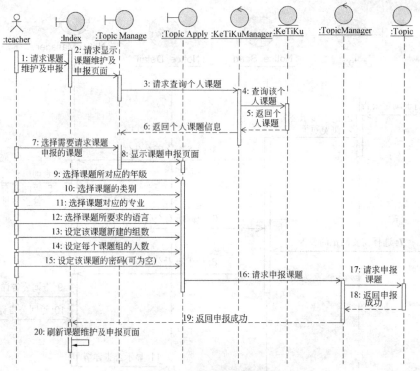

图 9-12　课题申报顺序图

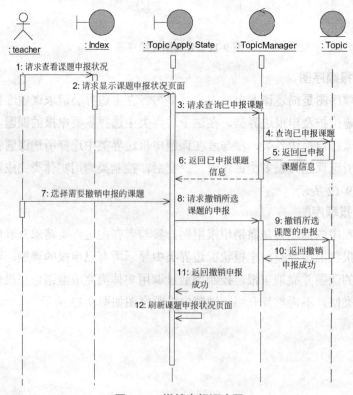

图 9-13　撤销申报顺序图

8. 课题审批顺序图

　　课题审批顺序图是描述课题负责人审批课题用例。参与者在主边界类请求课题维护及审批，主边界类调用课题维护及审批边界类，边界类显示系统中教师用户所申报的课题，在此可以对课题进行审批。参与者在审批边界类中选择需要审批的课题并请求审批，通过控制类调用实体类完成审批。课题审批顺序图如图 9-14 所示。

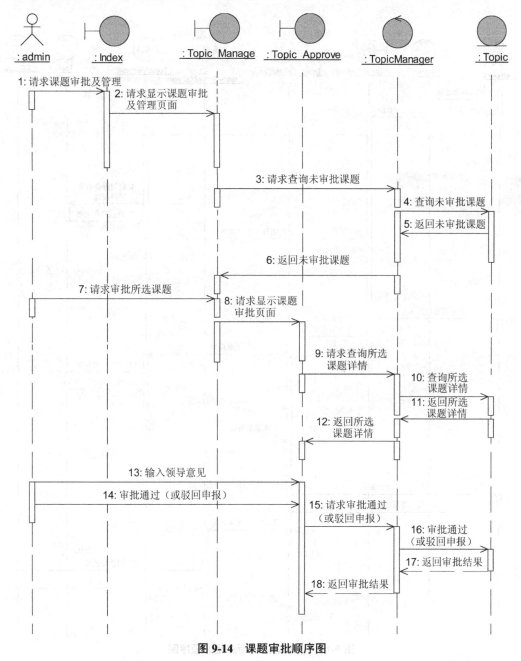

图 9-14　课题审批顺序图

9. 课题选报（新建组）顺序图

课题选报（新建组）顺序图描述的是选报课题用例。参与者在主边界类请求课题选报，主边界类调用课题选报边界类，课题选报边界类中显示所有当前用户可选报的课题，参与者选择要选报的课题并请求选报，控制类调用实体类新建选组。课题选报（新建组）顺序图如图 9-15 所示。

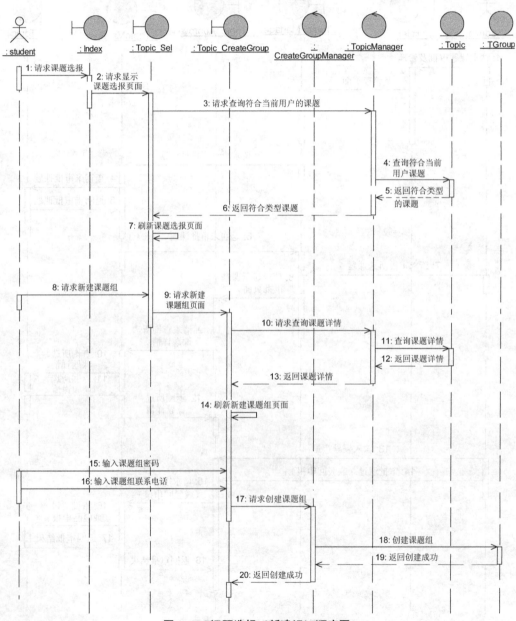

图 9-15　课题选报（新建组）顺序图

10. 课题选报（加入组）顺序图

课题选报（加入组）顺序图描述的是课题选报用例。参与者在主边界类请求课题选报，主边界类调用课题选报边界类，显示所有可选的课题列表；参与者选择要选报的课题并请求加入组，课题选报边界类调用现有组边界类，显示现有选报组；参与者选择现有选报组并请求加入组，控制类调用实体类完成加入组。选报课题组（加入组）顺序图如图 9-16 所示。

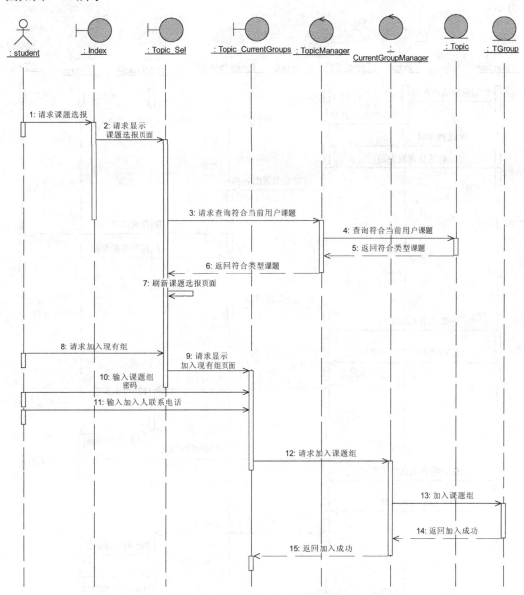

图 9-16　选报课题（加入组）顺序图

11. 确认选报组顺序图

确认选报组顺序图描述的是确认选报组用例。参与者在主边界类请求确认选报组，主边界类调用确认选报组边界类；在该边界类中参与者输入查询条件后请求查询课题名称，控制类调用实体类，将查询结果返回至该边界类中；参与者在该边界类中选择课题名称后请求查询选报组，控制类调用实体类，将查询结果返回至该边界类；参与者选择选报组并请求确认，控制类调用实体类完成确认选报组操作。确认选报组顺序图如图 9-17 所示。

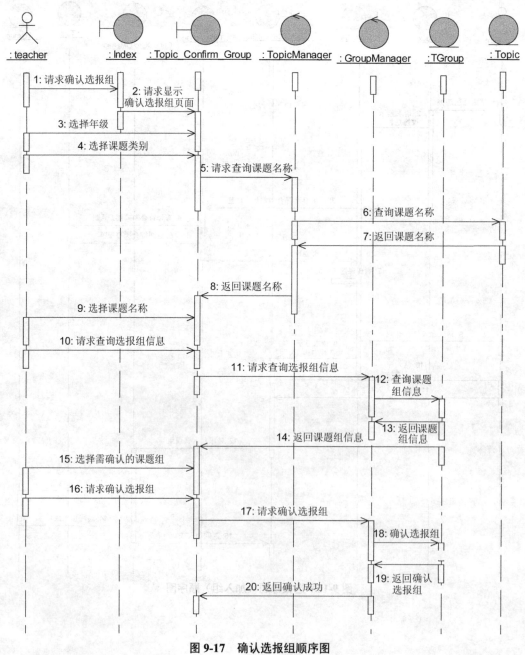

图 9-17　确认选报组顺序图

12. 选报状况顺序图

选报状况顺序图描述的是选报状况用例。参与者在主边界类请求查看选报状况，主边界类调用选报状况边界类，这个边界类显示学生的选报状况，即为该学生选报的教师、课题名称及选报状况，如果没有选报课题，该页面无选报数据。选报状况边界类通过控制类调用实体类完成查询选报状况信息。选报状况顺序图如图 9-18 所示。

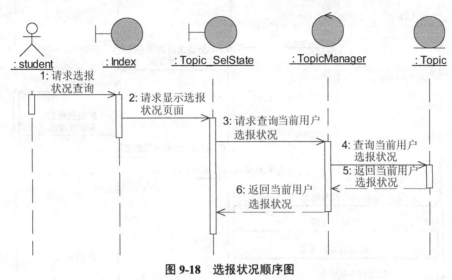

图 9-18　选报状况顺序图

13. 已审批课题删除顺序图

已审批课题删除顺序图描述的是已审批课题删除用例。参与者在主边界类请求课题维护及审批，主边界类调用课题维护及审批边界类，参与者在这个边界类中选择需要删除的课题并请求删除，控制类通过调用实体类完成删除操作。已审批课题删除（无人选报）顺序图如图 9-19 所示，已审批课题删除（有人选报）的处理过程是先驳回已选报组员，顺序图如图 9-20 所示，然后删除已审批课题，即图 9-19 和图 9-20 的组合，由于篇幅限制，不再给出。

14. 组员驳回顺序图

组员驳回顺序图描述的是组员删除用例。参与者在主边界类请求课题维护及审批页面，主边界类调用课题维护及审批边界类，在该边界类中选择已审批课题请求查询，控制类调用实体类将结果返回到该边界类中，参与者选择需要维护的组员并请求驳回，控制类调用实体类完成组员驳回操作。组员删除顺序图如图 9-20 所示。

15. 课题统计顺序图

课题负责人课题统计顺序图描述的是课题统计用例。参与者在主边界类请求课题统计，主边界类调用课题统计边界类，该边界类主要提供对课题的统计，参与者输入各项查询条件并请求查询，控制类调用实体类完成查询，并将查询结果返回至课题统计边界类。课题统计顺序图如图 9-21 所示。

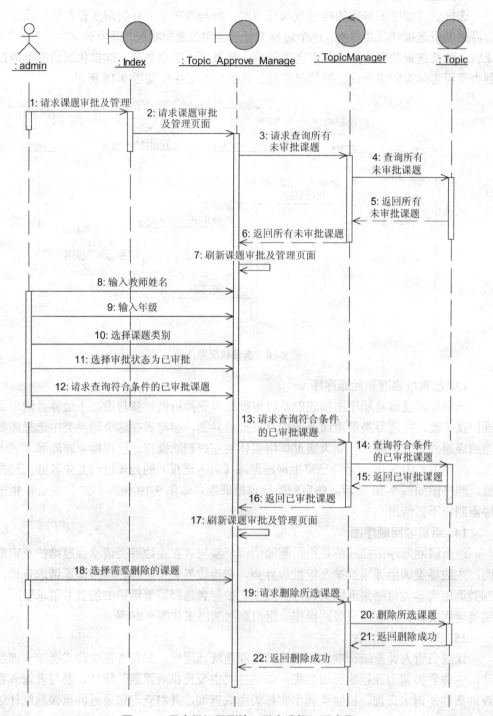

图 9-19 已审批课题删除（无人选报）顺序图

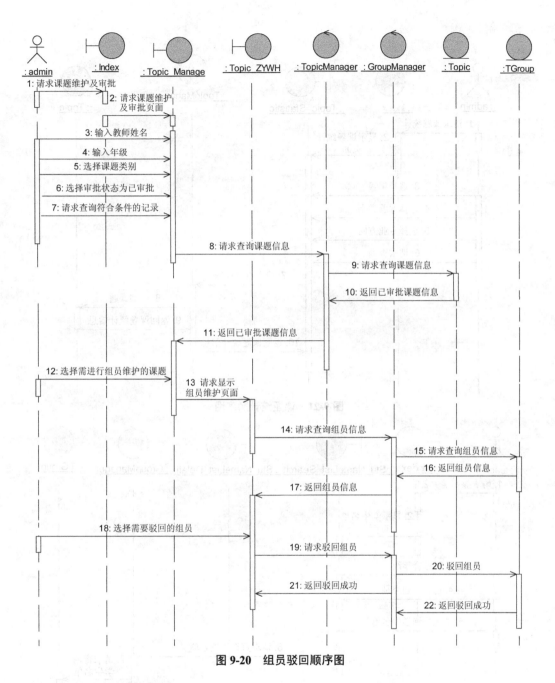

图 9-20　组员驳回顺序图

16. 学生名单顺序图

学生名单顺序图描述的是学生名单用例。参与者在主边界类请求学生名单，主边界类调用学生名单边界类，参与者在该边界类中输入查询条件并请求查询学生名单，控制类调用实体类完成查询，将结果返回至学生名单边界类，参与者请求导出或打印学生名单。学生名单顺序图如图 9-22 所示。

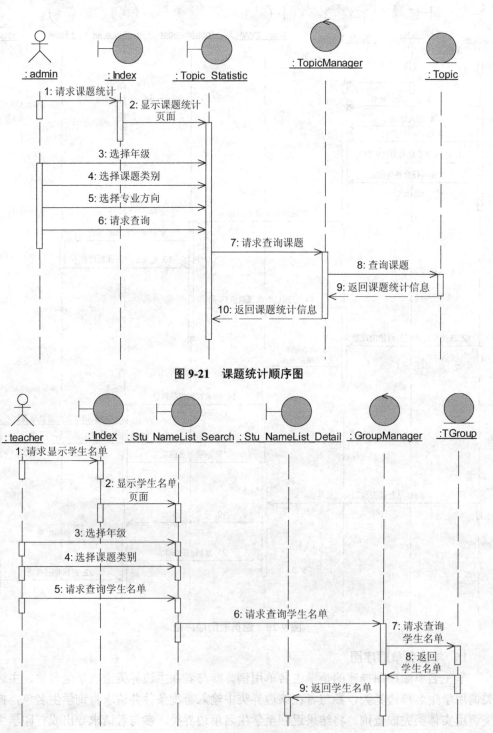

图 9-21   课题统计顺序图

图 9-22   学生名单顺序图

17. 成绩录入顺序图

成绩录入顺序图描述的是成绩录入用例，参与者在主边界类请求成绩录入，主边界类调用学生成绩录入边界类，选择录入的学生的课题种类，在这个边界类中请求录入成绩，控制类调用实体类完成录入。学生成绩录入顺序图如图 9-23 所示。

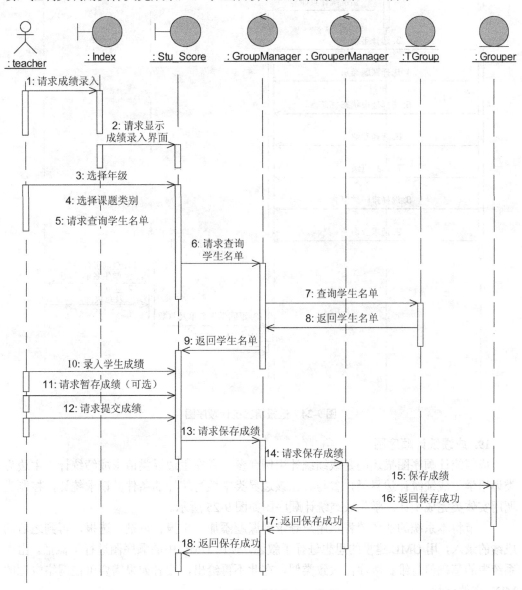

图 9-23　学生成绩录入顺序图

18. 选报情况统计顺序图

学生选报情况统计顺序图描述的是选报情况统计用例，参与者在主边界类请求学生选报情况统计，主边界类调用选报情况统计边界类，参与者在该边界类中输入条件请求统计，控制类调用实体类完成统计。选报情况统计顺序图如图 9-24 所示。

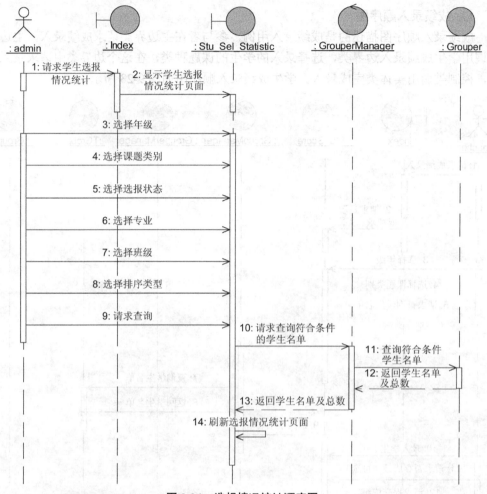

图 9-24　选报情况统计顺序图

19. 成绩统计顺序图

成绩统计顺序图描述的是成绩统计用例。参与者在主边界类请求成绩统计，主边界类调用学生成绩统计边界类，参与者在该边界类中填写统计的条件并请求统计，控制类调用实体类完成统计。学生成绩统计顺序图如图 9-25 所示。

本节将本系统的业务流程从用户登录到课题添加、申报、审批、选报，再到之后的成绩的录入，用 UML 建模的思想进行了叙述，使用 UML 中的顺序图进行了概括。由于系统中的基础信息维护顺序图大致类似，在此不再给出，读者如果需要可在网络资源的 MDL 文件进行查看。

9.3.1.3　设计类

通过顺序图基本的类已经出现，顺序图中的消息其实对应的是类的方法，从用例规约中可以抽取类的属性，通过不断的迭代可以得到设计类图。

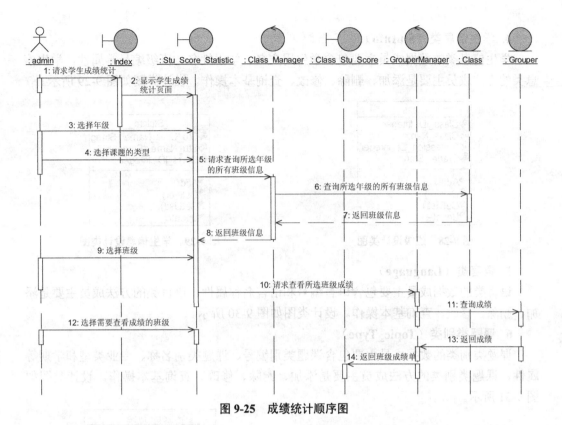

图9-25 成绩统计顺序图

1. 专业方向类（FX）

专业方向类的数据成员包含，专业方向编号和专业方向名称两个属性。专业方向类的方法成员主要是添加、删除、修改、查询基本操作。设计类图如图9-26所示。

2. 专业类（Profession）

专业类的数据成员主要包含专业编号、专业名称、专业类型、专业方向编号等属性，专业类的方法成员主要是添加、删除、修改、查询基本操作。设计类图如图9-27所示。

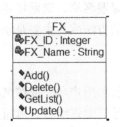

图9-26 专业方向设计类图

图9-27 专业设计类图

3. 班级类（Class）

班级类的数据成员主要包含班级编号、班级名称、专业编号、年级等属性，班级类的方法成员主要是添加、删除、修改、查询基本操作。设计类图如图9-28所示。

4. 学生信息类（StuInfo）

学生信息类的数据成员主要包含学生用户名、学生姓名、班级编号等属性，学生信息类的方法成员主要是添加、删除、修改、查询基本操作。设计类图如图 9-29 所示。

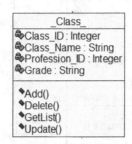

图 9-28　班级设计类图

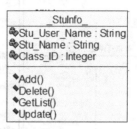

图 9-29　学生信息设计类图

5. 语言类（Language）

语言类的数据成员主要包含语言编号和语言名称属性，语言类的方法成员主要是添加、删除、修改、查询基本操作。设计类图如图 9-30 所示。

6. 课题类别类（Topic_Type）

课题类别类的数据成员主要包含课题类别编号、课题类别名称、专业类型和学期等属性，课题类别类的方法成员主要是添加、删除、修改、查询基本操作。设计类图如图 9-31 所示。

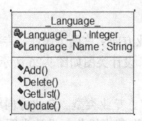

图 9-30　语言设计类图

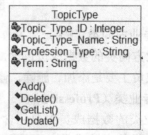

图 9-31　课题类别设计类图

7. 教师个人课题库类（KeTiKu）

教师个人课题库类的数据成员主要包含课题编号、课题名称、课题描述、课题所属用户、教师用户名、课题备注等属性，教师个人题库类的方法成员主要是添加、删除、修改、查询基本操作。设计类图如图 9-32 所示。

8. 已申报课题类（Topic）

已申报课题类的数据成员主要包含课题编号、指导教师用户名、课题名称、课题描述、年级、语言编号列表、专业编号列表、课题类别编号、允许组数、每组人数、审批状态、课题负责人建议、是否选报满、课题备注、是否过期、课题密码等属性，已申报课题类的方法成员主要是添加、删除、修改、查询、选报等基本操作。设计类图如图 9-33 所示。

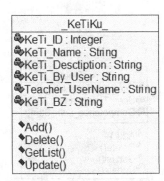

图 9-32　教师个人题库类图

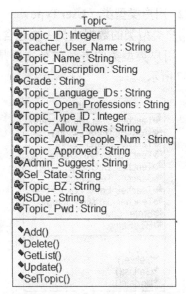

图 9-33　已申报课题设计类图

9. 课题选报分组类（TGroup）

课题选报分组类的数据成员主要包含分组编号、课题编号、组密码、组长姓名、是否报满、是否确认等属性，课题选报分组类的方法成员主要是添加、删除、修改、查询基本操作。设计类图如图 9-34 所示。

10. 组员类（Grouper）

组员类的数据成员主要包含组员编号、学生用户名、分组编号、成绩、学生电话等属性，组员类的方法成员主要是添加、删除、修改、查询基本操作。设计类图如图 9-35所示。

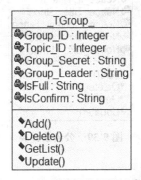

图 9-34　课题选报分组设计类图

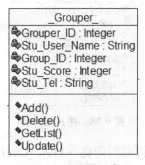

图 9-35　组员设计类图

11. 教师基本信息类（TeacherInfo）

教师基本信息类的数据成员主要包含教师用户名、教师姓名、教师学历等属性，教师基本信息类的方法成员主要是添加、删除、修改、查询基本操作。设计类图如图 9-36所示。

12．用户类型类（UserType）

用户类型类的数据成员主要包含用户类型编号、用户类型名称、可访问页面列表等属性，用户类型类的方法成员主要是添加、删除、修改、查询基本操作。设计类图如图 9-37 所示。

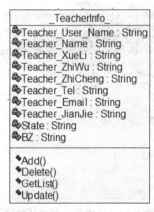

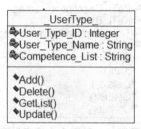

图 9-36　教师基本信息设计类图　　　　　　图 9-37　用户类型设计类图

13．用户类（User）

用户类的数据成员主要包含用户名、密码、用户类型编号等属性，用户类的方法成员主要是添加、删除、修改、查询基本操作。设计类图如图 9-38 所示。

14．公告类（Notice）

公告类的数据成员主要包含公告编号、公告标题、公告内容、发布日期等属性，公告类的方法成员主要是添加、删除、修改、查询基本操作。设计类图如图 9-39 所示。

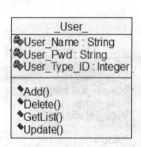

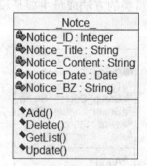

图 9-38　用户设计类　　　　　　　　　　图 9-39　公告设计类

15．课题时间类（Time_Control）

课题时间类的数据成员主要包含年级、课题类别编号、开始时间、结束时间等属性，课题时间类的方法成员主要是添加、删除、修改、查询基本操作。设计类图如图 9-40 所示。

总类关系图如图 9-41 所示。

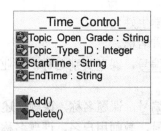

图 9-40　课题时间类设计类图

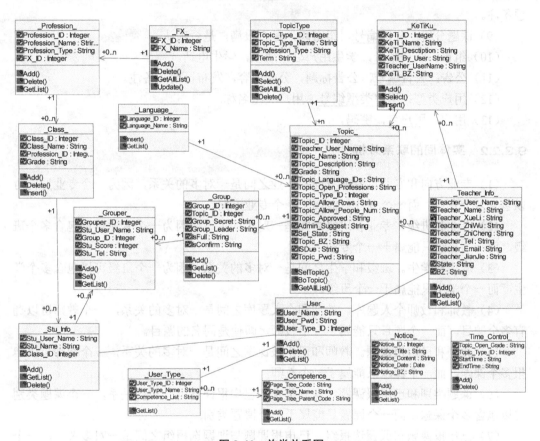

图 9-41　总类关系图

9.3.2　数据库设计

9.3.2.1　实体及属性分析

经过需求分析，确定了系统中的所有实体。系统实体及其属性现分析如下（主属性用下画线标识）：

（1）专业方向：专业方向编号，专业方向名称。

（2）专业：专业编号，专业名称，专业类型（专科、本科）。

（3）班级：班级编号，班级名称，年级。

（4）学生：学生用户名，学生姓名。

（5）语言：语言编号，语言名称。

（6）课题类别：课题类别编号，课题类别名称，专业类型，学期（指学生入校后的第几个学期）。

（7）教师个人题库：课题编号，课题名称，课题描述，课题备注。

（8）已申报课题：课题编号，教师用户名，课题名称，课题描述，年级，课题语言列表，课题专业列表，课题类别，课题允许组数，每组允许人数，课题负责人建议，课题备注。

（9）课题分组：分组编号，组密码，是否报满，是否确认。

（10）组员：组员编号，学生用户名，成绩，学生电话。

（11）公告：公告编号，公告标题，公告内容，发布日期，备注。

（12）用户类型：用户类型编号，用户类型名称。

（13）用户：用户名，密码。

9.3.2.2　实体间的联系分析

（1）专业方向和专业。专业方向和专业之间是一对多的关系，因为一个专业方向可以包含多个专业，而一个专业只能属于一个专业方向。

（2）专业和班级。专业和班级之间是一对多的关系，因为一个专业可以包含多个班级，而一个班级只能属于一个专业

（3）班级和学生。班级和学生之间是一对多的关系，因为一个班级可以包含多个学生，而一个学生只能属于一个班级。

（4）教师和教师个人题库。教师和个人题库之间是一对多的关系，一个教师可以拥有多个题目，而一个题目只能属于一个教师，即使是同名的题目。

（5）教师和已申报课题。教师和已申报课题之间是一对多的关系，一个教师可以申报多个课题，而一个课题只能属于一个教师。

（6）课题类别和已申报课题。课题类别和已申报课题是一对多关系，一个课题类别可以包含多个课题，而一个课题只能属于一个课题类别。

（7）已申报课题与课题选报组。已申报课题与课题选报组之间是一对多关系，一个已申报课题可以对应多个选报组，而一个课题选报组只能属于一个已申报课题。

（8）课题选报组和组员。课题选报分组和组员是一对多关系，一个课题选报分组可以拥有多个组员，而一个组员只能属于一个课题选报分组。

（9）用户类型和用户。用户类型和用户是一对多关系，一个用户类型可以包含多个用户，而一个用户只能属于一个用户类型。

9.3.2.3　物理数据模型（PDM）

本章数据库使用 PowerDesigner 设计，由于数据表比较多，设计好的 PDM 模型请参阅网络资源中第9章的 Topic_Class.pdm。

9.3.2.4　数据表结构

1．专业方向表（FX）

软件学院目前有四个专业方向，分别为.NET、Java、游戏和网络。专业方向表的表结构如表 9-46 所示。

表 9-46　专业方向表的表结构

序号	列　　名	字段说明	数据类型	长度	键及约束	备　　注
1	FX_Id	专业方向编号	int		PK	
2	FX_Name	专业方向名称	nvarchar	30		

2．专业表（Profession）

软件学院目前有本、专科共 10 个专业。专业表的表结构如表 9-47 所示。

表 9-47　专业表的表结构

序号	列　　名	字段说明	数据类型	长度	键及约束	备　　注
1	profession_Id	专业编号	int		PK	
2	Profession_Name	专业名称	nvarchar	20		
3	profession_Type	专业类型	nvarchar	2		专科、本科
4	FX_Id	专业方向编号	int		FK	参考 FX

3．班级表（Class）

软件学院目前有 50 多个行政班。班级表的表结构如表 9-48 所示。

表 9-48　班级表的表结构

序号	列　　名	字段说明	数据类型	长度	键及约束	备　　注
1	class_Id	班级编号	int		PK	
2	class_Name	班级名称	nvarchar	20		
3	profession_Id	专业编号	int		FK	参考 Profession
4	grade	年级	char	4		2004-2020

4．学生信息表（Stu_Info）

软件学院目前有在校生两千多名，往届学生的信息也要保存。学生表表结构如表 9-49 所示。

表 9-49　学生表的表结构

序号	列　　名	字段说明	数据类型	长度	键及约束	备　　注
1	stu_User_Name	学生用户名	char	12	PK	学号
2	stu_Name	学生姓名	nvarchar	5		
3	class_Id	班级编号	int		FK	参考 Class

5. 语言表（Language）

实践课题要求使用的语言有 C、C++、C#、Java 等。语言表的表结构如表 9-50 所示。

表 9-50　语言表的表结构

序号	列　　名	字段说明	数据类型	长度	键及约束	备　　注
1	language_Id	语言编号	int		PK	
2	language_Name	语言名称	varchar	10		

6. 课题类别表（Topic_Type）

在校生每学期都需要选报一个实践课题。课题类别表的表结构如表 9-51 所示。

表 9-51　课题类别表的表结构

序号	列　　名	字段说明	数据类型	长度	键及约束	备　　注
1	topic_Type_Id	课题类别编号	int		PK	
2	topic_Type_Name	课题类别名称	nvarchar	20		
3	profession_Type	专业类型	char	4		专科、本科
4	term	学期	varchar	1		1-8

7. 教师个人课题库表（KeTiKu）

每个教师都可以维护自己的题库信息，这些课题只属于教师，在申报之前其他用户都无法访问。教师个人题库表的表结构如表 9-52 所示。

表 9-52　教师个人题库表的表结构

序号	列　　名	字段说明	数据类型	长度	键及约束	备　　注
1	keti_Id	课题编号	int		PK	
2	keti_Name	课题名称	nvarchar	50		
3	keti_Description	课题描述	nvarchar	2000		
4	keti_By_User	课题所属用户	char	1		
5	teacher_UserName	教师用户名	nvarchar	5	FK	参考 Teacher_Info
6	keti_BZ	课题备注	nvarchar	200		

8. 已申报课题表（Topic）

教师的个人题库中的题目经申报之后就成为已申报课题，这时即使教师修改了个人题库中的题目内容或者删除了该题目，也不会影响到已申报课题的内容。另外，基于系统需求中描述的课题申报及选报的业务流程，需要增加课题审批状态、是否报满两个字段；是否过期字段用来标识该课题是否为本次实践课题中的有效题目，增加该字段主要是为了计算教师本次申报课题能容纳的学生总数；课题密码字段是选填字段。已申报课题表的表结构如表 9-53 所示。

表 9-53 已申报课题表的表结构

序号	列 名	字段说明	数据类型	长度	键及约束	备 注
1	topic_Id	课题编号	int		PK	
2	teacher_User_Name	指导教师用户名	nvarchar	5	FK	参考 Teacher_Info
3	topic_Name	课题名称	nvarchar	50		
4	topic_Description	课题描述	nvarchar	500		
5	grade	年级	char	4		2004～2020
6	topic_Language_Ids	语言编号列表	varchar	50		语言之间使用逗号分隔
7	topic_Open_Professions	专业编号列表	varchar	200		专业名称之间使用逗号分隔
8	topic_Type_Id	课题类别编号	int		FK	参考 Topic_Type
9	topic_Allow_Rows	允许组数	char	1		1-6
10	topic_Allow_People_Num	每组人数	char	1		1-6
11	topic_Approved	审批状态	char	1		0：未审批 1：已审批
12	admin_Suggest	课题负责人建议	nvarchar	200		
13	sel_State	是否选报满	char	1		0：未报满 1：已报满
14	topic_BZ	课题备注	nvarchar	200		
15	isDue	是否过期	char	1		0：未过期 1：过期
16	topic_Pwd	课题密码	varchar	16		

9. 课题选报分组表（TGroup）

选报课题的时候需要分组，每组的成员合作完成一个题目。教师申报题目的时候需指定某个课题允许多少个组选报。每个分组都需要记录其所属的课题的编号，作为外键，参考已申报课题表。出于业务流程的考虑，对于课题选报分组需要增加"是否报满"字段用来记录该分组是否已报满，还需增加"是否确认"字段用来记录指导教师是否已确认选报组的成员。课题分组表的表结构如表 9-54 所示。

表 9-54 课题选报分组表的表结构

序号	列 名	字段说明	数据类型	长度	键及约束	备 注
1	group_Id	分组编号	int		PK	
2	topic_Id	课题编号	int		FK	参考 Topic
3	group_Secret	组密码	varchar	10		
4	group_Leader	组长姓名	varchar	30		
5	isFull	是否报满	char	1		0：未报满 1：已报满
6	isConfirm	是否确认	char	1		0：未确认 1：已确认

10. 组员表（Grouper）

每个学生在校所做的每一次课题都需要记录下来，课题相关的信息是通过与课题选报分组表的外键联系得到的，而对每个课题，都要有一个相应的成绩。学生的电话则是为了方便指导教师联系学生时查询。由于每个学生在校期间会完成多个课题，所以学生用户名不能作为组员表的主键，必须要另外增加一个自动编号的字段"组员编号"作为主键。组员表的表结构如表 9-55 所示。

表 9-55　组员表的表结构

序号	列　名	字段说明	数据类型	长度	键及约束	备　注
1	grouper_Id	组员编号	int		PK	自动编号
2	stu_User_Name	学生用户名	char	12	FK	参考 Stu_Info
3	group_Id	分组编号	int		FK	参考 TGroup
4	stu_Score	成绩	int			
5	Stu_Tel	学生电话	char	11		限填手机号码

11. 教师基本信息表（Teacher_Info）

教师基本信息包括教师的姓名、学历等。教师基本信息表的表结构如表 9-56 所示。

表 9-56　教师基本信息表的表结构

序号	列　名	字段说明	数据类型	长度	键及约束	备　注
1	teacher_User_Name	教师用户名	nvarchar	5	PK	
2	teacher_Name	教师姓名	nvarchar	5		
3	teacher_Xueli	教师学历	nvarchar	10		
4	teacher_Zhiwu	教师职务	nvarchar	10		
5	teacher_Zhicheng	教师职称	nvarchar	10		
6	teacher_Tel	联系电话	varchar	15		
7	teacher_Email	Email	varchar	50		
8	teacher_Jianjie	个人简介	nvarchar	200		
9	state	状态	char	1		
10	BZ	备注	nvarchar	150		

12. 用户类型表（User_Type）

系统用户共有三种，分别为系统课题负责人、教师和学生，系统采用基于角色的权限控制方式。不同用户类型对页面的访问权限记录在数据库表中。用户类型表的表结构如表 9-57 所示。

表 9-57　用户类型表的表结构

序号	列　名	字段说明	数据类型	长度	键及约束	备　注
1	user_Type_Id	用户类型编号	int		PK	
2	user_Type_Name	用户类型名称	nvarchar	10		

续表

序号	列　名	字段说明	数据类型	长度	键及约束	备　注
3	competence_List	可访问页面列表	varchar	400		可访问的页面的编号列表，用逗号分割

13. 用户表（User）

为了验证用户合法身份，用户表只记录用户的用户名和密码，用户类型编号则是为了联合用户类型表以确定该用户可以访问哪些页面。用户表的表结构如表 9-58 所示。

表 9-58　用户表的表结构

序号	列　名	字段说明	数据类型	长度	键及约束	备　注
1	user_Name	用户名	varchar	20	PK	
2	user_Pwd	用户密码	varchar	16		
3	user_Type_Id	用户类型编号	int		FK	参考 User_Type

14. 公告表（Notice）

公告包括公告的标题和内容以及发布日期。由于公告标题有可能重复，所以需要增加一个自动编号的字段"公告编号"作为主键。公告表的表结构如表 9-59 所示。

表 9-59　公告表的表结构

序号	列　名	字段说明	数据类型	长度	键及约束	备　注
1	notice_Id	公告编号	int		PK	自动编号
2	notice_Title	公告标题	nvarchar	50		
3	notice_Content	公告内容	nvarchar	2000		
4	notice_Date	发布日期	datetime			
5	notice_BZ	备注	nvarchar	50		

15. 导航页面表（Competence）

系统的功能导航分为两级，第一级导航菜单不对应具体页面，第二级导航菜单都对应一个页面。每个菜单项都对应一个编码，编码规则为：如果是一级页面，则编码为两位数字，不够两位的前面补零，如"01"、"02"等；如果是二级页面，则编码为四位数字，其中前两位是所属一级菜单的编号，后两位是该二级菜单在一级菜单下的序号，如一级菜单"01"下有 3 个二级菜单，则编号分别为"0101"、"0102"和"0103"。

导航页面表的第三个字段"父页面编码"就是用来记录每个菜单项的父节点编号的，如果为一级菜单，则该字段为"Null"。导航页面表的表结构如表 9-60 所示。

表 9-60　导航页面表的表结构

序号	列　名	字段说明	数据类型	长度	键及约束	备　注
1	page_Tree_Code	页面编码	varchar	4	PK	
2	page_Tree_Name	页面名称	varchar	30		
3	page_Tree_Parent_Code	父节点编码	varchar	2		

16. 课题时间设置表（**Time_Control**）

课题时间设置是用来限制学生的选报时间段的，学生只有在规定时间段内才能选报教师的题目。课题时间设置表的表结构如表 9-61 所示。

表 9-61　课题时间设置表的表结构

序号	列　　名	字段说明	数据类型	长度	键及约束	备　　注
1	topic_Open_Grade	年级	char	4		
2	topic_Type_Id	课题类别编号	int		FK	参考 Topic_Type
3	starttime	开始时间	varchar	10		
4	endtime	结束时间	varchar	10		

17. 成绩提交记录表（**Score_Sumit_Record**）

为了记录每次实践课题中教师提交成绩的记录，使用 Score_Sumit_Record 表来记录，表结构如表 9-62 所示。

表 9-62　成绩提交记录表的表结构

序号	列　　名	字段说明	数据类型	长度	键及约束	备　　注
1	teacher_User_Name	教师用户名	nvarchar	5		
2	grade	年级	char	4		
3	topic_Type_Id	课题类别编号	int		FK	参考 Topic_Type

9.3.2.5　视图设计

为简化查询操作，本系统创建了班级信息视图等 4 个视图，分别介绍如下。

1. 班级信息视图 View_Class

该视图对课题类别表、专业表和班级表进行联合查询，以获取学生所在班级能选修的课题类别信息。该视图主要在学生选报课题时筛选学生可选报的课题使用。创建视图的 SQL 语句如下。

```
CREATE VIEW View_Class
AS
SELECT DISTINCT Class.class_Name, Class.class_Id,
    Topic_Type.profession_Type, Class.grade,
    Profession.profession_Name, Profession.profession_Id
FROM Class
    INNER JOIN Profession ON Class.profession_Id = Profession.profession_Id
    INNER JOIN dbo.Topic_Type ON Profession.profession_Type = Topic_Type.profession_Type
```

2. 学生信息视图 View_Stu_Info

该视图对学生信息表、班级表和专业表进行联合查询，以获取学生与专业、班级的对应关系。创建视图的 SQL 语句如下。

```
CREATE VIEW View_Stu_Info
AS
SELECT Stu_Info.stu_User_Name, Stu_Info.stu_Name,
    Class.grade, Profession.profession_Type,
    Profession.profession_Id, Profession.profession_Name,
    Class.class_Id, Class.class_Name
FROM Stu_Info
    INNER JOIN Class ON Stu_Info.class_Id = Class.class_Id
    INNER JOIN Profession ON Class.profession_Id = Profession.profession_Id
```

3. 已确认学生选报情况视图 View_Stu_NameList

该视图对专业、班级、课题类别、已审批课题、课题分组、组员及学生表进行联合查询，以获取课题最终选报结果。创建视图的 SQL 语句如下。

```
CREATE VIEW View_Stu_NameList
AS
SELECT Stu_Info.stu_User_Name, Stu_Info.stu_Name, Profession.profession_Name,
    Class.class_Name, Topic.topic_Name, Grouper.stu_Score, Topic.teacher_
    User_Name, Topic.topic_Id, Topic.topic_Type_Id, Topic_Type.topic_
    Type_Name, TGroup.group_Id, Grouper.grouper_Id,
    Stu_Info.class_Id, Grouper.stu_Tel, Topic.grade
FROM TGroup INNER JOIN
        Topic ON dbo.TGroup.topic_Id = Topic.topic_Id INNER JOIN
        Grouper ON TGroup.group_Id = Grouper.group_Id INNER JOIN
        Stu_Info ON Grouper.stu_User_Name = Stu_Info.stu_User_Name INNER
        JOIN
        Topic_Type ON Topic.topic_Type_Id = Topic_Type.topic_Type_Id
        INNER JOIN
        Class ON Stu_Info.class_Id = Class.class_Id INNER JOIN
        Profession ON Class.profession_Id = Profession.profession_Id
WHERE   (TGroup.isConfirm = '1') AND (Topic.topic_Approved = '1')
```

4. 学生选报情况视图 View_Stu_Sel_Record

该视图对已审批课题表、课题分组表、组员表、课题类别表、学生信息表、班级表及专业表进行联合查询，以获取学生选报的情况。创建视图的 SQL 语句如下所示。

```
SELECT Grouper.stu_User_Name, Stu_Info.stu_Name, Grouper.grouper_Id,
    Topic.topic_Type_Id, Topic_Type.profession_Type, Topic_Type.topic_
    Type_Name, Topic.topic_Id, Topic.topic_Name, Topic.teacher_User_Name,
    TGroup.group_Id, TGroup.group_Leader, TGroup.isConfirm,
    Stu_Info.class_Id, Class.class_Name, Profession.profession_Id,
    Profession.profession_Name,
    Grouper.stu_Score, Grouper.stu_Tel, Topic.grade
FROM  Topic INNER JOIN
    TGroup ON Topic.topic_Id = TGroup.topic_Id INNER JOIN
    Grouper ON TGroup.group_Id = Grouper.group_Id INNER JOIN
```

```
Topic_Type ON Topic.topic_Type_Id = Topic_Type.topic_Type_Id INNER JOIN
Stu_Info ON Grouper.stu_User_Name = Stu_Info.stu_User_Name INNER JOIN
Class ON Stu_Info.class_Id = Class.class_Id INNER JOIN
Profession ON Class.profession_Id = Profession.profession_Id
```

9.4　实体类库实现

实体类库是用于设计所有针对数据表结构而产生的类的。将针对一个数据表的数据封装成独立的数据单元，也就是对象，有助于提高代码的可读性和易维护性。每个实体类对应数据库中一个表，实体类的每个属性对应表中相应的字段，使用实体类符合面向对象编程的思想。

本章项目中的实体类库项目文件结构如图 9-42 所示。

由于本系统业务较为复杂，并且业务逻辑层以及系统的数据访问层、实体层、数据访问层接口等代码量都很大，所以本节起各部分只讲与 Topic 相关的实现。下面以 Topic（课题实体类）为例来介绍 Model 类库代码。在课题实体类中，主要是定义课题信息的数据结构。Topic 类类图如图 9-43 所示。

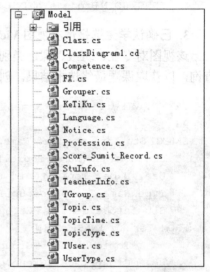

图 9-42　Model 类库文件结构

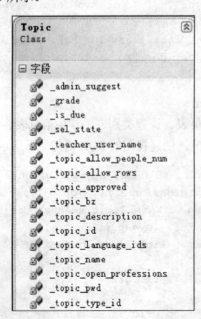

图 9-43　Topic 类类图

Topic 类主要代码如下：

```
namespace TopicManagement.Model
{
    public class Topic
    {
        #region Model
        private int _topic_id;
        private string _teacher_user_name;
        private string _topic_name;
        private string _topic_description;
        private string _topic_bz;
        private string _grade;
        private string _topic_language_ids;
        private string _topic_open_professions;
        private int? _topic_type_id;
        private string _topic_allow_rows;
        private string _topic_allow_people_num;
        private string _topic_approved;
        private string _admin_suggest;
        private string _sel_state;
        private string _is_due;
        private string _topic_pwd;
        /// <summary>
        /// 课题编号
        /// </summary>
        public int topic_Id
        {
            set { _topic_id = value; }
            get { return _topic_id; }
        }
        /// <summary>
        /// 教师用户名
        /// </summary>
        public string teacher_User_Name
        {
            set { _teacher_user_name = value; }
            get { return _teacher_user_name; }
        }
        /// <summary>
        /// 课题名称
        /// </summary>
        public string topic_Name
        {
            set { _topic_name = value; }
            get { return _topic_name; }
```

```
    }
    /// <summary>
    /// (课题描述)
    /// </summary>
    public string topic_Description
    {
        set { _topic_description = value; }
        get { return _topic_description; }
    }
    /// <summary>
    /// 课题备注
    /// </summary>
    public string topic_BZ
    {
        set { _topic_bz = value; }
        get { return _topic_bz; }
    }
    /// <summary>
    /// 年级
    /// </summary>
    public string Grade
    {
        set { _grade = value; }
        get { return _grade; }
    }
    /// <summary>
    /// 课题要求语言编号
    /// </summary>
    public string topic_Language_Ids
    {
        set { _topic_language_ids = value; }
        get { return _topic_language_ids; }
    }
    /// <summary>
    /// 课题面向对象（专业id）
    /// </summary>
    public string topic_Open_Professions
    {
        set { _topic_open_professions = value; }
        get { return _topic_open_professions; }
    }
    /// <summary>
    /// 课题类型id
    /// </summary>
    public int? topic_Type_Id
    {
```

```csharp
        set { _topic_type_id = value; }
        get { return _topic_type_id; }
    }
    /// <summary>
    /// 课题要求组数
    /// </summary>
    public string topic_Allow_Rows
    {
        set { _topic_allow_rows = value; }
        get { return _topic_allow_rows; }
    }
    /// <summary>
    /// 课题每组可容纳人数
    /// </summary>
    public string topic_Allow_People_Num
    {
        set { _topic_allow_people_num = value; }
        get { return _topic_allow_people_num; }
    }
    /// <summary>
    /// 管理员审核(0：未审批，1：审批通过，2：已驳回)
    /// </summary>
    public string topic_Approved
    {
        set { _topic_approved = value; }
        get { return _topic_approved; }
    }
    /// <summary>
    /// 管理员建议
    /// </summary>
    public string admin_Suggest
    {
        set { _admin_suggest = value; }
        get { return _admin_suggest; }
    }
    /// <summary>
    /// 0 未满，1 报满
    /// </summary>
    public string sel_State
    {
        set { _sel_state = value; }
        get { return _sel_state; }
    }
    /// <summary>
    /// 课题是否过期，0：未过期 1：已过期
    /// </summary>
```

```
        public string is_Due
        {
            set { _is_due = value; }
            get { return _is_due; }
        }
        /// <summary>
        /// 课题密码
        /// </summary>
        public string topic_Pwd
        {
            set { _topic_pwd = value; }
            get { return _topic_pwd; }
        }
        #endregion Model
    }
}
```

9.5 辅助项目设计

作为工厂模式三层架构之外的辅助项目，有数据库操作类库 DBUtility 和公共方法类库 CommonMethods。下面对这两个项目的主要代码设计进行描述。

9.5.1 数据库操作类库（DBUtility）设计

数据库操作类库主要负责数据库操作，它包括对数据库的连接、获取连接字符串、SQL 语名的执行、数据加密等，此处主要介绍 DBUtility 中的 DbHelperSQL 类，它主要实现对 SQL 语句的执行，代码如下：

```
namespace TopicManagement.DBUtility
{
    /// <summary>
    /// 数据访问抽象基础类
    /// </summary>
    public abstract class DbHelperSQL
    {
        //数据库连接字符串(web.config 来配置)，多数据库可使用 DbHelperSQLP 来实现
        public static string connectionString =
                ConfigurationManager.AppSettings["ConnectionString"];
        public DbHelperSQL()
        {
        }
        #region 公用方法
        public static bool Exists(string strSql, params SqlParameter[]
                cmdParms)
```

```
    {
        object obj = GetSingle(strSql, cmdParms);
        int cmdresult;
        if ((Object.Equals(obj, null)) || (Object.Equals(obj,
            System.DBNull.Value)))
        {
            cmdresult = 0;
        }
        else
        {
            cmdresult = int.Parse(obj.ToString());
        }
        if (cmdresult == 0)
        {
            return false;
        }
        else
        {
            return true;
        }
    }
    #endregion
    #region 执行带参数的 SQL 语句
    /// <summary>
    /// 执行 SQL 语句，返回影响的记录数
    /// </summary>
    /// <param name="SQLString">SQL 语句</param>
    /// <param name="cmdParms">SQL 语句参数数组</param>
    /// <returns>影响的记录数</returns>
    public static int ExecuteSql(string SQLString, params SqlParameter[]
        cmdParms)
    {
        using (SqlConnection connection = new SqlConnection
            (connectionString))
        {
            using (SqlCommand cmd = new SqlCommand())
            {
                try
                {
                    PrepareCommand(cmd, connection, null, SQLString,
                        cmdParms);
                    int rows = cmd.ExecuteNonQuery();
                    cmd.Parameters.Clear();
                    return rows;
                }
                catch (System.Data.SqlClient.SqlException e)
```

```
                    {
                        throw e;
                    }
                }
            }
        }
        /// <summary>
        /// 执行一条计算查询结果语句，返回查询结果（object）
        /// </summary>
        /// <param name="SQLString">计算查询结果语句</param>
        /// <param name="cmdParms">SQL 语句参数数组</param>
        /// <returns>查询结果（object）</returns>
        public static object GetSingle(string SQLString, params
                SqlParameter[] cmdParms)
        {
            using (SqlConnection connection = new SqlConnection
                    (connectionString))
            {
                using (SqlCommand cmd = new SqlCommand())
                {
                    try
                    {
                        PrepareCommand(cmd, connection, null, SQLString,
                                cmdParms);
                        object obj = cmd.ExecuteScalar();
                        cmd.Parameters.Clear();
                        if((Object.Equals(obj,null)) || (Object.Equals(obj,
                            System.DBNull.Value)))
                        {
                            return null;
                        }
                        else
                        {
                            return obj;
                        }
                    }
                    catch (System.Data.SqlClient.SqlException e)
                    {
                        throw e;
                    }
                }
            }
        }
        /// <summary>
        /// 执行查询语句，返回 DataSet
        /// </summary>
```

```
        /// <param name="SQLString">查询语句</param>
/// <param name="cmdParms">SQL 语句参数数组</param>
        /// <returns>DataSet</returns>
        public static DataSet Query(string SQLString, params SqlParameter[]
            cmdParms)
        {
            using (SqlConnection connection = new SqlConnection
                (connectionString))
            {
                SqlCommand cmd = new SqlCommand();
                PrepareCommand(cmd, connection, null, SQLString, cmdParms);
                using (SqlDataAdapter da = new SqlDataAdapter(cmd))
                {
                    DataSet ds = new DataSet();
                    try
                    {
                        da.Fill(ds, "ds");
                        cmd.Parameters.Clear();
                    }
                    catch (System.Data.SqlClient.SqlException ex)
                    {
                        throw new Exception(ex.Message);
                    }
                    return ds;
                }
            }
        }
        private static void PrepareCommand(SqlCommand cmd, SqlConnection
            conn, SqlTransaction trans, string cmdText, SqlParameter[]
            cmdParms)
        {
            if (conn.State != ConnectionState.Open)
                conn.Open();
            cmd.Connection = conn;
            cmd.CommandText = cmdText;
            if (trans != null)
                cmd.Transaction = trans;
            cmd.CommandType = CommandType.Text; //cmdType;
            if (cmdParms != null)
            {
                foreach (SqlParameter parameter in cmdParms)
                {
                    if ((parameter.Direction == ParameterDirection.
                        InputOutput || parameter.Direction ==
                        ParameterDirection.Input) &&
                        (parameter.Value == null))
```

```
                {
                    parameter.Value = DBNull.Value;
                }
                cmd.Parameters.Add(parameter);
            }
        }
    }
    #endregion
    #region 新增方法
    /// <summary>
    /// 执行多条 SQL 语句，实现数据库事务。
    /// </summary>
    /// <param name="SQLStringList">多条 SQL 语句</param>
    public static void ExecuteSqlTran(ArrayList SQLStringList)
    {
        using (SqlConnection conn = new SqlConnection(connectionString))
        {
            conn.Open();
            SqlCommand cmd = new SqlCommand();
            cmd.Connection = conn;
            SqlTransaction tx = conn.BeginTransaction();
            cmd.Transaction = tx;
            try
            {
                for (int n = 0; n < SQLStringList.Count; n++)
                {
                    string strsql = SQLStringList[n].ToString();
                    if (strsql.Trim().Length > 1)
                    {
                        cmd.CommandText = strsql;
                        cmd.ExecuteNonQuery();
                    }
                }
                tx.Commit();
            }
            catch (System.Data.SqlClient.SqlException E)
            {
                tx.Rollback();
                throw new Exception(E.Message);
            }
        }
    }
    #endregion
    }
}
```

9.5.2　公共方法类库（CommonMethods）设计

公共方法类库，主要是为表示层服务的一些通用方法，例如页面消息、导入导出文件等常用方法都可存入此类库中，此类库是为提高代码复用率而设计。CommonMethods 类库的类图如图 9-44 所示。

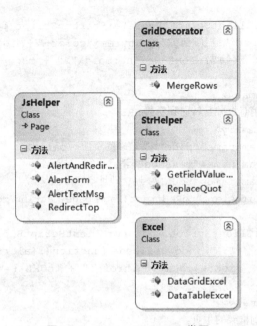

图 9-44　CommonMethods 类图

下面给出 JSHelper 和 Excel 类的代码，其余代码请查看网络资源，此处不再给出。
JSHelper 类是为系统提供弹出消息框的类，共有四种消息框弹出方式，代码如下：

```csharp
namespace TopicManagement.Commons
{
    public class JsHelper : Page
    {
    /// <summary>
    /// 弹出 JavaScript 小窗口
    /// </summary>
    /// <param name="page">所请求的页面</param>
    /// <param name="message">信息</param>
    public static void AlertForm(Page page, string message)
    {
        page.ClientScript.RegisterClientScriptBlock(page.GetType(),
                    "", "window.onload= function()
                    {alert('" + message + "');}", true);
    }
    /// <summary>
```

```
        /// 弹出文字消息
        /// </summary>
        /// <param name="page">所请求的页面</param>
        /// <param name="msgColor">文字颜色</param>
        /// <param name="msg">消息内容</param>
        public static void AlertTextMsg(Page page, string msgColor, string msg)
        {
            page.ClientScript.RegisterStartupScript(page.GetType(), "",
                    "ShowMsg('<p style=\"color:" + msgColor + "; font-size:
                    15; font-weight:bold\">" + msg + "</p>');", true);
        }
        /// <summary>
        /// 弹出消息框并且转向到新的 URL
        /// </summary>
        /// <param name="page">所请求的页面</param>
        /// <param name="message">消息内容</param>
        /// <param name="toURL">连接地址</param>
        public void AlertAndRedirect(Page page, string message, string toURL)
        {
            page.ClientScript.RegisterClientScriptBlock(page.GetType(),
                    "", "window.onload= function(){alert('" + message + "');
                    window.location.href='" + toURL + "';}", true);
        }
        /// <summary>
        /// 转向到框架的主页
        /// </summary>
        /// <param name="toURL">连接地址</param>
        public static void RedirectTop(string toURL)
        {
            string js = "<script language=javascript> top.location. replace
                    ('{0}')</script>";
            HttpContext.Current.Response.Write(string.Format(js, toURL));
        }
    }
}
```

Excel 类中提供了一种对列表数据导出的方法，代码如下：

```
namespace TopicManagement.CommonMethods
{
    public class Excel
    {
        /// <summary>
        /// 将 DataTable 导出为 Excel
        /// </summary>
        /// <param name="dtData">包含数据的 DataTable 对象</param>
```

```
    /// <param name="fileName">目标文件名</param>
public static void DataTableExcel(System.Data.DataTable dtData,
    string fileName)
{
    System.Web.UI.WebControls.DataGrid dgExport = null;
    // 当前对话
    System.Web.HttpContext curContext = System.Web.HttpContext.
        Current;
    // IO 用于导出并返回 excel 文件
    System.IO.StringWriter strWriter = null;
    System.Web.UI.HtmlTextWriter htmlWriter = null;
    if (dtData != null)
    {
        curContext.Response.Clear();
        curContext.Response.Buffer = true;
        // //设置输出流的 HTTP 字符集
        curContext.Response.Charset = "utf-8";
        System.Globalization.CultureInfo myCItrad =
            new System.Globalization.CultureInfo("ZH-CN", true);
        // 设置输出流为简体中文
        curContext.Response.ContentEncoding = System.Text.
        Encoding.GetEncoding("utf-8");
        // 定义输出文件和文件名
        curContext.Response.AppendHeader("Content-Disposition",
            "attachment;filename=" + System.Web.HttpUtility.
            UrlEncode(fileName, Encoding.UTF8).ToString()+ ".xls");
        // 设置编码和附件格式
        curContext.Response.ContentType = "application/ vnd.ms-excel";
        //this.EnableViewState = false;
        // 导出 excel 文件
        strWriter = new System.IO.StringWriter(myCItrad);
        htmlWriter = new System.Web.UI.HtmlTextWriter(strWriter);
        // 为了解决 dgData 中可能进行了分页的情况，需要重新定义一个无分页的
            DataGrid
        dgExport = new System.Web.UI.WebControls.DataGrid();
        dgExport.DataSource = dtData.DefaultView;
        dgExport.AllowPaging = false;
        dgExport.DataBind();
        // 返回客户端
        dgExport.RenderControl(htmlWriter);
        curContext.Response.Write(strWriter.ToString());
        curContext.Response.End();
    }
}
/// <summary>
/// datagrid 导出 excel
```

```
///  </summary>
///  <param name="dgExport">DataGrid 控件</param>
///  <param name="fileName">目的文件</param>
public static void DataGridExcel(System.Web.UI.WebControls.
                        DataGrid dgExport, string fileName)
{
    System.Web.HttpContext curContext = System.Web.HttpContext.
    Current;
    // IO用于导出并返回 excel 文件
    System.IO.StringWriter strWriter = null;
    System.Web.UI.HtmlTextWriter htmlWriter = null;
    curContext.Response.Clear();
    curContext.Response.Buffer = true;
    //设置输出流的 HTTP 字符集
    curContext.Response.Charset = "utf-8";
    System.Globalization.CultureInfo myCItrad =
                new System.Globalization.CultureInfo("ZH-CN",
                true);
    // 设置输出流为简体中文
    curContext.Response.ContentEncoding = System.Text.Encoding.
    GetEncoding("utf-8");
    // 定义输出文件和文件名
    curContext.Response.AppendHeader("Content-Disposition",
    "attachment; filename=
                " + System.Web.HttpUtility.UrlEncode(fileName,
                Encoding.UTF8).ToString()+ ".xls");
    // 设置编码和附件格式
    curContext.Response.ContentType = "application/vnd.ms-excel";
    //this.EnableViewState = false;
    // 导出 excel 文件
    strWriter = new System.IO.StringWriter(myCItrad);
    htmlWriter = new System.Web.UI.HtmlTextWriter(strWriter);
    dgExport.RenderControl(htmlWriter);
    curContext.Response.Write(strWriter.ToString());
    curContext.Response.End();
}
}
```

9.6 数据访问层实现

9.6.1 数据访问层接口类库（IDAL）设计

数据库访问层接口类库，主要是对数据访问层进行抽象。

本章项目中的数据访问层接口类库文件结构如图 9-45 所示。

下面以 ITopic（课题接口类）为例来介绍 IDAL 类库代码。在课题接口类中，主要是提供课题的接口定义。ITopic 类类图如图 9-46 所示。

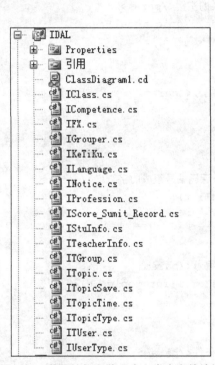

图 9-45　数据访问层接口定义类库文件结构

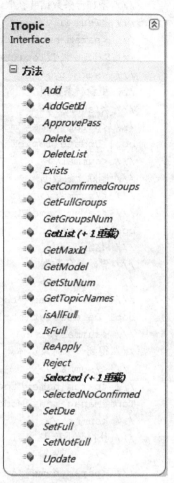

图 9-46　ITopic 类类图

下面给出数据库访问接口类库中与课题信息相对应的接口 ITopic.cs 的代码。代码分为两部分，第一部分是通用方法，可以由代码生成器生成，用以完成对一条记录的判断存在、增加、删除、修改、查询等常规操作；第二部分是针对当前系统的业务特点新增的自定义方法，代码如下：

```
namespace TopicManagement.IDAL
{
    public interface ITopic
    {
        #region Method
        /// <summary>
        /// 增加一条数据
        /// </summary>
        /// <param name="model">Topic 类的实例</param>
```

```
int Add(TopicManagement.Model.Topic model);
/// <summary>
/// 增加一条数据并获取 id
/// </summary>
/// <param name="model">Topic 类的实例</param>
int AddGetId(TopicManagement.Model.Topic model);
/// <summary>
/// 更新一条数据
/// </summary>
/// <param name="model">Topic 类的实例</param>
bool Update(TopicManagement.Model.Topic model);
/// <summary>
/// 删除一条数据
/// </summary>
/// <param name="topic_Id">课题编号</param>
bool Delete(int topic_Id);
/// <summary>
/// 删除一条数据
/// </summary>
/// <param name="topic_Idlist">课题编号组成的字符串</param>
bool DeleteList(string topic_Idlist);
/// <summary>
/// 得到一个对象实体
/// </summary>
/// <param name="topic_Id">课题编号</param>
TopicManagement.Model.Topic GetModel(int topic_Id);
/// <summary>
/// 获得数据列表
/// </summary>
/// <param name="strWhere">查询条件</param>
DataSet GetList(string strWhere);
/// <summary>
/// 获得前几行数据
/// </summary>
/// <param name="Top">前几行？</param>
/// <param name="strWhere">查询条件</param>
/// <param name="filedOrder">排序方式</param>
DataSet GetList(int Top, string strWhere, string filedOrder);
#endregion Method
```

以下是新增的自定义方法。

```
#region 新增方法
/// <summary>
/// 重新申报课题
/// </summary>
```

```
/// <param name="model">Topic 类实例</param>
bool ReApply(TopicManagement.Model.Topic model);
/// <summary>
/// 课题审批通过
/// </summary>
/// <param name="model">Topic 类实例</param>
bool ApprovePass(TopicManagement.Model.Topic model);
/// <summary>
/// 驳回
/// </summary>
/// <param name="model">Topic 类实例</param>
bool Reject(TopicManagement.Model.Topic model);
/// <summary>
/// 该课题是否有学生选报
/// </summary>
/// <param name="topic_Id">课题编号</param>
/// <returns>是否有学生选报</returns>
bool Selected(int topic_Id);
/// <summary>
/// 该课题是否有学生选报，若有学生选报，则传出组 id 字符串，以"，"分隔
/// </summary>
/// <param name="topic_Id">课题编号</param>
/// <param name="group_Ids">选报组 ID 组成的字符串</param>
bool Selected(int topic_Id, ref string group_Ids);
/// <summary>
/// 该课题是否有学生选报，若有学生选报，
/// 则传出组 id 字符串（不包括已确认的组），以"，"分隔
/// </summary>
/// <param name="topic_Id">课题编号</param>
/// <param name="group_Ids">选报组 ID 组成的字符串</param>
bool SelectedNoConfirmed(int topic_Id, ref string group_Ids);
/// <summary>
/// 获取选报课题的组数
/// </summary>
/// <param name="topic_Id">课题编号</param>
/// <returns>选报该课题的组数</returns>
int GetGroupsNum(int topic_Id);
/// <summary>
/// 获取该选报该课题学生总数
/// </summary>
/// <param name="topic_Id">课题编号</param>
/// <returns>选报该课题的学生总数</returns>
int GetStuNum(int topic_Id);
/// <summary>
/// 是否报满
/// </summary>
```

```
/// <param name="topic_Id">课题编号</param>
/// <returns>是否报满</returns>
bool IsFull(int topic_Id);
/// <summary>
/// 设置该课题已报满
/// </summary>
/// <param name="topic_Id">课题编号</param>
/// <returns>影响记录行数：0 表示未设置成功；1：表示设置成功</returns>
int SetFull(int topic_Id);
/// <summary>
/// 设置该课题未报满
/// </summary>
/// <param name="topic_Id">课题编号</param>
/// <returns>影响记录行数：0 表示未设置成功；1：表示设置成功</returns>
int SetNotFull(int topic_Id);
/// <summary>
/// 获取课题 id 和名称字符串，以",""|"隔开，如：id1,id2|课题名称 1,课题名称 2
/// </summary>
/// <param name="grade">年级</param>
/// <param name="topic_Type_Id">课题类别编号</param>
/// <param name="teacher_Name">教师姓名</param>
/// <returns>课题 ID 和名称字符串</returns>
string GetTopicNames(string grade, string topic_Type_Id, string
                     teacher_Name);
/// <summary>
///判断该课题是否报满（已确认的组视为该组报满）
/// </summary>
/// <param name="topic_Id">课题编号</param>
/// <returns>是否报满</returns>
bool isAllFull(int topic_Id);
/// <summary>
/// 获取该课题已确认的组数
/// </summary>
/// <param name="topic_Id">课题编号</param>
/// <returns>该课题已确认的组数</returns>
int GetComfirmedGroups(int topic_Id);
/// <summary>
/// 获取该课题已报满（不包括已确认）的组数
/// </summary>
/// <param name="topic_Id">课题编号</param>
/// <returns>该课题已报满（不包括已确认）的组数</returns>
int GetFullGroups(int topic_Id);
/// <summary>
///置课题为过期
/// </summary>
/// <param name="teacher_User_Name">教师用户名</param>
```

```
    /// <returns>影响记录行数</returns>
    int SetDue(string teacher_User_Name);
    #endregion
    }
}
```

可以看出，接口 ITopic 中声明了课题操作中需要的所有方法。

9.6.2 数据层工厂类库（DALFactory）设计

数据层工厂类库是对相同或者类似结构的多个产品族中的产品进行创建，通过引用 IDAL，将通过从 web.config 中设置的程序集，加载与之相应的实例，返回给 BLL 使用。DALFactory 项目下 DataAccess 的类图如图 9-47 所示。

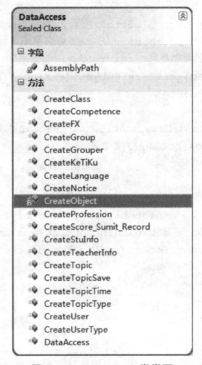

图 9-47 DataAccess 类类图

DataAccess 类的主要代码如下：

```
namespace TopicManagement.DALFactory
{
    /// <summary>
    /// 如果在这里创建对象报错，请检查 web.config 里是否修改了<add key="DAL"
    //value="TopicManagement.SQLServerDAL" />。
    /// </summary>
    public sealed class DataAccess
    {
```

```
private static readonly string AssemblyPath =
        ConfigurationManager.AppSettings["DalAssemblyName"];
                                                        //读取配置文件
//private static readonly string AssemblyPath =
//            System.Configuration.ConfigurationSettings.AppSettings
             ["DalAssemblyName"];
/// <summary>
/// 构造函数
/// </summary>
public DataAccess(){ }
#region CreateObject
/// <summary>
/// 使用缓存
/// </summary>
/// <param name="AssemblyPath">配置文件</param>
/// <param name="classNamespace">类命名空间名称</param>
/// <returns>返回缓存对象</returns>
private static object CreateObject(string AssemblyPath, string
    classNamespace)
{
    object objType = DataCache.GetCache(classNamespace);//获取该类的缓存
    if (objType == null)//判断缓存是否为空
    {
        try
        {
            Assembly a=Assembly.Load(AssemblyPath);//加载路径文件
            objType = a.CreateInstance(classNamespace);//创建该类的实例
            DataCache.SetCache(classNamespace, objType);// 写入缓存
        }
        catch
        {
            return null;
        }
    }
    return objType;
}
/// <summary>
/// 不使用缓存
/// </summary>
/// <param name="AssemblyPath">配置文件</param>
/// <param name="classNamespace">类命名空间名称</param>
/// <returns>返回无缓存对象</returns>
private static object CreateObjectNoCache(string AssemblyPath, string
    classNamespace)
{
    try
```

```
    {
        //创建类的实例
        object objType = Assembly.Load(AssemblyPath).CreateInstance
                       (classNamespace);
        return objType;
    }
    catch//(System.Exception ex)
    {
        return null;
    }
}
#endregion
#region 创建各层数据层对象
/// <summary>
/// 创建 Class 数据层对象
/// </summary>
public static TopicManagement.IDAL.IClass CreateClass()
{
    string ClassNamespace = AssemblyPath + ".Class";
                                    //获取配置文件下的 Class 数据层
    object objType = CreateObject(AssemblyPath, ClassNamespace);
                                        //调用使用缓存的方法
    return (TopicManagement.IDAL.IClass)objType;//返回对象
}
/// <summary>
/// 创建 Competence 数据层对象
/// </summary>
public static TopicManagement.IDAL.ICompetence CreateCompetence()
{
    //获取配置文件下的 Competence 数据层
    string ClassNamespace = AssemblyPath + ".Competence";
    object objType = CreateObject(AssemblyPath, ClassNamespace);
                                        //调用使用缓存的方法
    return (TopicManagement.IDAL.ICompetence)objType;//返回对象
}
/// <summary>
/// 创建 FX 数据层对象
/// </summary>
public static TopicManagement.IDAL.IFX CreateFX()
{
    string ClassNamespace = AssemblyPath + ".FX";
                                    //获取配置文件下的 FX 数据层
    object objType = CreateObject(AssemblyPath, ClassNamespace);
                                        //调用使用缓存的方法
    return (TopicManagement.IDAL.IFX)objType;    //返回对象
}
```

```
/// <summary>
/// 创建 TGroup 数据层对象
/// </summary>
public static TopicManagement.IDAL.ITGroup CreateTGroup()
{
    string ClassNamespace = AssemblyPath + ".TGroup";
                                    //获取配置文件下的 TGroup 数据层
    object objType = CreateObject(AssemblyPath, ClassNamespace);
                                    //调用使用缓存的方法
    return (TopicManagement.IDAL.ITGroup)objType;//返回对象
}
/// <summary>
/// 创建 Grouper 数据层对象
/// </summary>
public static TopicManagement.IDAL.IGrouper CreateGrouper()
{
    string ClassNamespace = AssemblyPath + ".Grouper";
                                        //获取配置文件下的 Grouper 数据层
    object objType = CreateObject(AssemblyPath, ClassNamespace);
                                        //调用使用缓存的方法
    return (TopicManagement.IDAL.IGrouper)objType;//返回对象
}
/// <summary>
/// 创建 KeTiKu 数据层对象
/// </summary>
public static TopicManagement.IDAL.IKeTiKu CreateKeTiKu()
{
    string ClassNamespace = AssemblyPath + ".KeTiKu";
                                        //获取配置文件下的 TGroup 数据层
    object objType = CreateObject(AssemblyPath, ClassNamespace);
                                        //调用使用缓存的方法
    return (TopicManagement.IDAL.IKeTiKu)objType;//返回对象
}
/// <summary>
/// 创建 Language 数据层对象
/// </summary>
public static TopicManagement.IDAL.ILanguage CreateLanguage()
{
    string ClassNamespace = AssemblyPath + ".Language";
                                        //获取配置文件下的 TGroup 数据层
    object objType = CreateObject(AssemblyPath, ClassNamespace);
                                        //调用使用缓存的方法
    return (TopicManagement.IDAL.ILanguage)objType;//返回对象
}
/// <summary>
/// 创建 Notice 数据层对象
```

```csharp
    /// </summary>
    public static TopicManagement.IDAL.INotice CreateNotice()
    {
        string ClassNamespace = AssemblyPath + ".Notice";
                                        //获取配置文件下的 TGroup 数据层
        object objType = CreateObject(AssemblyPath, ClassNamespace);
                                        //调用使用缓存的方法
        return (TopicManagement.IDAL.INotice)objType;//返回对象
    }
    /// <summary>
    /// 创建 Profession 数据层对象
    /// </summary>
    public static TopicManagement.IDAL.IProfession CreateProfession()
    {
        string ClassNamespace = AssemblyPath + ".Profession";
                                        //获取配置文件下的 TGroup 数据层
        object objType = CreateObject(AssemblyPath, ClassNamespace);
                                        //调用使用缓存的方法
        return (TopicManagement.IDAL.IProfession)objType;//返回对象
    }
    /// <summary>
    /// 创建 Score_Sumit_Record 数据层对象
    /// </summary>
    public static TopicManagement.IDAL.IScore_Sumit_Record CreateScore_
                                    Sumit_Record()
    {
        //获取配置文件下的 TGroup 数据层
        string ClassNamespace = AssemblyPath + ".Score_Sumit_Record";
        object objType = CreateObject(AssemblyPath, ClassNamespace);
                                        //调用使用缓存的方法
        return (TopicManagement.IDAL.IScore_Sumit_Record)objType;
                                        //返回对象
    }
    /// <summary>
    /// 创建 Stu_Info 数据层对象
    /// </summary>
    public static TopicManagement.IDAL.IStuInfo CreateStuInfo()
    {
        string ClassNamespace = AssemblyPath + ".StuInfo";
                                        //获取配置文件下的 TGroup 数据层
        object objType = CreateObject(AssemblyPath, ClassNamespace);
                                        //调用使用缓存的方法
        return (TopicManagement.IDAL.IStuInfo)objType;//返回对象
    }
    /// <summary>
    /// 创建 Teacher_Info 数据层对象
```

```
        /// </summary>
        public static TopicManagement.IDAL.ITeacherInfo CreateTeacherInfo()
        {
            string ClassNamespace = AssemblyPath + ".TeacherInfo";
                                        //获取配置文件下的 TGroup 数据层
            object objType = CreateObject(AssemblyPath, ClassNamespace);
                                        //调用使用缓存的方法
            return (TopicManagement.IDAL.ITeacherInfo)objType;//返回对象
        }
        /// <summary>
        /// 创建 Topic 数据层对象
        /// </summary>
        public static TopicManagement.IDAL.ITopic CreateTopic()
        {
            string ClassNamespace = AssemblyPath + ".Topic";
                                        //获取配置文件下的 TGroup 数据层
            object objType = CreateObject(AssemblyPath, ClassNamespace);
                                        //调用使用缓存的方法
            return (TopicManagement.IDAL.ITopic)objType;//返回对象
        }
        /// <summary>
        /// 创建 Topic_Type 数据层对象
        /// </summary>
        public static TopicManagement.IDAL.ITopicType CreateTopicType()
        {
            string ClassNamespace = AssemblyPath + ".TopicType";
                                        //获取配置文件下的 TGroup 数据层
            object objType = CreateObject(AssemblyPath, ClassNamespace);
                                        //调用使用缓存的方法
            return (TopicManagement.IDAL.ITopicType)objType;//返回对象
        }
        /// <summary>
        /// 创建 TopicSave 数据层对象
        /// </summary>
        public static TopicManagement.IDAL.ITopicSave CreateTopicSave()
        {
            string ClassNamespace = AssemblyPath + ".TopicSave";
                                        //获取配置文件下的 TGroup 数据层
            object objType = CreateObject(AssemblyPath, ClassNamespace);
                                        //调用使用缓存的方法
            return (TopicManagement.IDAL.ITopicSave)objType;//返回对象
        }
        /// <summary>
        /// 创建 TopicTime 数据层对象
        /// </summary>
        public static TopicManagement.IDAL.ITopicTime CreateTopicTime()
```

```
{
    string ClassNamespace = AssemblyPath + ".TopicTime";
                                        //获取配置文件下的 TGroup 数据层
    object objType = CreateObject(AssemblyPath, ClassNamespace);
                                    //调用使用缓存的方法
    return (TopicManagement.IDAL.ITopicTime)objType;
}
/// <summary>
/// 创建 TUser 数据层对象
/// </summary>
public static TopicManagement.IDAL.ITUser CreateTUser()
{
    string ClassNamespace = AssemblyPath + ".TUser";
                                        //获取配置文件下的 TGroup 数据层
    object objType = CreateObject(AssemblyPath, ClassNamespace);
                                    //调用使用缓存的方法
    return (TopicManagement.IDAL.ITUser)objType;//返回对象
}
/// <summary>
/// 创建 User_Type 数据层对象
/// </summary>
public static TopicManagement.IDAL.IUserType CreateUserType()
{
    string ClassNamespace = AssemblyPath + ".UserType";
                                        //获取配置文件下的 User_Type 数据层
    object objType = CreateObject(AssemblyPath, ClassNamespace);
                                    //调用使用缓存的方法
    return (TopicManagement.IDAL.IUserType)objType;//返回对象
}
}
}
```

9.6.3　SQLServer 数据访问层（SQLServerDAL）设计

SQLServer 数据访问层的功能主要是负责对 SQLServer 数据库的访问。简单地说就是实现对 SQLServer 数据库中的数据表的 Select（查询）、Insert（插入）、Update（更新）、Delete（删除）等操作。SQLServerDAL 数据访问层的文件结构如图 9-48 所示。SQLServer 数据访问层中的课题相关类 Topic 的类图如图 9-49 所示。

下面给出 SQLServerDAL 数据访问层中 Topic.cs 的代码。代码分为两部分，第一部分是通用方法，可以由代码生成器生成，用以完成对一条记录的判断存在、获得最大 ID、增加、删除、修改、查询等常规操作；第二部分是针对当前系统的业务特点新增的自定义方法。代码如下：

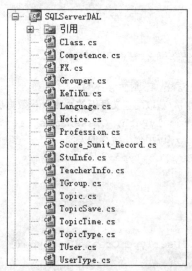

图 9-48　**SQLServerDAL 层的文件结构**　　　　图 9-49　**SQLServerDAL 层 Topic 类类图**

```
namespace TopicManagement.SQLServerDAL
{
    public class Topic:IDAL.ITopic
    {
        #region  Method
        /// <summary>
        /// 增加一条数据
        /// </summary>
        /// <param name="model">Topic 类实例</param>
        /// <returns>插入不成功则返回 0,成功则返回 1</returns>
        public int Add(TopicManagement.Model.Topic model)
        {
            StringBuilder strSql = new StringBuilder();//实例拼接字符串
            //拼接 sql 语句
            strSql.Append("insert into Topic(");
            strSql.Append("teacher_User_Name, topic_Name, topic_Description,
                    topic_BZ,grade, topic_Language_Ids, topic_Open_Professions,
                    topic_Type_Id, topic_Allow_Rows, topic_Allow_People_Num,
                    topic_Approved, admin_Suggest, sel_State, isDue,
                    topic_Pwd)");
            strSql.Append(" values (");
```

```
        strSql.Append("@teacher_User_Name, @topic_Name, @topic_
                Description, @topic_BZ,@grade, @topic_Language_Ids,
                @topic_Open_Professions, @topic_Type_Id,
                @topic_Allow_Rows, @topic_Allow_People_Num,
                @topic_Approved, @admin_Suggest, @sel_State, @isDue,
                @topic_Pwd)");
        strSql.Append(";select @@IDENTITY");
        //声明参数数组
        SqlParameter[] parameters = {
                new SqlParameter("@teacher_User_Name", SqlDbType.
                                  NVarChar, 5),
                new SqlParameter("@topic_Name", SqlDbType.NVarChar,50),
                ……此处省略部分参数声明及创建代码
                new SqlParameter("@topic_Pwd",SqlDbType.VarChar,16)};
        //参数赋值
        parameters[0].Value = model.teacher_User_Name;
        parameters[1].Value = model.topic_Name;
        ……此处省略部分参数赋值代码
        parameters[14].Value = model.topic_Pwd;
        return DbHelperSQL.ExecuteSql(strSql.ToString(), parameters);
}
/// <summary>
/// 增加一条数据并获取 id
/// </summary>
/// <param name="model">Topic 类实例</param>
/// <returns>插入不成功则返回 0,；成功则返回记录 ID</returns>
public int AddGetId(TopicManagement.Model.Topic model)
{
    StringBuilder strSql = new StringBuilder();//实例拼接字符串
    //拼接 sql 语句
    strSql.Append("insert into Topic(");
    strSql.Append("teacher_User_Name, topic_Name, topic_
            Description, topic_BZ,grade, topic_Language_Ids,
            topic_Open_Professions, topic_Type_Id, topic_Allow_Rows,
            topic_Allow_People_Num,topic_Approved, admin_Suggest,
            sel_State, isDue,topic_Pwd)");
    strSql.Append(" values (");
    strSql.Append("@teacher_User_Name, @topic_Name, @topic_
            Description, @topic_BZ,@grade, @topic_Language_Ids,
            @topic_Open_Professions, @topic_Type_Id,
            @topic_Allow_Rows, @topic_Allow_People_Num,
            @topic_Approved, @admin_Suggest,@sel_State, @isDue,
            @topic_Pwd)");
    strSql.Append(";select @@IDENTITY");
    //声明参数数组
    SqlParameter[] parameters = {
```

```
            new SqlParameter("@teacher_User_Name",
                SqlDbType.NVarChar, 5),
            new SqlParameter("@topic_Name", SqlDbType.NVarChar,50),
            ……此处省略部分参数声明及创建代码
            new SqlParameter("@topic_Pwd",SqlDbType.VarChar,16)};
    //参数赋值
    parameters[0].Value = model.teacher_User_Name;
    parameters[1].Value = model.topic_Name;
   ……此处省略部分参数赋值代码
    parameters[14].Value = model.topic_Pwd;
    //声明对象
    //调用执行一条计算查询结果方法
    object obj = DbHelperSQL.GetSingle(strSql.ToString(),
            parameters);
    if (obj == null)//判断是否为空
    {
        return 0;
    }
    else
    {
        return Convert.ToInt32(obj);//返回结果
    }
}
/// <summary>
/// 更新一条数据
/// </summary>
/// <param name="model">Topic 类实例</param>
/// <returns>更新成功返回 true 不成功返回 false</returns>
public bool Update(TopicManagement.Model.Topic model)
{
    StringBuilder strSql = new StringBuilder();//实例拼接字符串
    //拼接 sql 语句
    strSql.Append("update Topic set ");
    strSql.Append("topic_Name=@topic_Name,");
   ……此处省略部分拼接代码
    strSql.Append(" where topic_Id=@topic_Id");
    //声明参数数组
    SqlParameter[] parameters = {
            new SqlParameter("@topic_Name", SqlDbType.NVarChar,50),
            new SqlParameter("@topic_Description",
                SqlDbType.VarChar,500),
            ……此处省略部分参数声明及创建代码
            new SqlParameter("@topic_Id", SqlDbType.Int,4)};
    //参数赋值
    parameters[0].Value = model.topic_Name;
    parameters[1].Value = model.topic_Description;
```

```
        ……此处省略部分参数赋值代码
        parameters[10].Value = model.topic_Id;
        //返回影响的行数
        int rows = DbHelperSQL.ExecuteSql(strSql.ToString(), parameters);
        if (rows > 0)
        {
            return true;
        }
        else
        {
            return false;
        }
    }
    /// <summary>
    /// 删除一条数据
    /// </summary>
    /// <param name="topic_Id">课题编号</param>
    /// <returns>删除成功返回 true 否则返回 false</returns>
    public bool Delete(int topic_Id)
    {
        StringBuilder strSql = new StringBuilder();//实例拼接字符串
        //拼接 sql 语句
        strSql.Append("delete from Topic ");
        strSql.Append(" where topic_Id=@topic_Id");
        //声明参数数组
        SqlParameter[] parameters = {
            new SqlParameter("@topic_Id", SqlDbType.Int,4)};
        //参数赋值
        parameters[0].Value = topic_Id;
        //返回影响的行数
        int rows = DbHelperSQL.ExecuteSql(strSql.ToString(), parameters);
                //调用执行方法
        if (rows > 0)//判断是否大于 0
        {
            return true;
        }
        else
        {
            return false;
        }
    }
    /// <summary>
    /// 得到一个对象实体
    /// </summary>
    /// <param name="topic_Id">课题编号</param>
    /// <returns>返回一个对象实体</returns>
```

```
public TopicManagement.Model.Topic GetModel(int topic_Id)
{
    //拼接 sql 语句
    StringBuilder strSql = new StringBuilder();
    strSql.Append("select top 1 topic_Id, teacher_User_Name,
        topic_Name, topic_Description,
        topic_BZ,grade,topic_Language_Ids,topic_Open_Professions,
        topic_Type_Id, topic_Allow_Rows, topic_Allow_People_Num,
        topic_Approved, admin_Suggest, sel_State, isDue,
        topic_Pwd from Topic ");
    strSql.Append(" where topic_Id=@topic_Id");
    //声明参数数组
    SqlParameter[] parameters = {
            new SqlParameter("@topic_Id", SqlDbType.Int,4)};
    parameters[0].Value = topic_Id;//参数赋值
    //实例化 Topic 类对象
    TopicManagement.Model.Topic model = new
                                TopicManagement.Model.Topic();
    DataSet ds = DbHelperSQL.Query(strSql.ToString(), parameters);
    //执行查询方法
    //判断数据集是否为空
    if (ds.Tables[0].Rows.Count > 0)
    {
        //判断课题编号是否为空
        if (ds.Tables[0].Rows[0]["topic_Id"].ToString() != "")
        {
            model.topic_Id = int.Parse(ds.Tables[0].Rows[0]
                                    ["topic_Id"].ToString());
        }
        //给 Topic 类实例实体变量赋值
        model.teacher_User_Name = ds.Tables[0].Rows[0]["teacher_
                User_Name"].ToString();
        model.topic_Name = ds.Tables[0].Rows[0]["topic_Name"].
                ToString();
        model.topic_Description = ds.Tables[0].Rows[0]["topic_
                Description"].ToString();
        model.topic_BZ = ds.Tables[0].Rows[0]["topic_BZ"].ToString();
        model.Grade = ds.Tables[0].Rows[0]["grade"].ToString();
        model.topic_Language_Ids = ds.Tables[0].Rows[0]["topic_
                Language_Ids"].ToString();
        model.topic_Open_Professions =
                ds.Tables[0].Rows[0]["topic_Open_Professions"].
                        ToString();
        if(ds.Tables[0].Rows[0]["topic_Type_Id"].ToString() !="")
        {
            model.topic_Type_Id =
```

```csharp
                        int.Parse(ds.Tables[0].Rows[0]["topic_Type_Id"].
                            ToString());
                }
                model.topic_Allow_Rows = ds.Tables[0].Rows[0]["topic_
                    Allow_Rows"].ToString();
                model.topic_Allow_People_Num =
                        ds.Tables[0].Rows[0]["topic_Allow_People_Num"].
                            ToString();
                model.topic_Approved = ds.Tables[0].Rows[0]["topic_
                    Approved"].ToString();
                model.admin_Suggest = ds.Tables[0].Rows[0]["admin_Suggest"].
                    ToString();
                model.sel_State = ds.Tables[0].Rows[0]["sel_State"].
                    ToString();
                model.is_Due = ds.Tables[0].Rows[0]["isDue"].ToString();
                model.topic_Pwd = ds.Tables[0].Rows[0]["topic_Pwd"].
                    ToString();
                return model;//返回实体
            }
            else
            {
                return null;
            }
        }
        /// <summary>
        /// 获取数据集
        /// </summary>
        /// <param name="strWhere">查询条件</param>
        /// <returns>返回数据集</returns>
        public DataSet GetList(string strWhere)
        {
            //拼接 sql 语句
            StringBuilder strSql = new StringBuilder();
            strSql.Append("select topic_Id, teacher_User_Name, topic_Name,
                        topic_Description,topic_BZ,grade,topic_
                        Language_Ids,topic_Open_Professions,topic_Type_
                        Id,topic_Allow_Rows, topic_Allow_People_Num,
                        topic_Approved, admin_Suggest, sel_State, isDue,
                        topic_Pwd ");
            strSql.Append(" FROM Topic ");
            //判断查询条件
            if (strWhere.Trim() != "")
            {
                strSql.Append(" where " + strWhere);
            }
            strSql.Append(" order by topic_Id desc");
```

```
        return DbHelperSQL.Query(strSql.ToString());//执行查询方法
}
#endregion  Method
```

以下是新增的自定义方法。

```
#region 新增方法
/// <summary>
/// 重新申报课题
/// </summary>
/// <param name="model">Topic 类实例</param>
/// <returns>申报成功返回 true 否则返回 false</returns>
public bool ReApply(TopicManagement.Model.Topic model)
{
    //拼接 sql 语句
    StringBuilder strSql = new StringBuilder();
    strSql.Append("update Topic set ");
    strSql.Append("topic_Name=@topic_Name,");
    ……此处省略部分拼接代码
    strSql.Append(" where topic_Id=@topic_Id");
    //声明参数数组
    SqlParameter[] parameters = {
            new SqlParameter("@topic_Name", SqlDbType.NVarChar,50),
            new SqlParameter("@topic_Description", SqlDbType.VarChar,
                    500),
            ……此处省略部分参数声明及创建代码
            new SqlParameter("@topic_Id", SqlDbType.Int,4)};
    //参数赋值
    parameters[0].Value = model.topic_Name;
    parameters[1].Value = model.topic_Description;
    ……此处省略部分参数赋值代码
    parameters[10].Value = model.topic_Id;
    //返回影响的行数
    int rows = DbHelperSQL.ExecuteSql(strSql.ToString(), parameters);
            //调用执行方法
    if (rows > 0)
    {
        return true;
    }
    else
    {
        return false;
    }
}
/// <summary>
```

```
/// 课题审批通过
/// </summary>
/// <param name="model">Topic 类实例</param>
/// <returns>审批通过返回 true，否则返回 false</returns>
public bool ApprovePass(TopicManagement.Model.Topic model)
{
    //拼接 sql 语句
    StringBuilder strSql = new StringBuilder();
    strSql.Append("update Topic set ");
    strSql.Append("admin_Suggest=@admin_Suggest,");
    strSql.Append("topic_Approved=1 ");
    strSql.Append(" where topic_Id=@topic_Id");
    //声明参数数组
    SqlParameter[] parameters = {
            new SqlParameter("@admin_Suggest", SqlDbType.NVarChar,
                            200),
            new SqlParameter("@topic_Id", SqlDbType.Int,4)};
    //参数赋值
    parameters[0].Value = model.admin_Suggest;
    parameters[1].Value = model.topic_Id;
    //返回影响的行数
    int rows = DbHelperSQL.ExecuteSql(strSql.ToString(), parameters);
            //调用执行方法
    if (rows > 0)
    {
        return true;
    }
    else
    {
        return false;
    }
}
/// <summary>
/// 课题驳回
/// </summary>
/// <param name="model">Topic 类实例</param>
/// <returns>驳回成功返回 true，否则返回 false</returns>
public bool Reject(TopicManagement.Model.Topic model)
{
    //拼接 sql 语句
    StringBuilder strSql = new StringBuilder();
    strSql.Append("update Topic set ");
    strSql.Append("admin_Suggest=@admin_Suggest,");
    strSql.Append("topic_Approved=2 ");
    strSql.Append(" where topic_Id=@topic_Id");
```

```csharp
//声明参数数组
SqlParameter[] parameters = {
        new SqlParameter("@admin_Suggest", SqlDbType.NVarChar,
                            200),
        new SqlParameter("@topic_Id", SqlDbType.Int,4)};
//参数赋值
parameters[0].Value = model.admin_Suggest;
parameters[1].Value = model.topic_Id;
//返回影响的行数
int rows = DbHelperSQL.ExecuteSql(strSql.ToString(),
            parameters);//
if (rows > 0)
{
    return true;
}
else
{
    return false;
}
}
/// <summary>
/// 该课题是否有学生选报
/// </summary>
/// <param name="topic_Id">课题编号</param>
/// <returns>有学生选报则返回 true，否则返回 false</returns>
public bool Selected(int topic_Id)
{
    bool selected = false;//选报标志
    //拼接 sql 语句
    StringBuilder strSql = new StringBuilder();
    strSql.Append("select group_Id from TGroup");
    strSql.Append(" where topic_Id=@topic_Id ");
    //声明参数数组
    SqlParameter[] parameters = {
            new SqlParameter("@topic_Id", SqlDbType.Int,4)};
    parameters[0].Value = topic_Id;//c 参数赋值
    //返回数据集
    //执行查询方法
    DataSet ds_Group_Ids = DbHelperSQL.Query(strSql.ToString(),
                            parameters);
    if (ds_Group_Ids.Tables[0].Rows.Count > 0)//如已有学生选报
    {
        selected = true;
    }
    return selected;
```

```csharp
}
/// <summary>
/// 该课题是否有学生选报，若有学生选报，则传出组 id 字符串，以 "," 分隔
/// </summary>
/// <param name="topic_Id">课题编号</param>
/// <param name="group_Ids">组编号</param>
/// <returns>有学生选报则返回 true，否则返回 false</returns>
public bool Selected(int topic_Id, ref string group_Ids)
{
    bool selected = false;//选报标志
    StringBuilder strSql = new StringBuilder();
    strSql.Append("select group_Id from TGroup");
    strSql.Append(" where topic_Id=@topic_Id ");
    SqlParameter[] parameters = {
        new SqlParameter("@topic_Id", SqlDbType.Int,4) };
    parameters[0].Value = topic_Id;
    //返回数据集
    //执行查询方法
    DataSet ds_Group_Ids = DbHelperSQL.Query(strSql.ToString(),
                                              parameters);
    if (ds_Group_Ids.Tables[0].Rows.Count > 0)//已有学生选报
    {
        selected = true;
        //获取 group_id 字符串，以 "," 分隔
        for (int i = 0; i < ds_Group_Ids.Tables[0].Rows.Count; i++)
        {
            if (group_Ids == "")
            {
                group_Ids += ds_Group_Ids.Tables[0].Rows[i]
                        ["group_Id"].ToString();
            }
            else
            {
                group_Ids += "," + ds_Group_Ids.Tables[0].Rows[i]
                        ["group_Id"].ToString();
            }
        }
    }
    return selected;
}
/// <summary>
/// 该课题是否有学生选报，若有学生选报，
/// 则传出组 id 字符串（不包括已确认的组），以 "," 分隔
/// </summary>
/// <param name="topic_Id">课题编号</param>
```

```
        /// <param name="group_Ids">组编号</param>
        /// <returns>有学生选报返回 true 否则返回 false</returns>
        public bool SelectedNoConfirmed(int topic_Id, ref string group_Ids)
        {
            bool selected = false;//选报标志
            StringBuilder strSql = new StringBuilder();
            strSql.Append("select group_Id from TGroup");
            strSql.Append(" where isConfirm=0 and topic_Id=@topic_Id ");
            SqlParameter[] parameters = {
                new SqlParameter("@topic_Id", SqlDbType.Int,4)};
            parameters[0].Value = topic_Id;
            //返回数据集
            //执行查询方法
            DataSet ds_Group_Ids = DbHelperSQL.Query(strSql.ToString(),
                                                     parameters);
            if (ds_Group_Ids.Tables[0].Rows.Count > 0)//已有学生选报
            {
                selected = true;
                //获取 group_id 字符串，以 "," 分隔
                for (int i = 0; i < ds_Group_Ids.Tables[0].Rows.Count; i++)
                {
                    if (group_Ids == "")
                    {
                        group_Ids += ds_Group_Ids.Tables[0].Rows[i]
                                    ["group_Id"].ToString();
                    }
                    else
                    {
                        group_Ids += "," + ds_Group_Ids.Tables[0].Rows[i]
                                    ["group_Id"].ToString();
                    }
                }
            }
            return selected;
        }
        /// <summary>
        /// 获取选报课题的组数
        /// </summary>
        /// <param name="topic_Id">课题编号</param>
        /// <returns>选报课题的组数</returns>
        public int GetGroupsNum(int topic_Id)
        {
            //拼接 sql 语句
            StringBuilder strSql = new StringBuilder();
            strSql.Append("select count(group_Id) from dbo.Group ");
```

```
    strSql.Append(" where topic_Id=@topic_Id");
    //声明参数数组
    SqlParameter[] parameters = {
                new SqlParameter("@topic_Id",SqlDbType.Int,4) };
    parameters[0].Value = topic_Id;//参数赋值
    //执行查询方法，返回获取选报课题的组数
    return int.Parse(DbHelperSQL.GetSingle(strSql.ToString(),
                    parameters).ToString());
}
/// <summary>
/// 获取该选报该课题学生总数
/// </summary>
/// <param name="topic_Id">课题编号</param>
/// <returns>选报该课题的学生总数</returns>
public int GetStuNum(int topic_Id)
{
    int topic_Sel_Stu_Total = 0;//选报该课题的学生总数
    string group_Ids = "";//组编号
    if (Selected(topic_Id, ref group_Ids))
    {
        if (group_Ids != "")
        {
            string[] groups = group_Ids.Split(',');
            for (int i = 0; i < groups.Length; i++)
            {
            //执行选报课题学生总数的方法
            topic_Sel_Stu_Total += new TGroup().GetStuNum(int.Parse
                                                    (groups[i]));
            }
        }
    }
    return topic_Sel_Stu_Total;//选报该课题的学生总数
}
/// <summary>
/// 某课题是否报满
/// </summary>
/// <param name="topic_Id">课题编号</param>
/// <returns>已报满则返回 true, 否则 false</returns>
public bool IsFull(int topic_Id)
{
    int current_Num = GetStuNum(topic_Id);//选报课题学生总数的方法
    //拼接 sql 语句
    StringBuilder strSql = new StringBuilder();
    strSql.Append(" select cast(topic_Allow_Rows as int)*cast
                (topic_Allow_People_Num
```

```
                    as int) from Topic");
        strSql.Append(" where topic_Id=@topic_Id");
        SqlParameter[] parameters = {
                new SqlParameter("@topic_Id",SqlDbType.Int,4) };
        parameters[0].Value = topic_Id;
        //返回影响的行数
        int allow_Num = int.Parse(DbHelperSQL.GetSingle(strSql.
                    ToString(), arameters).ToString());
        return allow_Num == current_Num;
    }
    /// <summary>
    /// 设置该课题已报满
    /// </summary>
    /// <param name="topic_Id">课题编号</param>
    /// <returns>设置成功则返回 1, 不成功则返回 0</returns>
    public int SetFull(int topic_Id)
    {
        //拼接 sql 语句
        StringBuilder strSql = new StringBuilder();
        strSql.Append(" update Topic set sel_State=1 ");
        strSql.Append(" where topic_Id=@topic_Id ");
        SqlParameter[] parameters = {
            new SqlParameter("@topic_Id",SqlDbType.Int,4)};
        parameters[0].Value = topic_Id;
        return DbHelperSQL.ExecuteSql(strSql.ToString(), parameters);
        //调用执行方法
    }
    /// <summary>
    /// 设置该课题未报满
    /// </summary>
    /// <param name="topic_Id">课题编号</param>
    /// <returns>设置成功则返回 1, 不成功则返回 0</returns>
    public int SetNotFull(int topic_Id)
    {
        //拼接 sql 语句
        StringBuilder strSql = new StringBuilder();
        strSql.Append(" update Topic set sel_State=0 ");
        strSql.Append(" where topic_Id=@topic_Id ");
        //参数数组
        SqlParameter[] parameters = {
                            new SqlParameter ("@topic_Id",
                                        SqlDbType.Int,4)};
        parameters[0].Value = topic_Id;
        return DbHelperSQL.ExecuteSql(strSql.ToString(), parameters);
        //调用执行方法
```

```
}
/// <summary>
///获取课题 id 和名称字符串, 以 ",", "|" 隔开, 如: id1,id2|课题名称1,课题名称2
/// </summary>
/// <param name="grade">年级</param>
/// <param name="topic_Type_Id">课题类型编号</param>
/// <param name="teacher_Name">教师姓名</param>
/// <returns>返回字符串</returns>
public string GetTopicNames(string grade, string topic_Type_Id,
                           string teacher_Name)
{
    //拼接 sql 语句
    StringBuilder strSql = new StringBuilder();
    strSql.Append(" select topic_Id,topic_Name");
    strSql.Append(" from Topic");
    strSql.Append(" where isDue=0");//未过期
    strSql.Append(" and topic_Approved=1");//已审批
    strSql.Append(" and grade=@grade");
    strSql.Append(" and topic_Type_Id=@topic_Type_Id");
    strSql.Append(" and teacher_User_Name=@teacher_User_Name");
    //参数数组
    SqlParameter[] parameter = {new SqlParameter("@grade",
                                SqlDbType.Char,4),
            new SqlParameter("@topic_Type_Id",SqlDbType.Int,4),
            new SqlParameter("@teacher_User_Name",SqlDbType.
                             NVarChar,5)
                           };
    //参数赋值
    parameter[0].Value = grade;
    parameter[1].Value = topic_Type_Id;
    parameter[2].Value = teacher_Name;
    //返回数据集
    DataSet ds = DbHelperSQL.Query(strSql.ToString(), parameter);
    //执行查询方法
    string topic_Ids = "";
    string topic_Names = "";
    for (int i = 0; i < ds.Tables[0].Rows.Count; i++)
    {
        if (topic_Ids == "")
        {
            topic_Ids += ds.Tables[0].Rows[i]["topic_Id"].ToString();
        }
        else
        {
            topic_Ids += "," + ds.Tables[0].Rows[i]["topic_Id"].
```

```
                        ToString();
        }
        if (topic_Names == "")
        {
            topic_Names += ds.Tables[0].Rows[i]["topic_Name"].
                        ToString();
        }
        else
        {
            topic_Names += "," + ds.Tables[0].Rows[i]["topic_Name"].
                        ToString();
        }
    }
    return topic_Ids + "|" + topic_Names;
}
/// <summary>
/// 判断该课题是否报满（已确认的组视为该组报满）
/// </summary>
/// <param name="topic_Id">课题编号</param>
/// <returns>已报满则返回 true，否则返回 false</returns>
public bool isAllFull(int topic_Id)
{
    string _allow_Groupes =
        new SQLServerDAL.Topic().GetModel(topic_Id).topic_Allow_
            Rows;  //允许申报组数
    int allow_Groupes = int.Parse(_allow_Groupes);//课题允许组数
    int confirmed_Groupes = GetComfirmedGroups(topic_Id);//已确认的组
    int full_Groupes = GetFullGroups(topic_Id);//已报满的组
    return confirmed_Groupes + full_Groupes == allow_Groupes;
}
/// <summary>
/// 获取该课题已确认的组数
/// </summary>
/// <param name="topic_Id">课题编号</param>
/// <returns>已确认的组数</returns>
public int GetComfirmedGroups(int topic_Id)
{
    //查询语句
    string strSql = " select count(1) from TGroup where topic_Id=
            '"+topic_Id+"' and  isConfirm=1";
    return int.Parse(DbHelperSQL.GetSingle(strSql).ToString());
            //返回已确认的组数
}
/// <summary>
/// 获取该课题已报满（不包括已确认）的组数
```

```
/// </summary>
/// <param name="topic_Id">课题编号</param>
/// <returns>已报满（不包括已确认）的组数</returns>
public int GetFullGroups(int topic_Id)
{
    //查询语句
    string strSql = " select count(1) from TGroup where isFull=1 and
            isConfirm=0  and topic_Id='" + topic_Id + "'";
    //返回已报满（不包括已确认）的组数
    return int.Parse(DbHelperSQL.GetSingle(strSql).ToString());
}
/// <summary>
///置课题为过期
/// </summary>
/// <param name="teacher_User_Name">教师用户名</param>
/// <returns>设置成功则返回1，不成功则返回0</returns>
public int SetDue(string teacher_User_Name)
{
    //拼接sql语句
    StringBuilder strSql = new StringBuilder();
    strSql.Append(" update Topic set isDue=1 ");
    strSql.Append("where teacher_User_Name=@teacher_User_Name ");
    //声明参数数组
    SqlParameter[] parameters = {
                            new SqlParameter("@teacher_User_Name",
                            SqlDbType.NVarChar,5)};
    parameters[0].Value = teacher_User_Name;//参数赋值
    return DbHelperSQL.ExecuteSql(strSql.ToString(), parameters);
    //调用执行方法
}
#endregion
    }
}
```

由上述代码可以看出，SQLServerDAL 层中的 Topic 类实现了 IDAL 中的 ITopic 接口，即给出了所有课题操作中需要的方法的实现。

9.7 业务逻辑层实现

业务逻辑层最主要的任务就是实现系统的业务逻辑，当需要调用数据库时，对数据访问层中的方法进行调用，业务逻辑层文件结构如图 9-50 所示，业务逻辑层下的 Topic.cs 的类图如图 9-51 所示。

业务逻辑层 Topic 类的方法同样分为通用方法及新增自定义方法，代码如下：

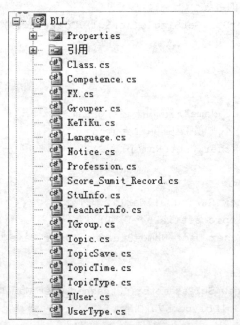

图 9-50　业务逻辑层文件结构图

图 9-51　业务逻辑层 Topic 类类图

```
namespace TopicManagement.BLL
{
    public partial class Topic
    {
        /// <summary>
        /// 构造函数
        /// </summary>
        public Topic()
        { }
        //利用工厂实例化数据访问层 Topic 类对象
        IDAL.ITopic idal = DALFactory.DataAccess.CreateTopic();
        #region Method
        /// <summary>
        /// 增加一条数据
        /// </summary>
        /// <param name="model">Topic 类的实例</param>
```

```
/// <returns>增加成功则返回 1, 不成功则返回 0</returns>
public int Add(TopicManagement.Model.Topic model)
{
    return idal.Add(model);//调用新增方法
}
/// <summary>
/// 增加一条数据并获取 id
/// </summary>
/// <param name="model">Topic 类的实例</param>
/// <returns>增加成功则返回新纪录 ID, 不成功则返回 0</returns>
public int AddGetId(TopicManagement.Model.Topic model)
{
    return idal.AddGetId(model);//调用增加一条数据并获取 id 的方法
}
/// <summary>
/// 更新一条数据
/// </summary>
/// <param name="model">Topic 类的实例</param>
/// <returns>更新成功返回 true, 失败返回 false</returns>
public bool Update(TopicManagement.Model.Topic model)
{
    return idal.Update(model);//调用更新的方法
}
/// <summary>
/// 删除一条数据
/// </summary>
/// <param name="topic_Id">课题编号</param>
/// <returns>删除成功返回 true, 失败返回 false</returns>
public bool Delete(int topic_Id)
{
    return idal.Delete(topic_Id);    //调用删除的方法
}
/// <summary>
/// 得到一个对象实体
/// </summary>
/// <param name="topic_Id">课题编号</param>
/// <returns>返回 Topic 实体类</returns>
public TopicManagement.Model.Topic GetModel(int topic_Id)
{
    return idal.GetModel(topic_Id);//获取 Topic 实体类
}
/// <summary>
/// 获得数据列表
/// </summary>
/// <param name="strWhere">查询条件</param>
/// <returns>查询到的数据集</returns>
```

```
public DataSet GetList(string strWhere)
{
    return idal.GetList(strWhere);//调用获取数据集的方法
}
#endregion  Method
```

以下是新增的自定义方法：

```
#region 新增方法
/// <summary>
/// 重新申报课题
/// </summary>
/// <param name="model">Topic 类的实例</param>
/// <returns> 重新申报成功返回 true，失败返回 false</returns>
public bool ReApply(TopicManagement.Model.Topic model)
{
    return idal.ReApply(model);//调用重新申报课题的方法
}
/// <summary>
/// 课题审批通过
/// </summary>
/// <param name="model">Topic 类的实例</param>
/// <returns>审批通过返回 true，失败返回 false</returns>
public bool ApprovePass(TopicManagement.Model.Topic model)
{
    return idal.ApprovePass(model);//调用审批的方法
}
/// <summary>
/// 课题驳回
/// </summary>
/// <param name="model">Topic 类的实例</param>
/// <returns>驳回成功返回 true，失败返回 false</returns>
public bool Reject(TopicManagement.Model.Topic model)
{
    return idal.Reject(model);//调用驳回的方法
}
/// <summary>
/// 该课题是否有学生选报
/// </summary>
/// <param name="topic_Id">课题编号</param>
/// <returns>有学生选报返回 true，没有返回 false</returns>
public bool Selected(int topic_Id)
{
    return idal.Selected(topic_Id);//调用选报的方法
}
/// <summary>
```

```
///  该课题是否有学生选报，若有学生选报，则传出组 id 字符串，以“,”分隔
/// </summary>
/// <param name="topic_Id">课题编号</param>
/// <param name="group_Ids">组编号</param>
/// <returns>有选报并传出组 id 则返回 true, 无则返回 false</returns>
public bool Selected(int topic_Id, ref string group_Ids)
{
    return idal.Selected(topic_Id, ref group_Ids);
                                    //调用有学生选报传出组的方法
}
/// <summary>
///  该课题是否有学生选报，若有学生选报，
///  则传出组 id 字符串（不包括已确认的组），以“,”分隔
/// </summary>
/// <param name="topic_Id">课题编号</param>
/// <param name="group_Ids">组编号</param>
/// <returns>有并且传出组 id 字符则返回 true, 无则返回 false</returns>
public bool SelectedNoConfirmed(int topic_Id, ref string group_Ids)
{
    //调用选报传出组并不包括已确认的组方法
    return idal.SelectedNoConfirmed(topic_Id, ref group_Ids);
}
/// <summary>
///  获取选报课题的组数
/// </summary>
/// <param name="topic_Id">课题编号</param>
/// <returns>选报课题的组数</returns>
public int GetGroupsNum(int topic_Id)
{
    return idal.GetGroupsNum(topic_Id);//调用获取选报课题的组数的方法
}
/// <summary>
///  获取该选报该课题学生总数
/// </summary>
/// <param name="topic_Id"> 课题编号</param>
/// <returns>该选报该课题学生总数</returns>
public int GetStuNum(int topic_Id)
{
    return idal.GetStuNum(topic_Id);//调用获取该选报该课题学生总数的方法
}
/// <summary>
///  是否报满
/// </summary>
/// <param name="topic_Id">课题编号</param>
/// <returns>报满返回 true, 没有报满返回 false</returns>
public bool IsFull(int topic_Id)
```

```
    {
        return idal.IsFull(topic_Id);//调用是否报满的方法
    }
    /// <summary>
    /// 设置该课题已报满
    /// </summary>
    /// <param name="topic_Id">课题编号</param>
    /// <returns>设置成功则返回1，未设置成功则返回0</returns>
    public int SetFull(int topic_Id)
    {
        return idal.SetFull(topic_Id);//调用设置该课题已报满的方法
    }
    /// <summary>
    /// 设置该课题未报满
    /// </summary>
    /// <param name="topic_Id">课题编号</param>
    /// <returns>设置成功则返回1，未设置成功则返回0</returns>
    public int SetNotFull(int topic_Id)
    {
        return idal.SetNotFull(topic_Id);//调用设置该课题未报满的方法
    }
    /// <summary>
    /// 获取课题id和名称字符串，以“,”“|”隔开，如：id1,id2|课题名称1,课题名称2
    /// </summary>
    /// <param name="grade">年级</param>
    /// <param name="topic_Type_Id">课题类型编号</param>
    /// <param name="teacher_Name">教师姓名</param>
    /// <returns>返回字符串</returns>
    public string GetTopicNames(string grade, string topic_Type_Id,
        string teacher_Name)
    {
        // 调用获取课题id和名称字符串，以“,”“|”隔开，
        // 如：id1,id2|课题名称1,课题名称2的方法
        return idal.GetTopicNames(grade, topic_Type_Id, teacher_Name);
    }
    /// <summary>
    ///判断该课题是否报满（已确认的组视为该组报满）
    /// </summary>
    /// <param name="topic_Id">课题编号</param>
    /// <returns>报满返回true，未报满返回false</returns>
    public bool isAllFull(int topic_Id)
    {
        //调用判断该课题是否报满（已确认的组视为该组报满）的方法
        return idal.isAllFull(topic_Id);
    }
    /// <summary>
```

```
      ///置课题为过期
      /// </summary>
      /// <param name="teacher_User_Name">教师用户名</param>
      /// <returns>设置成功返回1,未设置成功返回0</returns>
      public int SetDue(string teacher_User_Name)
      {
          return idal.SetDue(teacher_User_Name);//调用置课题为过期的方法
      }
      #endregion
  }
}
```

9.8　表示层实现

表示层是系统和用户直接交互的一层,也是了解系统最直观的一层,以下对本系统的表示层设计进行讲解。

9.8.1　系统登录

本系统的用户身份分为三种,分别是课题负责人、教师和学生。课题负责人主要权限是课题的审批及维护、基础信息维护和查询统计等,教师的主要权限是对课题的申报和对学生选报的确认等,学生的主要权限是对课题的选报。

系统运行后,首先进入登录页面,如图9-52所示。

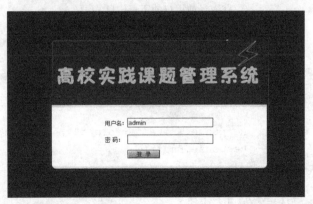

图9-52　登录页面

登录页面后台代码如下:

```
namespace TopicManagement.Web.login
{
    public partial class login : System.Web.UI.Page
    {
        /// <summary>
        /// 窗体初加载事件
```

```
/// </summary>
/// <param name="sender"></param>
/// <param name="e"></param>
protected void Page_Load(object sender, EventArgs e)
{
    CheckLogin(); //调用用户登录验证方法
    GetCookie();  //获取 cookie 的方法
}
/// <summary>
/// 用户登录验证
/// </summary>
public void CheckLogin()
{
    string user_Name = Request.Form["userName"]; //获取用户名
    if (!string.IsNullOrEmpty(user_Name))            //用户名为空
    {
        BLL.TUser bTUser = new BLL.TUser();          //实例 TU
        if (bTUser.Exists(user_Name))                //如果存在该用户
        {
            string pwd = Request.Form["pwd"];        //获取密码
            pwd = HttpUtility.UrlDecode(pwd);
            if (bTUser.ValidPwd(user_Name, pwd))     //如果密码正确
            {
                SetCookie(user_Name);    //调用设置 cookie 的方法
                Session.Timeout = 1440;//session 过期时间为一天
                //获取当前用户的所有信息
                Session["userObj"] = bTUser.GetModel(user_Name);
                Response.Write("ok");
                Response.End();
            }
            else  //密码错误
            {
                Response.Write("errorpwd");
                Response.End();
            }
        }
        else  // 用户不存在
        {
            Response.Write("erroruser");
            Response.End();
        }
    }
}
/// <summary>
/// 设置 cookie
/// </summary>
```

```
        /// <param name="user_Name">用户名</param>
        private void SetCookie(string user_Name)
        {
            HttpCookie cookie_nm = new HttpCookie("user_Name",HttpUtility.
                UrlEncode(user_Name));
            cookie_nm.Expires = DateTime.Now.AddMonths(1);
            HttpContext.Current.Response.Cookies.Add(cookie_nm);
        }
        /// <summary>
        /// 获取cookie
        /// </summary>
        private void GetCookie()
        {
            if (HttpContext.Current.Request.Cookies["user_Name"] != null)
                //判断cookies是否为空
                txtName.Value =HttpUtility.UrlDecode\
                HttpContext.Current.Request.Cookies["user_Name"].Value);
                //给文本框赋值
            }
        }
    }
```

用户在登录页面输入用户名及密码后，进入系统主页面，系统根据登录用户的身份在页面左侧导航菜单加载不同的菜单项，从而控制各用户能访问的功能页面。不同系统用户可访问的导航栏菜单如图9-53所示。为方便解释，在之后的讲解中，将"导航菜单"简称为"菜单"。

图9-53　系统用户可访问的功能菜单

说明：以下各功能页面讲解时使用的界面图将只包含主显示区域，不再包含导航菜单。

功能菜单后台代码如下：

```
namespace TopicManagement.Web.main
{
    public partial class left :JsHelper
    {
        Model.TUser userObj = new TopicManagement.Model.TUser();//实例User类
        protected StringBuilder st = new StringBuilder();//声明字符串
```

```csharp
    protected StringBuilder js = new StringBuilder();
    /// <summary>
    /// 页面加载事件
    /// </summary>
    /// <param name="sender"></param>
    /// <param name="e"></param>
    protected void Page_Load(object sender, EventArgs e)
    {
        //是否初次加载
        if (!Page.IsPostBack)
        {
            if (Session["userObj"] != null)     //判断 session 是否为空
            {
                userObj = (Model.TUser)Session["userObj"];//获取 session 值
                if (!Page.IsPostBack)
                {
                    myInit();                            //生成系统功能树
                }
            }
            else
            {
                RedirectTop("../errorPage/reLogin.aspx");//跳转到重新登录页面
            }
        }
    }

    /// <summary>
    /// 获取登录用户的权限列表
    /// </summary>
    /// <returns>返回字符串</returns>
    //----------------------------
    private string GetQxlb()
    {
        DataTable dt = new BLL.TUser().GetPower(userObj.user_Name);
            //获取数据表
        if (dt.Rows.Count <= 0)
            return "NO";
        else
        {
            string tmp = "" + dt.Rows[0]["competence_List"];//声明变量赋值
            if (tmp.Replace(",", "").Trim() == "")              //字符替换
                return "_NO";
            else
            {
                string[] ArrayList1;                        //声明数组
```

```
            string qxlb = "";
            ArrayList1 = tmp.Split(',');                    //截取字符
            //循环提取权限
            for (int i = 0; i <= ArrayList1.Length - 1; i++)
            {
                //查询数据
                DataTable dTable = DbHelperSQL.Query("SELECT
                            page_Tree_Code FROM Competence WHERE
                            page_Tree_Code= " + ArrayList1[i].
                            ToString()).Tables[0];
                if (dTable.Rows.Count > 0)
                    if ("" + dTable.Rows[0]["page_Tree_Code"] != "")
                        qxlb += "," + dTable.Rows[0]["page_Tree_Code"];
            }
            //权限 STRING 处理
            if (qxlb.Replace(",", "").Trim() != "")
            {
                string[] ArrayList2 = qxlb.Split(',');//字符截取
                string RetrunStr = "";
                //循环获取该用户的所有权限
                for (int j = 0; j <= ArrayList2.Length - 1; j++)
                {
                    if (RetrunStr == "")
                        RetrunStr = "'" + ArrayList2[j].ToString()+"'";
                    else
                        RetrunStr += "," + "'" + ArrayList2[j].
                        ToString() + "'";
                }
                RetrunStr = "(" + RetrunStr + ")";
                return RetrunStr;//返回权限列表
            }
            else
                return "XX";
        }
    }
}
/// <summary>
/// 生成系统功能树
/// </summary>
private void myInit()
{
    string id = "" + this.Request["pid"];//接收页面传值
    string qxStr = GetQxlb();//获取登录用户的权限列表
    if (qxStr == "NO")
```

```
    {
        AlertForm(this.Page,"该用户不存在,暂时不能使用系统。");
        return;
    }
    else if (qxStr == "_NO" || qxStr == "XX")
    {
        AlertForm(this.Page,"该员工没有分配权限,暂时不能使用系统。");
        return;
    }
    string sqlP = "";//父节点
    string sqlS = "";//子节点
    if (id.Trim() == "")
    {
        //拼接父节点查询 sql 语句
        sqlP = " select page_Tree_Code, page_Tree_Name from Competence "
            + " where page_Tree_Parent_Code is null "
            + " and page_Tree_Code in " + qxStr + " order by
            page_Tree_Code";
            //拼接子节点查询 sql 语句
        sqlS = " select page_Tree_Code, page_Tree_Name, page_
            Tree_Parent_Code
        from Competence " + " where page_Tree_Parent_Code is not null "
            + " and page_Tree_Code in " + qxStr + " order by
            page_Tree_Code ";
    }
    DataTable parent = DbHelperSQL.Query(sqlP).Tables[0];//查询父节点
    DataTable son = DbHelperSQL.Query(sqlS).Tables[0];//查询子节点
    DataView dv = new DataView(son);//把子节点转化成视图
    if (parent.Rows.Count > 0)
    {
        #region 拼接 table 显示树布局, 调用 js 控制树的横展开
        ......此处省略调用 JS 的代码
        #endregion
    }
    }
    }
}
```

9.8.2　教师个人题库维护

　　教师成功登录系统后，默认显示的是系统公告页面，此页面显示课题负责人发布的公告，此业务不是本系统核心业务，在此不再详解。单击菜单"课题操作"下的"课题维护及申报"菜单项，系统进入"课题维护及申报"页面，如图 9-54 所示。

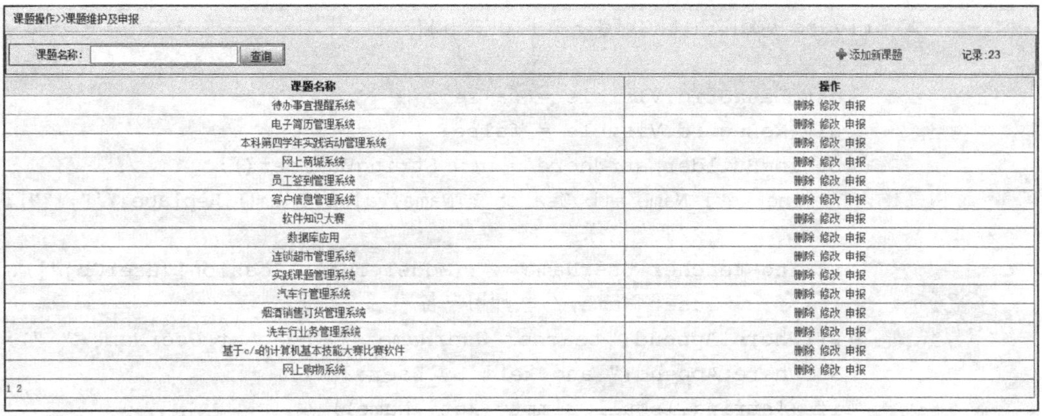

图 9-54 课题维护及申报页面

课题维护及申报页面后台代码如下：

```
namespace TopicManagement.Web.topic_Teacher
{
    public partial class topic_Manage : Commons.JsHelper
    {
        BLL.KeTiKu bKeti = new TopicManagement.BLL.KeTiKu();
        protected void Page_Load(object sender, EventArgs e)
        {
            if (Session["userObj"] != null)
            {
                Model.TUser mUser = (Model.TUser)Session["userObj"];
                if (mUser.user_Type_Id == 2)
                {
                    if (!IsPostBack)
                    {
                        DataGrid_Ketiku_Bind();
                    }
                }
                else
                {
                    Response.Redirect("../errorPage/noPower.aspx");
                }
            }
            else
            {
                RedirectTop("../errorPage/reLogin.aspx");
            }
        }
        /// <summary>
        /// 绑定课题列表
        /// </summary>
```

```csharp
private void DataGrid_Ketiku_Bind()
{
    div_DataGrid.Visible = false;
    div_NoRecord.Visible = false;
    StringBuilder strWhere = new StringBuilder();
    string keti_Name =tb_Search_KTName.Value.Trim().Replace("'", "");
            //课题名称
    string teacher_UserName = ((Model.TUser)Session["userObj"]).
            user_Name;//教师用户名
    strWhere.Append("teacher_UserName='"+teacher_UserName+"'");
    strWhere.Append(" and keti_By_User=2 ");
    if (!string.IsNullOrEmpty(keti_Name))
    {
        strWhere.Append(" and keti_Name like '%"+keti_Name+"%' ");
    }
    DataTable dt_Ketiku = bKeti.GetList(strWhere.ToString()).
            Tables[0];
    if (dt_Ketiku.Rows.Count > 0)
    {
        DataGrid_Ketiku.DataSource = dt_Ketiku;
        DataGrid_Ketiku.DataBind();
        recode.InnerHtml = dt_Ketiku.Rows.Count.ToString();
        div_DataGrid.Visible = true;
    }
    else
    {
        recode.InnerHtml = "0";
        div_NoRecord.Visible = true;
    }
}
//"操作"列事件处理函数
protected void topic_DataGrid_ItemCommand(object source,
    DataGridCommandEventArgs e)
{
    int keti_Id = int.Parse(e.CommandArgument.ToString());
    switch (e.CommandName)
    {
        case "del"://删除
            if (bKeti.Delete(keti_Id))
            {
                AlertForm(this.Page, "删除成功！");
                DataGrid_Ketiku_Bind();
            }
            else
                AlertForm(this.Page, "删除时出错！");
            break;
```

```
            case "update"://修改
                Response.Redirect("topic_Add.aspx?action=update&keti_
                    Id=" + keti_Id);
                break;
            case "apply"://申报
                Response.Redirect("topic_Apply.aspx?keti_Id="+keti_Id);
                break;
        }
    }
    //翻页事件处理函数
    protected void DataGrid_Ketiku_PageIndexChanged(object source,
                    DataGridPageChangedEventArgs e)
    {
        DataGrid_Ketiku.CurrentPageIndex = e.NewPageIndex;
        DataGrid_Ketiku_Bind();
    }
    //查询按钮单击事件处理函数
    protected void btn_Search_Click(object sender, EventArgs e)
    {
        DataGrid_Ketiku.CurrentPageIndex = 0;//每次查询，显示为第一页，
                                            //避免出错

        DataGrid_Ketiku_Bind();
    }
  }
}
```

在"课题维护及申报"页面中默认显示教师个人题库中的所有课题。单击【添加新课题】按钮，系统将进入"课题添加"页面，如图9-55所示。在该页面中输入要添加的课题名称、课题描述以及备注并单击【确定】按钮，系统则弹出对话框提示添加成功，确认之后返回"课题维护及申报"页面。

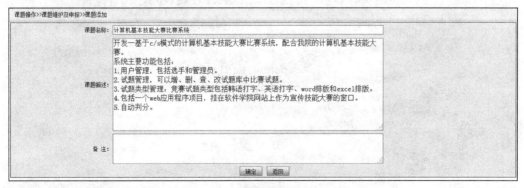

图9-55　课题添加（修改）页面

在"课题维护及申报"页面中，单击需要修改课题所对应"操作"列中的【修改】按钮，系统进入"课题修改"页面，修改课题操作与添加课题操作大致相同，在此不再详述。

在"课题维护及申报"页面中，单击需要删除的课题所对应"操作"列中的【删除】按钮，弹出确认对话框。单击【确定】按钮即删除所选课题，并弹出删除成功对话框，同时刷新"课题维护及申报"页面中的题库列表，单击【取消】按钮则取消删除。

课题添加（修改）使用同一页面，只是在操作的过程中传递的参数不同，课题添加（修改）后台代码如下：

```csharp
namespace TopicManagement.Web.topic_Teacher
{
    public partial class topic_Add : Commons.JsHelper
    {
        BLL.KeTiKu bKeti = new TopicManagement.BLL.KeTiKu();
        //页面加载事件处理函数
        protected void Page_Load(object sender, EventArgs e)
        {
            if (Session["userObj"] != null)
            {
                Model.TUser mUser = (Model.TUser)Session["userObj"];
                if (mUser.user_Type_Id == 2)    //如是教师用户
                {
                    if (!IsPostBack)               //初次加载页面
                    {
                        //进入此页面的行为，add 或 update
                        string action = Request.QueryString["action"];
                        if (action == "update") //修改
                        {
                            string keti_Id = Request.QueryString["keti_Id"];
                            //要修改的课题 id
                            if (!string.IsNullOrEmpty(keti_Id))//不为空
                            {
                                Keti_Load(int.Parse(keti_Id));
                            }
                            else
                            {
                                Response.Redirect("../errorPage/
                                errorPath.aspx");
                            }
                        }
                    }
                }
                else
                {
                    Response.Redirect("../errorPage/noPower.aspx");
                }
            }
            else
```

```
        {
            RedirectTop("../errorPage/reLogin.aspx");
        }
    }
    //【确定】按钮单击事件处理函数
    protected void btn_OK_Click(object sender, EventArgs e)
    {
        string action = Request.QueryString["action"];
        if (action == "add")
        {
            Add();
        }
        else if (action == "update")
        {
            Update();
        }
    }
    /// <summary>
    /// 添加方法
    /// </summary>
    private void Add()
    {
        //创建 Model 层实例并给各属性赋值
        Model.KeTiKu mKeti = new TopicManagement.Model.KeTiKu()
        {
            keti_Name = tb_TopicName.Value.Trim(),
            keti_Description = tb_TopicDscrb.Text.Trim(),
            keti_By_User = "2",
            teacher_UserName = ((Model.TUser)Session["userObj"]).
                              user_Name,
            keti_BZ = tb_BZ.Text.Trim()
        };
        if (bKeti.Add(mKeti) == 1)    //添加成功，返回课题管理页面
        {
            AlertAndRedirect(this.Page,"添加成功!","topic_Manage.aspx");
        }
        else
        {
            AlertForm(this.Page, "添加时出错!");    //添加失败，弹出提示框
        }
    }
    /// <summary>
    /// 修改方法
    /// </summary>
    private void Update()
    {
```

```
        //创建 Model 层实例并给各属性赋值
        Model.KeTiKu mKeti = new TopicManagement.Model.KeTiKu()
        {
            keti_Id = int.Parse(Request.QueryString["keti_Id"]),
            keti_Name = tb_TopicName.Value.Trim(),
            keti_Description = tb_TopicDscrb.Text.Trim(),
            keti_BZ = tb_BZ.Text.Trim()
        };
        if (bKeti.Update(mKeti))     //修改成功，返回课题管理页面
        {
            AlertAndRedirect(this.Page, "修改成功!", "topic_Manage.aspx");
        }
        else
        {
            AlertForm(this.Page, "修改时出错！");   //修改失败，弹出提示框
        }
    }
    /// <summary>
    /// 加载课题信息
    /// </summary>
    /// <param name="keti_Id">个人题库编号</param>
    private void Keti_Load(int keti_Id)
    {
        Model.KeTiKu mKeti = bKeti.GetModel(keti_Id);
        if (mKeti != null)
        {
            tb_TopicName.Value = mKeti.keti_Name;
            tb_TopicDscrb.Text = mKeti.keti_Description;
            tb_BZ.Text = mKeti.keti_BZ;
        }
    }
}
```

9.8.3　教师课题申报

在"课题维护及申报"页面的个人题库列表中单击需要申报的课题所对应"操作"列中的【申报】按钮，系统进入"课题申报"页面，如图 9-56 所示。依次输入要申报课题对应的年级、课题类别、选报专业等信息，单击【提交申报】按钮完成申报操作，系统弹出对话框显示"申报成功，等待审核"，如在"课题申报"页面单击【返回】按钮即取消申报。

在"课题维护及申报"页面右下角以蓝色字体显示教师所带学生的总人数和剩余人数，即还可申报的课题容纳人数。教师申报课题时应参考所剩人数来设置本次申报允许的组数及每组人数，如二者的乘积超过剩余人数，则系统将提示不能申报。

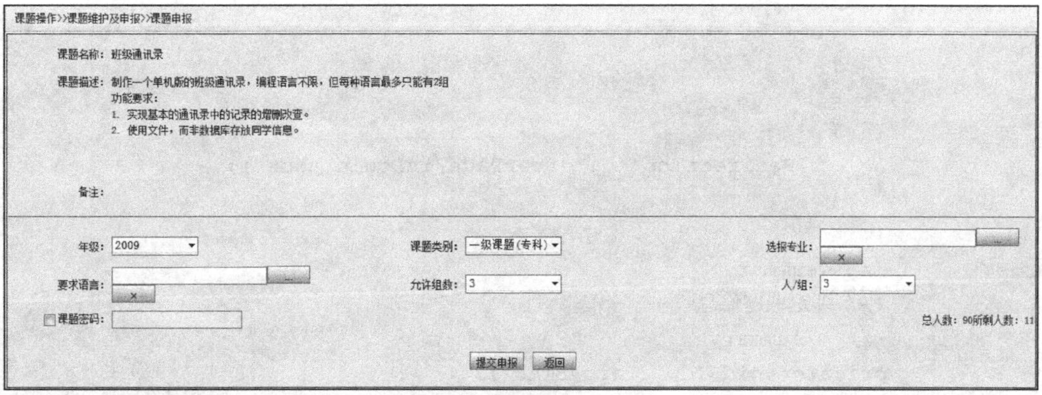

图 9-56 课题申报页面

课题申报页面后台代码如下（其中绑定专业列表代码使用了 AJAX）：

```csharp
namespace TopicManagement.Web.topic_Teacher
{
    public partial class topic_Apply : Commons.JsHelper
    {
        BLL.TopicType bTopicType = new TopicManagement.BLL.TopicType();
        BLL.KeTiKu bKeti = new TopicManagement.BLL.KeTiKu();
        BLL.TeacherInfo bTeacher = new TopicManagement.BLL.TeacherInfo();
        BLL.Topic bTopic = new TopicManagement.BLL.Topic();
        BLL.TUser bUser = new TopicManagement.BLL.TUser();
        string teacher_User_Name = "";
        BLL.Profession bProfession = new TopicManagement.BLL.Profession();
        BLL.Language bLanguage = new TopicManagement.BLL.Language();
        protected void Page_Load(object sender, EventArgs e)
        {
            if (Session["userObj"] != null)
            {
                Model.TUser mUser = (Model.TUser)Session["userObj"];
                if (mUser.user_Type_Id == 2)   //如是教师用户
                {
                    teacher_User_Name = mUser.user_Name;
                    if (!IsPostBack)
                    {
                        TopicInfo_Bind();          //绑定课题信息
                        TopicType_Bind();          //绑定课题类别
                        Num_Load();                //加载总人数和所剩人数
                        Language_Bind();           //绑定语言列表
                    }
                }
                else
                {
                    Response.Redirect("../errorPage/noPower.aspx");
```

```
            }
        }
        else
        {
            RedirectTop("../errorPage/reLogin.aspx");
        }
    }
    /// <summary>
    /// 绑定课题信息
    /// </summary>
    private void TopicInfo_Bind()
    {
        string keti_Id = Request.QueryString["keti_Id"];//获取个人题库编号
        if (!string.IsNullOrEmpty(keti_Id))
        {
            Model.KeTiKu mKeti = bKeti.GetModel(int.Parse(keti_Id));
            if (mKeti != null)
            {
                div_TopicName.InnerHtml = mKeti.keti_Name;
                div_TopicContent.InnerHtml = mKeti.keti_Description.
                    Replace("\r\n", "<br />");
                div_TopicBZ.InnerHtml = mKeti.keti_BZ.Replace("\r\n",
                    "<br />");
            }
        }
    }
    /// <summary>
    /// 绑定课题类别
    /// </summary>
    private void TopicType_Bind()
    {
        DataTable dt_TopicType = bTopicType.GetList("").Tables[0];
        sel_KetiType.DataSource = dt_TopicType;
        sel_KetiType.DataTextField = "topic_Type_Name";
        sel_KetiType.DataValueField = "topic_Type_Id";
        sel_KetiType.DataBind();
    }
    //提交申报按钮单击事件处理函数
    protected void btn_Apply_Click(object sender, EventArgs e)
    {
        string keti_Id = Request.QueryString["keti_Id"];
        if (!string.IsNullOrEmpty(keti_Id))
        {
            string topic_Pwd = "";//课题密码
            if (chk_Topic_Pwd.Checked)
            {
```

```
            topic_Pwd = tb_Topic_Pwd.Value.Trim();
        }
        Model.KeTiKu mKeti = bKeti.GetModel(int.Parse(keti_Id));
        //创建已审批课题实例并为各字段赋值
        Model.Topic mTopic = new TopicManagement.Model.Topic()
        {
            teacher_User_Name = teacher_User_Name,
            topic_Name = mKeti.keti_Name,
            topic_Description = mKeti.keti_Description,
            topic_BZ = mKeti.keti_BZ,
            Grade = sel_KetiGrade.Value,
            topic_Language_Ids = hd_Language.Value,
            topic_Open_Professions = hd_Profession.Value,
            topic_Type_Id = int.Parse(sel_KetiType.Value),
            topic_Allow_Rows = sel_AllowRows.Value,
            topic_Allow_People_Num = sel_AllowStuNum.Value,
            topic_Approved = "0",
            sel_State = "0",
            is_Due = "0",
            topic_Pwd = topic_Pwd
        };
        if (bTopic.Add(mTopic) == 1)//申报成功, 返回课题维护及申报页面
        {
            AlertAndRedirect(this.Page, "申报成功, 请等待审核...",
                "topic_Manage.aspx");
        }
        else  //申报失败, 弹出消息框提示
        {
            AlertForm(this.Page, "申报时出错! ");
        }
    }
}
/// <summary>
/// 加载总人数和所剩人数
/// </summary>
private void Num_Load()
{
    int total_Num;//总数
    int current_Num;//已报人数
    int left_Num;//所剩人数
    //该教师应带学生总数
    XmlDocument doc = new XmlDocument();
    doc.Load(Server.MapPath("../base_Info_Set/limit_Num.xml"));
    XmlNode node_Except = (XmlNode)doc.SelectSingleNode("//except
                [name='" + teacher_User_Name + "']");
    if (node_Except != null)//该教师例外
```

```
        {
            total_Num = int.Parse(node_Except.ChildNodes[1].InnerText);
        }
        else//总人数取默认值
        {
            XmlNode node_Default_Num = (XmlNode)doc.SelectSingleNode
                    ("//default//num");
            total_Num = int.Parse(node_Default_Num.InnerText);
        }
        span_TotalNum.InnerHtml = total_Num.ToString();
        //已申报人数
        current_Num = bTeacher.GetStuNum(teacher_User_Name);
        //所剩人数
        left_Num = total_Num - current_Num;
        span_LeftNum.InnerHtml = left_Num.ToString();
    }
    /// <summary>
    /// 绑定语言列表
    /// </summary>
    private void Language_Bind()
    {
        DataTable dt_Teacher = bUser.GetList(" user_Type_Id=2 ").
            Tables[0];
        DataSet ds = bLanguage.GetList("");
        notSel_Language.DataSource = ds.Tables[0];
        notSel_Language.DataTextField = "language_Name";
        notSel_Language.DataValueField = "language_Id";
        notSel_Language.DataBind();
        sel_hd_Language.DataSource = ds.Tables[0];
        sel_hd_Language.DataTextField = "language_Name";
        sel_hd_Language.DataValueField = "language_Id";
        sel_hd_Language.DataBind();
    }
    //绑定专业列表，使用AJAX
    [WebMethod]
    public static string Profession_Bind(int topic_Type_Id)
    {
        BLL.TopicType dTopicType = new TopicManagement.BLL.TopicType();
        BLL.Profession dProfession = new TopicManagement.BLL.
            Profession();
        string profession_Type = dTopicType.GetModel(topic_Type_Id).
            profession_Type;
        return dProfession.GetIdsAndNames(profession_Type);
    }
  }
}
```

9.8.4　课题负责人审批课题

课题负责人成功登录系统后，单击“课题操作”下的“课题维护及审批”菜单项，系统显示“课题维护及审批”页面，如图 9-57 所示。

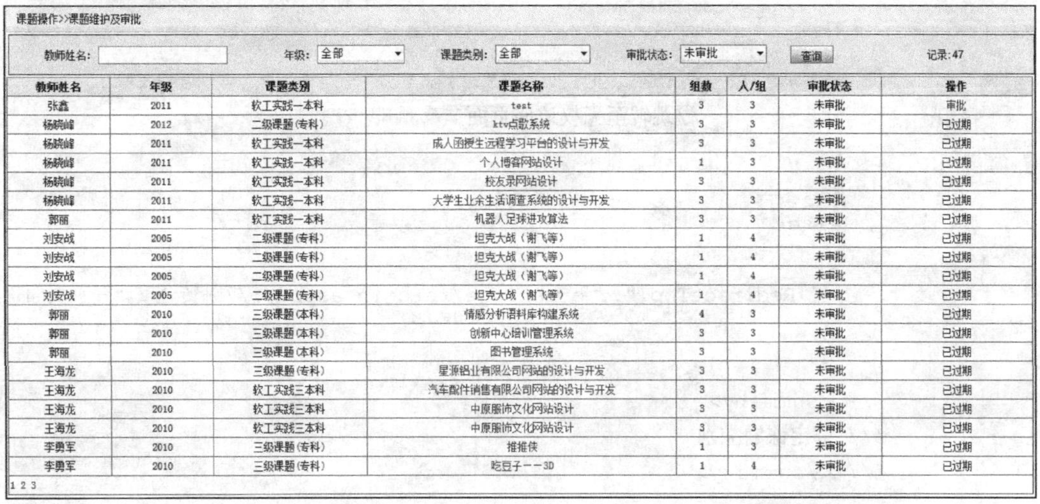

课题操作>>课题维护及审批

教师姓名：　年级：全部　课题类别：全部　审批状态：未审批　查询　记录:47

教师姓名	年级	课题类别	课题名称	组数	人/组	审批状态	操作
张鑫	2011	软工实践一本科	test	3	3	未审批	审批
杨晓峰	2012	二级课题(专科)	ktv点歌系统	3	3	未审批	已过期
杨晓峰	2011	软工实践一本科	成人函授生远程学习平台的设计与开发	3	3	未审批	已过期
杨晓峰	2011	软工实践一本科	个人博客网站设计	1	3	未审批	已过期
杨晓峰	2011	软工实践一本科	校友录网站设计	3	3	未审批	已过期
杨晓峰	2011	软工实践一本科	大学生业余生活调查系统的设计与开发	3	3	未审批	已过期
郭丽	2011	软工实践一本科	机器人足球进攻算法	3	3	未审批	已过期
刘安战	2005	二级课题(专科)	坦克大战（谢飞等）	1	4	未审批	已过期
刘安战	2005	二级课题(专科)	坦克大战（谢飞等）	1	4	未审批	已过期
刘安战	2005	二级课题(专科)	坦克大战（谢飞等）	1	4	未审批	已过期
刘安战	2005	二级课题(专科)	坦克大战（谢飞等）	1	4	未审批	已过期
郭丽	2010	三级课题(本科)	情感分析语料库构建系统	4	3	未审批	已过期
郭丽	2010	三级课题(本科)	创新中心培训管理系统	3	3	未审批	已过期
郭丽	2010	三级课题(本科)	图书管理系统	3	3	未审批	已过期
王海龙	2010	三级课题(专科)	星源铝业有限公司网站的设计与开发	3	3	未审批	已过期
王海龙	2010	软工实践三本科	汽车配件销售有限公司网站的设计与开发	3	3	未审批	已过期
王海龙	2010	软工实践三本科	中原服饰文化网站设计	3	3	未审批	已过期
王海龙	2010	软工实践三本科	中原服饰文化网站设计	3	3	未审批	已过期
李勇军	2010	三级课题(专科)	推推侠	1	3	未审批	已过期
李勇军	2010	三级课题(专科)	吃豆子——3D	1	4	未审批	已过期

1 2 3

图 9-57　课题维护及审批页面

课题维护及审批页面后台代码如下：

```
namespace TopicManagement.Web.topic_Admin
{
    public partial class topic_Manage : Commons.JsHelper
    {
        BLL.TopicType bTopicType = new TopicManagement.BLL.TopicType();
                //创建课题类型对象
        BLL.Topic bTopic = new TopicManagement.BLL.Topic();//创建课题对象
        BLL.Profession bProfession = new TopicManagement.BLL.Profession();
                //创建专业对象
        BLL.Language bLanguage = new TopicManagement.BLL.Language();
                //创建语言对象
        // 页面加载事件处理函数
        protected void Page_Load(object sender, EventArgs e)
        {
            if (Session["userObj"] != null)//判断 session
            {
                Model.TUser mUser = (Model.TUser)Session["userObj"];
                    //获取当前用户信息
                if (mUser.user_Type_Id == 1)//如是管理员用户
                {
                    if (!IsPostBack)
                    {
```

```
                        TopicType_Bind();      //绑定课题类别
                        LastSel_Bind();        //绑定上次选择项
                        DataGrid_Bind();       //绑定datagrid
                }
            }
            else
            {
                Response.Redirect("../errorPage/noPower.aspx");
                    //跳转至无权访问页面
            }
        }
        else
        {
            RedirectTop("../errorPage/reLogin.aspx");//跳转至重新登录页面
        }
    }
    /// <summary>
    /// 绑定课题类别
    /// </summary>
    private void TopicType_Bind()
    {
        DataTable dt_TopicType = bTopicType.GetList("").Tables[0];
            //获取数据表
        sel_TopicType.DataSource = dt_TopicType;                //绑定数据源
        sel_TopicType.DataTextField = "topic_Type_Name"; //key值
        sel_TopicType.DataValueField = "topic_Type_Id";   //value值
        sel_TopicType.DataBind();
        ListItem item = new ListItem("全部", "0");
        sel_TopicType.Items.Insert(0, item);              //插入一个新数据
        sel_TopicType.SelectedIndex = 0;                  //默认选择第一项
    }
    /// <summary>
    /// 绑定datagrid
    /// </summary>
    private void DataGrid_Bind()
    {
        //给hidden控件赋值（选择的项）
        hd_Teacher.Value = tb_Teacher_Name.Value.Trim();
        hd_Grade.Value = sel_TopicGrade.Value;
        hd_TopicType.Value = sel_TopicType.Value;
        hd_ApproveState.Value = sel_ApproveState.Value;
        div_DataGrid.Visible = false;
        div_NoRecord.Visible = false;
        StringBuilder strWhere = new StringBuilder();//查询条件
        string teacher_User_Name = tb_Teacher_Name.Value.Trim().
```

```
            Replace("'", "");
    string grade = sel_TopicGrade.Value;
    string topic_Type = sel_TopicType.Value;
    string approve_State = sel_ApproveState.Value;
    //查询条件
    strWhere.Append(" 1=1 ");
    if (teacher_User_Name != "")
        strWhere.Append(" and teacher_User_Name like '%" + teacher_
        User_Name + "%' ");
    if (grade != "0")
        strWhere.Append(" and grade='" + grade + "' ");
    if (topic_Type != "0")
        strWhere.Append(" and topic_Type_Id='" + topic_Type + " '");
    if (approve_State != "all")
        strWhere.Append(" and topic_Approved='" + approve_State + "'");
    //查询数据
    DataTable dt_Topic = bTopic.GetList(strWhere.ToString()).
        Tables[0];
    if (dt_Topic.Rows.Count > 0)    //如查到数据
    {
        //绑定数据源
        DataGrid_Info.DataSource = dt_Topic;
        DataGrid_Info.DataBind();
        record.InnerHtml = dt_Topic.Rows.Count.ToString();
        div_DataGrid.Visible = true;
    }
    else
    {
        record.InnerHtml = "0";
        div_NoRecord.Visible = true;
    }
}
/// 操作列事件处理函数
protected void DataGrid_info_ItemCommand(object source,
    DataGridCommandEventArgs e)
{
    int topic_Id = int.Parse(e.CommandArgument.ToString());
        //获取课题编号
    switch (e.CommandName)
    {
        case "approve":    //审批
            Response.Redirect("topic_Approve.aspx?topic_Id="+topic_
                Id);             //跳转至审批页面
            break;
        case "delete":    //删除
```

```
                    if (!bTopic.Selected(topic_Id))   //无学生选报
                    {
                        if (bTopic.Delete(topic_Id))
                        {
                            AlertForm(this.Page, "删除成功！");
                            DataGrid_Bind();
                        }
                        else
                        {
                            AlertForm(this.Page, "删除时出错！");
                        }
                    }
                    else  //有学生选报
                    {
                        AlertForm(this.Page, "该课题已有学生选报，不能删除！
                                如要删除，请先踢出选报该课题的学生。");
                    }
                    break;
                case "ZYWH":  //组员维护
                    if (bTopic.Selected(topic_Id))
                    {
                        string teacher_Name = hd_Teacher.Value.Trim();
                            //教师姓名
                        string grade = hd_Grade.Value;                //年级
                        string topic_Type_Id = hd_TopicType.Value;//课题类别
                        string approve_State = hd_ApproveState.Value;
                                                                //审批状态
                        Response.Redirect("topic_ZYWH.aspx?topic_Id=" +
                                topic_Id + "&teacher_Name=" + teacher_Name +
                                "&grade=" + grade + "&topic_Type_Id=" +
                                topic_Type_Id+"&approve_State="+ approve_
                                State);                          //页面跳转
                    }
                    else
                    {
                        AlertForm(this.Page, "该课题暂无学生选报！");
                    }
                    break;
            }
        }
}
// 查询按钮的单击事件处理函数
protected void btn_Search_Click(object sender, EventArgs e)
{
    DataGrid_Info.CurrentPageIndex = 0;//每次查询，显示为第一页，避免出错
```

```
        DataGrid_Bind();//绑定 datagrid
}
// 课题列表数据项绑定事件，根据审批状态决定操作列显示的内容
protected void DataGrid_Info_ItemDataBound(object sender,
    DataGridItemEventArgs e)
{
    if (e.Item.ItemType != ListItemType.Header && e.Item.ItemType !=
        ListItemType.Footer)
    {
        e.Item.Cells[2].Text =
            bTopicType.GetModel(int.Parse(e.Item.Cells[2].Text)).
                topic_Type_Name;
        switch (e.Item.Cells[6].Text)                        //审批状态
        {
            case "0":
                e.Item.Cells[6].Text = "未审批";
                if (e.Item.Cells[8].Text == "0")             //课题未过期
                {
                    e.Item.FindControl("btn_Approve").Visible = true;
                }
                else if (e.Item.Cells[8].Text == "1")        //课题已过期
                {
                    e.Item.FindControl("div_IsDue").Visible = true;
                                                //操作列显示"已过期"
                }
                break;
            case "1":
                e.Item.Cells[6].Text = "已通过";
                if (e.Item.Cells[8].Text == "0")
                {
                    //操作列显示删除按钮
                    e.Item.FindControl("btn_Delete").Visible = true;
                    //操作列显示组员维护按钮
                    e.Item.FindControl("btn_ZYWH").Visible = true;
                }
                else if (e.Item.Cells[8].Text == "1")
                {
                    e.Item.FindControl("div_IsDue").Visible = true;
                        //操作列显示"已过期"
                }
                break;
            case "2":
                e.Item.Cells[6].Text = "已驳回";
                break;
        }
```

```
        }
    }
    /// 分页事件处理函数
    protected void DataGrid_Info_PageIndexChanged(object source,
        DataGridPageChangedEventArgs e)
    {
        DataGrid_Info.CurrentPageIndex = e.NewPageIndex;//新页索引
        DataGrid_Bind();//绑定datagrid
    }
    /// <summary>
    /// 绑定上次选择项
    /// </summary>
    private void LastSel_Bind()
    {
        //页面传值
        string teacher_Name = Request.QueryString["teacher_Name"];
            //当前教师姓名
        string grade = Request.QueryString["grade"];  //当前年级
        string topic_Type_Id = Request.QueryString["topic_Type_Id"];
            //当前课题类别
        string approve_State = Request.QueryString["approve_State"];
            //当前审批状态
        if(!string.IsNullOrEmpty(grade)&&!string.IsNullOrEmpty(topic_
                    Type_Id)&&!string.IsNullOrEmpty(approve_State))
        {
            //参数赋值
            tb_Teacher_Name.Value = teacher_Name;
            sel_TopicGrade.Value = grade;
            sel_TopicType.Value = topic_Type_Id;
            sel_ApproveState.Value = approve_State;
        }
    }
}
```

进入"课题维护及审批"页面时，系统默认显示的是所有未审批课题的列表。单击需要审批的课题所对应"操作"列中的【审批】按钮，系统进入"课题审批"页面，如图9-58所示。

在"课题审批"页面，系统给出两种审批结果，分别是"审批通过"和"驳回"，单击【审批通过】按钮即完成审批工作，单击【驳回】按钮即不通过本课题，需要申报者修改课题信息，重新申报。如果对本课题有建议则可在"领导建议"对话框中填写。

课题审批页面后台代码如下：

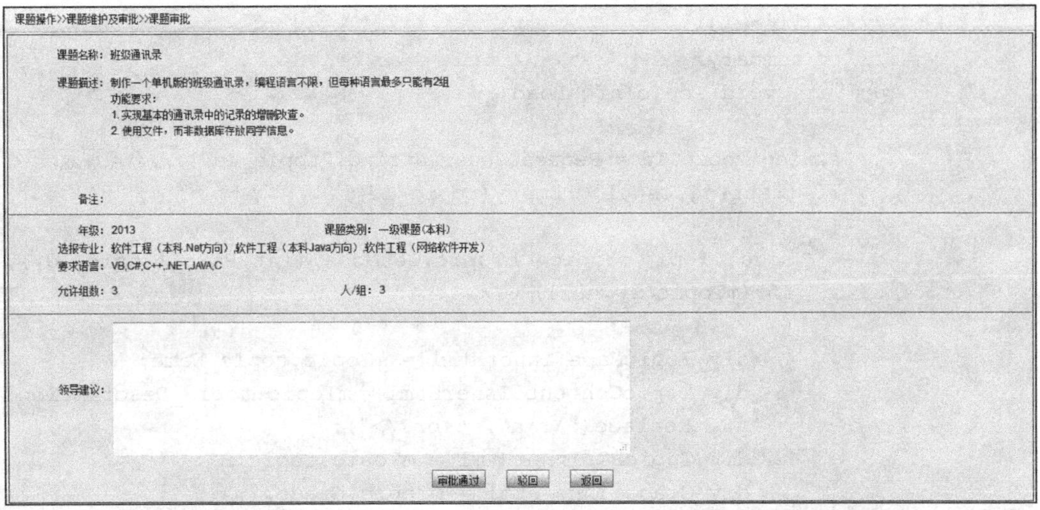

图 9-58 课题审批页面

```
namespace TopicManagement.Web.topic_Admin
{
    public partial class topic_Approve : Commons.JsHelper
    {
        BLL.Topic bTopic = new TopicManagement.BLL.Topic();
        //页面加载事件处理函数
        protected void Page_Load(object sender, EventArgs e)
        {
            if (Session["userObj"] != null)
            {
                Model.TUser mUser = (Model.TUser)Session["userObj"];
                if (mUser.user_Type_Id == 1)   //如是管理员用户
                {
                    if (!IsPostBack)
                    {
                        TopicInfo_Load();
                    }
                }
                else  //其他用户
                {
                    Response.Redirect("../errorPage/noPower.aspx");
                        //跳转到无权访问页面
                }
            }
            else
            {
                RedirectTop("../errorPage/reLogin.aspx");//跳转到重新登录页面
            }
        }
        /// <summary>
```

```
///  加载课题信息
///  </summary>
private void TopicInfo_Load()
{
    string topic_Id = Request.QueryString["topic_Id"];//获取课题编号
    if (!string.IsNullOrEmpty(topic_Id))
    {
        Model.Topic mTopic = bTopic.GetModel(int.Parse(topic_Id));
        if (mTopic != null)
        {
            div_TopicName.InnerHtml = mTopic.topic_Name;
            div_TopicContent.InnerHtml = mTopic.topic_Description.
                Replace("\r\n", "<br />");
            div_TopicBZ.InnerHtml = mTopic.topic_BZ;
            div_Grade.InnerHtml = mTopic.Grade;
            div_Topic_Type.InnerHtml = new
                BLL.TopicType().GetModel(mTopic.topic_Type_Id).
                topic_Type_Name;
            div_Topic_Profession.InnerHtml = new BLL.Profession().
                IdsToNames (mTopic.topic_Open_Professions).Replace
                ("'", "");
            div_Language.InnerHtml = new BLL.Language().IdsToNames
                (mTopic.topic_Language_Ids).Replace("'", "");
            div_Rows.InnerHtml = mTopic.topic_Allow_Rows;
            div_Rows_Num.InnerHtml = mTopic.topic_Allow_People_Num;
        }
    }
}

//审批通过按钮单击事件处理函数
protected void btn_Approve_Click(object sender, EventArgs e)
{
    string topic_Id = Request.QueryString["topic_Id"];
    if (!string.IsNullOrEmpty(topic_Id))
    {
        Model.Topic mTopic = new TopicManagement.Model.Topic()
        {
            topic_Id = int.Parse(topic_Id),
            admin_Suggest = tb_Admin_Suggest.Text.Trim()
        };
        if (bTopic.ApprovePass(mTopic))   //跳转到课题维护及审批页面
        {
            AlertAndRedirect(this.Page, "操作成功", "topic_Manage.
                aspx");
        }
        else  //弹出消息框提示
        {
            AlertForm(this.Page,"操作失败，请稍后再试...");
        }   }   }
```

```
        // 驳回按钮单击事件处理函数
        protected void btn_Reject_Click(object sender, EventArgs e)
        {
            string topic_Id = Request.QueryString["topic_Id"];
            if (!string.IsNullOrEmpty(topic_Id))
            {
                Model.Topic mTopic = new TopicManagement.Model.Topic()
                {
                    topic_Id = int.Parse(topic_Id),
                    admin_Suggest = tb_Admin_Suggest.Text.Trim()
                };
                if (bTopic.Reject(mTopic))
                {
                    AlertAndRedirect(this.Page,"操作成功","topic_Manage.aspx");
                }
                else
                {
                    AlertForm(this.Page, "操作失败，请稍后再试...");
                }
            }
        }
    }
}
```

课题负责人成功登录系统后，单击“课题操作”下的“课题维护及审批”菜单项，系统显示“课题维护及审批”页面。在页面上方的查询条件中输入教师姓名、年级、课题类别，并设置“审批状态”为“已审批”，然后单击【查询】按钮，系统显示已审批课题列表，如图 9-59 所示。已审批课题页面即为课题维护及审批页面，代码之前已经讲解，在此不再给出。

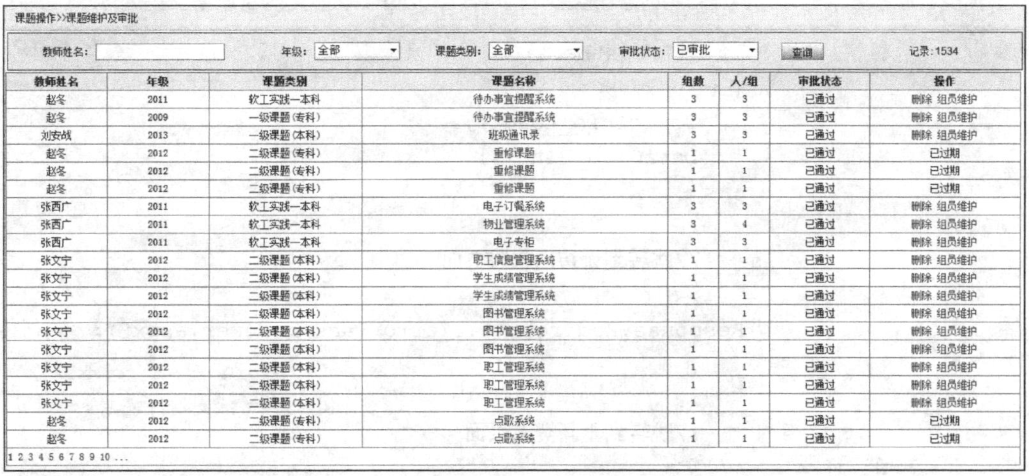

教师姓名	年级	课题类别	课题名称	组数	人/组	审批状态	操作
赵冬	2011	软工实践—本科	待办事宜提醒系统	3	3	已通过	删除 组员维护
赵冬	2009	一级课题(专科)	待办事宜提醒系统	3	3	已通过	删除 组员维护
刘安战	2013	一级课题(本科)	班级通讯录	3	3	已通过	删除 组员维护
赵冬	2012	二级课题(专科)	重修课题	1	1	已通过	已过期
赵冬	2012	二级课题(专科)	重修课题	1	1	已通过	已过期
赵冬	2012	二级课题(专科)	重修课题	1	1	已通过	已过期
张西广	2011	软工实践—本科	电子订餐系统	3	3	已通过	删除 组员维护
张西广	2011	软工实践—本科	物业管理系统	3	4	已通过	删除 组员维护
张西广	2011	软工实践—本科	电子专柜	3	3	已通过	删除 组员维护
张文宁	2012	二级课题(本科)	职工信息管理系统	1	1	已通过	删除 组员维护
张文宁	2012	二级课题(本科)	学生成绩管理系统	1	1	已通过	删除 组员维护
张文宁	2012	二级课题(本科)	学生成绩管理系统	1	1	已通过	删除 组员维护
张文宁	2012	二级课题(本科)	图书管理系统	1	1	已通过	删除 组员维护
张文宁	2012	二级课题(本科)	图书管理系统	1	1	已通过	删除 组员维护
张文宁	2012	二级课题(本科)	图书管理系统	1	1	已通过	删除 组员维护
张文宁	2012	二级课题(本科)	职工管理系统	1	1	已通过	删除 组员维护
张文宁	2012	二级课题(本科)	职工管理系统	1	1	已通过	删除 组员维护
张文宁	2012	二级课题(本科)	职工管理系统	1	1	已通过	删除 组员维护
赵冬	2012	二级课题(专科)	点歌系统	1	1	已通过	已过期
赵冬	2012	二级课题(专科)	点歌系统	1	1	已通过	已过期

1 2 3 4 5 6 7 8 9 10 ...

图 9-59　已审批课题页面

　　所有未过期的课题"操作"列中都有【删除】和【组员维护】两个按钮。单击某课题记录的【删除】按钮将会从已审批课题中删除该课题。删除课题之前需先删除选报该课题的所有组员，否则删除课题时系统会提示不能删除。单击【组员维护】按钮，系统显示"组员维护页面"，如图 9-60 所示。勾选需要驳回选报的组员，单击【驳回】按钮，弹出"确认驳回"对话框，单击【确定】按钮即完成操作，单击【取消】按钮即取消驳回。

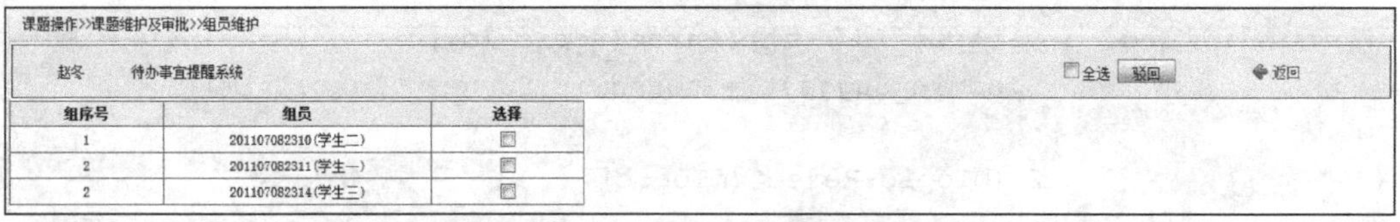

课题操作>>课题维护及审批>>组员维护			
赵冬　　待办事宜提醒系统		全选 驳回	返回
组序号	**组员**	**选择**	
1	201107082310(学生二)	☐	
2	201107082311(学生一)	☐	
2	201107082314(学生三)	☑	

图 9-60　组员维护页面

组员维护页面后台代码如下：

```csharp
namespace TopicManagement.Web.topic_Admin
{
    public partial class topic_ZYWH : Commons.JsHelper
    {
        BLL.Topic bTopic = new TopicManagement.BLL.Topic();
        BLL.Grouper bGrouper = new TopicManagement.BLL.Grouper();
        BLL.TGroup bTGroup = new TopicManagement.BLL.TGroup();
        //页面加载事件处理函数
        protected void Page_Load(object sender, EventArgs e)
        {
            if (Session["userObj"] != null)
            {
                Model.TUser mUser = (Model.TUser)Session["userObj"];
                if (mUser.user_Type_Id == 1)  //如是管理员用户
                {
                    if (!IsPostBack)
                    {
                        TopicInfo_Load();
                        DataGrid_Bind();
                    }
                }
                else   //跳转到无访问权限页面
                {
                    Response.Redirect("../errorPage/noPower.aspx");
                }
            }
            else       //跳转到重新登录页面
            {
                RedirectTop("../errorPage/reLogin.aspx");
            }
```

```
    }
    /// <summary>
    /// 加载课题基本信息（老师姓名、课题名称）
    /// </summary>
    private void TopicInfo_Load()
    {
        string topic_Id = Request.QueryString["topic_Id"];
        Model.Topic mTopic = bTopic.GetModel(int.Parse(topic_Id));
        span_Teacher_Name.InnerHtml = mTopic.teacher_User_Name;
        span_Topic_Name.InnerHtml = mTopic.topic_Name;
    }
    /// <summary>
    /// 绑定组信息列表
    /// </summary>
    private void DataGrid_Bind()
    {
        //定义 dt
        DataTable dt_Group = new DataTable();
        DataColumn dc1 = new DataColumn("group_Num", Type.GetType
            ("System.String"));
        DataColumn dc2 = new DataColumn("grouper", Type.GetType
            ("System.String"));
        DataColumn dc3 = new DataColumn("grouper_Id", Type.GetType
            ("System.String"));
        dt_Group.Columns.Add(dc1);
        dt_Group.Columns.Add(dc2);
        dt_Group.Columns.Add(dc3);
        string topic_Id = Request.QueryString["topic_Id"];//获取课题 ID
        string group_Ids = "";
        if (bTopic.Selected(int.Parse(topic_Id), ref group_Ids))
        {
            if (group_Ids != "")
            {
                string[] group = group_Ids.Split(',');
                for (int i = 0; i < group.Length; i++)
                {
                    string stu_Names = bGrouper.GetSNameAndGId(int.Parse
                        (group[i]));
                    //格式: 201107082328(张三)|1,201107082321(李四)|2
                    string[] sName_gId = stu_Names.Split(',');
                    for (int j = 0; j < sName_gId.Length; j++)
                        //获得每一个组员信息
                    {
                        DataRow dr = dt_Group.NewRow();
                        dr["group_Num"] = i + 1;
                        string[] str = sName_gId[j].Split('|');
```

```
                        //格式: 201107082328(张三)|1
                        dr["grouper"] = str[0];
                        dr["grouper_Id"] = str[1];
                        dt_Group.Rows.Add(dr);
                    }
                }
            }
        }
    if (dt_Group.Rows.Count > 0)          //绑定组员信息
    {
        DataGrid_Group.DataSource = dt_Group;
        DataGrid_Group.DataBind();
    }
    else
    {
        btn_Back_Click(null,null);          //触发返回按钮单击事件
    }
}
//驳回组员
protected void btn_Kick_Click(object sender, EventArgs e)
{
    int? _topic_Id=null;
    foreach (DataGridItem di in this.DataGrid_Group.Items)
    {
        if (((HtmlInputCheckBox)di.FindControl("check")).Checked
            == true)
        {
            string grouper_Id = ((HtmlInputCheckBox)di.FindControl
                ("check")).Value;
            int? _group_Id = bGrouper.GetModel(int.Parse(grouper_
                Id)).group_Id;
            int group_Id=int.Parse(_group_Id.ToString());
            if(_topic_Id==null)
                _topic_Id = bTGroup.GetModel(group_Id).topic_Id;
            if (bGrouper.Delete(int.Parse(grouper_Id)))//删除该组员
            {
                if (!bTGroup.IsHaveGrouper(group_Id))//如果该组没有组员了
                {
                    bTGroup.Delete(group_Id);//删除该组
                }
                else
                {
                    bTGroup.SetNotFull(group_Id);//设置该组未报满
                }
            }
        }
```

```
            }
            int topic_Id = int.Parse(_topic_Id.ToString());
            bTopic.SetNotFull(topic_Id);
            DataGrid_Bind();
        }
        //返回按钮单击事件处理函数
        protected void btn_Back_Click(object sender, EventArgs e)
        {
            string teacher_Name = Request.QueryString["teacher_Name"].
                ToString();
            string grade = Request.QueryString["grade"].ToString();
            string topic_Type_Id = Request.QueryString["topic_Type_Id"].
                ToString();
            string approve_State = Request.QueryString["approve_State"].
                ToString();
            Response.Redirect("topic_Manage.aspx?teacher_Name="+teacher_
                    Name + "&grade=" + grade + "&topic_Type_Id=" + topic_
                    Type_Id + "&approve_State=" + approve_State);
        }
    }
}
```

9.8.5　学生选报课题

学生成功登录系统后，单击“课题操作”下的“课题选报”菜单项，系统显示“课题选报页面”，系统将根据当前登录用户的年级判断当前时间应该选择何种课题，此算法在本章需求分析部分已经给出。同时，用户可以输入教师姓名、课题要求语言查询想选报课题的信息，如图 9-61 所示。

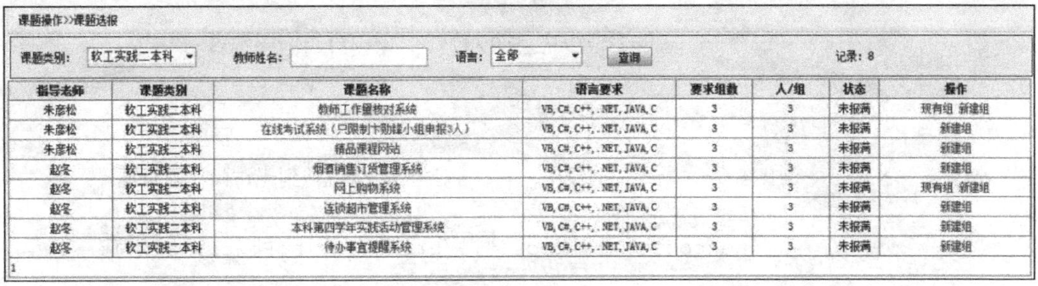
课题操作>>课题选报
课题类别：软工实践二本科
教师姓名：
语言：全部
查询
记录：8
指导老师 | 课题类别 | 课题名称 | 语言要求 | 要求组数 | 人/组 | 状态 | 操作
朱彦松 | 软工实践二本科 | 教师工作量核对系统 | VB, C#, C++, .NET, JAVA, C | 3 | 3 | 未报满 | 现有组 新建组
朱彦松 | 软工实践二本科 | 在线考试系统（只限制卞勋锺小组申报3人） | VB, C#, C++, .NET, JAVA, C | 3 | 3 | 未报满 | 新建组
朱彦松 | 软工实践二本科 | 精品课程网站 | VB, C#, C++, .NET, JAVA, C | 3 | 3 | 未报满 | 新建组
赵冬 | 软工实践二本科 | 烟酒销售订货管理系统 | VB, C#, C++, .NET, JAVA, C | 3 | 3 | 未报满 | 新建组
赵冬 | 软工实践二本科 | 网上购物系统 | VB, C#, C++, .NET, JAVA, C | 3 | 3 | 未报满 | 现有组 新建组
赵冬 | 软工实践二本科 | 连锁超市管理系统 | VB, C#, C++, .NET, JAVA, C | 3 | 3 | 未报满 | 新建组
赵冬 | 软工实践二本科 | 本科第四学年实践活动管理系统 | VB, C#, C++, .NET, JAVA, C | 3 | 3 | 未报满 | 新建组
赵冬 | 软工实践二本科 | 待办事宜提醒系统 | VB, C#, C++, .NET, JAVA, C | 3 | 3 | 未报满 | 新建组
1

图 9-61　课题选报页面

课题选报页面后台代码如下：

```
namespace TopicManagement.Web.topic_Student
{
    public partial class topic_Sel : Commons.JsHelper
    {
```

```csharp
        string stu_User_Name = "";      //学生学号
        int stu_Grade;                  //学生年级
        string profession_Id;           //学生专业 id
        string topic_Type_Id = "";      //课题类别 id
        BLL.Topic bTopic = new TopicManagement.BLL.Topic();
        BLL.StuInfo bStu = new TopicManagement.BLL.StuInfo();
        BLL.TopicType bTopicType = new TopicManagement.BLL.TopicType();
        BLL.Language bLanguage = new TopicManagement.BLL.Language();
        BLL.TopicTime bTopicTime = new TopicManagement.BLL.TopicTime();
        //页面加载事件处理函数
        protected void Page_Load(object sender, EventArgs e)
        {
            if (Session["userObj"] != null)
            {
                Model.TUser mUser = (Model.TUser)Session["userObj"];
                if (mUser.user_Type_Id == 3)    //如是学生用户
                {
                    stu_User_Name = mUser.user_Name;
                    topic_Type_Id = sel_Topic_Type.Value;
                    profession_Id = hd_Profession_Id.Value;
                    if (!string.IsNullOrEmpty(topic_Type_Id))
                    {
                        stu_Grade = Convert.ToInt32(hd_Stu_Grade.Value);
                    }
                    if (!IsPostBack)
                    {
                        Language_Bind();        //绑定语言
                        TopicType_Load();       //绑定课题类别
                        if (CanSel())           //如可以选报课题
                        {
                            DataGrid_Bind();    //绑定课题列表
                        }
                    }
                }
                else                            //跳转到无访问权限页面
                {
                    Response.Redirect("../errorPage/noPower.aspx");
                }
            }
            else                                //跳转到重新登录页面
            {
                RedirectTop("../errorPage/reLogin.aspx");
            }
        }
        /// <summary>
        /// 绑定语言
```

```
///   </summary>
private void Language_Bind()
{
    DataTable dt_Language = bLanguage.GetList("").Tables[0];
    sel_Language.DataSource = dt_Language;
    sel_Language.DataTextField = "language_Name";
    sel_Language.DataValueField = "language_Id";
    sel_Language.DataBind();
    ListItem item = new ListItem("全部", "0");
    sel_Language.Items.Insert(0, item);
    sel_Language.SelectedIndex = 0;
}
///   <summary>
///   绑定课题列表
///   </summary>
private void DataGrid_Bind()
{
    div_NoRecord.Visible = false;
    div_DataGrid.Visible = false;
    DataGrid_Topic.Columns[7].Visible = true;
    if (bStu.IsSeleted(stu_User_Name, int.Parse(topic_Type_Id)))
    {
        DataGrid_Topic.Columns[7].Visible = false;
    }
    StringBuilder strWhere = new StringBuilder();
    string teacher_Name = tb_Teacher_Name.Value.Trim().Replace("'", "");
    string language = sel_Language.Value;
    //查询条件
    strWhere.Append(" isDue=0 ");                       //课题未过期的
    strWhere.Append(" and topic_Approved=1 ");          //课题审批通过的
    strWhere.Append(" and topic_Type_Id='" + topic_Type_Id + "'");
                                                        //课题类别 id
    strWhere.Append(" and grade='" + stu_Grade.ToString() + "'");
                                                        //年级
    strWhere.Append(" and topic_Open_Professions like '%" +
        profession_Id + "%'");                          //专业
    if (teacher_Name != "")
        strWhere.Append(" and teacher_User_Name like '%" +
            teacher_Name + "%' ");
    if (language != "0")                                //语言
    {
        strWhere.Append(" and (topic_Language_Ids ='" + language + "' ");
        strWhere.Append(" or topic_Language_Ids like '" + language
            + ",%' ");
        strWhere.Append(" or topic_Language_Ids like '%," + language
            + ",%' ");
```

```csharp
            strWhere.Append(" or topic_Language_Ids like '%," + language
                + "') ");
        }
        DataTable dt_Topic = bTopic.GetList(strWhere.ToString()).
            Tables[0];
        if (dt_Topic.Rows.Count > 0)
        {
            DataGrid_Topic.DataSource = dt_Topic;
            DataGrid_Topic.DataBind();
            record.InnerHtml = dt_Topic.Rows.Count.ToString();
            div_DataGrid.Visible = true;
        }
        else
        {
            div_NoRecord.Visible = true;
            record.InnerHtml = "0";
        }
    }
    //查询按钮单击事件处理函数
    protected void btn_Seach_Click(object sender, EventArgs e)
    {
        DataGrid_Topic.CurrentPageIndex = 0;
        DataGrid_Bind();
    }
    //课题列表分页事件处理函数
    protected void DataGrid_Topic_PageIndexChanged(object source,
        DataGridPageChangedEventArgs e)
    {
        DataGrid_Topic.CurrentPageIndex = e.NewPageIndex;
        DataGrid_Bind();
    }
    /// <summary>
    /// 加载课题类别
    /// </summary>
    private void TopicType_Load()
    {
        div_Msg.InnerHtml = "";
        DataTable dt_Stu_Info = bStu.GetStuInfo(" stu_User_Name='"+
            stu_User_Name+"' ").Tables[0];
        stu_Grade = int.Parse(dt_Stu_Info.Rows[0]["grade"].ToString());
            //年级
        hd_Stu_Grade.Value = stu_Grade.ToString();
        profession_Id = dt_Stu_Info.Rows[0]["profession_Id"].ToString();
        hd_Profession_Id.Value = profession_Id;
        string stu_Profession_Type = dt_Stu_Info.Rows[0]["profession_
            Type"].ToString();
```

```
DateTime date = DateTime.Now;
int now_Year = date.Year;                   //现在的年份
int now_Month = date.Month;                 //现在的月份
int xn = now_Year - stu_Grade;              //学年
int? term = null;                           //学期
switch (xn)
{
    case 0: //第一学年
        term = 1;                           //第一学期
        break;
    case 1: //第二学年
        if (now_Month > 3 && now_Month < 9)
        {   term = 2;//第二学期          }
        else
        {
            if (now_Month < 3)
            {   term = 1;//第一学期      }
            else
            {   term = 3;//第三学期      }
        }
        break;
    case 2://第三学年
        if (now_Month > 3 && now_Month < 9)
        {   term = 4;//第四学期      }
        else
        {
            if (now_Month < 3)
            {   term = 3;//第三学期      }
            else
            {   term = 5;//第五学期      }
        }
        break;
    case 3://第四学年
        if (now_Month > 3 && now_Month < 9)
        {   term = 6;//第六学期      }
        break;
}
if (term != null)
{
    if (!(stu_Profession_Type == "专科" && term > 3))
    {
        StringBuilder strWhere = new StringBuilder();
        strWhere.Append(" profession_Type='" + stu_Profession_
            Type + "'");
        strWhere.Append(" and term='" + term + "'");
        DataTable dt_TopicType = bTopicType.GetList(strWhere.
```

```
                    ToString()).Tables[0];
            string topic_Type_Name = dt_TopicType.Rows[0]["topic_
                Type_Name"].ToString();
            topic_Type_Id = dt_TopicType.Rows[0]["topic_Type_Id"].
                ToString();
            //hd_TopicTypeId.Value = topic_Type_Id;
            ListItem item = new ListItem(topic_Type_Name, topic_
                Type_Id);
            sel_Topic_Type.Items.Insert(0, item);
            //判断以前课题有没有挂科的
            while (term - 2 > 0)
            {
                term = term - 2;//上一学年的这个学期
                DataSet ds1 = bTopicType.GetList("profession_Type='"
                 + stu_Profession_Type + "'and term='" + term + "'");
                string _topic_Type_Id = ds1.Tables[0].Rows[0]
                    ["topic_Type_Id"].ToString();
                DataSet ds2 = bStu.GetStuNameList(" stu_User_Name =
                '"+stu_User_Name+"' and topic_Type_Id= '"+_topic_
                Type_Id+"' ","stu_User_Name");
                for (int i = 0; i < ds2.Tables[0].Rows.Count; i++)
                {
                    string score = ds2.Tables[0].Rows[i]
                        ["stu_Score"].ToString();
                    if (!string.IsNullOrEmpty(score))
                                        //空表示教师尚未录入成绩，不算挂科
                    {
                        int _score = int.Parse(score);
                        if (_score < 60)//挂科
                        {
                            string _topic_Type_Name =
                            ds2.Tables[0].Rows[i]["topic_Type_
                            Name"].ToString();
                            ListItem _item = new ListItem(_topic_Type
                            _Name, _topic_Type_Id.ToString());
                            sel_Topic_Type.Items.Insert(sel_Topic_
                            Type.Items.Count, _item);
                        }
                    }
                }
            }
        }
        else
        {
            sel_Topic_Type.Visible = false;
            div_Sel_Msg.InnerHtml = "您已无课题可选！";
```

```
                topic_Type_Id = "no";
                btn_Seach.Visible = false;
            }
        }
        else
        {
            sel_Topic_Type.Visible = false;
            div_Sel_Msg.InnerHtml = "您已无课题可选！";
            topic_Type_Id = "no";
            btn_Seach.Visible = false;
        }
    }
    //控制操作列显示的内容
    protected void DataGrid_Topic_ItemDataBound(object sender,
        DataGridItemEventArgs e)
    {
        if (e.Item.ItemType != ListItemType.Header && e.Item.ItemType !=
            ListItemType.Footer)
        {
            e.Item.Cells[1].Text = bTopicType.GetModel
                    (int.Parse(e.Item.Cells[1].Text)).topic_Type_
                    Name;                   //课题类别
            e.Item.Cells[3].Text = bLanguage.IdsToNames
                    (e.Item.Cells[3].Text.Replace(" ","")).
                    Replace("'", "");  //语言
            if (!string.IsNullOrEmpty(e.Item.Cells[9].Text.Replace
                (" ", "")))            //密码不为空
            {
                e.Item.FindControl("img_Lock").Visible = true;
            }
            string sel_State = e.Item.Cells[6].Text;
            if (sel_State == "0")
            {
                e.Item.Cells[6].Text = "未报满";
            }
            else if (sel_State == "1")
            {
                e.Item.Cells[6].Text = "已报满";
            }
            if (!bStu.IsSeleted(stu_User_Name, int.Parse(topic_Type_Id)))
            {
                if (sel_State != "1")          //未报满
                {
                    string topic_Id = e.Item.Cells[8].Text;//课题 id
                    string allow_Groups = bTopic.GetModel(int.Parse
                        (topic_Id)).topic_Allow_Rows;         //允许组数
```

```
                   int current_Groups = bTopic.GetGroupsNum(int.Parse
                       (topic_Id));//现有组数
                   if (current_Groups < int.Parse(allow_Groups))
                       //现有组数小于允许组数
                   {
                   e.Item.Cells[7].FindControl("span_Create_Group").
                       Visible = true;
                   }
                   if (current_Groups > 0)//现有组数大于 0
                   {
                       e.Item.Cells[7].FindControl("span_Current_
                           Group").Visible = true;
                   }                        }
               else if (sel_State == "1")
               {
                   e.Item.FindControl("span_Sel_Full").Visible = true;
               }
           }
       }
   }
   /// <summary>
   /// 判断是否可以选报课题
   /// </summary>
   /// <returns>能选报则返回 true，否则返回 false</returns>
   private bool CanSel()
   {
       if (topic_Type_Id != "no")
       {
           div_Msg.Visible = false;
           div_DataGrid.Visible = false;
           if (bTopicTime.Exists(stu_Grade.ToString(), int.Parse
               (topic_Type_Id)))
           {
               string now_Time = DateTime.Now.ToString("yyyy-MM-dd");
               Model.TopicTime mTopicTime = bTopicTime.GetModel(stu_
                   Grade.ToString(),int.Parse(topic_Type_Id));
               if (DateTime.Parse(now_Time) >= DateTime.Parse
                   (mTopicTime.starttime) && DateTime.Parse(now_Time)
                   <= DateTime.Parse(mTopicTime.endtime))
               {
                   div_DataGrid.Visible = true;
                   return true;
               }
               else
               {
                   div_Msg.InnerHtml = "非选报时间！";
```

```
                              div_Msg.Visible = true;
                              btn_Seach.Visible = false;
                              return false;
                          }      }
                  else
                  {
                      div_Msg.InnerHtml = "非选报时间！";
                      div_Msg.Visible = true;
                      btn_Seach.Visible = false;
                      return false;
                  }      }
          else
          {
              return false;
          }
      }
  }
}
```

　　在"课题选报"页面下方课题列表中，用户可单击课题名称查看课题详情，了解需要选报的课题。系统根据已创建学生选报组的数目及每组已加入的学生数目确定当前学生用户可对课题进行的操作：

1. 新建组

　　当本课题选报组尚未建满时，"操作"列中会出现【新建组】按钮，单击【新建组】按钮，系统显示"新建组"页面，如图 9-62 所示。输入组密码（可选）、联系电话（必填），单击【创建】按钮即可完成新建组，单击【返回】按钮即返回"课题选报"页面。

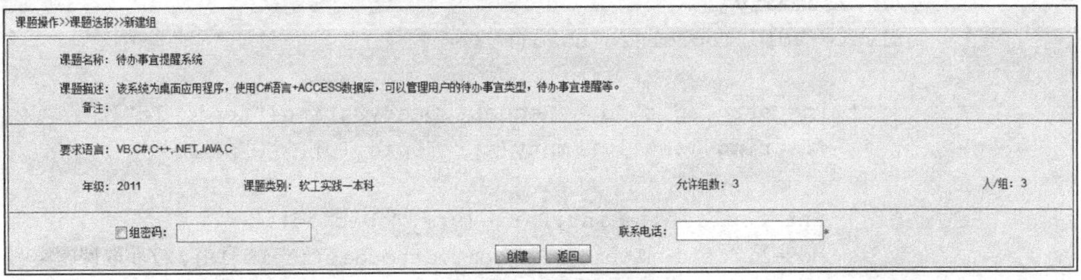

| 课题操作>>课题选报>>新建组 |
| 课题名称：待办事宜提醒系统 |
| 课题描述：该系统为桌面应用程序，使用C#语言+ACCESS数据库，可以管理用户的待办事宜类型、待办事宜提醒等。
备注： |
| 要求语言：VB,C#,C++,.NET,JAVA,C |
| 年级：2011　　　　课题类别：校工实践—本科　　　　　　　　　　允许组数：3　　　　　　　　　　人/组：3 |
| □组密码：[   ]　　　　　　　　　　　　　　联系电话：[   ]* |
| 创建　返回 |

图 9-62　新建组页面

页面后台代码如下：

```
namespace TopicManagement.Web.topic_Student
{
    public partial class topic_Create_Group : Commons.JsHelper
    {
        string stu_User_Name = "";//学生学号
        BLL.Topic bTopic = new TopicManagement.BLL.Topic();
        BLL.TGroup bTGroup = new TopicManagement.BLL.TGroup();
```

```
BLL.Grouper bGrouper = new TopicManagement.BLL.Grouper();
//页面加载事件处理函数
protected void Page_Load(object sender, EventArgs e)
{
    if (Session["userObj"] != null)
    {
        Model.TUser mUser = (Model.TUser)Session["userObj"];
        stu_User_Name = mUser.user_Name;
        if (mUser.user_Type_Id == 3)  //如是学生用户
        {
            if (!IsPostBack)
            {
                TopicInfo_Load();
            }
        }
        else  //跳转到无访问权限页面
        {
            Response.Redirect("../errorPage/noPower.aspx");
        }
    }
    else  //跳转到重新登录页面
    {
        RedirectTop("../errorPage/reLogin.aspx");
    }
}
/// <summary>
/// 加载课题信息
/// </summary>
private void TopicInfo_Load()
{
    string str_Topic_Id = Request.QueryString["topic_Id"];
    if (!string.IsNullOrEmpty(str_Topic_Id))
    {
        int topic_Id = int.Parse(str_Topic_Id);
        Model.Topic mTopic = bTopic.GetModel(topic_Id);//获取课题实例
        if (mTopic != null)
        {
            div_TopicName.InnerHtml = mTopic.topic_Name;
            div_TopicContent.InnerHtml = mTopic.topic_Description.
                Replace("\r\n", "<br />");
            div_TopicBZ.InnerHtml = mTopic.topic_BZ;
            div_Grade.InnerHtml = mTopic.Grade;
            div_Topic_Type.InnerHtml = new BLL.TopicType().
                GetModel(mTopic.topic_Type_Id).topic_Type_Name;
            div_Language.InnerHtml = new BLL.Language().IdsToNames
                (mTopic.topic_Language_Ids).Replace("'", "");
```

```
            div_Rows.InnerHtml = mTopic.topic_Allow_Rows;
            div_Rows_Num.InnerHtml = mTopic.topic_Allow_ People_
                Num;
            if (mTopic.topic_Pwd == "")   //该课题没有密码
            {
                tr_NoPwd.Visible = true;
            }
            else      //需输入课题密码
            {
                tr_IsPwd.Visible = true;
            }
        }
    }
}
//课题无密码时的创建按钮单击事件处理函数
protected void btn_NoPwd_Create_Click(object sender, EventArgs e)
{
    string str_Topic_Id = Request.QueryString["topic_Id"];
    if (!string.IsNullOrEmpty(str_Topic_Id))
    {
        int topic_Id = int.Parse(str_Topic_Id);
        Model.Topic mTopic = bTopic.GetModel(topic_Id);
        if (mTopic != null)
        {
            if (mTopic.sel_State == "0")          //未报满
            {
                string allow_Groups = mTopic.topic_Allow_Rows;
                                                  //允许组数
                int current_Groups = bTopic.GetGroupsNum(topic_Id);
                                                  //现有组数
                if (current_Groups < int.Parse(allow_Groups))
                                                  //现有组数小于允许组数
                {
                    string group_Pwd = tb_Group_Pwd.Value.Trim();
                    Model.TGroup mTGroup = new TopicManagement.Model.
                        TGroup()
                    {
                        topic_Id = topic_Id,
                        group_Secret = group_Pwd,
                        isFull = "0",
                        isConfirm = "0"
                    };
                    int group_Id = bTGroup.Add(mTGroup);
                                                  //获取新创建组的 id
                    if (group_Id != 0)            //组创建成功
                    {
```

```
                Model.Grouper mGrouper = new TopicManagement.
                    Model.Grouper()
                {
                    group_Id = group_Id,
                    stu_User_Name = stu_User_Name,
                    stu_Tel = tb_Tel1.Value.Trim()
                };
                if (bGrouper.Add(mGrouper) == 1)//插入组员表成功
                {
                  string group_Allow_Stu_Num = mTopic.topic_
                      Allow_People_Num;
                if (int.Parse(group_Allow_Stu_Num) == 1)
                                          //如果该课题每组人数是1
                {
                    if (bTGroup.SetFull(group_Id)== 1)//该组报满
                    {
                        if(bTopic.IsFull(topic_Id))//该课题已报满
                        {
                         if (bTopic.SetFull(topic_Id) == 1)
                                          //设置该课题已报满
                         {
                         AlertAndRedirect(this.Page,"创建成功！",
                             "topic_Sel.aspx");
                         }
                         }
                     }
                 }
                 else  //如课题每组人数不是1
                 {
                     AlertAndRedirect(this.Page, "创建成功！",
                         "topic_Sel.aspx");
                 }
             }
             else  //插入组员失败
             {
                 AlertForm(this.Page, "创建组失败！");
             }
         }
         else  //创建组失败
         {
             AlertForm(this.Page, "创建组失败！");
         }
     }
     else
     {
     AlertAndRedirect(this.Page, "该课题组数已报满,
```

```
                            无法创建新组! ", "topic_Sel.aspx");
                    }
                }
                else if (mTopic.sel_State == "1")//该课题已报满
                {
                    AlertAndRedirect(this.Page, "该课题已报满,
                        无法创建新组! ", "topic_Sel.aspx");        }
            }
        }
}
//课题有密码时的创建按钮单击事件处理函数
protected void btn_IsPwd_Create_Click(object sender, EventArgs e)
{
    string str_Topic_Id = Request.QueryString["topic_Id"];
    if (!string.IsNullOrEmpty(str_Topic_Id))
    {
        int topic_Id = int.Parse(str_Topic_Id);
        Model.Topic mTopic = bTopic.GetModel(topic_Id);
        if (mTopic != null)
        {
            if (mTopic.sel_State == "0")                        //未报满
            {
                string allow_Groups = mTopic.topic_Allow_Rows;//允许组数
                int current_Groups = bTopic.GetGroupsNum(topic_Id);
                    //现有组数
                if (current_Groups < int.Parse(allow_Groups))
                    //现有组数小于允许组数
                {
                    string group_Pwd = mTopic.topic_Pwd;
                    Model.TGroup mTGroup = new TopicManagement.Model.
                        TGroup()
                    {
                        topic_Id = topic_Id,
                        group_Secret = group_Pwd,
                        isFull = "0",
                        isConfirm = "0"
                    };
                    int group_Id = bTGroup.Add(mTGroup);//获取新创建组的id
                    if (group_Id != 0)                      //组创建成功
                    {
                        Model.Grouper mGrouper = new TopicManagement.
                            Model.Grouper()
                        {
                            group_Id = group_Id,
                            stu_User_Name = stu_User_Name,
                            stu_Tel=tb_Tel2.Value.Trim()
```

```
                };
            if (bGrouper.Add(mGrouper) == 1)//插入组员表成功
            {
                string group_Allow_Stu_Num =
                        mTopic.topic_Allow_People_Num;
                if (int.Parse(group_Allow_Stu_Num) == 1)
                    //该课题每组人数是1
                {
                    if (bTGroup.SetFull(group_Id) == 1)
                        //该组报满
                    {
                        if (bTopic.IsFull(topic_Id))//该课题已报满
                        {
                            if (bTopic.SetFull(topic_Id) == 1)
                                //设置该课题已报满
                            {
                                    AlertAndRedirect(this.Page,
                                    "创建成功! ", "topic_Sel.aspx");
                            }
                        }
                    }
                }
                    else  //该课题每组人数不是1
                    {
                        AlertAndRedirect(this.Page,"创建成功! ",
                        "topic_Sel.aspx");
                    }
                }
            else  //插入组员表失败
            {
                AlertForm(this.Page, "创建组失败! ");
            }
        }
        else  //创建组失败
        {
            AlertForm(this.Page, "创建组失败! ");
        }
    }
    else
    {
        AlertAndRedirect(this.Page, "该课题组数已报满,
                        无法创建新组! ", "topic_Sel.aspx");
    }
}
else if (mTopic.sel_State == "1")//该课题已报满
{
```

```
            AlertAndRedirect(this.Page,"该课题已报满，无法创建新组！",
                                    "topic_Sel.aspx");
            }
        }
    }
  }
 }
}
```

2. 现有组

当已存在选报组但尚未报满时，课题对应"操作"列中会出现【现有组】按钮。单击【现有组】按钮，系统显示"现有组"页面，如图9-63所示。

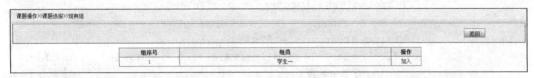

图9-63 现有组页面

现有组页面后台代码如下（其中加入组方法使用了AJAX）：

```
namespace TopicManagement.Web.topic_Student
{
    public partial class topic_Current_Groups : Commons.JsHelper
    {
        BLL.TGroup bGroup = new TopicManagement.BLL.TGroup();
        BLL.Grouper bGrouper = new TopicManagement.BLL.Grouper();
        BLL.Topic bTopic = new TopicManagement.BLL.Topic();
        public string stu_User_Name = "";  //学生用户名
        //页面加载事件处理函数
        protected void Page_Load(object sender, EventArgs e)
        {
            if (Session["userObj"] != null)
            {
            Model.TUser mUser = (Model.TUser)Session["userObj"];
            stu_User_Name = mUser.user_Name;
            if (mUser.user_Type_Id == 3)  //如是学生用户
            {
                if (!IsPostBack)
                {
                    DateGrid_Bind();
                }
            }
            else  //跳转到无权限访问页面
            {
                Response.Redirect("../errorPage/noPower.aspx");
            }
```

```
        }
        else   //跳转到重新登录页面
        {
            RedirectTop("../errorPage/reLogin.aspx");
        }
    }
    /// <summary>
    /// 绑定选报组列表
    /// </summary>
    private void DateGrid_Bind()
    {
        string topic_Id = Request.QueryString["topic_Id"];
        if (!string.IsNullOrEmpty(topic_Id))
        {
            string group_Ids = "";
            if (bTopic.Selected(int.Parse(topic_Id), ref group_Ids))
                //有学生选报
            {
                //定义选报情况列表
                DataTable dt_Group = new DataTable();
                DataColumn dc_Groupers = new DataColumn("groupers",
                Type.GetType("System.String"));//组员
                DataColumn dc_Group_Pwd = new DataColumn("group_Pwd",
                Type.GetType("System.String"));//密码
                DataColumn dc_IsFull = new DataColumn("isFull",
                Type.GetType("System.String"));//状态:是否报满
                DataColumn dc_IsConfirm = new DataColumn("isConfirm",
                Type.GetType("System.String"));//状态:是否报满
                DataColumn dc_Group_Id = new DataColumn("group_Id",
                Type.GetType("System.String"));//组id
                dt_Group.Columns.Add(dc_Groupers);
                dt_Group.Columns.Add(dc_Group_Pwd);
                dt_Group.Columns.Add(dc_IsFull);
                dt_Group.Columns.Add(dc_IsConfirm);
                dt_Group.Columns.Add(dc_Group_Id);
                //获取学生学号、姓名
                string[] group = group_Ids.Split(',');
                Model.TGroup mGroup = new TopicManagement.Model.TGroup();
                for (int i = 0; i < group.Length; i++)
                {
                    DataRow dr = dt_Group.NewRow();
                    dr["groupers"] = bGrouper.GetGroupersName
                        (bGrouper.GetStuName(int.Parse(group[i])));
                    mGroup = bGroup.GetModel(int.Parse(group[i]));
                    dr["group_Pwd"] = mGroup.group_Secret;
                    dr["isFull"] = mGroup.isFull;
```

```
                dr["isConfirm"] = mGroup.isConfirm;
                dr["group_Id"] = mGroup.group_Id;
                dt_Group.Rows.Add(dr);
            }
            DataGrid_Groupers.DataSource = dt_Group;
            DataGrid_Groupers.DataBind();
            DataGrid_Groupers.Visible = true;
        }
        else
        {
            div_Sel_State.Visible = true;//提示暂无学生选报
        }
    }
}
//控制操作列显示数据
protected void DataGrid_Groupers_ItemDataBound(object sender,
    DataGridItemEventArgs e)
{
    if (e.Item.ItemType != ListItemType.Header && e.Item.ItemType !=
        ListItemType.Footer)
    {
        if (!string.IsNullOrEmpty(e.Item.Cells[3].Text.Replace
            (" ", "")))//密码不为空
        {
            e.Item.FindControl("img_Lock").Visible = true;
        }
        string isConfirm = e.Item.Cells[6].Text;
        if (isConfirm == "0")//该组未被教师确认
        {
            string isFull = e.Item.Cells[4].Text;
            if (isFull == "0")//未报满
            {
                e.Item.Cells[2].FindControl("span_Join").Visible =
                    true;
            }
            else if (isFull == "1")
            {
                e.Item.Cells[2].FindControl("span_IsFull").Visible
                    = true;
            }
        }
        else if (isConfirm == "1")//该组已被教师确认
        {
            e.Item.Cells[2].FindControl("span_IsConfirm").Visible
                = true;
        }
```

```
        }
    }
    //加入组，使用AJAX
    [WebMethod]
    public static string JoinGroup(string str_group_Id, string
                                    stu_User_Name, string tel)
    {
        BLL.TGroup bGroup = new TopicManagement.BLL.TGroup();
        BLL.Grouper bGrouper = new TopicManagement.BLL.Grouper();
        BLL.Topic bTopic = new TopicManagement.BLL.Topic();
        int group_Id = int.Parse(str_group_Id);
        if (!bGroup.IsConfirm(group_Id))//该组未被教师确认
        {
            if (!bGroup.IsFull(group_Id))//该组未报满
            {
                if (!bGroup.IsHaveGrouper(stu_User_Name, group_Id))
                {
                    Model.Grouper mGrouper = new
                                    TopicManagement.Model.Grouper()
                    {
                        group_Id = group_Id,
                        stu_User_Name = stu_User_Name,
                        stu_Tel = tel
                    };
                    if (bGrouper.Add(mGrouper) == 1)
                    {
                        int group_Stu_Num = bGroup.GetStuNum(group_Id);
                            //该组现有学生数
                        int topic_Id = int.Parse(bGroup.GetModel
                            (group_Id).topic_Id.ToString());
                        string group_Allow_Stu_Num = bTopic.GetModel
                          (topic_Id).topic_Allow_People_Num;//每组允许学生数
                        if (group_Stu_Num == int.Parse(group_Allow_Stu_
                            Num))//该组已报满
                        {
                            bGroup.SetFull(group_Id);
                            if (bTopic.isAllFull(topic_Id))
                                bTopic.SetFull(topic_Id);
                        }
                        return "ok";//加入成功
                    }
                    else
                    {       return "error";
                    }
                }
            else
```

```
                {        return "joined";//该组已经存在该组员
                }
            }
            else
            {        return "isFull";
            }
        }
        else
        {        return "isConfirm";//该组已被教师确认
        }
    }
  }
}
```

在"现有组"页面中单击分组列表中的【加入】按钮，系统弹出"验证信息"对话框，如图 9-64 左图所示，如果创建组的用户在创建组时没有填写组密码，此对话框不显示组密码输入框。输入"组密码"和"联系电话"后，单击【确定】按钮即完成加入组。

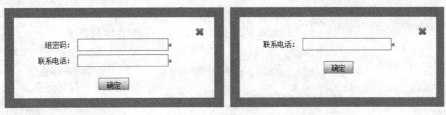

图 9-64　组密码页面

9.8.6　教师确认选报组

教师成功登录系统后，单击"课题操作"下的"确认选报组"菜单项，系统显示"确认选报组"页面，如图 9-65 所示。在页面上方的查询条件区域，依次选择年级及课题类别，系统加载课题名称，再选择课题名称后单击【查询】按钮，系统将列出选报该课题的所有选报组，如需整组确认，则直接勾选选报组记录最后一列的复选框，然后单击【确认组】按钮。

课题操作>>确认选报组			
年级： 2011 ▼　课题类别： 软工实践─本科 ▼　课题名称： 待办事宜提醒系统 ▼　查询　✔确认组			
选报组员姓名	操作	☐全选	
201107082310 (学生二)	确定组员	☐	
201107082311 (学生一), 201107082314 (学生三)	确定组员	☐	

图 9-65　确认选报组页面

确认选报组后台代码如下：

```
namespace TopicManagement.Web.topic_Teacher
{
```

```csharp
public partial class topic_Team_Confirm : Commons.JsHelper
{
    BLL.TopicType bTopicType = new TopicManagement.BLL.TopicType();
    BLL.Topic bTopic = new TopicManagement.BLL.Topic();
    BLL.Grouper bGrouper = new TopicManagement.BLL.Grouper();
    BLL.TGroup bGroup = new TopicManagement.BLL.TGroup();
    //页面加载事件处理函数
    protected void Page_Load(object sender, EventArgs e)
    {
        if (Session["userObj"] != null)
        {
            Model.TUser mUser = (Model.TUser)Session["userObj"];
            if (mUser.user_Type_Id == 2)    //如是教师用户
            {
                hd_User_Name.Value = mUser.user_Name;
                if (!IsPostBack)
                {
                    TopicType_Bind();           //绑定课题类别
                    DataGrid_Bind();            //绑定组员名称
                }
            }
            else                                //跳转至无权限访问页面
            {
                Response.Redirect("../errorPage/noPower.aspx");
            }
        }
        else                                    //跳转至重新登录页面
        {
            RedirectTop("../errorPage/reLogin.aspx");
        }
    }
    /// <summary>
    /// 绑定课题类别
    /// </summary>
    private void TopicType_Bind()
    {
        DataTable dt_TopicType = bTopicType.GetList("").Tables[0];
        sel_TopicType.DataSource = dt_TopicType;
        sel_TopicType.DataTextField = "topic_Type_Name";
        sel_TopicType.DataValueField = "topic_Type_Id";
        sel_TopicType.DataBind();
        string grade = Request.QueryString["grade"];
        if (!string.IsNullOrEmpty(grade))
        {
```

```
        sel_TopicGrade.Value = grade; //返回时记住上次选择的年级
        hd_Grade.Value = grade;
    }
    string topicType_Id = Request.QueryString["topicType_Id"];
    if (!string.IsNullOrEmpty(topicType_Id))
    {
        sel_TopicType.Value = topicType_Id;//返回时记住上次选择的课题类别
        hd_TopicType.Value = topicType_Id;
    }
}
/// <summary>
/// 绑定已选报组员列表
/// </summary>
private void DataGrid_Bind()
{
    div_DataGrid.Visible = false;
    string topic_Id = Request.QueryString["topic_Id"];
    if (!string.IsNullOrEmpty(topic_Id))
    {
        string group_Ids = "";
        if (bTopic.SelectedNoConfirmed(int.Parse(topic_Id), ref
            group_Ids))
        {
            //定义选报情况列表
            DataTable dt_Group = new DataTable();
            DataColumn dc_Group_Id = new DataColumn("group_Id",
                            Type.GetType("System.String"));
            DataColumn dc_Groupers = new DataColumn("groupers",
                            Type.GetType("System.String"));
            dt_Group.Columns.Add(dc_Group_Id);
            dt_Group.Columns.Add(dc_Groupers);
            //获取学生学号、姓名
            string[] group = group_Ids.Split(',');
            for (int i = 0; i < group.Length; i++)
            {
                DataRow dr = dt_Group.NewRow();
                dr["group_Id"] = group[i];
                dr["groupers"] = bGrouper.GetStuName(int.Parse
                    (group[i]));
                dt_Group.Rows.Add(dr);
            }
            DataGrid.DataSource = dt_Group;
            DataGrid.DataBind();
            div_DataGrid.Visible = true;
```

```
            }
            else
            {
                div_NoRecord.Visible = true;
            }
        }
    }
    //绑定课题名称
    [WebMethod]
    public static string TopicName_Bind(string grade, string topic_
                                     Type_Id, string teacher_Name)
    {
        BLL.Topic bTopic = new TopicManagement.BLL.Topic();
        return bTopic.GetTopicNames(grade,topic_Type_Id,teacher_Name);
    }
    //确认组按钮单击事件处理函数
    protected void btn_Confirm_Click(object sender, EventArgs e)
    {
        int? _topic_Id = null;
        foreach (DataGridItem di in this.DataGrid.Items)
        {
            if (((HtmlInputCheckBox)di.FindControl("check")).Checked
                == true)
            {
                string group_Id = ((HtmlInputCheckBox)di.FindControl
                    ("check")).Value;
                if (_topic_Id == null)
                    _topic_Id = bGroup.GetModel(int.Parse(group_Id)).
                    topic_Id;
                bGroup.SetConfirmed(int.Parse(group_Id));
            }
        }
        int topic_Id = int.Parse(_topic_Id.ToString());
        if (bTopic.isAllFull(topic_Id))
            bTopic.SetFull(topic_Id);
        AlertForm(this.Page, "确认成功！");
        DataGrid_Bind();
    }
}
```

    如需单独确认某个组员，单击该选报组记录中的【确认组员】按钮，进入"确认组员"页面，如图 9-66 所示，系统显示该组所有组员。单击学生记录中的【驳回】按钮可驳回该学生的选报。单击页面上方的【确认组员】按钮，完成对该组剩余组员的选报确认。

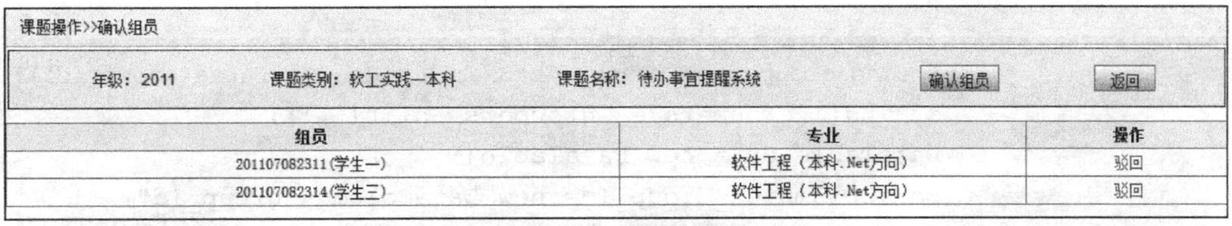

课题操作>>确认组员			
年级：2011 课题类别：软工实践—本科 课题名称：待办事宜提醒系统		确认组员	返回
组员	专业		操作
201107082311(学生一)	软件工程（本科-.Net方向）		驳回
201107082314(学生三)	软件工程（本科-.Net方向）		驳回

图 9-66　确认组员页面

确认组员页面后台代码如下：

```
namespace TopicManagement.Web.topic_Teacher
{
    public partial class topic_Confirm_Grouper : Commons.JsHelper
    {
        BLL.Topic bTopic = new TopicManagement.BLL.Topic();
        BLL.TGroup bGroup = new TopicManagement.BLL.TGroup();
        BLL.Grouper bGrouper = new TopicManagement.BLL.Grouper();
        BLL.StuInfo bStu = new TopicManagement.BLL.StuInfo();
        //页面加载事件处理函数
        protected void Page_Load(object sender, EventArgs e)
        {
            if (Session["userObj"] != null)
            {
                Model.TUser mUser = (Model.TUser)Session["userObj"];
                if (mUser.user_Type_Id == 2)   //如是教师用户
                {
                    if (!IsPostBack)
                    {
                        DataGrid_Bind();
                        TopicInfo_Bind();
                    }
                }
                else   //跳转到无访问权限页面
                {   Response.Redirect("../errorPage/noPower.aspx");   }
            }
            else   //跳转到重新登录页面
            {
                RedirectTop("../errorPage/reLogin.aspx");
            }
        }
        /// <summary>
        /// 绑定组员数据列表
        /// </summary>
        private void DataGrid_Bind()
        {
            string group_Id = Request.QueryString["group_Id"];
            if (!string.IsNullOrEmpty(group_Id))
```

```
        {
            string _groupers=bGrouper.GetSNameAndGId(int.Parse(group_Id));
            string[] groupers = _groupers.Split(',');
            DataTable dt = new DataTable();
            DataColumn dc_Group_Id= new DataColumn("group_Id",
            Type.GetType("System.String"));
            DataColumn dc_Grouper_Id = new DataColumn("grouper_Id",
            Type.GetType("System.String"));
            DataColumn dc_Grouper_Name = new DataColumn("grouper_Name",
            Type.GetType("System.String"));
            DataColumn dc_Profession = new DataColumn("profession",
            Type.GetType("System.String"));
            dt.Columns.Add(dc_Group_Id);
            dt.Columns.Add(dc_Grouper_Id);
            dt.Columns.Add(dc_Grouper_Name);
            dt.Columns.Add(dc_Profession);
            //增加一行数据
            for (int i = 0; i < groupers.Length; i++)
            {
                DataRow dr = dt.NewRow();
                dr["group_Id"] = group_Id;
                dr["grouper_Id"] = (groupers[i].Split('|'))[1];
                dr["grouper_Name"] = (groupers[i].Split('|'))[0];
                dt.Rows.Add(dr);
            }
            DataGrid_Groupers.DataSource = dt;
            DataGrid_Groupers.DataBind();
        }
    }
    //控制操作列显示内容
    protected void DataGrid_Groupers_ItemDataBound(object sender,
        DataGridItemEventArgs e)
    {
        if (e.Item.ItemType !=ListItemType.Header && e.Item.ItemType !=
        ListItemType.Footer)
        {
            string grouper = e.Item.Cells[1].Text;
            string stu_User_Name=bGrouper.GetGroupersId(grouper);//学号
            DataSet ds = bStu.GetStuInfo(" stu_User_Name='"+stu_User_
                                        Name+"' ");
            string stu_Profession = ds.Tables[0].Rows[0]["profession_
                Name"].ToString();
            e.Item.Cells[2].Text = stu_Profession;
        }
    }
    //返回按钮单击事件处理函数
```

```
protected void btn_Back_Click(object sender, EventArgs e)
{
    string grade = Request.QueryString["grade"];
    string topicType_Id = Request.QueryString["topicType_Id"];
    string topic_Id = Request.QueryString["topic_Id"];
    Response.Redirect("topic_Confirm_Group.aspx?topic_Id=" +
    topic_Id + "&grade=" + grade + "&topicType_Id=" + topicType_Id);
}
/// <summary>
/// 绑定课题基本信息
/// </summary>
private void TopicInfo_Bind()
{
    string grade = Request.QueryString["grade"];
    string topicType_Name = Request.QueryString["topicType_Name"];
    string topic_Name = Request.QueryString["topic_Name"];
    div_Grade.InnerHtml = grade;
    div_TopicType.InnerHtml = topicType_Name;
    div_TopicName.InnerHtml = topic_Name;
}
//驳回组员事件处理函数
protected void DataGrid_Groupers_ItemCommand(object source,
    DataGridCommandEventArgs e)
{
    if (e.CommandName == "kick")
    {
        string grouper_Id = e.CommandArgument.ToString();
        if (bGrouper.Delete(int.Parse(grouper_Id)))
        {
            string _group_Id = Request.QueryString["group_Id"];
            int group_Id=int.Parse(_group_Id);
            string topic_Id=Request.QueryString["topic_Id"];
            bTopic.SetNotFull(int.Parse(topic_Id));
            if (!bGroup.IsHaveGrouper(group_Id))   //该组没有组员了
            {
                bGroup.Delete(group_Id);   //删除该组
                btn_Back_Click(null,null);
            }
            else
            {
                bGroup.SetNotFull(group_Id);
                AlertForm(this.Page,"操作成功！");
                DataGrid_Bind();
            }
        }
        else
```

```
            {            AlertForm(this.Page,"操作失败，请稍后再试...");
            }
        }
    }
//确认组员按钮单击事件处理函数
protected void btnConfirm_Click(object sender, EventArgs e)
{
    string _topic_Id = Request.QueryString["topic_Id"];
    string _group_Id = Request.QueryString["group_Id"];
    if (!string.IsNullOrEmpty(_topic_Id) && !string.IsNullOrEmpty
        (_group_Id))
    {
        int group_Id=int.Parse(_group_Id);
        int topic_Id = int.Parse(_topic_Id);
        bGroup.SetConfirmed(group_Id);
        if (bTopic.isAllFull(topic_Id))
            bTopic.SetFull(topic_Id);
        btn_Back_Click(null, null);
    }
    }
    }
}
```

9.9　系统测试

　　本书只给出系统功能测试的用例描述。功能测试用例主要是根据系统需求文档中功能需求部分的内容进行设计，用到的测试方法主要是等价类划分、边界值分析、错误推测、场景法等，功能测试用例提供测试人员执行功能测试的依据，为测试报告中功能测试部分提供支撑。

　　在本书中，功能测试用例通过文档的形式进行展现，在实际过程中可以使用相关的支撑管理工具，从而更好的管理测试用例的更新、版本控制等工作。本文档的参考文档主要是软件学院实践课题管理系统的需求规格说明书，测试范围涵盖需求规格说明书中的功能性需求描述，使用的术语与需求文档相同。限于篇幅，本节只给出部分主要测试用例。

9.9.1　课题操作测试用例

1. 个人课题添加

个人课题添加测试用例，如表 9-63 所示。

表 9-63　个人课题添加测试用例

编　　　号：TC001

功能描述：教师可以通过此功能添加个人题库中的课题

用例目的：测试正常添加个人题库功能及错误检验

前提条件：教师成功登录系统

操作步骤：教师首先单击"课题操作"→"课题维护及申报"菜单项，然后在课题维护及申报页面单击【添加新课题】按钮

测　试　项	输入数据/动作	预　期　结　果	实　际　结　果
输入正常数据	课题名称：测试名称 课题描述：测试描述 备注：测试备注 单击【确定】按钮	1. 提示添加成功 2. 新添加的课题出现在课题列表中	1. 正确提示 2. 正确刷新课题列表
输入空信息	课题名称：空 课题内容：测试描述 备注：空 单击【确定】按钮	系统提示信息不能为空	正确提示

2. 个人课题修改

个人课题修改测试用例，如表 9-64 所示。

表 9-64　个人课题修改测试用例

编　　　号：TC002

功能描述：教师可以通过此功能修改个人题库中的课题

用例目的：测试正常修改个人题库功能及错误检验

前提条件：1. 教师成功登录系统

　　　　　2. 个人题库中已存在课题

操作步骤：教师首先单击"课题操作"→"课题维护及申报"菜单项，最后在课题维护及申报页面选择要修改的课题并单击【修改】按钮

测　试　项	输入数据/动作	预　期　结　果	实　际　结　果
输入正常数据	课题名称：测试名称 课题描述：测试描述 备注：测试备注 单击【确定】按钮	提示修改成功	正确提示
输入空信息	课题名称：空 课题内容：测试描述 备注：空 单击【确定】按钮	提示信息不能为空	正确提示

3. 个人课题删除

个人课题删除测试用例，如表 9-65 所示。

表 9-65　个人课题删除测试用例

编　　　号：TC003

功能描述：教师可以通过此功能删除个人课题

用例目的：测试正常删除个人课题功能及错误检验

前提条件：1. 教师成功登录系统

　　　　　2. 个人题库中已存在课题

操作步骤：教师首先单击"课题操作"→"课题维护及申报"菜单项，选择要删除的课题并单击【删除】按钮

测 试 项	输入数据/动作	预 期 结 果	实 际 结 果
删除个人课题	无输入数据 单击【删除】按钮后在弹出的消息框中单击【确定】按钮	1. 提示删除成功 2. 删除成功后刷新课题列表	1. 正确提示 2. 成功刷新课题列表

4. 课题申报

课题申报测试用例，如表 9-66 所示。

表 9-66　课题申报测试用例

编　　　号：TC004

功能描述：教师可以通过此功能申报课题

用例目的：测试正常课题申报功能及错误检验

前提条件：1. 教师成功登录系统

　　　　　2. 个人题库中已存在课题

　　　　　3. 教师所带学生人数仍有剩余（本次测试教师所带人数上限为 30 人，剩余 10 人）

操作步骤：教师首先单击"课题操作"→"课题维护及申报"菜单项，然后在课题维护及申报页面单击选择要申报的课题并单击【申报】按钮

测 试 项	输入数据/动作	预 期 结 果	实 际 结 果
课题申报	年级：2011 课题类别：二级课题（本科） 选报专业：软件工程（.NET 方向） 要求语言：C# 允许组数：1 每组人数：3 课题密码：123456 单击【提交申报】按钮	1. 系统给出申报成功提示 2. 教师可申报课题的所剩人数减少 3 人，即剩余 7 人	1. 正确提示 2. 剩余人数正确

续表

测　试　项	输入数据/动作	预　期　结　果	实　际　结　果
人数控制	年级：2011 课题类别：二级课题（本科） 选报专业：软件工程（.NET方向） 要求语言：C# 允许组数：6 每组人数：6 课题密码：123456 单击【提交申报】按钮	申报失败，系统给出超出人数限制提示	申报失败，提示超出人数限制
输入空信息	年级：2011 课题类别：二级课题（本科） 选报专业：空 要求语言：C# 允许组数：1 每组人数：3 课题密码：123456 单击【提交申报】按钮	系统提示信息不能为空	正确提示

5. 查看申报状况

查看申报状况测试用例，如表9-67所示。

表9-67　查看申报状况测试用例

编　　　号：TC005

功能描述：教师可以通过此功能查看申报状况

用例目的：测试正常查看申报状况功能及错误检验

前提条件：1. 教师成功登录系统

　　　　　2. 已有申报的课题

操作步骤：教师首先单击"课题操作"→"申报状况"菜单项，输入查询条件后单击【查询】按钮

测　试　项	输入数据/动作	预　期　结　果	实　际　结　果
查看申报状况	年级：2012 课题类别：二级课题（专科） 选报专业：计算机信息管理 语言：C# 审批状态：已审批 单击【查询】按钮	系统显示所有符合条件的课题列表	正常显示课题列表

6. 撤销申报

撤销申报测试用例，如表 9-68 所示。

表 9-68　撤销申报测试用例

编　　　号：TC006

功能描述：教师可以通过此功能撤销已申报课题

用例目的：测试撤销已申报课题功能

前提条件：1. 教师成功登录系统

　　　　　2. 已有申报的课题

　　　　　3. 课题负责人尚未审批想撤销的课题

操作步骤：教师首先单击"课题操作"→"申报状况"菜单项，选择未审批的课题并单击【撤消】
　　　　　按钮

测　试　项	输入数据/动作	预　期　结　果	实　际　结　果
撤销已申报课题	年级：2012 课题类别：二级课题（专科） 选报专业：计算机信息管理 语言：C# 审批状态：未审批 单击【查询】按钮 单击要撤销课题的【撤销】按钮	1. 系统提示操作成功 2. 测试课题申报及维护中（TC008）中的申报剩余人数增加了相应的学生人数	1. 正确提示 2. 剩余人数计算正确

7. 修改已申报课题

修改已申报课题测试用例，如表 9-69 所示。

表 9-69　修改已申报课题测试用例

编　　　号：TC007

功能描述：教师可以通过此功能修改已申报但未审核的课题

用例目的：测试正常修改已申报课题功能

前提条件：1. 教师成功登录系统

　　　　　2. 已有申报的课题

　　　　　3. 教师所带学生人数仍有剩余（本次测试设置教师所带人数上限为 30 人，并提前申报
　　　　　　 过能容纳 20 人的课题，即还有 10 个人的差额）

操作步骤：教师首先单击"课题操作"→"申报状况"菜单项，在申报状况页面选择一个未审批的
　　　　　课题，并单击要该课题的【修改】按钮

测　试　项	输入数据/动作	预　期　结　果	实　际　结　果
修改已申报课题	年级：2012 课题类别：二级课题（专科） 选报专业：计算机信息管理 要求语言：C# 允许组数：2 每组人数：3 课题密码：测试课题密码 单击【提交申报】按钮	1. 系统提示操作成功 2. 课题申报及维护中（参考 TC008）中的剩余人数做了相应的调整	1. 正确提示 2. 正确调整人数

8. 确认整组组员

确认整组组员测试用例，如表 9-70 所示。

表 9-70　确认整组组员测试用例

编　　　号：TC008

功能描述：教师可以通过此功能确认整组组员

用例目的：测试确认整组组员功能

前提条件：1. 教师成功登录系统

　　　　　2. 已有学生选报教师课题

操作步骤：教师首先单击"课题操作"→"确认选报组"菜单项，输入各查询条件后，在某课题的
选报组列表中选择要确认的选报组并单击课题列表上方的【确认组】按钮

测　试　项	输入数据/动作	预　期　结　果	实　际　结　果
确认整组组员	年级：2012 课题类别：二级课题（专科） 课题名称：测试课题名称 勾选要确认的选报组 单击【确认组】按钮	1. 系统要求确认指导这些学生做课题，确认后提示操作成功 2. 确认后该组学生信息不再显示	1. 正确提示 2. 正确控制控件可用性

9. 驳回组员

驳回组员测试用例，如表 9-71 所示。

表 9-71　驳回组员测试用例

编　　　号：TC009

功能描述：教师可以通过此功能驳回一个或多个组员

用例目的：测试正常驳回组员的功能

前提条件：1. 教师成功登录系统

　　　　　2. 已有学生选报课题

操作步骤：教师首先单击"课题操作"→"确认选报组"菜单项，输入各查询条件后，在某课题的
选报组列表中选择要确认的选报组并单击该条记录中的【确认组员】按钮

测　试　项	输入数据/动作	预　期　结　果	实　际　结　果
驳回部分组员	单击需要驳回组员记录的中【驳回】按钮	1. 系统提示驳回成功 2. 进入教师的"学生名单"界面验证驳回是否成功	1. 正确提示 2. 名单中已不存在被驳回的学生

10. 学生查询教师课题

学生查询教师课题测试用例，如表 9-72 所示。

表 9-72　学生查询教师课题测试用例

编　　　号：TC010

功能描述：学生可以查询教师课题

用例目的：测试正常查询教师课题功能

续表

前提条件：1. 学生用户成功登录

　　　　　2. 已有审批通过的教师课题

操作步骤：学生首先单击"课题操作"→"课题选报"菜单项，选择查询条件后单击【查询】按钮

测 试 项	输入数据/动作	预 期 结 果	实 际 结 果
已无课题可选，如专科第四学期或本科第七、八学期	使用学号"200801022313"登录系统	在"课题类别"下拉框处显示"您已无课题可选"	正确显示
登录时间不在选报时间段内	使用学号"201207082315"登录系统，选报时间段设置为 2013-06-05 至 2013-06-12 登录时间为 2013-06-01	系统显示"非选报时间"	正确提示
查询教师课题（学生还可选报课题且在选报时间段内）	教师姓名：赵冬 语言：C# 单击【查询】按钮	1. 系统根据学生所在年级、当前系统时间及课题时间设置情况自动确定该生能选报的课题类别 2. 系统根据学生所在专业列出申报时包含该专业的课题 3. 能根据查询条件（语言及教师姓名）正确筛选课题	1. 正确显示课题类别 2. 正确筛选 3. 正确筛选

11. 学生新建组

学生新建组测试用例，如表 9-73 所示。

表 9-73　学生新建组测试用例

编　　　号：TC011

功能描述：学生可以在教师题目中新建选报组

用例目的：测试正常新建组功能

前提条件：1. 学生用户成功登录

　　　　　2. 课题组数尚未报满

操作步骤：学生首先单击"课题操作"→"课题选报"菜单项，在课题选报页面单击需要选报课题的【新建组】按钮

测 试 项	输入数据/动作	预 期 结 果	实 际 结 果
课题操作列内容	无	1. 如组数尚未报满,则题目记录中出现【新建组】按钮,否则不出现 2. 如存在某个组中人数未满,则题目记录中出现【现有组】按钮,否则不出现 3. 如课题人数已满,则显示已报满	1. 正确显示 2. 正确显示 3. 正确提示

右上角续表

测　试　项	输入数据/动作	预　期　结　果	实　际　结　果
学生新建组	组密码：111111 联系电话：13888888888 单击【创建】按钮	系统提示新建选报组成功	正确显示链接

12. 学生加入组

学生加入组测试用例，如表9-74所示。

表9-74　学生加入组测试用例

编　　　号：TC012

功能描述：学生可以在教师题目中加入现有组

用例目的：测试正常加入组功能

前提条件：1. 学生用户成功登录

　　　　　2. 存在人数尚未报满的课题组

操作步骤：学生首先单击"课题操作"→"课题选报"菜单项，在课题选报页面的课题列表中单击需要选报课题的【现有组】按钮，然后在现有组页面单击需要加入组的【加入】按钮

测　试　项	输入数据/动作	预　期　结　果	实　际　结　果
学生加入组	组密码：111111 联系电话：13999999999 单击【确定】按钮	系统提示加入成功	正确提示

13. 查看选报状况

查看选报状况测试用例，如表9-75所示。

表9-75　查看选报状况测试用例

编　　　号：TC013

功能描述：学生可以查看自己课题选报状况

用例目的：测试正常查看选报状况功能

前提条件：学生用户成功登录

操作步骤：学生单击"课题操作"→"选报状况"菜单项

测　试　项	输入数据/动作	预　期　结　果	实　际　结　果
查看当前有效课题或历史课题	课题类别：二级课题（专科） 单击【查询】按钮	1. 显示课题选报状况 2. 可按课题类别查询	1. 正常显示 2. 可按条件查询
查询尚未做过的课题	课题类别：三级课题（专科） 单击【查询】按钮	显示"无选报记录"	正确显示

14. 退组

退组测试用例，如表9-76所示。

表 9-76　退组测试用例

编　　　号：TC014

功能描述：学生可以退组

用例目的：测试正常退组功能

前提条件：1. 学生用户成功登录

　　　　　2. 该生已选报过课题且教师尚未确认其选报

操作步骤：学生首先单击"课题操作"→"选报状况"菜单项

测　试　项	输入数据/动作	预　期　结　果	实　际　结　果
退组	单击需要退组课题的【退组】按钮	系统提示操作成功	正确显示

15. 课题审批

课题审批测试用例，如表 9-77 所示。

表 9-77　课题审批测试用例

编　　　号：TC015

功能描述：课题负责人可以审批课题

用例目的：测试正常课题审批功能

前提条件：1. 课题负责人成功登录系统

　　　　　2. 已有教师申报课题

操作步骤：课题负责人首先单击"课题操作"→"课题维护及审批"菜单项，在课题维护及审批页面单击要审批的课题记录中的【审批】按钮

测　试　项	输入数据/动作	预　期　结　果	实　际　结　果
审批通过课题	在课题审批页面输入领导建议 单击【审批通过】按钮	1. 系统提示操作成功 2. 该课题审批状态变为已审批	1. 正确提示 2. 状态正确改变
驳回课题	在课题审批页面输入领导建议 单击【驳回】按钮	1. 系统提示操作成功 2. 该课题审批状态变为"被驳回"	1. 正确提示 2. 状态正确改变

16. 查询已审批课题

查询已审批课题测试用例，如表 9-78 所示。

表 9-78　查询已审批课题测试用例

编　　　号：TC016

功能描述：课题负责人可以查询已审批课题信息

用例目的：测试正常查看已审批课题功能

前提条件：1. 课题负责人成功登录系统

　　　　　2. 已审批过课题

操作步骤：课题负责人首先单击"课题操作"→"课题维护及审批"菜单项，在课题维护及审批页面选择审批状态为"已审批"后单击【查询】按钮

续表

测 试 项	输入数据/动作	预 期 结 果	实 际 结 果
查询 已审批课题	教师姓名：赵冬 年级：2012 课题类别：二级课题（专科） 审批状态：已审批 单击【查询】按钮	1. 系统列出符合条件的课题信息 2. 单击课题名称链接查看课题基本信息，如已有学生选报，则包括选报组信息	1. 正确列出信息 2. 正确显示

17. 删除已审批课题

删除已审批课题测试用例，如表 9-79 所示。

表 9-79 删除已审批课题测试用例

编　　号：TC017

功能描述：课题负责人可以删除已审批课题

用例目的：测试正常删除已审批课题功能

前提条件：1. 课题负责人成功登录系统

　　　　　2. 已审批过课题

操作步骤：课题负责人首先单击"课题操作"→"课题维护及审批"菜单项，选择要删除的课题并单击该记录中的【删除】按钮

测 试 项	输入数据/动作	预 期 结 果	实 际 结 果
无学生 选报课题	单击需要删除已审批课题的【删除】按钮	系统提示操作成功	正确提示
有学生 选报课题	单击需要删除已审批课题的【删除】按钮	系统提示该课题有学生选报，不能删除	正确提示

18. 组员维护

组员维护测试用例，如表 9-80 所示。

表 9-80 组员维护测试用例

编　　号：TC018

功能描述：课题负责人可以对课题组员进行驳回

用例目的：测试正常组员驳回功能

前提条件：1. 课题负责人成功登录系统

　　　　　2. 已有学生选报课题且教师已确认过

操作步骤：课题负责人首先单击"课题操作"→"课题维护及审批"菜单项，然后单击需要操作课题的【组员维护】按钮

测 试 项	输入数据/动作	预 期 结 果	实 际 结 果
驳回组员后同组还有其他组员	选择一个已报满的课题勾选需要驳回的组员 单击【驳回】按钮	1. 系统要求确认，确认后提示操作成功 2. 学生选报时可加入组	1. 正确提示 2. 可加入组

测 试 项	输入数据/动作	预 期 结 果	实 际 结 果
驳回组员后同组已没有其他组员	勾选一个选报组的所有组员 单击【驳回】按钮	1. 系统要求确认，确认后提示操作成功 2. 学生选报时可新建组	1. 正确提示 2. 可新建组

19. 学生成绩录入（名单生成）

学生成绩录入（名单生成）测试用例，如表 9-81 所示。

表 9-81　学生成绩录入（名单生成）测试用例

编　　号：TC019

功能描述：教师可以进行学生课题成绩录入

用例目的：测试正常学生成绩录入功能

前提条件：1. 教师用户成功登录系统

　　　　　2. 已有该教师确认过的学生选报组

操作步骤：教师首先单击"课题操作"→"成绩录入"菜单项，输入条件后单击【查询】按钮

测 试 项	输入数据/动作	预 期 结 果	实 际 结 果
按学号排序	年级：2012 课题类型：二级课题（专科） 排序：按学号	查询出的学生名单能按学号排序	正确显示名单
按分组排序	年级：2012 课题类型：二级课题（专科） 排序：按分组	查询出的学生名单能按分组排序	正确显示名单

20. 学生成绩录入（暂存）

学生成绩录入（暂存）测试用例，如表 9-82 所示。

表 9-82　学生成绩录入（暂存）测试用例

编　　号：TC020

功能描述：教师可以进行学生课题成绩暂存

用例目的：测试正常学生成绩暂存功能

前提条件：1. 教师用户成功登录系统

　　　　　2. 已有该教师确认过的学生选报组

操作步骤：教师首先单击"课题操作"→"成绩录入"菜单项，输入条件后单击【查询】按钮，在出现的学生名单中输入成绩后单击【暂存】按钮

测 试 项	输入数据/动作	预 期 结 果	实 际 结 果
学生成绩暂存	输入部分学生成绩 单击【暂存】按钮	1. 系统给出暂存成功提示 2. 暂存后仍然能够修改成绩	1. 正确提示 2. 成绩可修改

续表

测　试　项	输入数据/动作	预　期　结　果	实　际　结　果
输入非正常成绩	输入−1，150，a	提示用户输入的不是正常成绩，要求重新输入	正确提示

21. 学生成绩录入（提交）

学生成绩录入（提交）测试用例，如表9-83所示。

表 9-83　学生成绩录入（提交）测试用例

编　　　号：TC021

功能描述：教师可以进行学生课题成绩提交

用例目的：测试正常学生成绩提交功能

前提条件：教师用户成功登录系统

　　　　　已有该教师确认过的学生选报组

操作步骤：教师首先单击"课题操作"→"成绩录入"菜单项，输入条件后单击【查询】按钮，在出现的学生名单中输入成绩后单击【提交】按钮

测　试　项	输入数据/动作	预　期　结　果	实　际　结　果
学生成绩提交	输入全部学生成绩 单击【提交】按钮	1. 系统要求确认，确认后提示操作成功 2. 提交后不能修改成绩	1. 正确提示 2. 不能修改
没有输入全部成绩	输入部分学生成绩 单击【提交】按钮	系统提示未输入所有学生成绩，不允许提交	正确提示

22. 导出成绩到 Excel

导出成绩到 Excel 测试用例，如表9-84所示。

表 9-84　导出成绩到 Excel 测试用例

编　　　号：TC022

功能描述：教师可以将学生成绩导出到 Excel

用例目的：测试正常导出成绩到 Excel 功能

前提条件：1. 教师用户成功登录系统

　　　　　2. 已提交学生成绩

操作步骤：教师首先单击"课题操作"→"成绩录入"菜单项，输入条件后单击【查询】按钮，在出现的学生名单页面中单击【导出到 Excel】按钮

测　试　项	输入数据/动作	预　期　结　果	实　际　结　果
导出成绩到 Excel	年级：2012 课题类别：二级课题（专科） 单击【导出到 Excel】按钮	1. 系统给出选择路径对话框 2. 指定文件保存路径后单击【确定】按钮，正确导出 Excel	1. 正确弹出对话框 2. 正确保存

9.9.2 查询统计测试用例

1. 课题统计

课题统计测试用例，如表9-85所示。

表9-85 课题统计测试用例

编　　号：TC023

功能描述：课题负责人可以进行课题统计

用例目的：测试正常课题统计功能

前提条件：1. 课题负责人成功登录系统

　　　　　2. 已有教师申报课题

操作步骤：课题负责人首先单击"查询统计"→"课题统计"菜单项，在课题统计页面输入查询条件后单击【查询】按钮

测 试 项	输入数据/动作	预 期 结 果	实 际 结 果
选择某个专业方向下的某个专业	年级：2012 课题类别：二级课题（专科） 专业方向：.NET 专业：软件工程（本科.Net方向） 单击【查询】按钮	1. 查询出符合条件的记录 2. 能正确统计课题数目及能容纳学生人数	1. 正确显示记录 2. 统计数字正确
选择某个专业方向下的"全部"专业	年级：2012 课题类别：二级课题（专科） 专业方向：java 专业：全部 单击【查询】按钮	1. 查询出符合条件的记录 2. 能正确统计课题数目及能容纳学生人数	1. 正确显示记录 2. 统计数字正确
选择"全部"专业方向下的"全部"专业	年级：2012 课题类别：二级课题（专科） 专业方向：全部 专业：全部 单击【查询】按钮	1. 查询出符合条件的记录 2. 能正确统计课题数目及能容纳学生人数	1. 正确显示记录 2. 统计数字正确

2. 查询学生名单

查询学生名单测试用例，如表9-86所示。

表9-86 查询学生名单测试用例

编　　号：TC024

功能描述：教师可以查询学生名单

用例目的：测试正常查询学生名单功能

前提条件：1. 教师用户成功登录系统

　　　　　2. 已有确认过的学生选报组

操作步骤：教师首先单击"查询统计"→"学生名单"菜单项，输入条件后单击【查询】按钮

测　试　项	输入数据/动作	预　期　结　果	实　际　结　果
查询学生名单	年级：2012 课题类型：二级课题（专科） 排序：按分组 单击【查询】按钮	1. 教师能查询出某次课题的学生名单 2. 能按指定排序方式排序	1. 查询记录正确 2. 正确排序

3. 打印学生名单

打印学生名单测试用例，如表 9-87 所示。

表 9-87　打印学生名单测试用例

编　　　号：TC025

功能描述：教师可以打印学生名单

用例目的：测试正常打印学生名单功能

前提条件：1. 教师用户成功登录系统

　　　　　2. 已有确认过的学生选报组

操作步骤：教师首先单击"查询统计"→"学生名单"菜单项，输入条件后单击【查询】按钮

测　试　项	输入数据/动作	预　期　结　果	实　际　结　果
打印学生名单	单击【打印】按钮	成功打印出正确格式学生名单	格式正确

4. 学生选报情况统计的查询条件约束

学生选报情况统计的查询条件约束测试用例，如表 9-88 所示。

表 9-88　学生选报情况统计的查询条件约束测试用例

编　　　号：TC026

功能描述：学生选报情况统计功能的查询条件之间的约束

用例目的：测试学生选报情况统计功能中查询条件之间的约束关系

前提条件：课题负责人成功登录系统

操作步骤：课题负责人首先单击"查询统计"→"学生选报情况统计"菜单项

测　试　项	输入数据/动作	预　期　结　果	实　际　结　果
由课题类别控制专业	课题类别：软工实践一（本科）	专业选择框只加载出本科专业	正确加载
由年级和课题类别控制专业	年级：2011 课题类别：一级课题（专科）	专业选择框只加载 2011级专科所有专业	正确加载
由专业和年级控制班级	年级：2011 专业：软件工程（.net 方向）	班级选择框只加载 2011级软件工程（.net 方向）专业的所有班级	正确加载

5. 各种查询条件下获得的记录条数

各种查询条件下获得的记录条数测试用例，如表 9-89 所示。

表 9-89　各种查询条件下获得记录条数测试用例

编　　号：TC027

功能描述：课题负责人查询各种条件下学生选报记录条数关系

用例目的：测试正常各种查询添加下记录条数关系

前提条件：1. 课题负责人成功登录系统

　　　　　　2. 已有学生选报课题

操作步骤：课题负责人首先单击"查询统计"→"学选报情况统计"按钮

测　试　项	输入数据/动作	预　期　结　果	实　际　结　果
各种查询状况下记录条数关系	年级：2012 课题类别：二级课题（专科） 选报状况： 专业：计算机信息管理 班级：全部 排序：按学号 单击【查询】按钮	未选报或未确认+已确认=全部	结果正确

6. 学生成绩统计

学生成绩统计测试用例，如表 9-90 所示。

表 9-90　学生成绩统计测试用例

编　　号：TC028

功能描述：课题负责人统计学生成绩

用例目的：测试正常统计学生成绩功能

前提条件：课题负责人成功登录系统

操作步骤：课题负责人首先单击"查询统计"→"学生成绩统计"菜单项，输入条件后单击【查询】按钮

测　试　项	输入数据/动作	预　期　结　果	实　际　结　果
统计的前提条件	如尚有教师未提交学生成绩 年级：2012 课题类别：二级课题（专科） 单击【查询】按钮	系统提示"还有教师未提交成绩，暂不能查看"	正确提示
显示班级列表	如所有教师已提交成绩 年级：2012 课题类别：二级课题（专科） 单击【查询】按钮	系统显示参加本次实践课题的所有专业、班级列表	正确显示

7. 查看班级成绩单

查看班级成绩单测试用例，如表 9-91 所示。

表 9-91　查看班级成绩单测试用例

编　　号：TC029

功能描述：课题负责人可以查看班级成绩单

用例目的：测试正常查看班级成绩单功能

前提条件：1. 课题负责人成功登录系统

　　　　　2. 教师已全部提交学生成绩

操作步骤：课题负责人首先单击"查询统计"→"学生成绩统计"菜单项，输入条件后单击【查询】
　　　　　按钮，单击需要查看成绩的班级名称

测　试　项	输入数据/动作	预　期　结　果	实　际　结　果
查看班级的成绩单	单击需要查看班级名称链接	显示该班级所有学生成绩	正常显示
将班级成绩单导出至 Excel	在成绩单页面单击【导出 Excel】按钮	成功将班级成绩单导出至 Excel 文件	数据正确、格式尚需调整

9.10　技术经验总结

9.10.1　技术总结

本系统用到了以下技术及知识点。

（1）本系统使用了工厂模式三层架构，使用三层架构可以使程序结构更清晰、可维护性更强。

（2）本系统操作了 Excel 文件，实现了从 Excel 文件读取数据及从 DataGrid 控件中导出数据至 Excel 的功能。

（3）系统实现采用 ASP.NET 技术，由于代码量太大，只给出了关键模块的后台代码，前台代码中使用的 AJAX 及 JQuery 等代码请读者自行查阅相关书籍。

（4）本系统数据库设计阶段使用了第 5 章介绍的 PowerDesigner 工具，分析及设计阶段的 UML 图使用 Rational Rose 工具制作，可以说本章给出的系统分析与设计内容是符合实际企业开发过程的规范的。

9.10.2　经验总结

本章系统业务较复杂，所以在开始编写代码之前要进行细致、周密的需求分析及调研。从系统的三种用户的角度去分析，把握整个实践课题管理工作的业务流。与一般的管理信息系统不同，本系统各业务环节之间数据依赖性很强，如果前一个阶段的数据处理不准确，则会导致后面环节出现失误。因此本系统的分析及设计阶段是按照螺旋式开发方法进行的，即在设计过程中逐步验证需求分析阶段成果的正确性，反复修改及完善，最终实现需求分析与设计的一致性及正确性。

本系统上线运行之前，测试人员从系统需求出发，制订了细致、全面的测试计划，每个需求用例都对应多个测试用例。对本系统只进行了功能测试，没有进行压力测试，实际使用过程中未出现异常。

参 考 文 献

[1] 朱顺泉. 管理信息系统理论与实务. 3 版. 北京：人民邮电出版社，2008.

[2] 周贺来. 管理信息系统理. 北京：中国人民大学出版社，2012.

[3] 黄梯云. 管理信息系统. 4 版. 北京：高等教育出版社，2011.

[4] 张建华. 管理信息系统理. 北京：中国电力出版社，2008.

参考文献

[1] 齐立强. 电子技术基础与技能. 北京：人民邮电出版社，2008.
[2] 周绍敏. 电工技术基础与技能. 北京：中国人力出版社，2012.
[3] 刘建清. 数字电子技术. 北京：高等教育出版社，2011.
[4] 周雪. 电路与电子技术. 北京：电子工业出版社，2008.